Larousse

diccionario esencial

Biografías

D1027246

Larousse

diccionario esencial

Biografías

LAROUSSE

México   Barcelona   Buenos Aires   París

Dirección editorial
Tomás García Cerezo

Coordinación editorial
Jesús Garduño Lamadrid

Coordinador de contenidos
Luis Ignacio de la Peña

Formación
Héctor Garduño Lamadrid

Corrección
Alfredo Rivera Ayala

Coordinación gráfica
Ángel Rodríguez Brambila
Anne André Maréchal

Ilustraciones
Leticia López Pérez
Edmundo López
Leonid Nepomniatchi-Livova
Archivo Gráfico Larousse

Diseño de portada
Ediciones Larousse, S.A. de C.V.
con la colaboración de Creativos SA

NI UNA FOTOCOPIA MÁS

Presentación

La historia nos pertenece a todos. Estamos en el lugar y la situación actuales debido al acontecer de ella. Somos, sin excepción y de una forma u otra, parte de ella. Nadie puede escapar a su influjo.

En esta historia nuestra hay, desde luego, algunos personajes que la han marcado de muy distintas formas. Algunos han encabezado ejércitos o movimientos populares; otros han puesto su afán en el descubrimiento y exploración del mundo natural, en la construcción de máquinas y aparatos que en ocasiones parecen cosa de magia. Algunos más han hallado maneras de fundar, renovar y refinar los diferentes modos de comunicación y expresión que el ingenio humano ha puesto en marcha; la reflexión y el pensamiento también han tenido practicantes que cimentaron sistemas, cuya marca no sólo se limitó a sus épocas, sino que ha trascendido por siglos.

Este libro contiene las biografías de algunos de ellos. Aunque su número rebasa los 500, son apenas un puñado de personajes ilustres. Los hay de todo el mundo y de las más diversas extracciones o especialidades, pero tienen algo en común: todos dejaron su marca en el devenir de la humanidad.

Los personajes aparecen en orden alfabético, tomando como guía el apellido de cada uno, que se destaca con letra más **gruesa** y en mayúsculas. De esa forma se encontrará a Lucas **ALAMÁN**, Rafael **ALBERTI**, Juan **ALDAMA,** y así sucesivamente.

Manuel **ACUÑA**

Poeta nacido en Saltillo, capital del estado mexicano de Coahuila, el 27 de agosto de 1849, hijo de Francisco Acuña y Refugio Navarro.

Empezó a destacar en sus estudios en el Colegio Josefino de su ciudad natal, haciendo concebir grandes esperanzas a sus padres, quienes en 1865 lo animaron a proseguir su avance académico en la Ciudad de México. Allí se inscribió en el Colegio de San Ildefonso y se interesó particularmente en las asignaturas de matemáticas, filosofía, latín y francés. Nada hacía presagiar qué carrera escogería al término del bachillerato: la de médico.

Para ello, en 1868 se inscribió en la Escuela de Medicina, donde fue un estudiante distinguido pero, por desgracia, no asiduo, de manera que dejó trunca esa carrera.

Al parecer lo que lo distraía de sus obligaciones académicas era el atractivo de la literatura. Acuña no sólo leía con entusiasmo las obras más recientes que tenía a su alcance, imbuidas del movimiento romántico europeo, sino que frecuentaba las amenas tertulias literarias en casa de la señorita Rosario de la Peña, mujer de talento y exquisito trato que cautivó a varios de los poetas más representativos del momento: el exiliado y prócer cubano José Martí, Ignacio Ramírez, Manuel M. Flores, Juan de Dios Peza... En ese ambiente cultivado, Acuña desarrolló su veta poética, que malograría el 6 de diciembre de 1873, cuando ingirió cianuro de potasio para quitarse la vida en el mismo cuarto que alquilaba dentro de la Escuela de Medicina donde, extraña coincidencia, vivió antes otro desdichado poeta, Juan Díaz Covarrubias.

Acuña dejó una obra breve pero importante, donde el romanticismo dominante se mezcla con el pensamiento positivista y una desbordante pasión, en la que sobresalen: *Elegía por Eduardo Alzúa, Ante un cadáver, Nocturno a Rosario, El pasado* (obra teatral estrenada en 1871), *A la patria, Inscripción en un cráneo* y *Resignación*.

En 1917 su estado natal reclamó sus restos y hoy reposan en la Rotonda de los Coahuilenses Ilustres, en Saltillo.

Publio Elio **ADRIANO**

Emperador romano nacido el año 76 en Itálica, España. Hijo de Publio Elio Adriano y Domicia Paulina, por el lado paterno era sobrino del emperador Trajano, quien carecía de descendencia de su matrimonio con Pompeya Plotina. Ésta sentía mucho afecto por Adriano e impulsó su carrera como militar y político, a fin de prepararlo para ser el sucesor de su tío. A los 10 años de edad, Adriano ya formaba parte de la comitiva imperial. En el 96 fue nombrado tribuno de Macedonia y poco después sirvió en el ejército durante las guerras contra Dacia (hoy Rumania), en las que Trajano esperaba extender el imperio hacia el oriente y hacer defendibles las fronteras. Adriano se distinguió como militar capaz y hábil administrador. Por ello, Trajano no vaciló en acceder a los deseos de Plotina y adoptarlo como hijo y sucesor, de modo que en 117 fue investido emperador, tras el fallecimiento de su padre adoptivo.

Desde su acceso al trono, emprendió las necesarias reformas administrativas para asegurar el bienestar general de los romanos, atendió a los más necesitados, recorrió todas las provincias para supervisar a los funcionarios civiles y militares, hizo construir numerosos monumentos y el enorme muro que dividía de este a oeste la isla de la Gran Bretaña. En 135 tuvo que reprimir la cruenta revuelta de los judíos, ordenó el arrasamiento de Jerusalén y su transformación en la ciudad pagana Helia Capitolina. No obstante, los romanos lo consideraron uno de los cinco "buenos emperadores".

Casado por interés con Vibia Sabina en el año 100, su verdadero amor fue un joven de excepcional belleza, Antinoo de Bitinia, cuya muerte en el Nilo provocó la desesperación de Adriano, quien se recluyó en su villa en Roma hasta su muerte, acaecida en 138.

Lucas **ALAMÁN**

Ideólogo y político mexicano nacido en octubre de 1792, en la ciudad de Guanajuato, como hijo de una familia criolla de notables joyeros. Estudió Química y Mineralogía en el Real Seminario de Minería, conocimientos que perfeccionó en Freyberg y Gotinga (Alemania), así como en París (Francia), durante su estancia en Europa. Fue elegido diputado a las Cortes de Cádiz, España, cuando la Junta Gubernativa tomó las riendas del imperio español en ausencia de Fernando VII y la guerra contra el ejército napoleónico. Alamán redactó un *Ensayo sobre las causas de la decadencia de la minería en la Nueva España* y un *Dictamen sobre el importante ramo de la*

minería. De regreso en la Nueva España, y tras proclamarse la independencia nacional, Alamán puso mucho empeño en restaurar el estado económico de los mexicanos, devastado por la guerra insurgente. Militó siempre en el Partido Conservador, convencido de que era preferible una transición gradual a la modernidad que el brusco salto impuesto por los liberales —a quienes acusaba de imitar a los Estados Unidos—, no mostraba respeto alguno para la idiosincrasia e historia de México.

Como apoderado y administrador de los bienes del Marquesado del Valle de Oaxaca, perteneciente a los descendientes de Hernán Cortés, sepultó secretamente los restos de éste en el Hospital de Jesús, fundado por el conquistador, para ponerlos a salvo de las turbas que se amotinaban frecuentemente en los primeros años de la República.

Su papel más destacado fue como ministro de Relaciones Exteriores, cargo desde el cual quiso frenar la colonización sajona en Texas (entonces parte de México), delimitar y reforzar las fronteras con Estados Unidos, fomentar las alianzas con el resto de Hispanoamérica para contener el excesivo poder e injerencia de la Unión Americana.

Fundó el Archivo General de la Nación y el Museo de Antigüedades y de Historia Natural, entre otras obras que, como el Banco de Avío, habrían de modernizar y mejorar la vida del país. Murió en la Ciudad de México el 2 de junio de 1853, con lo cual los conservadores perdieron a su más lúcido ideólogo.

Rafael **ALBERTI**

Poeta español perteneciente a la llamada "Generación del 27" junto con Federico García Lorca, Vicente Aleixandre y Gerardo Diego, entre otros. Quinto hijo del matrimonio conformado por Agustín Alberti y María Merello, nació el 16 de diciembre de 1902, en el puerto de Santa María, Cádiz. A los 15 años su familia se trasladó a Madrid, donde ingresó a la Residencia de Estudiantes. Allí conoció y entabló amistad con personalidades de la talla de Salvador Dalí, García Lorca y Luis Buñuel, quienes fueron sus guías para aventurarse en la poesía vanguardista.

En 1924-1925 se presentó a concursar para el Premio Nacional de Literatura, el cual ganó con el que fue su primer libro: *Marinero en tierra*. En 1929, mientras entraba en contacto con la política oposicionista, publicaba *El alba del alhelí*, *Cal y canto*, y *Sobre los ángeles*, esta última considerada su obra maestra. Participó en las acciones populares que desembocaron en la proclamación de la Segunda República Española, cuya existencia —turbada por los conflictos con sectores radicales de la sociedad— acabaría trágicamente en la guerra civil de 1936 a 1939 y la posterior dictadura del general Francisco Franco.

En 1930 se casó con la escritora María Teresa León (m. en 1988). En 1933 fue invitado al Congreso de Escritores en Moscú, Rusia. Al iniciarse la guerra, se entrevistó con Stalin solicitándole ayuda para España, se alistó en la aviación y ayudó a proteger los tesoros del Museo del Prado. Al finalizar la contienda Alberti tuvo que exiliarse junto con su esposa y Aitana, la hija de ambos, primero en Argentina y luego en Italia. Regresó a España en 1977 y ocupó brevemente un escaño en las Cortes, como diputado por el PCE. Pasó sus últimos años en el puerto de Santa María, donde falleció el 28 de octubre de 1999.

Juan **ALDAMA**

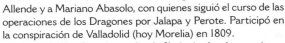

Militar mexicano iniciador de la guerra por la independencia. Nació en San Miguel el Grande (hoy de Allende), Guanajuato, en 1774, en el seno de una familia criolla. Desde que se formó el ejército de la Nueva España, por iniciativa de José de Gálvez, los criollos como Aldama recibieron la oportunidad de unirse a sus filas.

Fue parte del cuerpo Dragones Provinciales de la Reina, donde conoció a Ignacio Allende y a Mariano Abasolo, con quienes siguió el curso de las operaciones de los Dragones por Jalapa y Perote. Participó en la conspiración de Valladolid (hoy Morelia) en 1809.

Se trasladó a Querétaro, donde fue invitado a las reuniones del corregidor Miguel Domínguez y su esposa Josefa Ortiz, ambos conjurados con el cura Hidalgo para emprender la lucha contra el régimen. Al ser descubierta la conjura, Aldama se hallaba en San Miguel el Grande, de donde partió hacia el pueblo de Dolores para reunirse con Allende e Hidalgo, con quienes encabezó la marcha por diversas poblaciones en las que se les unieron personas de toda condición, pero principalmente los pobres.

En Celaya tuvo un altercado con Hidalgo porque éste no reprimía los desmanes de sus seguidores. Tras la exitosa batalla contra el ejército realista, en el monte de Las Cruces, se manifestó inconforme porque Hidalgo ordenó retroceder, en lugar de haber procedido a la toma de la Ciudad de México. Tomó parte en la batalla y derrota de Puente de Calderón, después de la cual, y de acuerdo con Allende, se desposeyó a Hidalgo de la jefatura del movimiento.

El 20 de marzo de 1811 fue aprehendido en Acatita de Baján junto con los demás jefes insurgentes, cuando huían hacia el norte para conseguir armas en Estados Unidos. Tras el juicio que se le formó por traición, el 26 de junio de 1811 fue sentenciado a morir fusilado y su cabeza quedó expuesta en la Alhóndiga de Granaditas, Guanajuato, hasta 1821, cuando fue reunida con el cuerpo y los restos trasladados a la Catedral Metropolitana de la Ciudad de México. Hoy reposan en la Columna de la Independencia.

ALEJANDRO MAGNO

Soberano de Macedonia y conquistador de un vasto imperio en el que se fundieron las tradiciones culturales de griegos, egipcios, persas y caldeos, entre otros pueblos. Alejandro (apodado "Magno" o Grande) nació en Pella, Macedonia, en junio de 356 a.C. Hijo del rey Filipo y su esposa Olimpia, quien inculcó a Alejandro la idea de que su verdadero padre era Zeus (el dios supremo) y por lo tanto le esperaba un destino heroico. Filipo lo hizo educar tanto en las destrezas militares como en las letras, las ciencias y las artes. Su mejor y más querido maestro fue el filósofo Aristóteles.

Alejandro quiso igualar las proezas de Aquiles, el mítico héroe conquistador de Troya, hazaña para la que parecían prepararlo las conquistas que estaba logrando el rey Filipo. Hacia 337 a.C. se deterioraron las relaciones entre padre e hijo, cuando el primero repudió a Olimpia y después, en 336, cayó asesinado. Alejandro fue coronado en medio de la consternación por esa muerte. A partir de entonces, comenzó su camino de conquistador-pacificador-civilizador por el cual es reconocido.

Primero unificó Macedonia y la organizó para la guerra. Luego avanzó sobre las ciudades-Estado de la Grecia continental y una a una las fue agregando a sus dominios. En 335 emprendió la guerra contra el tradicional enemigo de los griegos: el imperio persa, encabezado por Darío III Codomano, el llamado "rey de reyes", al que venció en las batallas de Gránico, Issos y Gaugamela. El emperador huyó al verse derrotado y uno de sus sátrapas, Besso, lo asesinó, hecho que Alejandro castigó con la muerte.

En sus manos tenía ya toda la enorme extensión del imperio persa que incluía Asia Menor, el Cercano Oriente, Mesopotamia y Persia, lugares por donde iba fundando ciudades como Alejandría, en Egipto, pero el conquistador se propuso cruzar el paso montañoso del Hindu Kush y llegar hasta el río Indo, donde batalló con el rey Poro. Quería proseguir sus campañas de conquista, pero sus tropas macedonias se negaron a seguirlo y le pidieron volver a la patria. En el viaje de regreso Alejandro murió en Babilonia, el 11 de junio del 323 a.C., no se sabe si envenenado o por alguna enfermedad.

ALFONSO X, *El Sabio*

Rey castellano hijo de Fernando III *el Santo* y Beatriz de Suabia, soberanos de Castilla y León. Nació en Toledo el 23 de noviembre de 1221. A los 22 años le tocó atestiguar el Pacto de Alcaraz —entre su padre y el rey árabe de Murcia— por el cual se dividía el territorio entre castellanos y murcianos musulmanes, con la condición de que los primeros no intentaran ocupar más lugares ni imponer su religión a los conquistados. Una vez en el trono, en 1252, Alfonso inició una campaña de repoblación e imposiciones que provocó años más tarde una revuelta de los mudéjares (árabes residentes en territorio cristiano), a quienes no fue posible aplacar, por lo que Alfonso tuvo que pedir el auxilio de su pariente el rey Jaime *el Conquistador*, quien puso fin al conflicto por la fuerza de las armas.

Aspiró a ser elegido emperador del Sacro Imperio Germánico, pero no lo logró a pesar de invertir en ello mucho esfuerzo y no pocos recursos. Al final de su vida tuvo intensos conflictos con sus hijos en relación con el orden sucesorio. Más afortunado fue en el terreno de la cultura: escribió en lengua galaica *Las cantigas de Nuestra Señora* y bajo su dirección se compilaron en castellano *Las Leyes de las Siete Partidas*, *La historia general*, y se tradujeron obras del árabe y del hebreo, lo que permitió decir que Toledo era la capital de las tres religiones, bajo una política de tolerancia y colaboración de la que era una espléndida muestra la Escuela de Traductores.

Alfonso X murió en 1284 sin haber alcanzado sus aspiraciones políticas, pero disfrutando del respeto y la admiración por su saber y cultura.

Dante **ALIGHIERI**

Poeta, prosista y político nacido en Florencia, ciudad de Toscana, Italia, entre el 13 de mayo y el 14 de junio de 1265, hijo del noble Alighiero di Bellincione y su esposa Bella. La madre murió cuando Dante tenía 10 años; a los 18 perdió a su padre, quien para entonces ya lo había comprometido con Gemma di Manetto Donati, con quien se casó en 1285.

Dante recibió una sólida formación académica que le permitía frecuentar a la crema y nata de los intelectuales florentinos, reconocidos por su erudición e ideas innovadoras. A ellos se suma compartiendo la composición de poesía a la manera trovadoresca provenzal, usando no el latín sino la lengua toscana —origen del italiano moderno— en lo que se llama *il dolce stil nuovo* (el dulce estilo nuevo), que marcará su producción reunida en *La vita nuova* (La vida nueva). En apoyo al punto de vista sobre la supremacía de la lengua vernácula, redactó *Il Convivio* (El Banquete) y en latín *De vulgari elocuentia* (Sobre la elocuencia de la lengua vulgar).

Hacia 1308 comienza a componer *El Infierno*, primera parte de la que será su obra cumbre, en la cual refleja su amor por Beatriz (Beci di Folco Portinari, a quien conoció en 1274 y sólo vio en dos ocasiones más antes de que la joven muriera en 1290, a los 20 años de edad), mujer ideal que representa el camino hacia la salvación moral y espiritual. En 1313 termina *El Purgatorio* y en 1320 *El Paraíso*, con lo que da cima a su obra titulada simplemente *La Comedia* —porque tiene un principio oscuro y un final feliz—, a la que sus admiradores posteriores calificaron de "divina" y hoy conocemos como *La Divina Comedia*, en la cual refleja no sólo sus creencias sobre el destino ultramundano de los seres humanos, sino las querellas de la sociedad contemporánea del poeta, ya que en 1302 Florencia lo había condenado al destierro y la confiscación de sus bienes.

El poeta vivió amargado en el exilio, pendiente del desarrollo de los acontecimientos políticos y fungiendo de embajador. Como tal, fue enviado a Venecia en 1321; de regreso cayó enfermo y murió en Rávena la noche del 13/14 de septiembre.

Ignacio **ALLENDE**

Militar mexicano nacido en San Miguel el Grande (hoy San Miguel Allende, en su honor), en Guanajuato, en 1769, fue hijo de María Ana de Unzaga y Domingo de Allende, una pareja de ricos hacendados españoles.

Al cumplir 18 años ingresó al Colegio de San Francisco de Sales, donde trabó amistad con los hermanos Juan e Ignacio Aldama. En 1795 ingresó al Regimiento de Dragones Provinciales de la Reina y quedó bajo las órdenes de Félix María Calleja. Tras participar en delicadas misiones (como una serie de maniobras para evitar una probable invasión inglesa), se familiarizó con las ideas liberales de la elite criolla y los planes de Independencia. Allende participó en la conspiración de Valladolid y tras el fracaso de ésta acudió a las reuniones que se celebraban en la casa del corregidor de Querétaro Manuel Domínguez.

Al estallar el levantamiento popular, el 16 de septiembre de 1810, organizó las primeras tropas y alcanzó el grado de teniente general. Fue el estratega de la batalla del monte de Las Cruces, uno de los grandes éxitos iniciales del movimiento, y advirtió sobre el peligro de la batalla de Aculco que ganaron los realistas. Como los demás caudillos de entonces, Allende pensaba que el gobierno de Estados Unidos podría apoyar la lucha de Independencia en México y avanzó con ellos hacia el norte. Capturado en Acatita de Baján, Coahuila, murió fusilado en 1811 y su cabeza se exhibió como trofeo en la Alhóndiga de Granaditas.

Salvador **ALLENDE**

Político y primer presidente socialista de Chile nacido en Valparaíso el 26 de junio de 1908. Fue hijo de un abogado y desde muy joven se interesó en las doctrinas socialistas y marxistas. Fue representante de los estudiantes universitarios y, aunque estuvo expulsado de la universidad por un tiempo, en 1932 terminó sus estudios de Medicina. En 1933 participó en la fundación del Partido Socialista de Chile. Fue diputado entre 1937 y 1945. Pedro Aguirre Cerda, candidato del Frente Popular, obtuvo el triunfo en las elecciones presidenciales de 1938. Al siguiente año Allende fue nombrado ministro de Sanidad, cargo que ocupó hasta 1942. Uno de sus retos consistió en hacer frente a los desastres del terremoto que asoló al país en 1939.

Senador de 1945 a 1970, en 1952 llegó a ser presidente del Senado, año en el que se presentó a las elecciones presidenciales sin éxito. También fracasó en 1958 y 1964, pero en las de 1970 alcanzó la victoria, aunque por escasa mayoría. Ganó apoyado por la coalición Unidad Popular, formada por el Partido Socialista, el Partido Comunista, el Partido Radical y algunos grupos de la Democracia Cristiana. Impulsó un ambicioso programa de reformas que incluía distribución de tierras y nacionalización de bancos, grandes empresas y minas de cobre. Tal política chocó no sólo con la oposición de los partidos de centro y derecha, sino también con el gobierno de Estados Unidos. Hubo, además, divisiones internas en la Unidad Popular.

Si bien la coalición de izquierda ganó de nuevo las elecciones legislativas en 1973, la situación económica empeoró. El boicot de las organizaciones empresariales, la obstrucción del trabajo en el Parlamento ejercida por los partidos de oposición y el hostigamiento de Estados Unidos provocaron una crisis política.

El 11 de septiembre de 1973, un golpe militar encabezado por el general Augusto Pinochet derrocó a Allende, quien murió mientras defendía el palacio presidencial de La Moneda.

Ignacio Manuel **ALTAMIRANO**

Escritor, maestro, político y diplomático mexicano nacido en Tixtla, Guerrero, en 1834, hijo de Francisco Altamirano y Gertrudis Basilio, ambos indígenas. El futuro literato no conoció el idioma español hasta los 14 años, cuando su padre fue elegido alcalde y él pudo ingresar a la escuela. Obtuvo una beca del Instituto Literario de Toluca, donde contó con excelentes maestros y puso tanto empeño en aprender que pronto pudo inscribirse en el Colegio de Letrán, en la Ciudad de México, con el fin de estudiar la carrera de Derecho.

En 1854 participó en la revolución de Ayutla que derrocó a Santa Anna y que preparó el camino para el gobierno liberal de 1857. Combatió al lado de los liberales en la guerra de Reforma y al final de ésta resultó electo diputado al Congreso. Volvió a la lucha durante la Intervención francesa. Con el triunfo de la República, en 1869 fundó la revista literaria *El Renacimiento*.

Maestro en diversas instituciones, formó a toda una generación de literatos como Justo Sierra, Ángel del Campo y Manuel Acuña, entre otros. Su escasez de medios económicos

lo obligó a aceptar un puesto diplomático, primero como cónsul en Barcelona y luego en París. Murió en San Remo, Italia, el 13 de febrero de 1893. Entre sus obras destacan las novelas *El Zarco, Clemencia,* el relato *Navidad en las montañas* y sus poemas de corte clásico y contenido romántico.

Fernando de **ALVA IXTLIXÓCHITL**

Historiador mexicano de origen mestizo, nació en Texcoco o en Teotihuacan cerca de 1578, como hijo del matrimonio formado por Juan de Navas Pérez de Peraleda y Ana Cortés de Ixtlixóchitl. Fue descendiente directo de los reyes de Acolhuacan y Tenochtitlan, y tataranieto de Nezahualcóyotl, el rey poeta de Texcoco. Por su estirpe real, después de la Conquista su familia fue reconocida como noble por los españoles, quienes le otorgaron un pequeño señorío hereditario. Realizó estudios en el Colegio de la Santa Cruz de Tlatelolco —la primera institución de educación superior de América inaugurada en 1536—, donde aprendió la lengua castellana.

Con el propósito de reconstruir el pasado indígena reunió diversos códices, relaciones y manuscritos. Entre 1600 y 1608 redactó su *Relación histórica de la nación tolteca*, una serie de relatos sobre esa cultura antes de la llegada de los españoles. Entre 1610 y 1640 se consagró a su *Historia chichimeca*, texto conservado por Carlos de Sigüenza y Góngora y Lorenzo Boturini. El libro está inconcluso o quizá se extravió alguna de sus partes, a pesar de lo cual ofrece una interesante versión del sitio y la caída de México Tenochtitlan. En sus obras incluyó diversos fragmentos de la literatura y la lírica prehispánica de gran interés actual; no obstante, los estudiosos critican su falta de metodología, las imprecisiones y los errores en la información incluida. Gracias a su conocimiento del español y el náhuatl tradujo diversos documentos indígenas.

De 1600 a 1604 residió en Teotihuacan y en 1612 fue nombrado gobernador de Texcoco. Falleció en la Ciudad de México en 1648. Su hijo Bartolomé de Alva Ixtlixóchitl se ordenó sacerdote y publicó el *Confesionario mayor en lengua mexicana*, un compendio de los fundamentos de la religión católica.

PEDRO DE **ALVARADO**

Explorador, militar y político español nacido en Badajoz, Extremadura, entre 1485 y 1495. De su infancia sólo queda claro que aprendió el manejo de las armas, de los caballos y adquirió una excepcional destreza física. En 1510 se trasladó con sus cinco hermanos a La Española (actual isla compartida por la República Dominicana y Haití) y tras breve lapso a Cuba. Allí, en 1517, el gobernador Diego de Velázquez le permitió participar en la expedición de Juan de Grijalva por el litoral del Golfo de México.

Tras la malograda empresa regresó a Cuba y se hizo uno de los capitanes de Hernán Cortés, con quien partió para la exploración y conquista de la tierra firme que hallasen. A su llegada a Tlaxcala, los indígenas le dieron el mote de *Tonatiuh* (el Sol) por su cabello rubio y tez bermeja; allí tomó por mujer a la hija de Xicoténcatl, bautizada Luisa, quien le dio a su única hija, Leonor de Alvarado.

En Tenochtitlan, dejado al mando de los españoles que guardaban el palacio de Axayácatl donde se hospedaban y de la custodia del cautivo Moctezuma, desobedeciendo las órdenes de Cortés produjo la masacre de la elite mexica durante una ceremonia en el Templo Mayor. Al regreso de Cortés fue severamente reprendido. Durante la llamada "Noche Triste" (30 de junio de 1520), su fortaleza física y coraje le salvaron la vida.

Actuó con bravura y crueldad durante el sitio y caída de Tenochtitlan en 1521. De 1523 a 1526 conquistó Guatemala, masacrando a los cakchiqueles y arrasando la ciudad de Ususlután. En 1527 fue a España a reclamar el título de gobernador de Guatemala —que le fue concedido— y a casarse con Francisca de la Cueva, pariente del duque de Alburquerque; muerta ésta, casó con la hermana y regresó a gobernar Guatemala.

Requerido por el virrey Antonio de Mendoza para ayudarlo en la guerra del Mixtón contra caxcanes y tecos, Alvarado acudió con prontitud. Durante los combates, el caballo del escribano Baltazar de Montoya se despeñó en la barranca de Yahualica —cerca de Guadalajara— y atropelló al conquistador, causándole heridas de las que murió tres días más tarde, el 4 de julio de 1541.

Juan **ÁLVAREZ**

Militar y político mexicano descendiente de africanos y nacido en Atoyac (hoy en el estado de Guerrero) el 27 de enero de 1790. A los veinte años se sumó como soldado raso al movimiento popular de José María Morelos y, tras el fusilamiento de éste, en 1815, apoyó la lucha de Vicente Guerrero en el sur del país.

En la década de 1840 combatió contra la invasión de Estados Unidos y luego de la firma de los Tratados de Guadalupe Hidalgo, se convirtió en el primer gobernador del estado de Guerrero, creado a iniciativa suya. En esa región desarrolló un cacicazgo paternalista, cuyo poder se vio afectado por las decisiones autoritarias de Antonio López de Santa Anna durante su dictadura.

En 1854 Álvarez encabezó la Revolución de Ayutla para derrocarlo. Una vez logrado su propósito se convirtió en presidente interino de México entre octubre y diciembre de 1855. Integró como miembros de su gabinete a diversos personajes de ideología liberal determinantes en la etapa posterior, como Melchor Ocampo, Guillermo Prieto y Benito Juárez, quienes comenzaron a elaborar una serie de leyes orientadas a la reforma del Estado y su separación de la Iglesia. Durante su gobierno convocó a un Congreso Constituyente responsable de la elaboración de una nueva Carta Magna que se promulgó el 5 de febrero de 1857. Renunció a la presidencia por no acostumbrarse a la vida en la ciudad y dejó el poder a Ignacio Comonfort.

Durante la guerra de Reforma (también llamada Guerra de los Tres Años) combatió al ejército conservador y en la época de la Intervención Francesa defendió la causa republicana contra el Imperio de Maximiliano de Habsburgo. Falleció en el puerto de Acapulco el 21 de agosto de 1867, año que marcó el triunfo definitivo de los liberales y la restauración de la República.

Manuel ÁLVAREZ BRAVO

Fotógrafo originario de la Ciudad de México, nacido el 4 de febrero de 1902. Al fallecer su padre, en la adolescencia trabajó en una fábrica textil y en la Tesorería General de la Nación. Su padre y su abuelo lo introdujeron a la fotografía y las artes gráficas, y le permitieron familiarizarse con la composición visual. En 1923 conoció al fotógrafo alemán Hugo Brehme, quien lo orientó para comprar su primera cámara.

Gracias a sus estudios en la Academia de San Carlos, al principio su obra se inscribió en el pictorialismo, una corriente de acuerdo con la cual la fotografía sigue los mismos patrones estéticos que la pintura. En la década de 1930 se inició en la fotografía documental como colaborador de la revista *Mexican Folkways*, que le permitió acercarse a las figuras señeras del nacionalismo mexicano, como Diego Rivera, José Clemente Orozco y David Alfaro Siqueiros. Montó su primera exposición individual en la Galería Posada. Amigo del fotógrafo francés Henri Cartier-Bresson, despertó la admiración de André Breton, fundador de la corriente surrealista, quien dio a conocer su trabajo en Europa.

De 1943 a 1959 colaboró en la industria cinematográfica realizando *stills* o fotografías fijas; su primera participación importante ocurrió en *¡Que viva México!* (1930) de Sergéi Eisenstein, y posteriormente colaboró con Luis Buñuel y John Ford; realizó, incluso, sus propios cortometrajes. Exhibida en casi doscientas exposiciones, su obra en blanco y negro se caracteriza por una interesante composición geométrica basada en motivos cotidianos de las ciudades y el campo mexicano donde súbitamente irrumpe un elemento inesperado. Su exitosa trayectoria fue reconocida con premios nacionales e internacionales, entre los que destacan el Premio Nacional de las Artes (1975) y el Premio Internacional de la Fundación Hasselblad (1984). Falleció en la Ciudad de México el 19 de octubre de 2002.

André-Marie **AMPÈRE**

Físico francés nacido en Poleymieux-au-Mont-d'Or el 20 de enero de 1775. Fue hijo de un comerciante y estudió Física, Química, Biología y Matemáticas. Mostró siempre un carácter retraído.

Gracias a un estudio matemático sobre la teoría del juego, publicado en 1892, obtuvo una plaza de profesor de la Escuela Politécnica de París. En 1824 se convirtió en profesor del Colegio de Francia.

Su fama se debe a los trabajos de laboratorio en los que experimentó con la corriente eléctrica y el magnetismo. Descubrió varias leyes que permitieron explicar por qué una corriente eléctrica rectilínea puede desviar cualquier aguja eléctrica imantada, como sucedía en el caso de la brújula.

Entonces no se conocía bien la corriente eléctrica ni sus propiedades. Tan sólo se generaba la corriente y se transportaba por cables conductores. No se tenía idea de que hubiese relación entre el magnetismo de los imanes y las corrientes eléctricas. Luego de sus experimentos, Ampère concluyó que existía una relación muy estrecha entre ambas cosas y vio que las corrientes eléctricas producían una fuerza magnética sobre los imanes, como si ellas mismas fueran imanes.

Sus descubrimientos se resumen en la ley que lleva su nombre. Para medir la intensidad de una corriente en un circuito se usa un aparato que él inventó y por eso se llama amperímetro. También se usa su nombre para identificar la unidad de intensidad de corriente eléctrica, cuyo símbolo es A, en el Sistema Internacional de medidas.

Murió en Marsella el 10 de junio de 1836.

ANAXÁGORAS

Filósofo y astrónomo griego nacido en Clazomene el año 500 a.C., perteneció a la escuela filosófica jónica. Se cree que estudió con Anaxímenes. A pesar de pertenecer a una familia noble, nunca buscó participar en los asuntos políticos. Abrió la primera escuela de filosofía en Atenas y es probable que entre sus condiscípulos estuviera Sócrates.

Escribió *Sobre la naturaleza*, tratado del que sólo se conservan algunos fragmentos, uno de los cuales indica: "Todo está en el todo". De acuerdo con su concepción, la materia primordial es infinitamente divisible y, al reducirla a un número también infinito de partes, se genera una mezcla que da origen a los distintos cuerpos. Aristóteles dio el nombre de *homeomerías* a las partes elementales pensadas por Anaxágoras.

Otro de sus fragmentos dice: "Al principio era el caos, después vino la inteligencia, que lo puso todo en orden". Se sabe que concibió la existencia de una inteligencia infinita como fuerza superior de la realidad, a la que describió como una especie de materia, ligera y sutil, con fuerza motriz y conocimiento, ordenadora de los elementos que forman el mundo y de la marcha que sigue el proceso de las revoluciones de los astros, de la circulación universal.

Se interesó también en asuntos científicos. Creó una teoría evolucionista acerca del universo y explicó las causas de los eclipses solares y lunares, en la que se supone que la Luna recibe luz del Sol. Practicó la disección de animales, estudió la anatomía del cerebro y descubrió que los peces respiran por las branquias.

Acusado de ateísmo y condenado a muerte, la pena se le conmutó por el exilio, de modo que finalmente tuvo que huir de Atenas. Murió en Lampsaco en 428 a.C.

Pedro María **ANAYA**

Militar y político mexicano nacido en San Mateo Huichapan, Hgo., el 20 de mayo de 1795. Fue bautizado como Pedro Bernardino, siendo sus padres Pedro José Anaya y Maldonado y María Antonia de Álvarez, ambos españoles. A los 16 años inició su carrera militar en el ejército realista. Después del Pacto de Iguala, se integró en 1821 al ejército trigarante con el grado de capitán.

En 1822 acompañó a Vicente Filisola a independizar Guatemala, nación que manifestó su voluntad de unirse al imperio

mexicano. Por entonces Anaya enfermó de cierta consideración y se retiró del servicio militar; pasó a ocupar una diputación. Durante la intervención estadounidense se reincorporó
al servicio activo. Cubrió el interinato de la presidencia del 2 de
abril al 30 de mayo de 1847; declaró a la Ciudad de México en
estado de sitio, requisó algunos bienes eclesiásticos y ordenó el
servicio militar obligatorio para los varones de 16 años en adelante. Junto con el general Manuel Rincón participó en la defensa de Churubusco —desde el ex convento de San Diego—,
donde hubo de rendirse por falta de parque, cayó herido, resultó con graves quemaduras en la cara y fue hecho prisionero.

Al acabar la guerra quedó en libertad y de nuevo ocupó de
forma interina la presidencia: del 8 de noviembre de 1847 al 8
de enero de 1848; se presentó a rendir protesta portando una
banda tricolor cruzada sobre el pecho, hecho que desde entonces
forma parte del ceremonial de la toma de posesión presidencial.
Cuatro años después fue ministro de Guerra y Marina durante
el gobierno del general Mariano Arista, y posteriormente director de correos, cargo que desempeñó hasta el final de sus días.

Murió en su domicilio de Azcapotzalco el 21 de marzo de
1854, a causa de una pulmonía.

Hans Christian **ANDERSEN**

Poeta y escritor danés, nacido en Odense,
Dinamarca, el 2 de abril de 1805. Su vida en
la casa paterna fue de pobreza y privaciones;
sin embargo, lo enriqueció con impresiones y
experiencias que se reflejarían más tarde en su
obra. A los 14 años decidió probar suerte en el
mundo del teatro en la ciudad de Copenhague
como escritor, actor y cantante. Empezó por
escribir poesía y obras de teatro en 1822. Su
primer éxito fue *Un viaje a pie desde el canal de Holmen a la
punta este de Amager* en los años 1828 y 1829. Su primera novela, *El improvisador,* o *Vida en Italia,* se publicó en 1835, lo mismo que su primer libro de cuentos *Historias de aventuras para
niños.* De este último salió a la luz una nueva edición en 1838.

Efectuó alrededor de 30 viajes por diferentes países de
Europa. Para 1843, Andersen era un escritor reconocido en
toda Europa y publicó *Cuentos nuevos,* del cual se agotaron dos
ediciones en un mes. Sin embargo, continuaba buscando reconocimiento como dramaturgo y novelista, por lo que en 1842
escribió *El bazar de un poeta,* y en 1875 *Ser o no ser,* entre otros.

Aunque no sentía mucho apego por sus cuentos de hadas, tampoco dejó de trabajar en ellos y en 1847 publicó *Cuentos nuevos. Volumen 2*. En los últimos años de su vida pasó mucho tiempo leyendo sus cuentos a audiencias que llegaron a ser de hasta 1 000 personas.

Murió en Copenhague el 4 de agosto de 1875. Sus cuentos más conocidos son "El patito feo", "El traje nuevo del emperador", "La reina de las nieves", "Las zapatillas rojas", "El soldadito de plomo", "El ruiseñor", "La sirenita", "La princesa y el guisante", muchos de los cuales han sido traducidos a más de 80 idiomas y sus adaptaciones siguen generando riqueza a más de un siglo de su muerte.

ANÍBAL

Militar nacido en Cartago, en 247 a.C. Su padre, Amílcar, comandante del ejército cartaginés, lo inició en el arte de la guerra y al morir él, Aníbal asumió su puesto cuando tenía 26 años. Realizó expediciones desde el sur de la península ibérica y destruyó la ciudad de Sagunto, aliada de Roma, además de que cruzó el río Ebro, establecido en 226 como límite entre Cartago y Roma, lo que dio inicio a la Segunda Guerra Púnica hacia 218 a.C.

Emprendió una campaña de invasión sobre Roma desde Hispania para lo cual atravesó los Pirineos, el Ródano y los Alpes hasta llegar al norte de Italia. En el trayecto perdió casi la mitad de sus efectivos. Pese a ello, Aníbal obtuvo una decisiva victoria sobre Escipión en el río Ticino. En 217 a.C. libró la batalla del Trasimeno, donde derrotó a Cayo Flaminio, consolidó su posición y continuó avanzando hacia Roma. En Cannas, ya en agosto de 216 a.C., infligió a los romanos su peor derrota.

Aníbal intentó marchar sobre Roma en 211 a.C., pero tuvo que retirarse a esperar tropas de refresco desde Hispania, que nunca llegaron, por lo que quedó inmovilizado y, a la postre, fue expulsado de Italia. En 202 a.C. se vio obligado a regresar a Cartago al saberla amenazada por Escipión *el Africano*, quien lo venció en Zama.

Incorporado a la vida civil, Aníbal trató de realizar reformas sociales y económicas en Cartago, pero sus adversarios lo acusaron de intrigar contra Roma, por lo que tuvo que huir. Terminó quitándose la vida en Bitinia, en 183 a.C.

Es reconocido como uno de los más grandes genios militares de la historia universal. Admirado por sus enemigos y por personajes como Napoleón, sus tácticas son objeto de estudio en las academias militares aún hoy en día.

Tomás de **AQUINO**

Teólogo y filósofo italiano nacido en 1225, en el castillo de Roccasecca, cerca de Aquino, Italia. Hijo de nobles, recibió sus estudios parvularios en la abadía benedictina de Monte Casino y después en la Universidad de Nápoles. Ingresó a la orden de los dominicos cuando tenía 20 años de edad. Concluyó sus estudios en París con el filósofo alemán Alberto Magno, a quien siguió a Colonia en 1248. Allí fue ordenado sacerdote en 1250.

Regresó y en 1252 empezó a impartir la cátedra de teología en la Universidad de París y eventualmente en otras ciudades europeas. Entre 1254 y 1259 escribió *Comentario sobre los cuatro libros de sentencias de Pedro Lombardo*, la primera de sus grandes obras. Recibió el grado de doctor en teología en 1257. Sirvió de consejero y profesor en la curia papal en 1259 por orden de Alejandro IV. Escribió *Suma contra los gentiles*, un tratado que apela a la razón para explicar la fe cristiana, entre 1261 y 1264. Se estableció de nuevo en París de 1268 a 1272, año en que volvió a Nápoles. Fue en esta época (1265 a 1273) que empezó a escribir su principal obra: *Suma teológica*, cuyo objetivo es presentar los fundamentos de la teología de manera sencilla; la dejó inconclusa, por lo que sus discípulos la completaron.

Murió en el monasterio de Fossanova, en 1274, cuando viajaba al concilio de Lyon.

ARISTÓFANES

Comediógrafo griego nacido en Atenas, hacia 445 a.C. Fue hijo de Filipo, al parecer rico terrateniente de Engina. La educación de Aristófanes debió ser muy esmerada. Desde una edad muy temprana mostró sus dotes para la comedia. Le tocó vivir durante la guerra del Peloponeso, que desaprobaba, pues consideraba que era fuente de miseria para el pueblo.

Atestiguó el esplendor de Atenas y su decadencia. Participó de manera activa en la pugna del pueblo contra el gobierno buscando solución a los problemas de su patria, mediante la instauración de la aristocracia y en contra de los gobernantes demócratas.

Fue un escritor prolífico, con alrededor de 40 comedias, de las cuales sólo han llegado 11 a nuestra época: *Los acarnenses* (425 a.C.), una obra pacifista; *Los caballeros* (424 a.C.), crítica a la beligerancia de los atenienses; *Las nubes* (423 a.C.), sátira dirigida a los sofistas; *Las avispas* (422 a.C.), donde critica el

sistema judicial ateniense; *La paz* (421 a.C.), obra antibelicis-
ta; *Las aves* (414 a.C.), crítica al legalismo de los atenienses;
Lisístrata (411 a.C.), la más conocida, de nuevo el tema es el
pacifismo; *Las tesmoforiazusas* (411 a.C.), donde se burla de
Eurípides; *Las Ranas* (405 a.C.), también contra Eurípides, sólo
que en ésta, después de muerto; *La asamblea de las mujeres*
(392 a.C.), en la que satiriza los bienes comunes, y *Pluto* (388
a.C.), acerca de la repartición de la riqueza.

Aunque se constituyó en duro crítico de los políticos de su
época a través de sus comedias, su obra es universal y atempo-
ral. Murió en Atenas, en 386 a.C.

ARISTÓTELES

Filósofo griego nacido en Estagira, Macedonia, en 384 a.C. Viajó a Atenas cuando tenía
17 años para ingresar en la Academia, donde
se convirtió en el alumno más destacado. Allí
permaneció hasta la muerte de Platón en 348
a.C. Se fue a la ciudad de Axos, donde estuvo
tres años. En 345 a.C. se instaló en la isla de
Lesbos para estudiar biología. Filipo de Macedonia lo contrató dos años después para edu-
car a su hijo de 13, que luego sería conocido como Alejandro
Magno y que le sucedió en el trono a su muerte en 336 a.C.
Aristóteles se retiró entonces a Estagira. Dos años más tarde
regresó a Atenas y fundó el Liceo, una institución que competía
con la Academia platónica, pero fundada en el sistema filosófico aristotélico que criticaba al de Platón. En esa época realizó
una profunda revisión de su obra, sin duda una de las más
trascendentales en la historia, hasta la muerte de Alejandro en
323 a.C., suceso que desató entre los atenienses manifestaciones contra Macedonia y sus ciudadanos, por lo que Aristóteles huyó a Calcis, en Grecia, donde murió un año después.

La influencia del pensamiento de Aristóteles abarcaría más
allá de la Edad Media y llegaría hasta el Renacimiento, siempre
como piedra angular de cualquier avance en prácticamente
cualquier campo del intelecto humano. Su obra está com-
pendiada en el *Corpus aristotelicum* y la conforman: *Organon*,
tratados de lógica; *Física*, escritos acerca de la naturaleza; *Metafísica*, se les llama así sólo por estar después (*meta* en griego)
de los escritos de física y tratan de filosofía; *Ética y política*,
donde se incluye su célebre *Ética para Nicómaco*, y *Retórica y
poesía*.

ARQUÍMEDES

Matemático griego nacido en la ciudad de Siracusa, hacia 287 a.C. Es considerado el matemático más grande del mundo antiguo, aunque su quehacer se extendió más allá y fue físico, ingeniero, inventor y astrónomo como su padre. Estudió en Alejandría, donde conoció a Eratóstenes, otro gran matemático griego. Regresó a Siracusa, y ahí pasó la mayor parte de su vida. Enunció la teoría de la mecánica básica de la palanca, descubrió el principio hidrostático que lleva su nombre, calculó de manera muy precisa el valor de Pi, además de que desarrolló múltiples inventos como armas, el polipasto, el odómetro y un tornillo para elevar agua.

Murió hacia 212 a.C. durante el sitio y la toma de Siracusa, a manos de un soldado romano, a pesar de que el general a cargo dio indicaciones expresas de respetar la vida del reconocido matemático. Se conservan nueve libros atribuidos a él, aunque se compilaron hacia el año 530 d.C., y muchos de los inventos atribuidos a Arquímedes tuvieron que esperar varios siglos para comprobar su aplicación práctica.

Juan José **ARREOLA**

Escritor mexicano nacido el 21 de septiembre de 1918, en Ciudad Guzmán, Jalisco, donde inició sus estudios. A los 19 años partió a la Ciudad de México para inscribirse en la Escuela Teatral de Bellas Artes. Publicó *Sueño de Navidad* en 1941. Fue un destacado escritor, dramaturgo y editor, aunque tuvo que desempeñar diversos empleos y oficios en varias etapas de su vida, experiencias que Arreola capitalizó reflejándolas en su obra.

En su labor como editor, publicó cuentos inéditos de escritores como Gabriel García Márquez y Julio Cortázar en su colección *Los presentes* y tuvo en sus manos el manuscrito de *Pedro Páramo*. Fundó la revista *Pan* con Juan Rulfo en 1944.

Su primer libro de cuentos, *Varia invención*, se publicó en 1949 y tres años más tarde apareció *Confabulario*. En 1963 publicó *La feria*. Dirigió la colección *Cuadernos del unicornio* en 1958, al tiempo que iniciaba actividades como catedrático en la Universidad Nacional Autónoma de México. *Bestiario* se publicó en 1972 y, al año siguiente, *La palabra educación. Inventario* es de 1976 y *Confabulario personal* de 1985. *Tú y yo somos uno mismo* se publicó en 1988.

Entre los reconocimientos que recibió figuran: el Premio Jalisco en Literatura en 1953 y 1989; el Premio Xavier Villaurrutia en 1963, por su obra como dramaturgo; el Premio Nacional de Periodismo de México 1977, por su divulgación de la cultura; el Premio Nacional en Lingüística y Literatura de México en 1979; el Premio de Literatura Latinoamericana y del Caribe Juan Rulfo, en 1992, y en 1995 el Premio Internacional Alfonso Reyes.

Falleció el 3 de diciembre de 2001 en Guadalajara, Jalisco.

Antonin **ARTAUD**

Poeta, ensayista, actor y director de teatro francés, nacido en Marsella el 4 de septiembre de 1896. Desde pequeño dio muestras de trastornos de la conducta, por lo que pasó mucho tiempo recluido. En 1918 manifestó una notable mejoría, por lo que se le permitió salir. Llegó a París cuando tenía 24 años. En 1924 publicó sus primeros versos, lo que le llevó entrar en contacto con André Breton y el surrealismo, con quien rompió cuatro años después. Incursionó en el cine como actor y guionista, participando en 22 películas sin dejar de lado su labor de escritor, pues publicó varias obras en ese periodo.

Su propuesta del "teatro de la crueldad", donde se busca generar una impresión violenta en el espectador, quedó planteada en *El teatro y su doble*. Intentó montar varias obras de su autoría sin éxito, por lo que dejó la dramaturgia en 1935 y un año después, llevado por su interés en la cultura solar, viajó a México para convivir con los indios tarahumara, donde experimentó con hongos alucinógenos.

De regreso en Europa viajó a Irlanda, donde vivió en la miseria. Regresó a Francia pero sus delirios se intensificaron luego de su experiencia con el peyote, por lo que fue recluido en un manicomio, de donde salió luego de 10 años. Cuando regresó a París en 1947 gozaba de amplio reconocimiento. En ese año publicó *Van Gogh, el suicidio de la sociedad*, galardonado al año siguiente con el Prix Saint-Beuve.

Su obra más conocida, *Para acabar con el juicio de Dios*, se publicó varios meses después de su muerte ocurrida el 4 de marzo de 1948 en el asilo de Ivry-sur-Seine, en París.

José Gervasio **ARTIGAS**

Militar uruguayo nacido en Montevideo, el 19 de junio de 1764. A los 10 años inició su educación en un colegio franciscano y cuatro años más tarde fue enviado a la chacra de su padre, donde se dedicó a las faenas del campo y adquirió pericia en el manejo de las armas y del caballo. En 1780 se internó en la llamada Campaña Oriental y empezó a relacionarse con charrúas y gauchos de la región.

A los 21 años se estableció en la villa de Soriano, donde participó en actividades clandestinas, como el abigeato, con un grupo de charrúas. Amparado por una amnistía, en 1797 ingresó al Cuerpo de Blandengues, milicia autorizada por el rey para proteger las fronteras. En 1800 participó en el reparto de tierras para la fundación de Batoví. Durante las invasiones inglesas en 1806, tomó parte en la reconquista de Buenos Aires y en la defensa de Montevideo.

En 1811 desertó y se puso a las órdenes de la junta revolucionaria en Buenos Aires, de la que recibió el grado de teniente coronel, además de hombres y recursos para iniciar el levantamiento en la Banda Oriental contra los españoles, lo que hizo hasta el punto de poner sitio a Montevideo.

Sorpresivamente la junta negoció un armisticio con el gobernador español, lo que motivó a Artigas, que no quería seguir bajo la tutela de España, a realizar un éxodo con cerca de 16 000 personas, quienes cruzaron el río Uruguay y se instalaron en Ayuí, desde donde organizó políticamente las provincias aledañas e inició la lucha contra los centralistas de Buenos Aires, a quienes derrotó en 1815. Tomó Montevideo para organizar un gobierno federalista y resistió hasta 1820, cuando fue derrotado por los portugueses. Se exilió en Paraguay desde entonces y hasta su muerte, ocurrida el 23 de septiembre de 1850.

ATAHUALPA

Emperador inca. Al morir Huayna Cápac, los orejones (nobles) de Cuzco impusieron como soberano a Huáscar, hijo del difunto y su colla (esposa principal), pero los de la región sur y en especial los de Quito preferían a Atahualpa, hijo del soberano y la princesa quiteña Paccha, quien lo dio a luz en 1500. En 1528, tras la entronización de Huáscar, Atahualpa pidió ser nombrado gobernador de Quito, pero su medio hermano se lo negó. Estalló una guerra fratricida que dejó muy debilitado al Tahuantinsuyo (el imperio incaico). Finalmente en 1532 venció Atahualpa e hizo ejecutar en Cajamarca a Huáscar y su familia.

Ese mismo año arribaron Francisco Pizarro y sus hombres a Cajamarca. El 16 de noviembre quedó concertada la entrevista entre Atahualpa, rodeado de su cortejo de servidores, y los españoles. En cuanto éstos vieron aparecer al inca, le leyeron (en español, lengua que el soberano desconocía) un requerimiento para que se entregara al rey de España y se convirtiera a la fe cristiana. El fraile Vicente Valverde avanzó con una biblia mientras decía a los intérpretes que ahí llevaba "la palabra de Dios". Atahualpa se acercó el libro al oído, no escuchó nada y la arrojó al suelo. De inmediato los españoles atacaron y dieron muerte al cortejo, mientras Pizarro capturaba al inca.

Llevaron atado a Atahualpa a Amaruhuasi, donde lo mantuvieron cautivo varios meses. A cambio de liberarlo, Pizarro le exigió que llenara de oro una gran habitación y de plata otras dos. Atahualpa envió mensajeros a todo el imperio y pronto los españoles vieron cómo se acumulaban las piezas de metales preciosos. Pero eso no lo libró de la muerte, acusado de fratricida y asesino por los españoles, quienes primero lo bautizaron y después lo ahorcaron en la plaza de Cajamarca el 26 de julio de 1533. De negarse al bautizo lo habrían quemado en la hoguera.

Dr. ÁTL (Gerardo Murillo)

Pintor, escritor y vulcanólogo mexicano nacido el 3 de octubre de 1875 en Guadalajara, Jalisco, hijo de Eutiquio Murillo, químico farmacéutico, y de Rosa Cornadó, Tuvo otros cinco hermanos. Realizó sus primeros estudios en su ciudad natal y allí mismo tomó sus primeras clases de pintura. Estudió la preparatoria en Aguascalientes y luego se trasladó a la Ciudad de México con el propósito de estudiar en la Academia de San Carlos. Fue un alumno distinguido, por lo que el gobierno de Porfirio Díaz le otorgó una beca. Llegó a París en 1897. Después se dirigió a Roma, Italia, para perfeccionar su arte y allí estudió además Derecho y Filosofía, al tiempo que se empapaba de las nuevas ideas artísticas y políticas. En 1900 participó en una exposición de pintura en París, donde le otorgaron una medalla.

Regresó a México en 1903 y expuso algunas de sus obras. En 1911 regresó a Italia para estudiar Vulcanología, conocimientos que aplicó en 1942 al volcán michoacano Paricutín, sobre el cual escribió *Cómo nace y crece un volcán: el Paricutín*. Durante la etapa revolucionaria se pronunció en contra de la dictadura y a favor de una renovación cultural, social, moral y estética completa. Se dice que el argentino Leopoldo Lugones le dio su apodo de Dr. Átl (de *atl*, "agua" en náhuatl). En 1914 fue director de la Escuela Nacional de Bellas Artes. En 1916 su activismo con los obreros molestó a Carranza, quien lo hizo encarcelar por poco tiempo. En 1921 conoció a Carmen Mondragón, mujer muy hermosa de la que se enamoró y a la que puso el sobrenombre de *Nahui Ollin* ("Cuarto movimiento", en náhuatl), pero la relación acabó violentamente.

El Dr. Átl prosiguió con la pintura —inventó unas resinas llamadas "atlcolors"— y el montañismo. Entre sus obras escritas *Gentes profanas en el convento* y *Cuentos de todos colores*. Sus pinturas más destacadas son: *Las bañistas, La nube, Amanecer en el Iztaccíhuatl, Erupción del Paricutín* y *Retrato de Nahui Ollin*.

Su trato con el Paricutín le costó la amputación de la pierna derecha. Continuó trabajando hasta su deceso, ocurrido el 15 de agosto de 1964.

Cayo Julio César Octavio **AUGUSTO**

Primer emperador romano, más conocido por "Augusto", título que le otorgó el Senado y el pueblo de Roma, nacido el 24 de septiembre del 63 a.C. en la Ciudad Eterna, hijo de Cayo Octavio y Atia, sobrina de Julio César.

Su infancia y juventud estuvieron marcadas por los altibajos políticos de su famoso tío abuelo, quien en 45 a.C. lo nombró hijo adoptivo y heredero universal, por lo que Octavio añadió a su nombre el de Julio César. Acompañó a éste en la campaña en Hispania haciendo sus primeras armas, porque su educación más bien lo había preparado para ser un letrado.

El asesinato de César el 15 de marzo de 44 a.C. lanzó al joven a la política, presentándose ante el pueblo romano como el heredero del legado político de Julio César, y aliado con Marco Antonio y Lépido (con quienes formó un triunvirato). Persiguió a los asesinos de su padre adoptivo y los venció. Más tarde se enfrentaría con Cleopatra y su amante Marco Antonio —que planeaban la creación de un imperio oriental, a expensas de Roma—; los venció en la batalla naval de Accio en el año 31 a.C., y acabó con la posibilidad de dividir el imperio.

Apoyado por dos sobresalientes amigos, Agripa y Mecenas, se entregó a un vasto programa de reparto de tierras a los soldados veteranos en las provincias y de mejoramiento urbano en

Roma, lo que le valió recibir el título de "augusto" el 16 de enero del 27 a.C. A partir de entonces gobernó como monarca, manteniendo buenas relaciones con el Senado al que fue privando de poder e influencia. Extendió los límites del imperio por el norte hasta el Rhin, pacificó las provincias africanas, acordó el trono de Israel a su aliado Herodes, y miró en todo por los intereses romanos. Vivía austeramente y dictó leyes contra el lujo. Su segunda esposa, Livia Drusila, actuó como modelo del ideal femenino, aunque era intrigante e incluso cruel.

Augusto no tuvo herederos varones, por lo que al morir el 15 de marzo del 14 d.C., el imperio quedó en manos de Tiberio, su hijastro.

Amadeo **AVOGADRO**

Físico italiano nacido en Turín el 9 de junio de 1776, hijo de una devota familia que quiso orientarlo hacia la carrera eclesiástica. Estudió Derecho canónico y alcanzó el grado de doctor al cumplir los 20 años de edad, pero para desilusión familiar, no ejerció. Su pasión eran las ciencias exactas: matemáticas, física y química, a las cuales se dedicó.

Para ganarse el sustento daba clases en colegios pequeños, en los cuales montó varios de sus experimentos. Pese a lo escaso de sus recursos y a lo empírico de sus procedimientos, Avogadro consiguió hacer un descubrimiento asombroso: que era posible conocer la cantidad de moléculas contenidas en un determinado volumen de gas. A partir de eso concibió la llamada Ley de Avogadro. En 1811 publicó los resultados de sus investigaciones, incluido el denominado Número de Avogadro, una constante de esa cantidad de moléculas expresada en gramos, que es igual a 6×10^{-23}. En principio sus ideas no fueron aceptadas, pero 40 años después de la publicación, Avogadro fue invitado a una convención científica celebrada en Alemania, donde tuvo oportunidad de explicarlas ampliamente. Convenció a la comunidad científica.

El físico murió en su ciudad natal el 9 de julio de 1856.

Mariano **AZUELA**

Médico y escritor mexicano nacido en Lagos de Moreno, Jalisco, el 1 de enero de 1873. Estudió Medicina en Guadalajara y, una vez titulado, regresó a Lagos de Moreno para ejercerla. Al mismo tiempo comenzaba a escribir y en 1907 publicó su primera novela: *María Luisa*.

Fue un convencido seguidor del maderismo y el inicio de la Revolución lo conmovió de tal modo que en 1911 publicó *Andrés Pérez, maderista*. El desarrollo de la gesta revolucionaria lo llevó a crear su obra maestra: *Los de abajo*, donde expresó los anhelos y frustraciones de quienes se habían ido, como él, a "la bola", para democratizar y sanear al país. Ese relato fue la pauta para el desarrollo de la llamada "novela de la Revolución". Azuela también escribió teatro, crítica literaria y biografía. *Sendas prohibidas*, una de sus últimas obras, sirvió de inspiración para la primera telenovela de factura mexicana. Fue miembro fundador de El Colegio Nacional.

Murió el 1 de marzo de 1952 en la Ciudad de México.

Juana **AZURDUY**

Heroína de la independencia de Bolivia, nació el 12 de julio de 1780 en Chuquisaca (ciudad de la entonces provincia del Alto Perú, que desde 1776 pertenecía al virreinato de La Plata), hija de Matías Azurduy, rico criollo, y Eulalia Bermúdez, indígena.

Se crió en el campo, al lado del padre, pues doña Eulalia murió cuando la niña tenía siete años. Poco después también quedó huérfana de padre. Sus tíos y tutores determinaron que fuera monja y la ingresaron al convento de Santa Teresa, del que salió a los 17 años tras una tormentosa disputa con la superiora. Poco después contrajo matrimonio con su vecino y amigo de la infancia, Manuel Ascencio Padilla. Ambos simpatizaban con las ideas libertarias de un círculo de jóvenes bonaerenses partidarios de sacudirse la dominación española y no vacilaron en unirse a la causa independentista en 1810.

Al estallar la rebelión en Chuquisaca, La Paz y Cochabamba, Juana y su esposo, junto con sus hijos, viven huyendo y peleando como guerrilleros. Por su origen, la notable mujer encontró la solidaridad de los indígenas, que incluso combatieron a las órdenes de ella contra los realistas. Las penalidades de semejante vida le arrebataron a cuatro hijos, pero ni por eso cejó en su empeño. Alcanzó el grado de teniente coronel en el ejército libertador argentino. Su esposo, Manuel Ascencio Padilla, fue asesinado en 1816.

En 1825, ya independizada Bolivia, regresó a Chuquisaca en compañía de Luisa, su única hija superviviente, y allí vivió en la mayor pobreza hasta 1862. Sus restos fueron sepultados en la fosa común.

Charles **BABBAGE**

Matemático e inventor inglés, nacido en Teingmouth, Devonshire, el 26 de diciembre de 1791, hijo de una acaudalada familia de banqueros, lo cual permitió que el enfermizo Charles tuviera acceso a una buena educación. Estudió con maestros privados hasta que en octubre de 1810 estuvo en condiciones de ingresar al Trinity College de Cambridge, donde halló que no era buena la enseñanza de las matemáticas —su asignatura preferida—, por lo que con otros alumnos y amigos, como John Herschel, organizó la Sociedad Analítica, dedicada a estudiar matemáticas por su cuenta. Cuando en 1812 fue transferido a Peterhouse, Cambridge, era el mejor matemático del grupo, pero por alguna razón no logró graduarse con honores y sólo en 1814 alcanzó un título honorario. Ese mismo año se casó con Georgina Whitmore, con quien procreó ocho hijos.

Babbage se concentró en el problema de encontrar un método mecánico de hacer tablas matemáticas para evitar los frecuentes errores humanos al hacer cálculos. A principios de 1822 ya había concebido el diseño de una máquina calculadora y lo presentó a la Royal Society como "una aplicación de la maquinaria al cómputo de tablas astronómicas y matemáticas". Gracias a una beca, pudo empezar a construir la máquina calculadora, inventando de paso las herramientas necesarias.

En 1828 aceptó la cátedra lucasiana de matemáticas en la Universidad de Oxford, una de las más prestigiosas del mundo. Entre 1833 y 1842 revisó la estructura de su diseño y lo replanteó para convertirlo en una máquina analítica programable, con lo cual sentó las bases de la computación informática. En 1845 inició los trabajos para la que sería una máquina diferencial.

Babbage dejó inconclusas sus máquinas por falta de recursos y sólo una de ellas fue construida totalmente en 1991, cuando pudo verificarse que funcionaba a la perfección. Murió el 18 de octubre de 1871.

Johann Sebastian **BACH**

Músico alemán nacido en Eisenach, Turingia, el 21 de marzo de 1685. Provenía de una familia de larga tradición como músicos profesionales. Al morir su madre (1694) y su padre (1695), se fue a vivir a Orhdruf, con su hermano mayor Johann Christoph, que era organista en ese lugar. Él se encargó de que Johann Sebastian asistiera a la escuela y de darle una completa educación musical.

De niño Bach incluso fue cantor del coro de la iglesia de San Miguel en Lunenburg. A los 18 años era un músico consumado que tocaba la viola, el violín y un instrumento que le gustaba especialmente: el órgano; hacía largas caminatas para oír las ejecuciones del famoso Dietrich Buxtehude. Su habilidad como violinista hizo que fuera contratado en 1703 para formar parte de la orquesta ducal en Weimar. Poco después aceptó el puesto de organista en la iglesia de San Bonifacio en Arnstadt. Su trabajo incluía componer música apropiada para los oficios religiosos y pronto hubo quejas en su contra porque sus composiciones le parecían a la feligresía excesivamente innovadoras. Sin embargo, Bach continuó evolucionando y perfeccionando su estilo, asimilando lo mejor de otros y elevándolo a mayores alturas.

En 1707 se casó con su prima María Bárbara Bach, con quien procreó siete hijos. En 1720 empezó a escribir su *Manual del clavicordio;* ese año murió su esposa y al siguiente se casó de nuevo, esta vez con la soprano Anna Magdalena Wilcken. En total, el músico tuvo 20 hijos. En la vejez, Bach padeció cataratas, se sometió a una operación tan dolorosa como inútil y vivió ciego sus últimos años. Su música no era realmente valorada y la familia vendió las partituras como papel usado. Se debe a Félix Mendelssohn haber recuperado una parte de ellas. Bach murió el 28 de julio de 1750. Entre sus obras más destacadas están: *Variaciones Goldberg, La Pasión según San Mateo, Preludios corales,* dos tomos de *El clave bien temperado,* así como misas y más de 200 cantatas.

Honoré de **BALZAC**

Escritor francés nacido en Tours el 29 de mayo de 1799, hijo del matrimonio burgués constituido por Bernard-François Balzac, de 53 años, y Laure Sallambier de 21, algo común en esa época. El niño fue dado en crianza a una nodriza hasta los seis años y luego enviado a un internado, del que salió a los 14. Permaneció en la casa paterna hasta los 18, cuando se fue a París y se instaló en un desván alquilado, pasando muchas penalidades debido a la falta de recursos, pues sus padres no le daban dinero porque desaprobaban su decisión. Sin embargo, Balzac ingresó a la universidad y estudió Derecho, mientras trabajaba como pasante en un despacho notarial. Hacia 1819 ya sentía la necesidad de dedicarse a las letras.

En 1829 publicó su primer éxito, *El último chuán,* al que siguió en 1831 *La piel de zapa,* relato que combina la observación detallista con la fantasía. En 1832 aparece en su vida la misteriosa condesa polaca Eveline Hańska, con quien sostuvo una larga relación epistolar y finalmente se casaron el 4 de marzo de 1850, pocos meses antes de su muerte. Para entonces, el escritor había publicado gran parte de su *Comedia humana*, como llamaba al conjunto de novelas donde se proponía —a diferencia de la *Divina comedia*, de Dante— exponer la naturaleza real y objetiva del ser humano: *Papá Goriot, Eugenia Grandet, Las ilusiones perdidas, El médico del pueblo, La solterona, Esplendores y miserias de las cortesanas…*

Con la salud quebrantada por los excesos, falleció el 18 de agosto de 1850.

Charles **BAUDELAIRE**

Poeta y crítico de arte nacido el 9 de abril de 1821 en París, Francia, hijo de Joseph-François Baudelaire, de 60 años de edad, y Caroline Archenbaut-Dufays, de tan sólo 26. Su padre murió cuando Charles tenía seis años y la madre volvió a casarse al año siguiente. El padrastro no fue del agrado del niño y éste acabó internado en diversos colegios desde 1833.

Al concluir el bachillerato, hacia 1840 Baudelaire entró en relación con literatos del ambiente bohemio de París. Su madre, alarmada, lo obligó a hacer un largo viaje por el Índico, del cual regresó al cabo de 10 meses, decidido a hacerse cargo de su destino. En 1842 conoció a la belleza mulata Jeanne Duval, con quien mantuvo una relación accidentada el resto de su vida. Al llegar a la mayoría de edad, exigió su herencia y se lanzó de lleno a la bohemia. Eso motivó que su madre y padrastro consiguieran imponerle restricciones legales al acceso de su modesta fortuna. Pobre, pero digno y reservado, se presentaba en las reuniones con otros escritores como Théophile Gautier y Théodore Banville.

A partir de 1845 comenzaron a aparecer sus ensayos críticos sobre la pintura del momento: *Salón de 1845, Salón de 1846, La vida y la obra de Eugène Delacroix* y *El pintor de la vida moderna*. En 1850 publicó su obra poética más apreciada, *Las flores del mal*. A ésta seguirán *Los paraísos artificiales* y *Los poemas en prosa*.

Aquejado de una afección dolorosísima entonces desconocida (posiblemente fibromialgia), comenzó a usar opio y éter, lo que empeoró su salud. Falleció el 31 de agosto de 1867.

Simone de **BEAUVOIR**

Filósofa existencialista originaria de París, Francia, nacida el 9 de enero de 1908 en el seno de una familia católica de clase media. Alumna de colegios religiosos, tras realizar estudios de Matemáticas, Lengua y Literatura, ingresó a la Universidad de París (en el plantel de la Sorbona) donde conoció a Jean-Paul Sartre, su compañero de toda la vida. Ahí se familiarizó con el pensamiento de los filósofos Martin Heidegger y Edmund Husserl y las ideas del psicoanalista Sigmund Freud.

Tras obtener el título de filosofía (en esa época eso significaba un logro excepcional para una mujer), ejerció la docencia y dio inicio a su carrera como escritora, marcada en la ficción y el ensayo por la corriente existencialista, vertiente de la filosofía de acuerdo con la cual la esencia humana se construye en la existencia. *La ética de la ambigüedad* (1947) se inscribe en esa ideología.

Su mayor contribución al pensamiento occidental fue *El segundo sexo* (1949), una obra pionera de la filosofía desde la perspectiva feminista, cuya idea central propone que, a lo largo de la historia, la mujer ha sufrido la opresión de un mundo masculino en el que ha quedado reducida a ser un mero complemento del varón. Este libro se considera el texto fundacional del feminismo y de los estudios femeninos.

En 1943 apareció su novela *La invitada* y en 1954 *Los mandarines,* su creación literaria más importante, reconocida con el Premio Goncourt del mismo año. En ella examina la responsabilidad social de los intelectuales, el comunismo, el socialismo y el avance del imperialismo estadounidense en Occidente. A estas piezas centrales se suman relatos, obras de teatro, libros de viaje y volúmenes autobiográficos como *Memorias de una joven formal* (1958), *Final de cuentas* (1972) y *La ceremonia del adiós* (1981), esta última dedicada a la muerte de Sartre, ocurrida el año anterior. Falleció en su ciudad natal, el 14 de abril de 1986.

Samuel **BECKETT**

Novelista y dramaturgo irlandés nacido en Dublín el 13 de abril de 1906, en el seno de una familia burguesa protestante. Estudió francés, inglés e italiano en el prestigiado Trinity College de esa ciudad. Se licenció en filología moderna y fue lector de la Escuela Normal Superior de París, donde trabó amistad con James Joyce, quien influyó decisivamente en su obra y en su vida personal.

En la década de 1930 dio a la imprenta sus primeros trabajos en los que destaca la novela *Murphy* (1938). Durante la ocupación alemana en la Segunda Guerra Mundial fue mensajero de la resistencia francesa, labor por la que recibió la Cruz de Guerra y la Medalla de la Resistencia.

Después de realizar trabajo humanitario para la Cruz Roja Internacional, entre 1948 y 1949 trabajó en su pieza teatral *Esperando a Godot,* una exploración del sinsentido y el vacío existencial prevalecientes en la época de la posguerra, influida por el llamado "teatro del absurdo", corriente iniciada por el rumano Eugène Ionesco y convertida en un clásico contemporáneo.

Al mismo tiempo publicó sus novelas *Molloy* y *Malone muere* (ambas en 1951). Siguieron *Final de partida* (1957) y *Cómo es* (1961), texto de extremo carácter experimental (traducido al español por José Emilio Pacheco), en que el lenguaje fluye libremente. Mientras todas estas obras, caracterizadas por sus innovaciones formales y su arriesgada estructura, fueron escritas en francés, entre 1977 y 1980 Beckett regresó a su lengua materna en la que escribió *Tres piezas ocasionales* (teatro, 1982) y su colección *Poemas reunidos 1930-1979* (1986), así como distintos volúmenes de prosas breves.

En 1969 fue reconocido con el premio Nobel de Literatura "por su escritura en que —usando formas innovadoras de la novela y el teatro— la indigencia del hombre moderno adquiere su elevación". Falleció en París el 22 de diciembre de 1989.

GUSTAVO ADOLFO **BÉCQUER** (GUSTAVO ADOLFO DOMÍNGUEZ BASTIDA)

Poeta español nacido en Sevilla el 17 de febrero de 1836. Tras la muerte de sus padres en 1854 se mudó a Madrid en busca de fortuna literaria. En esa ciudad emprendió la realización de una *Historia de los templos de España*, de la que sólo alcanzó a completar el primer volumen. Paralelamente publicó artículos en periódicos como *La Crónica* y *La Época* e incursionó en la zarzuela, el teatro y el sainete. Colaborador de *El Contemporáneo*, en el periodo 1861-1868, la época más fértil de su creación, publicó en éste sus *Cartas literarias a una mujer*, así como diversas leyendas, entre ellas *El monte de las ánimas, La corza blanca,*

BE

Maese Pérez, el organista, El Cristo de la calavera y *El rayo de luna.* Escritas en el estilo lírico del romanticismo tardío opuesto a la grandilocuencia, sus *Leyendas* —situadas a veces en la época medieval— evocan algunos relatos de Edgar Allan Poe y E.T.A. Hoffmann, y se desarrollan en una atmósfera misteriosa y onírica donde ocurren episodios extraños y sobrenaturales.

Bécquer también fue autor de un centenar de poemas o *Rimas* de carácter intimista que exploran el misterio del amor, la vida y la poesía misma. Una temporada en el Real Monasterio de Santa María de Veruela, una abadía cisterciense del siglo XII en Zaragoza, motivó la creación de *Cartas desde mi celda* (1864), autobiografía espiritual serena y reflexiva en la que destacan sus descripciones del paisaje. Su nombramiento como censor de novelas (puesto que desempeñó de 1866 a 1868) le permitió dejar las crónicas periodísticas y dedicarse a la creación estrictamente literaria.

Bécquer falleció en Madrid el 22 de diciembre de 1870. Sus poemas y prosas tomaron forma de libro póstumamente, cuando sus amigos editaron las *Obras* (1871) en dos volúmenes.

Ludwig van **BEETHOVEN**

Músico alemán que fue bautizado en Bonn (actual República Federal de Alemania), el 17 de diciembre de 1770, en el seno de una familia de ascendencia flamenca y tradición musical. En 1792 fue alumno del compositor Franz Joseph Haydn. Residente de Viena aprendió ahí las técnicas del contrapunto y la música vocal, y atrajo a la aristocracia local que celebró sus dotes como pianista y le brindó apoyo económico.

En su primer periodo como compositor (1794-1801) presentó su *Primera sinfonía en Do Mayor* (1800), sus tres primeros conciertos para piano y diversas obras de cámara. Entre 1801 y 1814 compuso las sonatas *Claro de luna* (1801) y *Apassionata* (1804), su célebre *Concierto para piano número cinco "Emperador"* (1809), llamado así en homenaje a Napoleón Bonaparte, y las sinfonías marcadas con los números 2 a 8, en las que sobresalen la *Sinfonía Eroica* (número 3, de 1804), la *Quinta Sinfonía en Do menor* (1808) y la *Sinfonía Pastoral* (número 6, de 1808). De ese periodo es también su única ópera, *Fidelio,* cuya versión definitiva concluyó en 1814.

En la etapa siguiente Beethoven se vio afligido por la sordera, la inestabilidad emocional y diversas tribulaciones personales, por lo que compuso relativamente poco. Sin embargo, a esa época pertenece una de sus obras más importantes: la *Novena Sinfonía* (1824) conocida como *Sinfonía coral*. Dotada con una rica combinación instrumental que da peso a los metales y las percusiones, un cuarteto solista y un gran coro, tiene como hilo conductor la *Oda a la alegría* del poeta Friedrich Schiller. La *"Novena"* es una de las obras más características de la libertad creativa del romanticismo y una de las sinfonías más importantes en la historia de la música. Después de este triunfo artístico, Beethoven compuso una serie de cuartetos de cuerdas notables por sus innovaciones armónicas y melódicas.

Falleció el 26 de marzo de 1827 en Viena.

Alexander Graham **Bell**

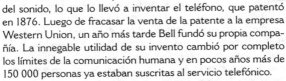

Científico y logopeda estadounidense, hijo de un brillante estudioso de fonética. Nació en Edimburgo, Escocia el 3 de marzo de 1847. Creció junto a su padre y trabajó con él en Londres hasta 1870, año en el que se trasladó a Canadá y, un año más tarde, emigró a Estados Unidos. Fue profesor en la Universidad de Boston.

Emprendió estudios para resolver problemas de los sordomudos y sobre la transmisión del sonido, lo que lo llevó a inventar el teléfono, que patentó en 1876. Luego de fracasar la venta de la patente a la empresa Western Union, un año más tarde Bell fundó su propia compañía. La innegable utilidad de su invento cambió por completo los límites de la comunicación humana y en pocos años más de 150 000 personas ya estaban suscritas al servicio telefónico.

A Bell también se debe la creación del audiómetro, un aparato para medir la respuesta del oído, y del fotófono, una forma de trasmisión del sonido por medio de la luz, preludio de la fibra óptica. Investigó también formas de reproducir el sonido por medios electromagnéticos que, pese a no haber culminado exitosamente, estableció las bases para la creación de cintas magnéticas y de computadora.

En 1877 se casó con Mabel Hubbard, una estudiante sorda cuyo padre había subvencionado económicamente los experimentos de Bell. Murió cerca de Baddeck, Canadá, en 1922.

Giovanni **Bellini**

Pintor italiano conocido también como Giambellino, nacido en Venecia alrededor de 1430. Hijo de Jacopo Bellini y hermano

37

BE

de Gentile Bellini, ambos también pintores, a él se le considera el integrante más importante de esta dinastía de artistas venecianos. En el seno de su familia obtuvo las nociones básicas del oficio pictórico, incluyendo las lecciones de su cuñado Andrea Mantegna, casado con su hermana Niccolosia. De él aprendió el dominio del dibujo, y el tratamiento del volumen y su influencia es notoria en piezas como *La Piedad: Jesús sostenido por la Virgen y San Juan*.

Alumno de la Escuela de San Marcos, en 1470 fue comisionado para pintar *El diluvio y el arca de Noé* y algunos frescos para el palacio ducal de Venecia. Sin embargo, no se conservan las piezas de esa etapa. En esa misma década alcanzó la madurez creativa y fue designado conservador de las pinturas del palacio ducal; además de restaurar las piezas de otros autores, realizó unas diez piezas con la técnica del óleo que conoció en esa fase, pero todas fueron destruidas por un incendio, ocurrido en 1577.

Bellini pintó obras dentro de iglesias, como el *Altar de San Giobbe* y el *Altar de San Zacarías*, ambos en templos de Venecia, en los que repite uno de los motivos centrales de su pintura: la *Madona* que carga al niño Jesús y los rodea un grupo de santos. En 1506 el pintor alemán Alberto Durero visitó Venecia y se refirió a Bellini como el mejor pintor de la ciudad. El colorido de sus obras y la riqueza de sus paisajes tuvieron una influencia decisiva en los artistas de la siguiente generación.

Entre sus piezas tardías sobresale *La fiesta de los dioses*, realizada para el duque de Ferrara; la dejó inconclusa y fue completada por Tiziano. Además de las *madonas*, la figura central de su pintura es Jesucristo, a quien dedicó la mayor parte de su obra. Cabe mencionar, asimismo, algunas creaciones alegóricas y retratos como el *Retrato del Dogo Leonardo Loredan* (1501), conservado en la Galería Nacional de Londres. Bellini murió en 1516.

Andrés **BELLO**

Filólogo, jurista y pedagogo venezolano nacido en Caracas el 29 de noviembre de 1781. Desde muy joven se interesó por la obra de los clásicos, en especial por Virgilio. En la universidad de su ciudad natal estudió Filosofía, Jurisprudencia y Medicina.

Fue amigo del geógrafo y erudito alemán Alexander von Humboldt (a quien recibió y acompañó durante su estancia en

Venezuela) y maestro particular de Simón Bolívar, con quien viajó a Londres en 1810 en busca de apoyo para la causa de la independencia venezolana. Bello pasó casi dos décadas en esa ciudad como funcionario de las legaciones de Chile y Colombia, y en ese periodo se dedicó también al estudio, la enseñanza y el periodismo. Entre 1826 y 1827 publicó sus *Silvas americanas*, dos poemas que originalmente formarían parte del poema épico *América*, que no llegó a concluir. El segundo de ellos, *Silva a la agricultura de la zona tórrida* es una pieza clave de la lírica hispanoamericana del siglo XIX.

En 1829 recibió un nombramiento en el ministerio chileno de Relaciones Exteriores, por lo que mudó su residencia a Santiago de Chile, donde se integró plenamente a la activa vida cultural de la ciudad. Convertido en hijo adoptivo de esa nación, fue nombrado senador y en 1843 fundó la Universidad de Chile, de la que fue rector hasta su muerte. Bello fue uno de los principales artífices del Código Civil de Chile; adoptado después en Colombia y Ecuador, lo elaboró sin soslayar sus responsabilidades académicas. Además de su obra poética, escribió diversas obras en prosa dedicadas a la teoría literaria, la filosofía y la filología. Su trabajo más trascendente fue la *Gramática de la lengua castellana* (1847) que por varias décadas fue la máxima autoridad en la materia.

Falleció el 16 de octubre de 1865, en Santiago de Chile.

Manuela **BELTRÁN**

Patriota colombiana nacida en 1724 en El Socorro, ciudad de la entonces Nueva Granada, hija de una modesta familia criolla dueña de un estanquillo de tabaco y otros efectos de importación.

El 16 de marzo de 1781, ante la imposición de nuevos y más altos impuestos a artículos de consumo popular por el regente visitador Juan Gutiérrez de Piñeres, así como el cobro de un impuesto especial para la flota de Barlovento —que de antiguo estaba vigente pero no se cobraba—, a sus 57 años doña Manuela arengó a la multitud en contra de los abusos españoles al tiempo que destrozaba los edictos pegados en la pared del Ayuntamiento, en los que se daba a conocer el alza impositiva a una población casi totalmente analfabeta. Al enterarse del contenido de los decretos y al grito de "¡Viva el rey y muera el mal gobierno!, ¡No queremos pagar la Armada de Barlovento!", la gente enardecida protagonizó la llamada "rebelión de los comuneros".

Sin embargo, la rebelión fue sofocada al poco tiempo, se firmó un acuerdo de paz y cuando los comuneros volvieron a sus casas los aprehendieron uno a uno y los liquidaron. Tal vez por eso de doña Manuela no volvió a saberse nada, en cambio sí de su hermana Margarita, que fue madrina de otra heroína, Policarpa Salavarrieta. Como sea, doña Manuela sentó el precedente insurgente de las luchas libertarias que se desataron tres décadas después.

Jacinto **BENAVENTE**

Dramaturgo español nacido en Madrid el 12 de agosto de 1866, como hijo del pediatra Mariano Benavente. Inició estudios de Derecho en la Universidad Central de Madrid, pero los dejó para dedicarse a viajar. Incursionó en la literatura con el poemario *Versos* (1893) y el volumen de cuentos *Villanos*, del mismo año. Sus primeros éxitos como dramaturgo tuvieron lugar a inicios del siglo XX con piezas como *Los intereses creados* (representada en 1903 y publicada en 1907), *Los malhechores del bien* (escenificada en 1905) y *La noche del sábado* (montada en 1903).

En 1913 se presentó *La malquerida*, una de sus piezas más recordadas y difundidas en el mundo de habla hispana, en la que se refiere la historia de un incesto en el ámbito rural. El empleo de recursos innovadores para su tiempo, como los diálogos sin rima y el énfasis en la crítica social, entusiasmaron al público y la crítica especializada.

En 1912 ingresó a la Real Academia Española y en 1922 fue reconocido con el premio Nobel de Literatura. Su pieza *Para el cielo y los altares* (1928) anunció la caída de la monarquía española; durante la Guerra Civil estuvo sujeto a arresto domiciliario por su defensa de la causa republicana. En 1941, durante la dictadura de Francisco Franco, regresó a la escena con su pieza *Lo increíble*, que le devolvió el favor del público. Tras su presencia en la gran manifestación a favor de Franco realizada en la Plaza Oriente de Madrid, en 1947 fue rehabilitado y promovido plenamente por el régimen golpista.

En la parte restante de su trayectoria ejerció la crítica teatral y siguió escribiendo hasta acumular más de 150 obras de los más diversos géneros (tragedia, comedia, drama y sainete, entre otros). Sin embargo, exceptuando *La infanzona* (1948) y *El lebrel del cielo*, ninguno de sus trabajos tardíos alcanzó igual

fama que sus piezas anteriores a la Guerra Civil. Falleció en
Madrid el 14 de julio de 1954.

Alban **BERG**

Compositor austriaco nacido en Viena el 9 de febrero de 1885,
en el seno de una familia judía de buena posición. Interesado en un principio en la literatura, siendo muy joven aprendió
los fundamentos de la música en forma autodidacta. En 1904
comenzó sus estudios formales con el compositor Arnold
Schönberg, quien a lo largo de seis años le enseñó contrapunto,
teoría musical y armonía. Inmerso en el rico ambiente cultural
de Viena a inicios del siglo xx, en 1907-1908 presentó su opus
1, una sonata para piano. De 1915 a 1918 sirvió en el ejército
austriaco durante la Primera Guerra Mundial.

La parte medular de su carrera se inscribe en el sistema
dodecafónico, que utiliza indistintamente los doce sonidos de
la escala temperada dispuestos en una serie. Empleando ocasionales recursos tonales y con ecos del romanticismo, según
Gustav Mahler, dio a éste interesantes proyecciones técnicas
y expresivas. El conjunto de su obra es reducido a causa de
su muerte prematura. Sin embargo cada una de las composiciones que la integran está revestida de un interés peculiar.
Compuso varios ciclos de canciones y dos óperas. *Wozzeck*
(1907) retoma un drama de celos original de Georg Büchner y
Lulú (1929-1935), que dejó inconclusa, se basa en *El espíritu de
la tierra* y *La caja de Pandora* de Frank Wedekind; ambas están
en deuda con el expresionismo alemán. Destacan, asimismo, el
Concierto de cámara (1923-1925) para piano, violín y alientos,
la *Suite lírica* (1925-1926), el aria de concierto *El vino* (1929) y
su *Concierto para violín* (1935), dedicado a "la memoria de un
ángel", la difunta Manon Gropius, hija de Alma Mahler y del
arquitecto Walter Gropius.

Después del amplio reconocimiento que recibió de la crítica, en la última etapa de su vida resintió el hostigamiento nazi
contra los judíos y las expresiones del arte moderno, y quedó
reducido a la pobreza. Falleció de septicemia el 24 de septiembre de 1935, en Viena.

Gian Lorenzo **BERNINI**

Escultor arquitecto y pintor italiano nacido en Nápoles el 7 de
diciembre de 1598. Cuando tenía 7 años, su familia se trasladó
a Roma. Su padre fue su primer maestro, quien se percató del

BE

precoz talento de su hijo y lo presentó con los mecenas más prominentes de la época. Al parecer, Gian Lorenzo lo asimiló muy bien pues trabajó bajo la tutela de seis papas.

Fue un reconocido retratista de papas, prelados, reyes y nobles, como es el caso del retrato del cardenal Scipione Borghese (1632) o el de Luis XIV de Francia (1665).

Como escultor, en sus inicios se delata una influencia helenística, de lo que son ejemplos *La cabra Amaltea amamantando a Zeus niño* (1615), *Eneas, Anquises y Ascanio* (1618-1619) y *El rapto de Proserpina* (1621-1622). Fue el primer escultor que aprovechó la luz para dar un realce de dramatismo a sus conjuntos escultóricos, como se puede ver en el *Éxtasis de santa Teresa* (1645-1652). Realizó diversos trabajos urbanísticos como el decorado de la Puerta del Popolo (1655) y varias fuentes monumentales como la del Tritón (1642-1643) y la de los Cuatro Ríos (1648-1651).

Sus primeros proyectos arquitectónicos fueron la fachada de la iglesia de Santa Bibiana en Roma (1624-1626) y el baldaquino de San Pedro (1624-1633). En 1629, el papa Urbano VIII lo nombró arquitecto de la basílica de San Pedro. Realizó los proyectos de tres iglesias, pero también realizó obras civiles para la aristocracia romana, como los palacios Montecitorio (1650-1653) y Chigi-Odesclachi (1664-1666). Murió en Roma el 28 de noviembre de 1680.

Jöns Jacob **BERZELIUS**

Químico sueco nacido en Väfversunda el 20 de agosto de 1779. Quedó huérfano en su infancia, por lo que fue recogido por un tío muy pobre que tenía 7 hijos. Tuvo diversas ocupaciones, entre ellas la de practicante en una farmacia, hasta que ingresó a la Universidad de Uppsala para estudiar Medicina y se graduó en 1802.

Se trasladó a Estocolmo, donde en 1806 inició como profesor de química en la Academia de Guerra y dos años más tarde fue nombrado miembro de la Real Academia de Ciencias de Suecia, de la que fue secretario perpetuo desde 1818. Publicó diversos tratados a partir de 1800, pero su obra emblemática es el *Tratado de química* (1808-1818), traducida a muchos idiomas. El Instituto Karolinska de Estocolmo lo nombró catedrático de química en 1815. A partir de 1832 se retiró de la cátedra para dedicarse exclusivamente a la investigación. Contrajo nupcias en 1835 y, durante la ceremonia, el rey de Suecia y Noruega Carlos XIV le confirió el título de barón como regalo de bodas. Berzelius murió en Estocolmo el 17 de agosto de 1848.

Sus aportaciones a la química son variadas y fundamentales. Con las limitaciones de la época, fue capaz de determinar el peso atómico de 42 cuerpos simples tomando como base el oxígeno, además de que descubrió y aisló varios elementos químicos. También publicó una tabla con la composición de casi 2 000 sustancias químicas. Tal vez la más trascendental de sus contribuciones sea la notación química, propuesta en 1813, y que contribuyó por mucho al amplio desarrollo de esta ciencia.

Giovanni BOCCACCIO

Escritor nacido en junio (o julio) de 1313, en París, Certaldo o Florencia. Hijo de un mercader y banquero florentino, fue educado por un maestro que le inculcó el estudio de la obra de Dante.

Entre 1325 y 1327 su padre lo envió a trabajar en la compañía mercantil de los Bardi, donde mostró nulas aptitudes para los negocios. Se dedicó por entero a su formación en letras tutelado por los eruditos de la corte napolitana, donde se vivía un ambiente de refinamiento e intrigas. Ahí conoció en 1331 a la mujer que sería su inspiración en varias de sus obras y a la que nombró Fiammetta. Al parecer se trataba de una hija ilegítima del rey de Nápoles llamada María de Aquino. En esa época escribió tres obras: *Filocolo* (h. 1336), *Filostrato* (1338) y la *Teseida* (1339-1340). Tuvo que regresar a Florencia en 1340 a causa de una gran pérdida financiera de su padre, por lo que cayó en la pobreza. Hacia 1343 escribió *Elegía de Madonna Fiammetta*. En 1348 Florencia se vio azotada por el flagelo de la peste, lo que dio a Boccacio inspiración para escribir su obra cumbre, el *Decamerón*, entre 1349 y 1351.

A la muerte de su padre en 1349 se estableció en Florencia, donde ocupó diversos cargos públicos. Escribió el *Corbacho* en 1354 y *De claris mulieribus* entre 1360 y 1374. En 1362 se dirige de nuevo a Nápoles, donde para su decepción encontró muy cambiada a la corte. En 1370 se retiró a Certaldo para dedicarse a la meditación y al estudio, y ahí murió el 21 de diciembre de 1375.

Niels BOHR

Físico danés nacido en Copenhague el 7 de octubre de 1885. Hijo de un catedrático de Fisiología, creció en un ambiente propicio para el desarrollo de su genio. Se matriculó en la

Universidad de Copenhague en 1903, hizo su maestría en 1909 y recibió su grado de doctor en Física en 1911. Fue becado a Cambridge para estudiar con J.J. Thomson, descubridor del electrón, y luego a Manchester, invitado por Ernest Rutherford, quien ya había establecido un modelo atómico que sirvió de base para que, en 1913, Bohr presentara el suyo.

En 1916 empezó a dar cátedra en la Universidad de Copenhague y en 1920 fue nombrado director del Instituto de Física Teórica. Recibió el premio Nobel de Física en 1922. El año siguiente enunció el principio de la correspondencia, y en 1928 el de la complementariedad. Tratando de descifrar el espectro de energía nuclear, propuso en 1937 el modelo de la gota líquida del núcleo. En la década de 1930 pasó largos periodos en Estados Unidos. Debido a su origen judío, tuvo que salir de Dinamarca en 1943, durante la ocupación alemana. Se refugió en Estados Unidos y empezó a colaborar en el Proyecto Manhattan. Regresó a Dinamarca al término de la guerra para retomar su puesto en el Instituto de Física Teórica. Inició entre los científicos una labor de convencimiento sobre la necesidad de usar los avances de la física nuclear con fines pacíficos. Por ese esfuerzo, recibió en 1957 el premio Átomos por la Paz. Desde 1953 fue director de la Organización Europea para la Investigación Nuclear.

Algunas de sus obras más importantes son: *Teoría de los espectros y constitución atómica* (1922), *Luz y vida* (1933), *Teoría atómica y descripción de la naturaleza* (1934), *El mecanismo de la fisión nuclear* (1939) y *Física atómica y conocimiento humano* (1958). Murió en Copenhague el 18 de noviembre de 1962.

Simón **BOLÍVAR**

Estadista y militar venezolano nacido en Caracas el 24 de julio de 1783. Sus primeros estudios fueron en la Escuela Pública de Caracas y luego en la Academia de Matemáticas. Ingresó a la milicia a los 14 años y fue enviado a España para continuar sus estudios. Allá se casó en 1802 y regresó con su esposa a Caracas, quien murió apenas empezaba el año siguiente. Desolado, Bolívar se embarcó para Europa, donde visitó varios países y regresó a Venezuela en 1807 para unirse a la causa independentista.

En abril de 1810, se incorporó al ejército con el grado de coronel y fue comisionado para solicitar la ayuda del gobierno británico. En 1812, Miranda capituló ante los españoles y Bolívar se exilió primero en Curazao y luego en Cartagena de Indias, donde escribió *Memoria dirigida a los ciudadanos de la Nueva Granada por un caraqueño*. Realizó la Campaña Admirable en 1813, año en que recibió el título de "Libertador". Debido a la resistencia española, partió rumbo a Jamaica en 1815 y redactó la *Carta de Jamaica*.

Bolívar buscó recursos en Haití para continuar la lucha y en 1816 realizó dos expediciones que lo llevaron a tomar Angostura, donde se reunió el Supremo Congreso de Venezuela en 1819, cuyo resultado fue el nacimiento oficial de la República de la Gran Colombia (conformada por las actuales Colombia, Panamá, Ecuador y Venezuela). Se firmó un armisticio con el gobierno español que duró de 1820 a 1821. A su término, se libra la batalla de Carabobo, donde Bolívar obtiene un triunfo que sería definitivo para la independencia de Venezuela.

Para 1822 consiguió la libertad de Ecuador junto con Sucre. Bolívar fue a Perú a arreglar la situación político-militar y, a punto de disolverse, el Congreso lo nombra dictador en 1824. Derrota a los realistas en Junín, mientras Sucre hace lo propio en Ayacucho, con lo que se logra la independencia. En 1825, ante el Congreso peruano, Bolívar renuncia a los poderes que le habían conferido. Ese año se constituyó la República Bolívar (hoy Bolivia) y Bolívar redacta su Constitución en 1826. Presta juramento en Bogotá como presidente de la República de la Gran Colombia en 1827 y dos años más tarde es aclamado dictador, pero renuncia al cargo en 1830 ante la creciente oposición. Murió ese mismo año, el 17 de diciembre, en Santa Marta, Colombia.

Napoleón **BONAPARTE**

Emperador francés nacido en Ajaccio, Córcega, el 15 de agosto de 1769. Estudió en la escuela militar de Brienne y en la Escuela Militar, donde se graduó en 1875. Partidario de los jacobinos, fue arrestado por dos semanas en 1794. En 1795 reprimió a sangre y fuego una insurrección popular contra la Convención, lo que le valió el mando del ejército francés en Italia. Antes de partir al frente desposó a Josefina de Beauharnais. Esa campaña por Italia (1796-1797) fue todo un éxito, pues dominó a italianos y austriacos, además de que organizó los territorios ocupados en la República Cisalpina.

Al mostrarse cada vez más independiente, el Directorio lo aleja de París enviándolo a Egipto en 1798, donde ganó a los mamelucos la batalla de las Pirámides, pero fue derrotado por Nelson en Abukir. Regresó a París, luego de pasar por Córcega. Organizó el 18 de Brumario (1799), que resulta en su nombramiento de cónsul. Con ese título, instaura una nueva constitución absolutista en 1800. Negoció con el Vaticano un Concordato en 1801, y al año siguiente firmó el Tratado de Amiens con Inglaterra, que duró muy poco.

Napoleón fue coronado emperador a los 35 años de edad. En 1803 Inglaterra reanudó su guerra naval contra Francia y dos años después ya se enfrentaba también a los ejércitos de Rusia, Suecia, Austria y Nápoles. Bonaparte fue derrotando las sucesivas coaliciones que se formaron, y firmó tratados, formó alianzas e instauró el Código Napoleónico por toda Europa. Se divorció de Josefina pues no satisfizo su ansiada paternidad, además de sus múltiples infidelidades. En 1810 casó con María Luisa de Habsburgo-Lorena, con quien procreó un hijo en 1811, el futuro Napoleón II, rey de Roma, que murió a los 21 años.

En 1812, enterado de la animadversión del zar contra Francia, Napoleón decidió invadir Rusia, pero fue derrotado. Se formó una coalición más robusta que lo venció en Leipzig en 1813. En 1814 París fue ocupado, Napoleón abdicó y fue exiliado a la isla de Elba, de la cual se fugó en 1815 para retomar Francia. Era el comienzo de los Cien Días. Se enfrentó a la Coalición y fue derrotado en Waterloo el 18 de junio. Abdicó nuevamente y fue desterrado a la isla de Santa Helena, donde murió el 5 de mayo de 1821.

Jorge Luis **BORGES**

Escritor argentino nacido el 24 de agosto de 1899 en Buenos Aires. Recibió sus primeras lecciones de una institutriz inglesa y después asistió a la escuela formal. En 1914 su familia se estableció en Ginebra, donde Borges continuó sus estudios y aprendió francés y alemán. A la muerte de su abuela materna, la familia se trasladó en 1919 a Italia y de ahí a España. En 1921 Borges regresó a Buenos Aires.

Participó en diversas revistas como *Prisma, Proa* y *Martín Fierro*. En 1930 publicó la biografía de Evaristo Carrriego y conoció a Adolfo Bioy Casares, con quien realizó varias obras. Empezó a perder la vista. Encontró empleo en una biblioteca pública, pero tuvo que dejarlo al llegar Perón al poder en 1946. Empezó a dictar conferencias en Argentina y Uruguay. Presidió la Sociedad Argentina de Escritores de 1950 a 1953. A la caída del peronismo en 1955, fue nombrado director de la Biblioteca Nacional y miembro de la Academia Argentina de Letras. Al año siguiente recibió el Premio Nacional de Literatura, un doctorado *honoris causa* de la Universidad de Cuyo y la prohibición médica de leer o escribir, por lo que empezó a dictar sus obras. En la década de 1960 su obra ya era conocida universalmente y se dedicó a publicar, viajar, dictar conferencias y recibir múltiples reconocimientos.

Escribió poesía *(Fervor de Buenos Aires,* 1923; *Luna de enfrente,* 1925; *Cuaderno San Martín,* 1929; *El hacedor,* 1960); cuentos *(Historia universal de la infamia,* 1935; *El jardín de senderos que se bifurcan,* 1941; *Ficciones,* 1944; *El Aleph,* 1949; *El informe de Brodie,* 1970; *El libro de arena,* 1975); ensayos *(Inquisiciones,* 1925; *El tamaño de mi esperanza,* 1927; *El idioma de los argentinos,* 1928; *Otras inquisiciones,* 1952; *Siete noches,* 1980). Murió en Ginebra el 14 de junio de 1986.

Hieronymus **BOSCH,** *El Bosco*

Pintor holandés nacido en Hertogenbosch, Países Bajos, hacia 1450. Al parecer, procedía de una familia de pintores, y seguramente se educó en el taller que ellos poseían. Disfrutó de una carrera muy exitosa y muchos lo imitaron. Cerca de cumplir los 30 años se casó con la hija de un rico burgués, lo que le permitió llevar una vida más desahogada. Su periodo de mayor actividad artística fue entre 1480 y 1515, aunque es difícil precisar la fecha de cada cuadro, pues los firmaba sin datarlos.

En 1486 ingresó a la Cofradía Religiosa de Nuestra Señora, corporación con gran influencia que le ayudó crecer socialmente. En contraste con la mayoría de los pintores flamencos de la época, Bosch parece no haber viajado mucho; sin embargo, pintó para Felipe el Hermoso un juicio final en 1504, y se pueden encontrar obras suyas tanto en Italia como en España. Sólo se conservan alrededor de 40 de sus originales, pero varias composiciones perdidas se conocen a través de copias e imitaciones realizadas en su época.

Algunas de sus obras más importantes son: *Las tentaciones de san Antonio, Tríptico del Juicio Final, La coronación de espinas, Ecce Homo, Extracción de la piedra de la locura, El carro de heno, El jardín de las delicias* y *El vendedor ambulante.* Murió en su natal Hertogenbosch el 9 de agosto de 1516, sin dejar discípulos aun-

47

que sí muchos imitadores y su influencia es notoria en grandes pintores, tanto de su época como de corrientes muy posteriores.

Sandro **BOTTICELLI**

Pintor italiano nacido en Florencia el 1 de marzo de 1445. Su padre, un curtidor, decidió que Sandro estudiara en forma seria, por ello inició como aprendiz en el taller de pintura de Filippo Lippi a los 14 años, una edad tardía para la época. Por 1467, Botticelli pintó algunas vírgenes con niño tan caracterizadas por la influencia de Lippi que algunos críticos se las atribuyen a éste.

A los 25 años ya tenía su propio taller y realiza su primer trabajo oficial importante para el tribunal de Florencia, *Fortaleza* (1470). Mostró su magistralidad en *La adoración de los magos* (1475) y pronto se convirtió en el favorito de los Médici. Pintó para uno de ellos *La primavera* en 1477. En 1481 pintó en la Capilla Sixtina: *Castigo de Coré, Datán y Abiram, Hechos de la vida de Moisés* y *La tentación de Cristo.* Al año siguiente regresó a Florencia y realizó *El nacimiento de Venus* (1484), *La virgen del Magníficat* (1481), *Historia de Nastagio degli Onesti* (1483), y *La virgen de la granada* (1487), entre otras, para Lorenzo el Magnífico, que murió en 1492.

En esa época la crisis política en Florencia se agudizó, el monje Girolamo Savonarola estableció una auténtica dictadura teocrática. Botticelli se vio afectado por la predicación del religioso y entró en una profunda crisis espiritual. Su pintura se torna decididamente hacia lo sagrado y lo religioso. Produce pinturas alegóricas y pinturas sagradas como *Virgen y el Niño, La Piedad* (1495), *La crucifixión* (1497) y *Natividad mística* (1501).Murió el 17 de mayo de 1510 en Florencia.

Robert **BOYLE**

Químico inglés nacido en el castillo de Lismore, Irlanda, el 25 de enero de 1627. Su familia era muy numerosa y adinerada. Durante su infancia aprendió varios idiomas y a los 8 años ingresó al colegio Eton, que abandonó en 1638. Al año siguiente viajó a Europa, donde visitó Francia y Suiza. En 1641 estuvo en Génova y en Florencia. Aún se encontraba en Italia cuando murió Galileo, cuya obra estudió con ahínco.

Regresó a Inglaterra en 1644 para tomar posesión de la herencia que le dejó su padre. Se estableció en su propiedad de

Stalbridge, Dorset, donde en 1649 montó un laboratorio para dedicarse a la investigación. Se trasladó a Oxford en 1656 para unirse al grupo de filósofos precursor de la Real Sociedad de Londres. Entre 1657 y 1659 construyó la máquina boyleana e inició los experimentos cuyos resultados ayudaron a establecer la naturaleza atómica de la materia y se publicaron en su obra *New Experiments Physio-Mechanical. Touching the Spring of the Air and its Effects* de 1660. En 1668 regresó a Londres a vivir con su hermana. En 1670 su salud se vio seriamente deteriorada.

Enunció la ley de Boyle, además de que afirmó que el sonido no se propaga en el vacío y que el aire es comprimible. Publicó más de 40 obras, entre tratados científicos, filosóficos y religiosos. De ellas, *The Sceptical Chymist: or Chymico-Physical Doubts & Paradoxes* es la más importante y por la que se le conoce como el padre de la química moderna.

En 1680 declinó el nombramiento de presidente de la Real Sociedad de Londres. La decadencia de su salud lo llevó a recluirse en su casa y se excusó de atender visitas en 1689. Murió en Londres, el 31 de diciembre de 1691.

Tycho **BRAHE**

Astrónomo y alquimista nacido en el castillo de Knudstrupn (antes perteneciente a Dinamarca, ahora a Suecia) el 14 de diciembre de 1546. Hijo de la nobleza, realizó sus estudios en la universidad de Copenhage y posteriormente en las de Leipzig, Wittenberg y Rostock; precisamente en esta última fue donde perdió la nariz al recibir un tajo durante un duelo en 1566. A partir de ese momento usó una curiosa prótesis metálica.

Fue el último y, tal vez, el mejor observador a simple vista de los fenómenos astronómicos, es decir, sin usar telescopio. Cierto día de 1572, mientras escrutaba el cielo ocurrió algo inesperado: la explosión de una supernova, algo que nadie antes había visto y que conllevaba muy serias consecuencias: el firmamento *cambiaba*, puesto que una estrella nueva había aparecido, y ello era contrario a las creencias de la época. Tycho se apresuró a publicar su hallazgo que vio la luz pública en 1573.

En 1576, el rey Federico II le otorgó en feudo una isla frente a Dinamarca donde Brahe, con subvenciones reales, construyó su famoso observatorio Uraniborg. Allí, además de observaciones, construyó algunos aparatos que le permitieron hacer tablas de cálculo, sobre las cuales Johannes Kepler —su asistente por algún tiempo— logró basar sus leyes sobre el movimiento planetario. Diversas circunstancias lo llevaron a dejar Uraniborg y asentarse en Praga, donde fue nombrado astrónomo imperial por el emperador Rodolfo II. Allí murió de uremia el 24 de octubre de 1601.

JOHANNES **BRAHMS**

Músico alemán nacido el 7 de mayo de 1833 en Hamburgo, Alemania. A los siete años comenzó a estudiar piano y a los 13 composición, mientras colaboraba con la orquesta de su padre y se divertía componiendo piezas "a la húngara", esto es, imitando la música folclórica de Hungría. En 1853 su amigo Joachim —también músico— lo animó a conocer a los Schumann, Robert y Clara, él compositor y ella pianista, que estaban presentando conciertos con mucho éxito. Brahms se hizo amigo de la familia y, tras la muerte de Robert, siguió frecuentando a la señora Schumann hasta el deceso de ella.

Reconocido como pianista, desempeñó el puesto de director al frente de diversas orquestas y coros, sin que sus composiciones recibieran el aplauso público. Sin embargo, al final obtuvo la fama que le correspondía como uno de los músicos más influyentes en la evolución musical del siglo XIX, con obras como *Réquiem alemán, Canción de cuna,* así como cuatro sinfonías, rapsodias y canciones.

Vivió en Viena a partir de 1868, y allí falleció el 3 de abril de 1897.

CONSTANTIN **BRANCUSI**

Escultor rumano nacido el 19 de febrero de 1876 en Hobita (u Hobitza), aldea de Rumania en los Cárpatos, hijo de Nicolae y Maria Bräncuşi, sencillos campesinos criadores de ovejas, razón por la cual Constantin no tuvo una educación formal. Hastiado de aguantar la hostilidad de su padre y de sus hermanos mayores, a los nueve años se fugó a la aldea más cercana, Tirgu-Jiu, donde se ganó el sustento trabajando de lo que fuera. A los 13 se fue a Craiova, ya una ciudad, y entró a trabajar como empleado de una tienda de abarrotes. Su patrón, asombrado por las cosas que Constantin esculpía en madera, reunió fondos para inscribirlo en la Escuela de Artesanías de

Craiova, donde el joven de 18 años aprovechó su estancia para aprender a leer y escribir además de las técnicas de grabado y escultura. Tras graduarse con excelencia en 1888, ingresó en la Escuela de Bellas Artes de Bucarest, donde fue alumno distinguido.

En 1903 se trasladó a Münich, Alemania, y de ahí a París, donde encontró una comunidad de artistas e intelectuales con ideales afines. Brancusi buscaba no reproducir la forma de los seres sino sólo su esencia, lo perdurable y distintivo de cada persona y cada cosa. Tras una breve estancia en el taller de Auguste Rodin, Constantin dejó para siempre el modelado en arcilla o yeso previo a los vaciados en bronce, para dedicarse sólo a esculpir y grabar directamente en madera, mármol y piedra. Con el tiempo llegaron la fama y la fortuna.

Murió el 16 de marzo de 1957. Entre sus obras destacan: *Ave en el espacio, La oración, El beso, Musa durmiente,* y el monumento conmemorativo en Tirgu-Jiu. Murió el 16 de marzo de 1957.

Georges **BRAQUE**

Pintor y escultor francés iniciador, junto con Pablo Picasso, de la pintura cubista. Nació el 13 de mayo de 1882 en la aldea de Argenteuil-sur-Seine, famosa por sus paisajes, pero creció en Le Havre. Su padre era decorador de interiores y junto a él aprendió los secretos de los colores y las combinaciones.

En 1900 se instaló en París, donde iba por las noches a la Escuela de Bellas Artes. Se graduó en 1902 y hacia 1907 conoció la obra de los pintores fauvistas —Matisse, Derain, Dufy— y empezó a colaborar con ellos.

En 1909 conoció a Picasso y desarrolló el que sería su estilo definitivo, el cubismo, señalando que el arte no debería estar subordinado a imitar a la naturaleza. Emprendió la elaboración de cuadros donde se yuxtaponen distintas perspectivas de una misma imagen (objeto, naturaleza muerta, paisaje), domina la geometría y se usa una gama cromática no necesariamente similar a la que tendría en la realidad.

Braque pintó mayormente paisajes y naturalezas muertas, pero también sometió la figura humana al análisis geométrico en obras como *Mujer con guitarra*. Otras de sus obras son *Frutero y vaso, Violín y candelabro*.

Fue también ilustrador, escenógrafo, escultor y grabador, tareas que le redituaron el reconocimiento general y dejaron profunda huella en la pintura. Murió el 13 de agosto de 1963.

Nicolás **BRAVO**

Militar y político mexicano, nacido en la hacienda de Chichihualco, en Chilpancingo, Gro., el 10 de septiembre de 1786. Junto con su padre y tíos, se dedicaba a la agricultura hasta que el 16 de mayo de 1811 se unió a las fuerzas insurgentes de Hermenegildo Galeana. En 1812 recibió la misión de detener en Veracruz al teniente coronel Juan Labaqui, encargado de transportar el correo realista a la capital, lo cual hizo tan satisfactoriamente que le fue conferido el mando militar insurgente de la provincia de Veracruz.

Rechazó el indulto que le ofrecía el virrey Francisco Javier Venegas, y también se negó a ejecutar a 300 prisioneros como represalia por el ajusticiamiento de su padre a manos de los realistas. Siguió en la campaña a favor de la independencia hasta la consumación de ésta en 1821, cuando fue nombrado coronel del primer regimiento de caballería. En 1822 fue miembro de la Regencia hasta que Agustín de Iturbide se proclamó emperador. Bravo era republicano afiliado a la logia masónica de los escoceses, que postulaba un régimen centralista, por lo que se enfrentó no sólo al primer imperio sino a otros ex insurgentes partidarios del federalismo.

Fue vicepresidente, pero en 1827 se sublevó contra el presidente Victoria y, derrotado, tuvo que exiliarse. Volvió al país en 1829, gracias a una amnistía que lo favoreció. Contribuyó a la caída del presidente Guerrero en 1830. El general Santa Anna le otorgó el mando del Ejército del Norte durante la guerra de Texas. En 1844 el gobierno lo comisionó para reprimir la sublevación indígena en Chilapa. En 1846 se adhirió al *Plan de San Luis Potosí* para llevar a la presidencia al general Paredes y Arrillaga.Cuando éste se puso al frente del ejército para repeler la invasión estadounidense, Bravo asumió brevemente la titularidad del Ejecutivo y luego participó en acciones de armas, incluida la defensa de Chapultepec, donde cayó prisionero.

En 1854 se negó a participar en la revolución de Ayutla y, a raíz de eso, fue envenenado junto con su esposa, por un tal doctor Avilés partidario de Juan Álvarez, enemigo político de Bravo.

Bertolt **BRECHT**

Dramaturgo y poeta alemán nacido el 10 de febrero de 1898 en Augsburg, Baviera. Desde su infancia se interesó en la literatura y en 1914 publicó algunos poemas juveniles. Sin embargo, no le interesaba la escuela y estuvo a punto de ser expulsado. En 1917 se inscribió en la universidad Ludwig Maximilian de Münich para estudiar Medicina, pero lo atrajeron las clases del seminario de teatro. De ahí surgió su obra novel, *Baal*.

Durante la Primera Guerra Mundial fue llamado al ejército en calidad de asistente sanitario. En ese periodo escribió *Tambores en la noche*, su primera obra representada en un teatro (1922) y que le valió el premio Kleist. Ese mismo año se casó con la actriz y cantante de ópera Marianne Zoff. En 1924 la pareja se mudó a Berlín. Las ideas teatrales de Brech empezaron a cobrar notoriedad: abundancia de improvisación, lenguaje poético, actitudes simbólicas y un mensaje dirigido al pueblo. En 1929 se hizo comunista y se casó con Helene Weigel, con quien procreó dos hijos. Por ese tiempo produjo algunas de sus mejores obras. *La ópera de tres centavos* (con música de Kurt Weill), *Auge y caída de la ciudad de Mahagonny* (estrenada en 1930, causó un altercado con los nazis presentes).

En 1933, la llegada de Hitler al poder lo obligó a exiliarse con su familia, primero a Praga y luego a Finlandia, donde en 1940 escribió *El señor Puntila y su hombre Matti*, así como *Madre Coraje y sus hijos*, y en 1941 *La buena persona de Szechuan*. Marchó a Estados Unidos donde no encontró trabajo ni el reconocimiento que esperaba. Además, en la era McCarthy (1947), fue puesto en la "lista negra" por comunista y obligado a presentarse ante el Comité de Actividades Antinorteamericanas. Brech se fue a Suiza y desde ahí partió en 1948 a Alemania Oriental, donde fue bien recibido. Pronto se dio cuenta de que el comunismo alemán no era lo que él esperaba y lo criticó. En sus últimos años escribió poco teatro y se dedicó a la poesía *(Elegías Buckower)*.

Falleció de trombosis coronaria en Berlín oriental, el 14 de agosto de 1956.

André **BRETON**

Poeta y crítico francés nacido en Tinchebray, Francia, el 19 de febrero de 1896. Estudió Medicina y trabajó en los pabellones psiquiátricos durante la Primera Guerra Mundial. Esa experiencia y su estudio de la obra de Freud lo interesaron en los fenómenos mentales y lo decantaron hacia la literatura.

BRUEGEL

BR

Ya como escritor, en París suscribió el movimiento irracio-
nalista del dadaísmo (con Tristan Tzara y Salvador Dalí) y más
tarde fue uno de los líderes del surrealismo, corriente estética
a la que él, junto con Louis Aragon y Philippe Soupault, entre
otros, marcó con la "escritura automática" la conjunción de
ideas, imágenes y objetos dispares ('el encuentro fortuito de un
paraguas y una máquina de coser sobre una mesa de diseccio-
nes', había preconizado el conde Lautréamont, antecesor del
surrealismo), que reflejaban la decepción de aquella generación
con la ciencia, la filosofía y la racionalidad.

Fue director, editor y colaborador de la revista *Literatura*,
y el responsable de los tres *Manifiestos surrealistas* (1924, 1939
y 1942). Su mejor obra en prosa es *Nadja*, pero se le recuerda
más por su obra poética. Visitó México antes de la Segunda
Guerra Mundial y lo declaró "el país surrealista"; pasada la
guerra y su corto exilio, se estableció en París, donde murió el
28 de septiembre de 1966.

Pieter **BRUEGEL**, *El Viejo*

Pintor flamenco cuyo apellido se encuentra escrito con las
variantes Bruegel y Breugel. Hasta 1559 firmó sus obras
como "Brueghel" y sus hijos retuvieron la "h" en el apellido.
Nació en Breda, Brabante, Países Bajos, hacia 1525. En
1551 fue admitido en el gremio de pintores de Amberes, en
calidad de aprendiz. Al año siguiente viajó a Italia con el
propósito de perfeccionar su arte. Regresó en 1553 a Amberes, y 10 años después se radicó en Bruselas de forma
permanente. En 1563 se casó con Mayken van Aelst, hija
de su maestro, con la cual procreó varios hijos, dos de ellos
también célebres pintores.

En sus primeras obras Bruegel muestra cierta influencia
de *El Bosco* (Hieronymus Bosch), pero más tarde adopta un
estilo original para tratar temas como paisajes, bodas y fiestas
campesinas, siempre con detallismo realista pero con un halo
enigmático, como si las escenas cotidianas fueran metáforas de
otra realidad. También realizó obras religiosas, especialmente
entre 1562 y 1567, que manifiestan su originalidad estilística.

Entre sus piezas maestras se encuentran: *Boda campesina,
Paisaje con la caída de Ícaro, La caída de los ángeles rebeldes,
Juegos de niños, Proverbios holandeses, Dulle Griet* (Margarita la
Loca), *La adoración de los magos, La procesión al Calvario, Los
mendigos, El invierno, La cosecha.*

Murió el 9 de septiembre de 1569.

BUDA (Siddhārtha Gautama, llamado el)

Líder espiritual nacido hacia 563 a.C., en Lumbini, Nepal, en la familia de los Sakkia. Hijo del rey Suddodhana Gautama y su esposa Mahamaya, estaba destinado a reinar desde Kapilavastu, la capital regia. Según la leyenda, una profecía anunciaba que Siddhārtha renunciaría a todo si conocía la pobreza, la enfermedad y la muerte, de ahí que su padre se esmerara en educarlo recluido en palacio, donde contrajo nupcias a los 16 años con una princesa del reino vecino. Pero según los relatos budistas, llegó el día en que el joven príncipe tropezó con un par de ancianos, un enfermo y una procesión fúnebre. Preguntó a su preceptor qué era aquello, y sin obtener una respuesta satisfactoria, a los 29 años decidió hacerse ermitaño y entregarse a la meditación, dejando en palacio a su esposa Yashodhara y a su hijo recién nacido, Rahula.

Vivió como yogui durante años, sin encontrar respuesta a sus inquietudes, hasta que a los 35 años, meditando un día bajo un árbol bhodi (una higuera de la India), obtuvo la iluminación: el dolor nace del deseo; sólo extinguiendo las demandas del "yo" se puede superar lo que nos ata al mundo de los sentidos y produce sufrimiento. Así se convirtió en Buda, "el Iluminado". A su alrededor se reunió un grupo de discípulos, a los cuales habló de la compasión hacia todo lo viviente, de la necesidad de meditar y de no hacer mal a nadie. Había comenzado el movimiento monástico budista, apoyado en la filosofía y la ética de Siddhārtha Gautama, también llamado Sakya Muni, "el sabio de los Sakya". Murió a los 80 años —hacia 483 a.C.— en Kushinagara, tras haber estado muy enfermo algunos días. Su primo y discípulo Ananda presidió la pira funeraria del Buda.

Anastasio BUSTAMANTE

Médico, militar y político mexicano nacido en Jiquilpan, Michoacán, el 27 de julio de 1780, hijo del español José María Bustamante. Creció en Zapotlán el Grande (hoy Ciudad Guzmán) donde su padre era nevero. Estudió en el Seminario de Guadalajara y luego se trasladó a la Ciudad de México para estudiar Medicina. Ya graduado, se estableció en San Luis Potosí, donde ejerció como médico.

En 1808 se alistó en el ejército y, al estallar la revolución insurgente, peleó a las órdenes del general Calleja, de quien era amigo cercano. Tras la paz sellada en Iguala, en 1821, se convirtió en cercano colaborador de Iturbide. Bustamante combatió las sublevaciones de 1823 pero fue inútil: el imperio se derrumbó. En 1824 el presidente Guadalupe Victoria le confió el gobierno de las Provincias Internas. En 1828 el Congreso lo designó vicepresidente y a Vicente Guerrero como presidente; tomaron posesión en abril de 1829, pero a los pocos meses Bustamante se levantó contra Guerrero, asumiendo la presidencia interina, y desde ese cargo lo inhabilitó declarándolo "imposibilitado para gobernar". Creó la policía secreta y desterró a numerosos federalistas. También urdió el asesinato de su predecesor.

Se rodeó de conservadores y esto suscitó un levantamiento en su contra. Bustamante derrotó a los sublevados en varias batallas, pero en 1833 se avino a firmar los Convenios de Zavaleta, que incluían su exilio. Regresó en 1836 y en 1837 el Congreso —ante la guerra con Texas— lo proclamó presidente, pero sin recursos poco pudo hacer frente a la agresión francesa de la llamada "guerra de los pasteles", ocurrida en 1838. En 1841, los sublevados del Plan de Tacubaya derrocaron al gobierno y Bustamante se fue a Europa, de donde regresó en 1845 para prestar sus servicios en la inminente guerra con Estados Unidos. En 1846 se le nombró presidente del Congreso.

Tras firmarse la paz, se retiró a la vida privada en San Miguel el Grande (hoy de Allende), Gto., donde murió el 6 de febrero de 1853. Pidió en su testamento que su corazón se guardara con los restos de Iturbide en la capilla de San Felipe de Jesús, dentro de la Catedral Metropolitana, donde aún se conserva.

Lord **BYRON**
(George Gordon Byron)

Poeta británico nacido en Londres el 22 de enero de 1788. Fue hijo de un juerguista capitán del ejército y pasó con su familia materna parte de su infancia en Aberdeen, Escocia, rodeado de estrecheces económicas. Esa infancia triste y la cojera congénita que padecía contribuyeron para que adquiriera un carácter melancólico. Antes de cumplir la mayoría de edad heredó el título nobiliario y los bienes de un tío abuelo.

Gracias a esa herencia pudo pulir su educación en el colegio de Harrow y luego en el Trinity College de Cambridge, siempre bajo la presencia y las actitudes contradictorias de su madre.

Byron se escudó en una conducta chocante, que se extendió a sus intervenciones en la Cámara de los Lores.

A los 18 años publicó sus primeras obras, las que no fueron bien recibidas. Pero el éxito literario le llegó en 1812 con la publicación, producto de un viaje por el Mediterráneo que le mostró una forma de vida alejada de la rigidez británica, de los dos primeros cantos de *Las peregrinaciones de Childe Harold*, un diario poético que siguió trabajando el resto de su vida. Con esa obra se convirtió en el autor de moda y su fama se extendió a toda Europa. Otras de sus obras son *El corsario* (1814), el drama en verso *Manfred* (1817) y su versión de *Don Juan* (1818-1819). Escribió los dos últimos cantos de *Childe Harold* entre 1816 y 1818.

En 1815 se casó con Anna Isabella Milbanke, quien lo abandonó un año después. Debido a rumores que lo rodeaban dejó Inglaterra y vivió en Italia entre 1816 y 1823, año en que se trasladó a Grecia y se unió a la lucha contra el dominio turco. Una pulmonía causó su muerte en Missolonghi, el 19 de abril de 1824.

CALÍGULA
(Cayo César Augusto Germánico)

Emperador romano, bisnieto del emperador Augusto e hijo de Germánico, uno de los sobrinos del emperador Tiberio, nacido en Anzio el 31 de agosto del año 12. Creció en Germania y Oriente, en medio de la vida militar que rodeaba a su padre. Para mantener alta la moral de sus tropas, Germánico hacía que el niño se vistiera de soldado, por lo que le dieron el apodo de Calígula, diminutivo de *cáliga*, que era la sandalia que utilizaban los centuriones. El año 20 se trasladó a Roma y allí vivió con Livia, su bisabuela. En la capital llevó una existencia rodeada de lujo y de intrigas cortesanas.

Al morir Tiberio, en 37, Calígula prometió gobernar con el Senado, por lo que fue aclamado. Organizó espectáculos públicos y con eso ganó al pueblo. Todo ello contrastaba con el recién terminado reinado. Sin embargo, el año siguiente su equilibrio mental se perdió a causa de una enfermedad. Ordenó innumerables asesinatos y reinó por medio del terror, realizando gastos descomunales. Llegó incluso a nombrar cónsul a su caballo.

Sobrevivió a varios atentados y el 24 de enero del año 41, en Roma, la guardia pretoriana lo acuchilló junto con su mujer y sus hijas. En seguida se nombró como sucesor a Claudio, tío de Calígula.

Juan **CALVINO**

Teólogo protestante nacido en Noyon, Francia, el 10 de julio de 1509. Desde pequeño demostró gran dedicación a sus estudios y un marcado fervor religioso. Fue alumno del College de Montaigne, donde también estudiaron Erasmo de Rotterdam e Ignacio de Loyola, y a los 14 años su padre lo envió a estudiar Humanidades y Derecho en la Universidad de París.

Partidario de la Reforma protestante de Martín Lutero, huyó de la persecución religiosa y se instaló en Basilea, Suiza, donde en 1536 publicó su obra *Institutio christiana religionis*, que amplió en ediciones sucesivas y tradujo al francés, consciente de su importancia para el pensamiento protestante. En Ginebra la Reforma se había adoptado en forma oficial. Calvino y Guillaume Farel intentaron implantar un régimen fundamentalista de intolerancia religiosa, pero la sociedad lo rechazó en una revuelta popular y les exigió abandonar la ciudad.

En 1540, Calvino se casó con Idelette de Bure, en Estrasburgo; al año siguiente los ginebrinos le pidieron que regresara y dirigiera de nuevo la Reforma de la iglesia local. Con ese fin estableció el Consistorio como entidad reguladora de los asuntos sagrados y profanos. Implantó una disciplina inflexible, suprimió todas las manifestaciones de lo que consideraba lujo y excesos, y persiguió a los cristianos disidentes. Algunos fueron expulsados de la ciudad y otros ejecutados en la hoguera, como el teólogo español Miguel Servet, inmolado en 1553. Al frente de la ciudad Calvino impulsó mejoras como la construcción de hospitales, la red de alcantarillado y el cuidado de ancianos y enfermos.

Su vasta obra escrita incluye 4 271 documentos doctrinales y 2 300 sermones, así como *Confesión de fe*, *Pequeño tratado de la Cena de N. S. J. C.*, *De los escándalos* y *De la eterna predestinación*, en las que desglosa su idea central: la redención de los elegidos y la condena irremediable del resto por el pecado original.

Murió el 27 de mayo de 1564, en Ginebra.

Gustavo E. **CAMPA**

Músico y compositor mexicano nacido en la Ciudad de México el 8 de septiembre de 1863. Desde niño mostró talento para la música y estudió con maestros famosos como Julio Ituarte, Felipe Larios y el entonces reconocidísimo Melesio Morales, autor de la ópera *Ildegonda*, estrenada en París. Conoció a otros músicos con aspiraciones e ideales parecidos a los suyos, inclinados a los lineamientos de la nueva música francesa, y fundó el Instituto de Música con Felipe Villanueva, Ricardo Castro Herrera, Carlos J. Meneses, Juan Hernández Acevedo e Ignacio Quesada, también conocidos como "El Grupo de los Seis". De 1907 a 1913 fue director del Conservatorio Nacional de Música, cargo que dejó para dedicarse de lleno a la enseñanza.

Entre sus obras sobresalen *Misa solemne*, la ópera *El rey poeta* (sobre Nezahualcóyotl) y numerosas canciones como *À la bien aimée* (A la bienamada). Murió el 29 de octubre de 1934 en la misma ciudad que lo vio nacer.

Albert **CAMUS**

Novelista, dramaturgo y ensayista francés nacido en Mondovi, Argelia, el 7 de noviembre de 1913. Su padre era un obrero pobre de origen alsaciano que murió en la batalla de Marne, en la Primera Guerra Mundial, y su madre una mujer de origen español. En la Universidad de Argelia obtuvo, en 1936, el diploma de estudios superiores y, por la misma época fue un ávido lector de André Gide, Henry de Montherlant y André Malraux, y comenzó a ejercer el periodismo en un diario local, el *Algér Republicain*, en el que ocupó los puestos más importantes. Durante la Segunda Guerra Mundial editó diversas hojas informativas para el movimiento de resistencia y al término del conflicto dirigió el diario de izquierda *Combat*.

Su primera novela, *El extranjero* (1942), es un retrato conciso y dramático de la alienación que sufre el hombre contemporáneo. La segunda, *La peste* (1947), es la crónica de una epidemia que simboliza el avance del mal en Europa que condujo a la Segunda Guerra Mundial. A éstas siguieron *La caída* (1956) y la colección de relatos *El exilio y el reino* (1957). A este conjunto deben agregarse las piezas dramáticas *El malentendido* y *Calígula* (1944 y 1945, respectivamente), inscritas en el teatro del absurdo, y los ensayos de orientación existencialista *El mito de Sísifo* (1942) y *El hombre rebelde* (1951), en los que analiza asuntos como el nihilismo y el sinsentido de la existencia humana.

En 1957 recibió el premio Nobel de Literatura "por su importante producción literaria, que con una gravedad de clara visión, ilumina los problemas de la conciencia humana en nuestro tiempo". Vocero e ideólogo de toda una generación, orientó la

CA

última fase de su trabajo hacia un humanismo liberal alejado de los aspectos dogmáticos del catolicismo y el marxismo.

Tuvo un accidente automovilístico por el que falleció el 4 de enero de 1960, en Sens, Francia.

Jacinto **CANEK**
(Jacinto Uc de los Santos)

Líder indígena maya nacido en el barrio de San Román, en Campeche, a mediados del siglo XVIII. Debe de haber sido persona talentosa y de buen carácter, pues los religiosos lo enviaron a Mérida a estudiar latín e historia en el Convento Grande de San Francisco, pero poco tiempo duró allí: pedía explicaciones razonadas antes de obedecer y los frailes lo echaron por ser "indio levantisco".

Durante algunos años trabajó como panadero y, bien afirmado en su oficio, se fue al pueblo de Cisteil, cerca de Sotuta, en Yucatán. Adoptó el nombre Canek porque era el del último rey maya de Tayasal, la ciudad que resistió a los españoles hasta 1629. Como buen cristiano iba a misa los domingos hasta que el 20 de noviembre de 1761, a la salida del oficio divino, llamó a los mayas congregados en el atrio y los arengó en su lengua, animándolos a sacudirse la servidumbre española, que para nada les reportaba beneficios sino que les era perjudicial y humillante, pues amén de trabajos e impuestos debían soportar azotes, el cepo y la cárcel cuando no satisfacían a sus amos. El pueblo dijo que Jacinto tenía poderes milagrosos y soberanía sobre los brujos. Dieron por bueno aquello y lo coronaron rey de los mayas, usando para ello la corona de la Virgen y otros adminículos sacados de la iglesia. De inmediato encabezó una rebelión en contra de españoles y criollos, en cuyo primer encuentro quedaron muertos los soldados españoles y triunfantes los rebeldes. Se dijo incluso que se estaban cumpliendo las profecías del *Chilam Balam*.

Azoradas, las autoridades yucatecas enviaron mayores tropas que vencieron a Canek y a su gente el 26 de noviembre de 1761. En la lucha cayeron quemados 500 indios y Canek huyó a Huntulchak con los sobrevivientes, pero también allí fue derrotado y lo capturaron en Sibac. La autoridad juzgó gravísima aquella revuelta de seis días y sentenció a Canek a ser "atenaceado, roto su cuerpo y después quemado y echadas sus cenizas al viento". La sentencia se ejecutó el 14 de diciembre de 1761 en la plaza mayor de Mérida. Después fueron ahorcados ocho de sus seguidores, y otros más recibieron penas de azotes y mutilación de una oreja.

George **CANTOR**

Matemático nacido el 3 de marzo de 1845 en San Petersburgo, de padre danés y madre rusa que, a los pocos años, se mudaron a Frankfurt. Después de un breve periodo en la Universidad de Zürich, Cantor se inscribió en la de Berlín para especializarse en física, filosofía y matemáticas. En 1867 presentó su tesis doctoral *In re mathematica ars propendi pluris facienda est quam solvendi* ("En las matemáticas el arte de formular preguntas es más valioso que el de responder problemas"). Posteriormente ingresó como docente a la Universidad de Halle, Alemania, en la que desarrolló su carrera el resto de su vida.

Entre 1869 y 1873 escribió diversos ensayos sobre teoría de los números y series trigonométricas. En 1872 definió los números irracionales en términos de secuencias convergentes de números racionales, y a partir de entonces trabajó en las investigaciones más importantes de su vida: la teoría de conjuntos y los números transfinitos. En 1873 demostró que los números racionales pueden contarse, a pesar de ser infinitos, puesto que se posicionan en una correspondencia de uno a uno con los números naturales. Sus indagaciones abrieron paso a un nuevo tema de estudio: las matemáticas del infinito.

A partir de 1884, Cantor se vio afectado por una enfermedad mental, pero nunca dejó de trabajar. Entre 1895 y 1897 preparó su obra más famosa: *Contribución a la fundamentación de los números transfinitos,* publicada en 1915. En 1897 ayudó a organizar el primer Congreso Internacional de Matemáticas y apoyó a los jóvenes matemáticos a abrirse camino en el mundo universitario, cerrado y dogmático. A comienzos del siglo xx su trabajo fue reconocido como un avance fundamental en el desarrollo del análisis matemático, la topología y la teoría de funciones.

Falleció el 6 de enero de 1918 en Halle, Alemania.

Robert **CAPA**

Fotógrafo y corresponsal de guerra. Su nombre real era Ernö Friedmann y nació en Budapest, Hungría, el 22 de octubre de 1913, en el seno de una familia judía. A los 18 años abandonó su país huyendo, como cientos de personas, del gobierno autoritario de Miklós Horthy. Se instaló en París, ya bajo la amenaza del expansionismo alemán, y comenzó a trabajar como reportero gráfico de la revista *Regards*. Por entonces conoció a la fotógrafa alemana Gerda Taro, con quien entabló una relación sentimental.

Con el fin de comercializar mejor sus trabajos, ambos adoptaron el seudónimo conjunto de Robert Capa, supuesto fotógrafo estadounidense. En 1936 cubrieron la Guerra Civil Española y realizaron una de sus imágenes más notables, la *Muerte de un miliciano*. En 1937 Gerda Taro falleció en un accidente y Friedmann conservó para sí la identidad de Robert Capa. Con precisión documental y gran efecto dramático capturó la invasión japonesa a China y los inicios de la Segunda Guerra Mundial. Realizó un completo ensayo fotográfico del llamado "Día D", en el que ocurrió el desembarco de los aliados en Normandía. Asimismo, hizo un amplio reportaje sobre la liberación de París al fin de la guerra.

Junto con otros fotógrafos notables de su generación (como el francés Henri Cartier-Bresson), en los años posteriores Capa fundó la prestigiada agencia Magnum Photos. De esa época datan sus retratos de grandes personalidades, como el escritor estadounidense Ernest Hemingway, y la serie de imágenes (1948) de la Primera Guerra Árabe Israelí. En 1954 la revista *Life* le pidió cubrir la Primera Guerra de Indochina (el conflicto que libraba la colonia francesa en busca de su independencia). Durante una expedición con el ejército francés pisó una mina y falleció el 25 de mayo de 1954. Por la fuerza y la capacidad de conmover de sus reportajes se le considera el fotógrafo de guerra más notable del siglo xx.

MICHELANGELO MERISI DA **CARAVAGGIO**

Pintor italiano nacido en Caravaggio o en Milán, probablemente el 29 de septiembre de 1571. Entró a trabajar como aprendiz a los 13 años con un discípulo de Tiziano. Llegó a Roma en 1592, en la ruina. Trabajó en el taller de Cesari y lo abandonó en 1594. De esa época son *Joven con canasto de frutas* (1593) y *Baco* (1594) y se inician sus problemas con la justicia romana, pero goza de la protección del cardenal Del Monte, para quien pintó obras como *Los músicos*, *La buenaventura* y *Los jugadores de cartas*, todas de 1595; *Descanso en la huida a Egipto* (1596), y *Magdalena penitente* (1597). En 1598 pintó *Marta y María Magdalena* y lo arrestaron por portar de manera ilegal una espada. En 1600 realizó *El martirio de San Mateo* y *La vocación de San*

Mateo, para la capilla Contrarelli. En 1601 es acusado de asalto, en tanto, pintó *Cena de Emaús* y *La victoria del amor.*

Fue llevado a los tribunales por difamación en 1603, año en que pintó *Sacrificio de Isaac* y *San Juan Bautista.* En 1604 pintó *La virgen de Loreto.* En 1606, Caravaggio mató a un hombre en una riña, huyó a Nápoles y de ahí a Malta. De ese año son: *Los discípulos de Emaús* y *Siete acciones de misericordia.* En 1607 pintó *Degollación de san Juan Bautista* y *Retrato del gran maestre de la Orden de Malta Alof de Wignacourt.* En 1608 fue nombrado caballero y pintor general de la Orden de Malta, pero fue expulsado meses después. Huyó a Sicilia, donde se estableció y pintó *Sepultura de Santa Lucía.* Salió de Sicilia en 1609 y se dirigió a Nápoles, donde fue herido en el rostro. Luego de recuperarse pintó *Salomé con la cabeza de san Juan el Bautista, David con la cabeza de Goliath* y *Negación de san Pedro.*

Murió en Porto Ércole el 18 de julio de 1610. Se desconoce el lugar exacto donde fue sepultado, aunque investigaciones recientes indican que pudo haber sido en la Toscana.

Emilio **CARBALLIDO**

Dramaturgo mexicano nacido en Córdoba, Veracruz, el 22 de mayo de 1925. Su familia emigró a la Ciudad de México siendo él un infante, y desde entonces ya mostraba su inclinación por las letras. Estudió en la Universidad Nacional Autónoma de México, donde en 1949 obtuvo la maestría en Arte Dramático. En 1950 obtuvo una beca del Instituto Rockefeller. En 1975 fundó la revista *Tramoya.*
Fue profesor invitado en varias universidades estadounidenses y jurado del Premio Casa de las Américas de Cuba en varias ocasiones. La Universidad Veracruzana le otorgó un doctorado honoris causa. Ingresó a la Academia Mexicana de la Lengua en 1976. Recibió el Premio Nacional de Literatura 1996, en reconocimiento a su labor creativa, así como el premio nacional de Dramaturgia Juan Ruiz de Alarcón 2002.

Además de varios cuentos y novelas, escribió alrededor de 100 obras de teatro, entre las que destacan: *Triple porfía* (1948); *Un pequeño día de ira, ¡Silencio pollos que les van a echar su maíz!* (1963), *Te juro Juana que tengo ganas* (1965), *Yo también hablo de la rosa* (1965), *Acapulco los lunes* (1969), *Rosa de dos aromas* (1986). Algunas de sus obras que fueron llevadas al cine son: *Rosalba y los llaveros* (1954), *Felicidad* (1956), *Las visita-*

ciones del Diablo (1967), *La danza que sueña la tortuga* (1975), *Orinoco* (1984) y *Rosa de dos aromas* (1989).

Murió en Jalapa, Veracruz, el 11 de febrero de 2008.

Lázaro **CÁRDENAS**

Militar y político mexicano nacido en Jiquilpan, Michoacán, el 21 de mayo de 1895. Realizó sus estudios iniciales en su ciudad natal. Se unió a las fuerzas de la Revolución Mexicana en 1914, donde ascendió hasta obtener el grado de general. Fue gobernador de su estado natal en 1928. Ostentó el cargo de secretario de Gobernación en 1930 y de Marina y Guerra en 1932. Dos años más tarde ganó las elecciones presidenciales. Obligó al exilio a Plutarco Elías Calles, quien trataba de seguir al mando del país.

Como presidente, creó diversos agrupamientos sindicales; acogió a exiliados de diversos países; fundó instituciones que continúan vigentes a la fecha; nacionalizó el petróleo y los ferrocarriles; estableció la enseñanza pública, laica, obligatoria y gratuita, e impulsó la reforma agraria. Al terminar su mandato fue nombrado secretario de la Defensa Nacional en 1942.

Murió en la Ciudad de México el 19 de octubre de 1970.

CARLOMAGNO

Rey de los francos y emperador de los romanos nacido en Aquisgrán en 742 o en 747. Su padre, Pipino el Breve, rey de los francos murió en 768, por lo que primero el reino se dividió entre él y Carlomán, su hermano, pero al morir éste en 771, Carlomagno pudo unirlo. En 774, respondiendo al llamado del papa, venció a los lombardos en la ciudad de Pavía y se coronó como su rey en 774. Dos años después consolidó su dominio en esa zona. En 781 nombró rey de Italia a su hijo mayor, y de Aquitania al más joven, pero desterró al primero por participar en una revuelta.

La conquista de Sajonia fue ardua, pues los sajones no cumplían los tratados firmados, así que tuvo que someterlos en múltiples ocasiones desde el año 772 hasta el 804, cuando 10 000 fueron deportados y el resto juró fidelidad al rey. Intentó conquistar España, pero fue derrotado por los vascos en Roncesvalles en 778, por lo que sólo pudo establecer la Marca Hispánica. Sometió a los bretones en 786, en cuyo territorio estableció la Marca de Bretaña. Entre 791 y 803 conquistó el territorio de los ávaros.

En la Navidad de 800, fue coronado emperador por el papa. El imperio carolingio llegó a abarcar prácticamente toda Europa, excepto la España musulmana y el sur de Italia. La capital de tan enorme territorio era Aquisgrán, donde habitualmente residía Carlomagno. Una cancillería dirigía desde ahí los asuntos civiles y eclesiásticos de todo el imperio y los *missi dominici* se encargaban de los asuntos administrativos, aunque el control territorial lo tenían los condes, excepto en las marcas fronterizas, donde el ejército mandaba.

Carlomagno murió en Aquisgrán el 28 de enero de 814.

CARLOS V

Rey de España y emperador de Alemania nacido en Gante el 24 de febrero de 1500. Hijo de Felipe el Hermoso y de Juana la Loca, por tanto, nieto de los Reyes Católicos. Fue nombrado príncipe de los Países Bajos en 1515. Heredó los reinos de Castilla, Aragón, Nápoles y Sicilia en 1516. Impuso a sus colaboradores y consejeros en los principales cargos de la corte con jugosas rentas, lo que generó descontento entre sus súbditos. Esto dio origen a la guerra de las comunidades en Castilla, que terminó en la batalla de Villalar en 1521. En Valencia tuvo que someter el movimiento de las Germanías, donde la guerra duró de 1519 a 1523. En octubre de 1520 fue coronado como Carlos V, emperador del Sacro Imperio Romano-Germánico. El territorio sobre el que reinaba llegaba hasta América, Filipinas y las islas Marianas, por lo que decía que en su imperio nunca se ponía el sol.

Estuvo en guerra con Francia en varias ocasiones, pues Carlos exigía la devolución de Borgoña. En la primera (1521-1526) se firmó el Tratado de Madrid. En la segunda (1526-1529), se enfrentó a la Liga de Cognac y terminó con el Saco de Roma. La tercera (1535-1538), acabó con la firma de la tregua de Niza. En la última (1542-1544) se firmó la Paz de Crépy, por la cual España perdió territorios del norte de Francia y cercanos a Flandes, mientras que Francia renunció a Italia y a los Países Bajos.

En 1531 inició la guerra contra los príncipes protestantes, a los que derrotó en forma definitiva en Mülberhg en 1547, aunque en la paz de Aubsburgo (1551) reconoció su derecho a la libertad de culto. En 1556, Carlos abdicó de los reinos de Castilla y Aragón, Sicilia y Nuevas Indias, y renunció a la Corona de España y al imperio de Alemania.

Murió en Yuste el 21 de septiembre de 1558.

CA

Alejo **CARPENTIER**

Novelista de quien, aunque por mucho tiempo se pensó (y él mismo lo afirmaba) que fue en La Habana, al parecer nació en Laussana, Suiza, el 26 de diciembre de 1904, de padre francés, arquitecto, y madre cubana de ascendencia rusa. Desde pequeño mostró inclinación por la música, por lo que en 1917 ingresó al Instituto de Segunda Enseñanza de La Habana para estudiar teoría musical, y después a la Universidad de La Habana a estudiar Arquitectura, carrera que no terminó.

En 1922 empezó a escribir en el periódico *La Discusión*. Al año siguiente se adhirió al Grupo Minorista y participó en la Protesta de los Trece. En 1926 viajó a México, donde conoció a varios escritores y pintores. En 1927 firmó el Manifiesto Minorista y fue encarcelado bajo la acusación de ser comunista. Utilizando el pasaporte del poeta francés Robert Desnos, en 1928 Carpentier se fugó a París, donde el surrealismo estaba en auge. Colaboró en varias revistas y en la principal estación de radio de París. Dirigió los estudios Foniric.

En 1939 regresó a Cuba y produjo programas de radio. Viajó a Haití y a México, donde en 1944 realizó investigación musical. Radicó en Venezuela desde 1945 hasta 1959, año en que regresó a Cuba. Al año siguiente recibió el cargo de subdirector de Cultura y luego el de ministro consejero en la embajada de Cuba en París. En 1975 recibió un doctorado honoris causa de la Universidad de La Habana y el premio Cino del Duca. En 1976 fue electo diputado nacional. Recibió el premio Cervantes en 1977, y el premio francés Médicis Extranjero.

Sus principales obras son: *El reino de este mundo* (1949), donde propone su idea de lo "real maravilloso", *Los pasos perdidos* (1953), *Guerra del tiempo* (1958), *El siglo de las luces* (1962), *El derecho de asilo* (1972), *El recurso del método* (1974) y *Concierto barroco* (1974).

Murió el 24 de abril de 1980, en París.

Venustiano **CARRANZA**

Político mexicano nacido en Cuatro Ciénegas, Coahuila el 29 de diciembre de 1859. Estudió en el Ateneo Fuente de Saltillo y en 1874 ingresó a la Escuela Nacional Preparatoria en la Ciudad de México. Fue presidente municipal de Cuatro Ciénegas en dos periodos, 1887 y 1894, diputado local y federal, y senador. En 1908 fue gobernador interino de Coahuila.

Al estallar la Revolución Mexicana de 1910 apoyó a Madero, quien lo nombró ministro de Guerra y Marina, aunque no era militar. Madero fue asesinado en 1913 y Carranza lanzó su Plan de Guadalupe, en el que desconoció al gobierno de Huerta. Se proclamó primer jefe del Ejército Constitucionalista, por defender la Constitución de 1857. Entró a la Ciudad de México en 1914.

Su gobierno fue desconocido por la Convención de Aguascalientes, por lo que se trasladó a Veracruz. Regresó a la Ciudad de México en 1916, gracias a las victorias de Obregón sobre Villa y Zapata. Promulgó la Constitución de Querétaro del 5 de febrero de 1917, y en ese año también prestó juramento como presidente constitucional de la República, el 1 de mayo. Convocó a elecciones en 1919 y demostró inclinación por Ignacio Bonillas que iba contra Álvaro Obregón. El ejército apoyaba a Obregón, por lo que Carranza decidió salir para Veracruz con su gabinete y sus familias, además del tesoro nacional. Bajó del tren en la estación Aljibes y se internó en la sierra.

Murió asesinado en Tlaxcalantongo, Puebla, el 21 de mayo de 1920.

Julián **CARRILLO**

Compositor mexicano nacido en Ahualulco, San Luis Potosí, el 28 de enero de 1875. De raíces indígenas, fue el último de los 19 hijos de Nabor Carrillo y Antonia Trujillo. De niño formó parte del coro en el templo de la localidad, y su director lo impulsó para iniciar sus estudios musicales. También en esa época realizó sus primeras composiciones. Ingresó al Conservatorio Nacional de Música en 1895. En ese año comenzó sus investigaciones sobre los microtonos, o intervalos musicales menores a un semitono. En 1899 fue a estudiar a Europa en diferentes conservatorios y compuso su primera sinfonía.

Regresó a México en 1904. Dirigió el Conservatorio Nacional de Música en 1913. Al año siguiente se exilió en Nueva York a causa del triunfo de la Revolución Mexicana, aunque regresó a México en 1918 para dirigir la Orquesta Sinfónica Nacional. En 1925 presentó un concierto con obras microtonales, dando inicio a la divulgación de lo que llamó el Sonido 13. Fundó la Orquesta del Sonido 13, cuyos instrumentos estaban afinados microtonalmente. En 1940 patentó 15 pianos metamorfoseadores que producen intervalos de tonos, cuartos, tercios, quintos, hasta dieciseisavos de tono. Se construyeron hasta 1949 y los presentó en la Exposición Mundial de Bruselas de 1958, por lo que recibió la medalla de oro.

Murió en la Ciudad de México el 9 de septiembre de 1965. **67**

CA

Henri **CARTIER-BRESSON**

Fotógrafo francés nacido en Chanteloup el 22 de agosto de 1908. Estudió en el liceo Condorcet en París y en 1927 estudió pintura con André Lhote. En 1931 tomó sus primeras fotos en Costa de Marfil y Europa. En 1932 expuso en la galería Julien Levy en Nueva York y en el Club Ateneo de Madrid. En 1935 expuso su obra en el Palacio de Bellas Artes de México y tomó sus primeras fotografías de Nueva York. También incursionó en el cine. En 1937 dirigió un documental sobre los hospitales de la República española. Fue tomado prisionero por los alemanes durante la Segunda Guerra Mundial, en 1940, pero logró escapar. Trabajó para la resistencia francesa en 1943 y organizó la filmación de la liberación de París.

Se estableció en Nueva York en 1945, donde conoció y fotografió a numerosas personalidades. En 1947 fundó, junto con otros fotógrafos, la agencia Magnum. Publicó su primer libro *Images à la Sauvette* en 1952. Fue el primer fotógrafo en exponer su obra en el Louvre, en 1955. En la década de 1960 viajó a México, Cuba, Japón, India y Francia, entre otros países.

A partir de 1974 se concentró en dibujar. La primera exhibición de sus dibujos se realizó en 1975 en la galería Carlton de Nueva York. En 1981 recibió el Gran Premio Nacional de Fotografía en París. Dedicó los últimos años de su vida a la fundación que lleva su nombre, donde recopiló la obra de toda su vida. Recorrió el mundo documentando gráficamente sucesos como el funeral de Ghandi, la Guerra Civil Española, el fin del Kuomintang y el inicio de la República Popular China, la Unión Soviética tras la muerte de Stalin, entre otros.

Murió el 3 de agosto de 2004 en Montjustin, Provenza.

Fray Bartolomé de las **CASAS**

Religioso español nacido en Sevilla el 11 de noviembre de 1484. Al parecer tuvo una educación autodidacta orientada hacia las Humanidades. Visitó La Española en 1502, donde recibió una encomienda que administró durante cuatro años. Recibió otra encomienda por participar en la conquista de Cuba en 1512, pero renunció a ella dos años después. En 1515 se trasladó a Santo Domingo y estableció relaciones con los dominicos; regresó a España para abogar por los derechos de los aborígenes de las colonias ante el rey Fernando el Católico, pero éste murió en 1516 sin resolver el caso.

Le sucedió Carlos I, quien encargó a De las Casas un plan de colonización de Tierra Firme, que fracasó. Estuvo en Venezuela en 1521, y en 1523 ingresó a la orden de los dominicos e inició la escritura de *Historia general de las Indias*, obra que le ocuparía el resto de su vida. Envió cartas a las autoridades españolas denunciando la naturaleza destructiva de la colonización española y en 1538 escribió un tratado acerca de la conversión pacífica de los indios.

Regresó a España en 1541 donde defendió durante tres años la causa de los indígenas, de lo que resultó la promulgación de las Leyes Nuevas en 1542. Al mismo tiempo redactó su obra cumbre: *Brevísima relación de la destrucción de las Indias*. En 1544 fue consagrado obispo de Chiapas. Al encontrar resistencia al cumplimiento de las Nuevas Leyes, partió a España en 1547, viaje que tuvo que realizar varias veces, hasta que en 1550 renunció al obispado. En su retiro continuó abogando por los indígenas y asesorando a la Corona Española, pues fue nombrado procurador de indios.

Murió en Madrid en 1566.

Hermanos CASASOLA

Familia de fotógrafos y reporteros gráficos mexicanos iniciada por Agustín Víctor (28 de julio de 1874-30 de marzo de 1938), quien nació y falleció en la Ciudad de México; empezó su carrera como tipógrafo del periódico porfirista *El Imparcial*. En 1902 el diario *El Tiempo* lo empleó como reportero gráfico. En 1905 abrió la empresa Casasola Fotográficos, junto con su hermano Miguel, de quien se desconoce cuándo nació e incluso se negaba a firmar su trabajo fotográfico (murió en 1952). Fotografió las fiestas del Centenario de la Independencia en 1910 y posteriormente la saga de la Revolución Mexicana, de todo lo cual dejó alrededor de 500 000 fotografías y negativos.

Fundó la Asociación Mexicana de Fotógrafos de Prensa y una empresa para explotar los archivos fotográficos (incluyen la obra de más de 480 fotógrafos anónimos) que fueron completados hasta la década de 1960 por sus hijos Gustavo (13 de febrero de 1900-13 de mayo de 1972) y Agustín Casasola Zapata (?-1980) quienes los editaron en los cuatro tomos del libro *Historia Gráfica de la Revolución Mexicana*, que luego vendieron a una editorial. Posteriormente, en 1976, los archivos originales fueron vendidos al gobierno mexicano y actualmente se exhiben en la Fototeca Nacional en Pachuca, Hidalgo.

CA

Antonio **CASO**

Filósofo y maestro mexicano nacido en la Ciudad de México el 19 de diciembre de 1883. Estudió Derecho en la Escuela Nacional de Jurisprudencia, donde se recibió, pero sus preferencias personales lo llevaron a estudiar filosofía de forma autodidacta. Era la época en México cuando predominaba el positivismo de Auguste Comte, pero Caso se decantó por la renovada metafísica, interesándose en el vitalismo de Henri Bergson.

Junto con Alfonso Reyes, José Vasconcelos y otros, fundó la revista *Savia Moderna*, que duró poco. El grupo se transformó en El Ateneo de la Juventud, que por medio de escritos y conferencias se lanzó contra el positivismo y empezó a plantear la necesidad de hacer una filosofía mexicana y renovar la cultura. Caso se distinguió como orador. Se integró a la Universidad Nacional de México en la Escuela de Altos Estudios (posteriormente Facultad de Filosofía y Letras) donde impartió cátedra de Ética, Lógica, Estética, Historia de la filosofía, Metafísica, etcétera.

Fue director de la Escuela Nacional Preparatoria en 1909, rector de la universidad de 1920 a 1923 y director de la mencionada Facultad de 1930 a 1932. Fue miembro de la Academia Mexicana de la Lengua y de El Colegio Nacional. Escribió, entre otras obras: *Problemas filosóficos, La existencia como economía, como desinterés y como caridad, El problema de México y la ideología nacional*.

Murió en la capital mexicana el 6 de marzo de 1946.

Julio **CASTELLANOS**

Pintor mexicano nacido en la Ciudad de México el 3 de octubre de 1905. Cursó sus estudios profesionales en la Academia de San Carlos, donde ingresó en 1918 y fue discípulo de Saturnino Herrán, como posteriormente lo fue de Manuel Rodríguez Lozano, con quien en 1925 montó su primera exposición en Buenos Aires.

A diferencia de muchos de sus coetáneos que prefirieron la pintura al fresco, Castellanos escogió la de caballete como su medio favorito de expresión. Sus obras están impregnadas de un nacionalismo que recoge la diversidad cultural del país, y entre ellas sobresalen: *Maternidad, El baño, Bohío maya, El día de san Juan, El presagio* (retrato de su esposa Zita Basich, también pintora), *Ángeles robachicos* y *Autorretrato*.

Murió el 16 de julio de 1947, en su ciudad natal.

Rosario **CASTELLANOS**

Escritora y diplomática mexicana nacida en la Ciudad de México el 25 de mayo de 1925.

De niña vivió en Comitán y vio de cerca la realidad indígena de Chiapas. Estudió en la Universidad Nacional Autónoma de México, donde en 1950 obtuvo el grado de maestra en filosofía. Impartió clases en diversas instituciones mexicanas y del extranjero. Sus actividades en torno al mundo indígena iban desde la cátedra en la escuela preparatoria de San Cristóbal de Las Casas, hasta ser promotora cultural del Instituto Chiapaneco, directora de teatro guiñol del Centro Coordinador Tseltal-Tsotsil y redactora del Instituto Indigenista. Su contacto con los indígenas se vio fuertemente reflejado en su narrativa. Estuvo casada con el también doctor en filosofía Ricardo Guerra, de quien tuvo a su único hijo, Gabriel, en 1963.

En el terreno de la poesía, destacan *Trayectoria del polvo, Lívida luz* y *Materia memorable;* en el de la novela, *Oficio de tinieblas* y *Balún Canán;* en el del ensayo *Mujer que sabe latín.*

Por su cultura, erudición y experiencia, fue incorporada al servicio diplomático y desempeñó el cargo de embajadora en Israel, donde murió electrocutada accidentalmente en su casa en Tel Aviv, el 7 de agosto de 1974.

Fidel **CASTRO**

Líder revolucionario y político cubano nacido el 13 de agosto de 1926 en Birán, tercero de los seis hijos de Ángel Castro —dueño de una plantación azucarera— y Lina Ruz González, con quien se casó cuando Fidel ya tenía 15 años. Éste fue a la universidad de La Habana. En 1947 se unió a un intento de derrocar al dictador dominicano Rafael Trujillo, que fracasó. De vuelta en la universidad, hizo contacto con el Partido Ortodoxo, anticomunista. Buscó un asiento legislativo en 1952, pero las elecciones fueron suspendidas por el golpe de estado dirigido por el general Fulgencio Batista, quien se proclamó dictador. Junto con el Partido Ortodoxo organizó una insurrección y el 26 de julio de 1953 atacó el cuartel Moncada, pero el intento fracasó y Castro fue sentenciado a 15 años de prisión.

Fue liberado y se exilió en México, donde conoció a Ernesto *Che* Guevara, rehizo sus fuerzas y organizó un nuevo intento de derrocar a Batista, esta vez utilizando guerrillas. Ya en la isla, organizó a los guerrilleros y mantuvo las hostilidades hasta que el régimen de Batista se derrumbó. Las fuerzas guerrilleras, con Fidel a la cabeza, entraron en La Habana el 1 de enero de 1959. José Miró Cardona fue designado primer ministro pero en febrero renunció y Castro asumió el cargo.

Comenzó su revolución con una política de nacionalizaciones, expropiaciones y una campaña de alfabetización completa. Combatió a la disidencia, algo de lo más criticado de su régimen junto con la falta de desarrollo económico, pese a lo cual Cuba ha tenido espectaculares avances en medicina. Enfrentó a los Estados Unidos al declararse marxista-leninista y buscar el apoyo de la entonces Unión Soviética, lo que desencadenó en la invasión de bahía de Cochinos (1961) y la crisis de los misiles atómicos en 1962, todo en el marco de la ruptura de relaciones con Estados Unidos y un embargo comercial decretado por ese país en contra la isla.

Tras una complicada enfermedad, Castro renunció a la presidencia, cargo que a partir de entonces recayó en su hermano Raúl, pero retuvo su puesto como Secretario General del Partido Comunista Cubano.

Ricardo **CASTRO**

Músico mexicano nacido en Nazas, Durango, el 7 de febrero de 1864, hijo del diputado Vicente Castro y María de Jesús Herrera. Desde muy pequeño dio muestras de su talento para la música, que empezó a estudiar a los seis años; a los 13 ya componía valses y mazurcas a la moda del momento.

Por esa época se trasladó a la capital de la República, donde inició sus estudios profesionales en el Conservatorio Nacional, mismos que culminó en 1889 al titularse de pianista. Fue fundador del Instituto de Música junto con Gustavo E. Campa, Felipe Villanueva, Carlos J. Meneses, Juan Hernández Acevedo e Ignacio Quesada; a todos se les conoció también como "El Grupo de los Seis".

Ofreció conciertos y recitales tanto en México como en el extranjero, y su calidad pianística siempre fue reconocida. Como compositor, y bajo la influencia del postromanticismo, escribió obras donde se conjuga la dificultad técnica con la belleza y el impulso emocional, así como cierta tendencia a exaltar los valores nacionales, como puede comprobarse en su ópera *Atzimba*. Sin embargo, el grueso de su obra tiene un sesgo más internacional. Compuso las óperas *La leyenda de Rudel*, *La Roussalka*, el poema sinfónico *Oithoma*, y entre las piezas para piano, su célebre *Capricho*, además de valses, berceuses, danzas, etcétera.

Murió en la Ciudad de México el 28 de noviembre de 1907.

CAUPOLICÁN

Jefe indígena mapuche (grupo indígena de Chile) que es el héroe del poema épico *La Araucana*, escrito por el español Alonso de Ercilla. Debió nacer en las primeras décadas del siglo XVI. Era el *toqui* o caudillo militar que sustituyó a Lautaro, quien había acaudillado el levantamiento contra los conquistadores españoles dirigidos por Pedro de Valdivia.

Del 2 al 3 de diciembre de 1553 los indígenas de Caupolicán cercaron y dieron muerte a las fuerzas de Valdivia y a él mismo. Los españoles supervivientes juraron vengarse. Se cuenta que para demostrar ser digno del título de *toqui*, Caupolicán pasó tres días con sus noches soportando el peso de un gran tronco cortado para ese fin (otra versión dice que anduvo con el tronco a cuestas durante un día entero). La prueba satisfizo al pueblo mapuche que lo siguió al combate.

Tras cinco años de luchas en las que tuvo éxitos y fracasos, Caupolicán fue capturado el 5 de febrero de 1558 por los españoles en Tucapel, poco después lo empalaron vivo frente a su esposa, y luego lo remataron a flechazos. Una vez muerto, lo sustituyó como *toqui* su hijo Caupolicán *el Joven*.

Henry **CAVENDISH**

Físico y químico inglés, segundo hijo de lord Charles Cavendish. Nació el 10 de octubre de 1731 en Niza, lugar a donde habían enviado a su madre para aliviar sus dolencias; allí vivió el pequeño hasta los dos años de edad, cuando murió su madre y él fue llevado a Inglaterra. Recibió sus primeros estudios formales en Hackney y después ingresó al Peterhouse College de Cambridge, donde se hizo patente que el carácter solitario y tímido en extremo del adolescente le impedían cumplir con la vida académica universitaria, de la cual salió sin título alguno, pero con excelentes conocimientos que fue a perfeccionar a París.

De regreso en Inglaterra, asistió a numerosas sesiones de experimentos efectuados en la Royal Society y su padre hizo construir para él un laboratorio privado en su propia casa. Así el tímido Henry pudo realizar sus investigaciones —sin molestias ni presiones—, a las que dedicó toda su vida. Lo malo fue que nunca quiso publicar sus hallazgos y estos permanecieron desconocidos hasta mucho después de su muerte.

Trabajó sobre la electricidad, la confección de aparatos astronómicos, descubrió las propiedades del hidrógeno (bautizado por Lavoisier) y realizó el experimento decisivo para medir la masa del planeta Tierra, entre otras cosas.

Murió el 24 de febrero de 1810 en su casa de Londres. En 1879 el profesor James Clerk Maxwell recopiló las notas de este físico y las publicó con el título *Las investigaciones eléctricas del honorable H. Cavendish.*

Anders **CELSIUS**

Físico y astrónomo sueco nacido el 27 de noviembre de 1701 en Uppsala, como integrante de una familia dedicada a las matemáticas y la astronomía. En 1730 fue nombrado catedrático de Astronomía en su ciudad natal. En 1736 formó parte de la expedición francesa a Laponia dirigida por Maupertuis, cuyo fin era determinar un grado de meridiano en la zona polar y comparar el resultado con el obtenido en el ecuador. Así se confirmó que la Tierra era un elipsoide achatado en los polos.

En 1741, la Corona sueca lo financió para construir un observatorio astronómico con la mejor tecnología disponible. Observó las diferencias de intensidad en la luz estelar, la variación diurna de la declinación magnética y que las auroras boreales tienen como causa el electromagnetismo.

Para sus observaciones meteorológicas —entonces parte del quehacer de un astrónomo— inventó la escala centígrada que lleva su nombre, la cual consideraba el punto de ebullición del agua como 0° y el de congelación como 100°. Después de su muerte, la escala se invirtió a su forma presente.

Murió de tuberculosis el 25 de abril de 1744.

Miguel de **CERVANTES SAAVEDRA**

Novelista, poeta y dramaturgo español, cuarto de los siete vástagos de Rodrigo Cervantes y Leonor de Cortinas, nacido probablemente el 9 de octubre de 1547 en Alcalá de Henares. Cursó estudios superiores en Valladolid, Salamanca y Madrid, pese a lo cual, quizás por falta de recursos, se alistó en el ejército real. En 1571 participó en la batalla de Lepanto. Allí Cervantes recibió una herida que le incapacitó la mano izquierda, por lo que suele dársele el epíteto de *El manco de Lepanto*. En 1572 tomó parte en la conquista de Bizerta y Túnez. En septiembre de 1575, junto con su hermano Rodrigo, fue capturado por piratas berberiscos y llevado cautivo a Argel, donde pasó cinco años de penalidades. En 1580 pagaron su rescate los padres mercedarios con el dinero reunido por las hermanas de Cervantes. A su regreso a España se establece en Madrid y empieza a escribir.

Como poeta, lo opacan las glorias de Lope, Góngora y Quevedo; como dramaturgo, de nuevo Lope, además de Tirso de Molina y otros, pero como narrador no tiene par. Puede decirse que Cervantes le da forma y sustancia al español moderno. En 1584 se casa con Catalina Salazar y Palacios, pero el matrimonio no resultó bien avenido. Para sostenerse, Cervantes desempeña empleos poco remunerados, las deudas se acumulan y acaba en la cárcel, sale libre y solicita pasar a las Indias, lo que le es negado. Poco después de 1600 se instala en Madrid con sus hermanas y una hija natural —Isabel— a quien procreó con Ana Franca de Rojas.

En 1605 un editor acepta publicarle la primera parte de *El ingenioso hidalgo don Quijote de la Mancha*, obra que fue un éxito tan rotundo que al poco tiempo salía a la luz una segunda parte apócrifa, lo que motivó a Cervantes a escribir su segunda parte autorizada, con igual éxito que la primera. En 1613 aparecen las *Novelas ejemplares*, 12 relatos cortos llenos de ingenio y belleza.

Pasó sus últimos años muy enfermo —quizá de diabetes—, y murió el 23 de abril de 1616.

Julio CÉSAR

Militar y político romano nacido en el año 100 a.C., en el seno de una familia de patricios. Recibió una educación completa y se ganó la simpatía del pueblo empleando métodos clientelistas, como el patrocinio de fiestas y obras públicas. Su carrera como servidor público inició en el año 69 y llegó a ser pretor (cargo de mayor importancia después del cónsul) de la Hispania Ulterior, área correspondiente al sur de la península Ibérica.

Cuando regresó a Roma reconcilió a Craso y Pompepeyo y conformaron así un triunvirato. César fue elegido cónsul en 59 y buscó la forma de detentar el poder absoluto en abierta rivalidad de Pompeyo, pues Craso había fallecido durante una expedición contra los partos. Completó la ocupación de las Galias y realizó expediciones a Britania y Germania hasta extender ampliamente el dominio de Roma. Cruzó el Rubicón, río que marcaba el límite de su área de influencia y conquistó posiciones en la península Itálica, Hispania y Grecia.

En Egipto asesinó a Pompeyo y respaldó a Cleopatra como sucesora en el imperio. Tras derrotar a los seguidores de Pompeyo, César triunfó en la guerra y estableció una dictadura unipersonal como jefe del ejército, sumo sacerdote y emperador, con derecho a transmitir el poder a su linaje en forma hereditaria. Los otros órganos de gobierno, incluido el Senado, quedaron sujetos a su entera merced.

Realizó, en contraste, algunas reformas importantes para convertir a Roma en un imperio de vastos alcances y enorme poder. Estableció un nuevo calendario (el calendario juliano) que estuvo vigente hasta el siglo XVI y concedió mayor autonomía a las ciudades.

Murió asesinado en la célebre conjura de Casio y Bruto consumada el día 15 de marzo del año 44 a.C. Fue sucedido por su sobrino nieto Octavio Augusto.

Paul **CÉZANNE**

Pintor nacido el 19 de enero de 1839 en Aix-en-Provence, Francia, como hijo de un acaudalado banquero. Abandonó los estudios de Derecho para dedicarse a las artes plásticas. A partir de 1862 se consagró definitivamente a la pintura en París y las obras de su primera etapa reflejan la influencia del pintor romántico Eugène Delacroix y de los de la generación más joven, en especial Gustave Courbet y Edouard Manet. Alumno de Camile Pissarro, a través de él se acercó al grupo de los impresionistas, que lo rechazaron por el uso de un colorido intenso, cierto giro hacia la abstracción y la elección de temas violentos y fantásticos en sus cuadros.

A fines de la década de 1870 comenzó su llamada "fase constructiva" caracterizada por pinceladas bruscas que, agrupadas, transmiten una sensación de volumen. En la década de 1890, de nuevo en Aix-en-Provence, exploró la geometría del

espacio, el ritmo y la composición visual, concentrado en temas básicos como la naturaleza muerta, el estudio de bañistas
y la figura masculina, la representación de objetos cotidianos
de su casa y taller y el estudio del paisaje, especialmente del
monte Santa Victoria. En este último periodo muchos de sus
cuadros ya se exhibían en Europa y su trabajo impactó a las
vanguardias creativas en la vuelta de siglo, como el fauvismo,
el cubismo, el sintetismo y el simbolismo, por lo que se le considera una figura de transición del impresionismo tardío al arte
contemporáneo.

Entre sus piezas más destacadas están: *Paisaje rocoso cerca
de Aix, Bodegón con naranjas, Anciana con rosario, Los jugadores de cartas, El estanque, La casa del ahorcado, Bañistas, Mujer
con cafetera, Una moderna Olympia* y *Bodegón con cebollas*, así
como varios autorretratos.

Falleció en su ciudad natal el 22 de octubre de 1906.

James **CHADWICK**

Físico inglés nacido el 20 de octubre de 1891 en Cheshire, Reino
Unido, como hijo de Joseph Chadwick y Anne Mary Knowles.
En 1908 ingresó a la Universidad de Manchester y se graduó
con honores en la Escuela de Física en 1911. Pasó varios años
trabajando sobre radiactividad bajo la supervisión de lord Ernest Rutherford en el laboratorio universitario de Manchester.
En 1913 obtuvo una beca para estudiar en Alemania con el profesor Hans Geiger. La Primera Guerra Mundial lo sorprendió
en suelo germano y no lo dejaron partir a su patria sino hasta
finalizado el conflicto.

En 1919 ingresó a Cambridge para seguir colaborando con
Rutherford en el bombardeo de elementos ligeros mediante
partículas alfa, con el objetivo de conocer más acerca del nú-
cleo atómico. En 1923 fue nombrado director del laboratorio
Cavendish y en 1927 pasó a ser miembro de número de la Royal
Society.

En 1932 demostró la existencia de los neutrones —partículas subatómicas con masa pero sin carga eléctrica—, capaces
de dividir el núcleo atómico, incluso de los elementos más pesa-
dos, como el uranio. Por su contribución a la ciencia, Chadwick
recibió el premio Nobel de Física en 1935. De 1943 a 1945 trabajó para los Estados Unidos en el Proyecto Manhattan, cuyo
objetivo fue la fabricación de la bomba atómica. En 1959 se
retiró de sus actividades académicas.

Murió el 24 de julio de 1974.

CH

Charles **CHAPLIN**

Actor, escritor, compositor, guionista y director de cine nacido el 16 de abril de 1889 en Londres, Reino Unido, siendo hijo de Charles y Hannah Chaplin, actores de *music hall*. El padre abandonó a la familia y a los pocos años murió, mientras que la madre enfermó, de modo que desde muy pequeño Chaplin apareció en escena: la primera vez que lo hizo tenía sólo cinco años. A los ocho salió de gira con el musical *Los ocho chicos de Lancaster*. De los 17 a los 24 años formó parte de la *troupe* de Fred Karno, dedicada al vodevil, y fue él quien lo llevó a Nueva York.

En 1913 firmó su primer contrato con Mack Sennet para filmar películas mudas en Holywood. Así empezaron las andanzas del personaje cómico conocido como *Charlot*, el "yo" artístico de Chaplin: un joven vagabundo de grandes y expresivos ojos, bigotito ridículo, saco estrecho, pantalones holgados, zapatones, bombín y bastón, lleno de poesía y ternura, pero también de crítica social.

Harto de los estudios hollywoodenses, formó el suyo propio (United Artists), junto con Douglas Fairbanks y Mary Pickford y dirigió algunas películas. Sensible y mujeriego, tuvo muchos problemas de faldas hasta casarse en 1943 con Oona O'Neill —hija del dramaturgo Eugene O'Neill—, con quien procreó ocho hijos, además de los dos que había tenido con Lita Grey.

Entre sus películas más notables están: *La calle de la paz, El inmigrante, Vida de perro, Armas al hombro, Luces de la ciudad, El chico, El gran dictador, Tiempos modernos, La fiebre del oro y El gran dictador.*

Dejó los Estados Unidos por presiones anticomunistas y se asentó en Vevey, Suiza, donde radicó hasta su muerte ocurrida el 25 de diciembre de 1977.

Carlos **CHÁVEZ**

Músico y compositor mexicano nacido el 13 de junio de 1899 en la Ciudad de México, donde estudió piano, Al mismo tiempo, fue formándose de manera autodidacta como compositor.

Al integrarse la primera Orquesta Sinfónica Nacional en el país (1928), las autoridades pidieron a Chávez que fuera el director. Estuvo al frente de ella hasta 1948, luego de 20 años de trabajo y dedicación, durante los cuales realizó giras por el interior de la república y el extranjero.

Como compositor se sumó a la tendencia nacionalista, buscando inspiración en la música popular, sobre todo indígena. Fue director del Conservatorio Nacional de 1928 a 1934.

El maestro Chávez falleció el 2 de agosto de 1978. Entre sus obras más famosas se encuentran la sinfonía *Antígona* (1933) y la *Sinfonía india* (1936).

Antón **CHÉJOV**

Escritor ruso nacido el 29 de enero de 1860 en Taganrog, donde su padre tenía una tienda de ultramarinos. Estudió Medicina y durante sus años universitarios publicó relatos de humor en revistas. El éxito que obtuvo como escritor hizo que casi no ejerciera su profesión. Aunque *Ivanov* (1887), su drama en un acto fue un éxito, el fracaso inicial de *La gaviota* (1896) lo orilló a decidir abandonar la escritura de obras de teatro. No obstante, sus dotes como dramaturgo se reafirman y aprecian en obras posteriores: *El tío Vania* (1897), *Las tres hermanas* (1901) o *El jardín de los cerezos* (1904).

Fue también un destacadísimo narrador. Su maestría en el manejo del cuento se centra en la negación del narrador omnisciente, y no juzga, sino que transmite los datos relevantes a través de detalles y de la creación de ambientes y de los flujos de conciencia de los personajes. Escribió más de 200 cuentos, entre los que destacan: *El monje negro, Una historia aburrida, La dama del perrito, La sala número 6, Sobre el amor.*

En 1891 realizó una visita a la isla de Sajalín, donde había una colonia penal. Las condiciones que atestiguó lo hicieron escribir un reporte demoledor. Eso lo llevó también a solidarizarse con las clases bajas. Dio consulta médica gratuita a los campesinos, fundó escuelas y ayudó en lo que estuvo a su alcance. En 1900 se convirtió en miembro de la Academia Rusa. Sin embargo, dos años más tarde dimitió, como una manifestación de protesta al rechazarse por motivos políticos la admisión de Maxim Gorki.

Durante años Chéjov luchó contra la tuberculosis, que en su época era incurable. Por eso pasó temporadas en Yalta y en el verano de 1904 acudió al balneario alemán de Badenweiler, donde murió el 15 de julio.

Frédéric **CHOPIN**

Músico polaco nacido en Zelazowa-Wola el 1 de marzo de 1810. Fue hijo de un francés emigrado y de una polaca noble y se inició en el estudio del piano a los cuatro años. A los sie-

79

te compuso su primera obra y dio su primer concierto. Se le
consideró niño prodigio y en 1825 el zar quiso conocerlo. Dos
años después ingresó en el Conservatorio de Varsovia, pero
sus facultades musicales excedían incluso las de sus profesores.
Entre 1828 y 1830 emprendió viajes a Berlín y Viena y, cuando
las tropas rusas invadieron su país abandonó definitivamente
Varsovia.

Luego de una estancia en Viena, a fines de 1831 llegó a
París. Se concentró en la composición y limitó sus presenta-
ciones a dos recitales anuales. En ocasiones, ante problemas
financieros, tocó en conciertos privados y emprendió algunas
giras en las que se entrevistó con Félix Mendelssohn y Robert
Schumann, entre otros. En 1837 conoció a la famosa escritora
George Sand, con quien inició un romance. Chopin entonces
ya estaba enfermo de tuberculosis y se hallaba muy débil. Sand
lo cuidó y mimó en Mallorca con lo que el compositor logró
recuperarse y vivir algunos años más. En 1840 la pareja se trasladó a París hasta que sobrevino la ruptura, en 1847. Durante
1848 emprendió una última gira por Gran Bretaña y Escocia.

Su obra se centró en la exploración de las posibilidades del
piano y consta de 55 mazurcas, 27 estudios, 24 preludios, 19
nocturnos, 13 polonesas y 3 sonatas para ese instrumento,
además de piezas de cámara, preludios, impromptus, valses,
baladas, preludios, fantasías, rondós, scherzos y variaciones.

Murió en París el 17 de octubre de 1849.

Winston **CHURCHILL**

Político británico nacido en el palacio de Bl-
enheim, Oxfordshire, el 30 de noviembre de
1874, como descendiente del séptimo duque
de Marlborough. Estudió en la prestigiada
Academia de Ascot y en 1895 fue destinado
al cuarto regimiento de húsares. Realizó misiones en Cuba, la India y Sudán, desde donde
enviaba crónicas para periódicos como el *Daily
Graphic* y el *Morning Post*. Durante la Guerra
de los Bóers cayó prisionero, pero logró fugarse e intervino en
el asalto a Pretoria.

Su carrera política inició en 1900 como representante del
Partido Conservador por Oldham. Posteriormente se sumó
al Partido Liberal; en 1910 fue designado ministro del Interior y posteriormente lord del Almirantazgo. En la Primera
Guerra Mundial logró contener a la Escuadra Alemana en

altamar, pero fracasó su expedición a Gallipoli. Durante el periodo de entreguerras estuvo a cargo de diversas carteras ministeriales y en 1940 remplazó a Lord Chamberlain como primer ministro.

Con el estallido de la Segunda Guerra Mundial, su gran talento y habilidad política estimularon al pueblo y el ejército británicos en momentos críticos. Su estrecha relación con Franklin D. Roosevelt permitió que los aliados triunfaran definitivamente contra la Alemania nazi. En 1941 ambos suscribieron la *Carta del Atlántico,* una declaración conjunta de principios políticos a favor de la paz, las soberanías nacionales y el desarrollo mundial al término de la guerra. Con todo y eso Churchill perdió las elecciones de 1945 y dimitió. Se presentó de nuevo en las votaciones de 1951 y presidió una vez más el gobierno británico hasta 1955.

Autor de una extensa obra escrita como la *Historia de la Segunda Guerra Mundial, La crisis mundial* y una amplia colección de discursos, en 1953 fue laureado con el premio Nobel de Literatura.

Falleció el 24 de enero de 1965, en Londres.

Marco Tulio **CICERÓN**

Político, orador y filósofo nacido en Arpiño el año 106 a.C. Su familia poseía cierta fortuna, por lo que recibió una educación cuidada. De joven conoció a oradores famosos y a quienes ejercían el Derecho, y eso lo impulsó a estudiar esa carrera.

Su primer triunfo como orador fue la defensa de Sexto Roscio Amerino (80 a.C.). Sin embargo, Cicerón no aprovechó ese éxito y, para recuperar la salud y conocer a otros oradores y filósofos, viajó a Grecia y a Asia Menor.

De regreso en Roma, inició su larga carrera política. Fue elegido magistrado y en ese ejercicio ganó gran popularidad. En 64 a.C. resultó electo cónsul. Sus más célebres discursos fueron las Catilinarias (63 a.C.), cuyo fin era la condena a muerte de los cómplices de unas revueltas encabezadas por Catilina.

Más tarde Publio Clodio logró la aprobación de una ley que desterraba a cualquier persona que hubiera condenado a muerte a algún ciudadano sin juicio popular. Esa ley afectó a Cicerón, quien abandonó Roma y vivió algunos meses en Tesalónica y Durazzo.

Al estallar la guerra civil que enfrentó a los partidarios de César y Pompeyo, en 51 a.C., Cicerón apoyó al segundo. En esos años se dedicó a la redacción de tratados como *De oratore*

(55 a.C.), *De república* (54-51 a.C.) y *De legibus* (52 a.C.) y prácticamente ya no hablaba en público. La separación de su mujer y la muerte de su hija lo sumieron en una depresión que atenuaba a través de la escritura. Murió asesinado en Formía el 43 a.C., porque Marco Antonio y Augusto, aliados luego de la muerte de César, lo consideraron enemigo.

El *CID CAMPEADOR*
(Rodrigo Díaz de Vivar)

Caballero castellano nacido h. 1043 en la aldea de Vivar, cerca de Burgos, en España. A los 15 años se incorporó a la corte de Fernando I. El primogénito del soberano, Sancho, lo armó caballero. Cuando éste se convirtió en rey de Castilla, lo nombró alférez. Se distinguió en el combate y se ganó el sobrenombre de *Campeador* (guerrero invicto), y años después el de *Cid* (del árabe *sid*, señor).

Peleó de manera decisiva al lado de Sancho II en la guerra contra su hermano Alfonso, heredero de León tras la muerte de Fernando I. Luego del asesinato de Sancho II, durante el sitio de Zamora (1072), Alfonso reclamó sus derechos al trono de Castilla. Se le reconoció como rey al jurar ante el *Cid* que no había participado en la muerte de Sancho y, en señal de reconciliación, le ofreció en matrimonio a su sobrina doña Jimena.

En 1079 atacó y venció a García Ordóñez, uno de los favoritos del rey, y sin permiso emprendió una incursión por tierras de Toledo. Esto le ganó el destierro y el *Cid* partió al exilio con sus hombres. Ofreció sus servicios a los reyes moros de Zaragoza. En sus campañas se enfrentó tanto a cristianos como a musulmanes.

Más tarde Yusuf, caudillo de los almorávides, una poderosa dinastía beréber del norte de África, llegó a Algeciras con un gran ejército. En 1086 derrotó a Alfonso VI en la batalla de Sagrajas. El rey se reconcilió con Rodrigo y le encomendó la conquista de Valencia, comprometiéndose a entregarla a sus descendientes. El *Cid* entró en Valencia (1094), lo que hizo que Yusuf enviara a sus tropas con el fin de cercar la ciudad. Los hombres del Cid se anticiparon al asedio y derrotaron a los almorávides.

Hasta su muerte, acaecida en 1099, el *Cid Campeador* permaneció como señor de sus dominios valencianos.

Francisco Javier **CLAVIJERO**

Historiador mexicano nacido en la ciudad de Veracruz el 9 de septiembre de 1731. Ingresó al Seminario de Puebla y posteriormente se inscribió al noviciado de la Compañía de Jesús en Tepotzotlán (actual Estado de México), donde aprendió latín, griego, hebreo, italiano, francés, portugués y alemán. Dominaba, además, el náhuatl y el otomí. Impartió clases de filosofía moderna en los colegios de Valladolid (hoy Morelia y Guadalajara) donde difundió las ideas más importantes de la Ilustración europea.

Salió expulsado de la Nueva España a consecuencia de la pragmática sanción contra los jesuitas en las posesiones españolas aplicada en 1767 por disposición del rey Carlos III de España. En el destierro, afincado en los Estados Pontificios, escribió su *Historia antigua de México*, publicada en italiano y traducida al español por José Joaquín de Mora en 1824. Se trata de una obra pionera en su tema, el pasado indígena de México. Ésta se complementa con una serie de *Disertaciones* en las que aclara diversos equívocos que había en Europa con relación a la América prehispánica. Se conserva, asimismo, su *Historia de la Baja California*, una monografía en cuatro tomos sobre la península situada al noroeste de México. Cabe mencionar también su *Historia eclesiástica de México* y el ensayo *De las colonias de los tlaxcaltecas*.

Falleció en la ciudad de Bolonia, Italia, el 2 de abril de 1787. Sus restos fueron identificados en la cripta de la Iglesia de Santa Lucía, en Bolonia, y repatriados en 1970 para depositarlos en la Rotonda de las Personas Ilustres del Panteón Civil de Dolores.

CLEOPATRA

Última reina de Egipto, nacida en Alejandría en 69 a.C. Muchos datos de su vida son más legendarios que reales. Contrajo matrimonio con su hermano Tolomeo XIV Dionisos. En 46 a.C. lo abandonó, pero perdió el favor del pueblo. El emperador César se convirtió en árbitro y Cleopatra huyó a Siria, donde organizó un ejército. Volvió a Alejandría en secreto invitada por César, quien consiguió reunir de nuevo a los dos reyes en el trono. Los partidarios de Tolomeo XIV se rebelaron una vez más y César apoyó a Cleopatra. Tolomeo XIV fue derrotado y en 47 a.C. murió en la batalla del Nilo.

CO

Siguiendo las tradiciones egipcias, Cleopatra se casó con su otro hermano, Tolomeo XV, quien para entonces tenía sólo diez años. César se quedó en Egipto y pasó varios meses en compañía de Cleopatra. Al poco tiempo Cleopatra dio a luz a un hijo conocido como Cesarión. Cleopatra marchó a Roma y participó de manera activa en la vida cotidiana de los romanos. Cuando César murió, en 44 a.C., ella regresó a Egipto.

Cleopatra conoció más tarde a Antonio, quien se enamoró de ella y la siguió hasta Egipto. Ahí llevaron una vida de fiestas, frivolidad y refinamiento. Sin embargo, Antonio regresó a Roma y, por razones políticas, se casó con Octavia, hermana de Octavio. Cuatro años más tarde volvieron a encontrarse en Siria y Antonio se enamoró de nuevo de ella. Olvidó Roma y se transformó en monarca oriental.

Octavio, enfadado con Antonio por el abandono de su hermana, declaró la guerra a Cleopatra en 32 a.C. Tras la derrota de Actio y creyéndola muerta, Antonio se hirió con la espada y murió desangrado. Más tarde, Cleopatra buscó en vano el perdón de Octavio. Según la leyenda, en 30 e.C. ella se suicidó haciéndose morder por un áspid.

Cristóbal **COLÓN**

Navegante nacido en Génova en 1451. Quizá realizó los primeros estudios en su ciudad natal. Por primera vez se hizo a la mar a los 14 años y llegó a Portugal, donde se casó con Felipa Moniz. Al revisar los mapas que coleccionaba su suegro, intuyó la existencia de tierras desconocidas. La demostración de que la Tierra era redonda y los viajes de Marco Polo por Oriente reafirmaron su sospecha. Entonces trazó su proyecto y lo presentó al rey Juan II, quien se negó a apoyarlo por no estar de acuerdo con las condiciones.

Esto lo obligó a ir a España, donde los Reyes Católicos lo recibieron en audiencia, y quienes al principio no se interesaron en el proyecto, dado que estaban inmersos en la guerra con Granada. Pero finalmente, en 1492, Colón logró que se firmaran las Capitulaciones de Santa Fe, en las que se establecían las condiciones para apoyarlo. Así, el 3 de agosto de 1492 zarpó su expedición con tres naves. Tras dos meses de navegación, el 12 de octubre se avistó tierra. El primer contacto fue en la isla de Guanahaní, en las Bahamas. Más tarde desembarcó en Cuba y luego llegó a Haití, isla que bautizó como La Española.

De regreso en España fue recibido en Barcelona por los Reyes Católicos.

En seguida hizo el segundo viaje, en el que llegó a las pequeñas Antillas y Puerto Rico. En el tercero exploró la costa de Venezuela y descubrió las islas Trinidad, Margarita y Cubagua.

En La Española había estallado una rebelión de españoles debido a la mala administración de sus hermanos, Diego y Bartolomé. Al enterarse los Reyes Católicos, enviaron a Fernández de Bobadilla para que se ocupara del gobierno y la justicia en la isla, pero fracasó, por lo que enviaron a Nicolás de Ovando. Aunque se suspendieron sus derechos, Colón conservó los títulos de virrey y almirante. Preparó un cuarto viaje en 1502, pero Ovando no lo dejó desembarcar, de modo que Colón se fue a Jamaica. Después regresó a La Española y, finalmente, a España, donde murió en Valladolid en 1506, sin saber que en realidad había descubierto un nuevo continente.

Ignacio **COMONFORT**

Militar y político mexicano nacido el 12 de marzo de 1812 en Amozoc, Puebla, como hijo de padre francés y madre mexicana. En la ciudad de Puebla comenzó a estudiar Leyes en el Colegio Carolino, pero abandonó los estudios debido a la muerte de su padre. En 1832 se unió al movimiento contra Anastasio Bustamante. Su éxito en la campaña le valió ascender a comandante militar de Izúcar hasta 1834. En 1842 llegó a la Ciudad de México como diputado al Congreso, pero Santa Anna lo disolvió y Comonfort regresó a Tlapa, Guerrero, donde ejercía de prefecto y comandante militar. Fue diputado en 1848 y senador en 1851. En 1853 se le encargó la aduana de Acapulco, de la que fue retirado arbitrariamente por Antonio López de Santa Anna.

Al año siguiente estalló la revolución de Ayutla y Comonfort comandó la guarnición sublevada de Acapulco. Santa Anna abandonó el país, derrotado, y Juan Álvarez, el cacique liberal de la Costa Grande, asumió la presidencia de la república, a la que posteriormente renunció, dejando a Comonfort como presidente sustituto —el 11 de diciembre de 1855 al 30 de noviembre de 1857—. Durante su gestión, se levantaron en armas diversos grupos indígenas y militares. La Ley de Desamortización de Bienes de Manos Muertas que decretó, generó una respuesta similar: liberales moderados y conservadores se opusieron con las armas en la mano cuando el 5 de febrero de 1857 se promulgó la Constitución. Luego, Comonfort resultó presidente electo (1 de diciembre de 1857) y a los pocos días se sublevó el general Félix Zuloaga, quien desconoció la Constitución y Comonfort lo respaldó, se dice, presionado por su devota madre. Al cabo de unos días Zuloaga se proclamó presidente.

Comonfort quiso volver a la legalidad, pero desprestigiado, tuvo que exiliarse a los Estados Unidos. En 1863 Benito Juárez aceptó la oferta de Comonfort de reintegrarse al ejército, desempeñándose con dignidad pero sin éxito contra los franceses. Cerca de Chamacuero, Guanajuato, le tendieron una emboscada guerrilleros conservadores y el 8 de noviembre de 1863 murió de una lanza que le atravesó el corazón. Aunque no se casó, con Carmen Lara procreó dos hijas: Adela y Clara.

Augusto **COMTE**

Filósofo francés nacido en Montpellier, el 19 de enero de 1798. Durante siete años fue discípulo y secretario particular de Claude-Henri de Saint-Simon (1760-1825), impulsor del socialismo utópico, y rompió con la tradición católica y monárquica de su familia, hecho que le acarreó graves dificultades personales, incluido un intento de suicidio en las aguas del río Sena.

Tras romper con Saint-Simon, en 1824, Comte se enfocó en la búsqueda de una respuesta al problema social surgido a consecuencia del estallido de la Revolución Francesa. Así, propuso un enfoque científico de la sociedad y su desarrollo. De acuerdo con la filosofía positivista que él creó, la ordenación de los asuntos económicos, políticos y sociales debía llevarse a cabo con base en los conocimientos objetivos que proporciona la ciencia y superar así el enfoque ideológico apoyado en la imaginación, los intereses y los sentimientos.

En ese mismo contexto formuló la teoría de los tres estados, según la cual el desarrollo histórico de la cultura humana atraviesa por tres fases cuya evolución manifiesta una superación: el periodo teológico, cuando todo se deposita en la figura de Dios; el periodo metafísico, cuando se apela a supuestas verdades trascendentes, y el pensamiento positivo, en el que se recurre al razonamiento y al método experimental. En la última etapa de su vida estableció una Sociedad Positivista que profesaba la llamada "religión de la humanidad", con lo que su pensamiento sufrió una extraña desviación mística y provocó el alejamiento de sus seguidores, como John Stuart Mill. Su obra principal es el *Curso de filosofía positiva* (1830-1842) que, a lo largo del siglo XIX, ejerció una poderosa influencia entre diversas corrientes políticas y ramas del conocimiento.

Falleció en París, Francia, el 5 de septiembre de 1857.

CO

CONFUCIO

Filósofo chino, cuyo verdadero nombre era Qiu Kong. Confucio es la forma latinizada de Kongfuzi, que significa "maestro Kung". Según la tradición nació en el país de Lu (actual provincia de Shandong) hacia el año 552 a.C.

Se conoce poco sobre su vida. Al parecer ocupó diversos puestos en la administración del país de Lu, y más adelante se dedicó al estudio y reelaboración de los textos de la sabiduría antigua. Empezó entonces su carrera como maestro y viajó de un lugar a otro. China vivía la última etapa de la dinastía de Zhou, con un gobierno central debilitado por las intrigas y el vicio. Los señores de algunas zonas del reino crearon estados autónomos poderosos. Al desorden político y la falta de principios morales, Confucio enfrentó los principios y preceptos de los sabios antiguos y enseñó a sus discípulos los textos de la vieja literatura china. Durante 13 años llevó una vida errante e intentó inculcar a los gobernantes sus ideas de reforma moral. Al volver a su tierra natal abrió una escuela.

Sus ideas, plasmadas en *Las analectas,* obra de sus discípulos donde se recogen conversaciones que mantuvo con ellos y algunas anécdotas, han dado lugar al confucianismo, una doctrina muy influyente en el mundo chino. No obstante haber sido reverenciado casi como un dios, las cuestiones religiosas no estaban en su horizonte, sino sólo la reforma moral. Proponía una moral basada en las costumbres antiguas, los principios tradicionales de la familia, la honorabilidad y la lealtad. Las cinco virtudes clave eran la bondad, la honradez, el decoro, la sabiduría y la fidelidad. Sus ideas políticas eran paternalistas, ya que creía que los individuos debían cumplir rigurosamente sus obligaciones con el Estado.

Murió en 479 a.C.

CONSTANTINO I, *EL GRANDE*

Emperador romano nacido en Naissus, Dacia (actualmente Serbia), hacia el año 272 d.C. En 293, durante la primera tetrarquía, sirvió en la corte de Nicomedia. En la segunda tetrarquía, Constancio Cloro, césar y padre de Constantino, enfermó y murió durante una expedición a Britania en 306. De inmediato, el ejército proclamó emperador de Roma a Constantino. Al mismo tiempo, se proclamaban otros dos emperadores en Roma, con lo que se inició un conflicto que terminó con la asunción al poder absoluto de Constantino en 324.

Con Liciano, en 313 promulgó el *Edicto de Milán* que despenalizaba la práctica del cristianismo y por el que devolvía las propiedades de la Iglesia. En 324 hizo construir otra basílica en Roma, en el lugar donde martirizaron a Pedro. Al año siguiente convocó al Primer Concilio de Nicea a fin de calmar el desorden religioso y terminar con los problemas doctrinales, en especial el arrianismo. En 326 ejecutó a su hijo mayor Crispo, pues su segunda esposa lo acusó de querer seducirla; posteriormente, al descubrir que eso era mentira, la sentenció a muerte a ella.

Como emperador, consolidó las reformas de Diocleciano y convirtió a Roma en un imperio próspero y estable. En 330 robó los tesoros y las estatuas de los templos de Grecia para decorar la nueva capital del imperio romano, Constantinopla, inaugurada ese año y erigida en lo que era Bizancio. Los últimos años de su vida fue un predicador cada vez más intransigente.

Murió en Ancycrona, el 22 de mayo de 337.

Nicolás **COPÉRNICO**

Astrónomo polaco nacido en Torún, el 19 de febrero de 1473. Ingresó a la Universidad de Cracovia en 1491 para estudiar Humanidades, y en 1497 a la Universidad de Bolonia, donde estudió Derecho canónico. En 1500 recibió su doctorado en Astronomía, en Roma, y al año siguiente empezó a estudiar Medicina, en la Universidad de Padua. En 1503 recibió su grado de doctor en Derecho canónico en la Universidad de Ferrara. Después de ordenarse sacerdote, se instaló en Warmia en 1506, donde fue secretario y médico personal de su tío.

Desde 1512 fue canónigo vitalicio de la diócesis de Frauenburg, donde se dedicó a administrar la diócesis, ejercer la medicina y realizar estudios en diferentes disciplinas. Entre 1507 y 1515 redactó *Commentariolus*, trabajo en el que expuso su teoría heliocéntrica y que circuló en unas cuantas copias. Participó en el V Concilio Laterano en 1515. De 1524 es *De octava sphaera,* una crítica a una obra de Werner. En 1540 se difunde *Narratio prima.* Su obra cumbre, *De revolutionibus orbium coelestium,* fue desarrollada a lo largo de varios años, pero no fue publicada sino hasta el año de su muerte, y fue dedicada al papa Pablo III. En ella Copérnico expone un modelo más sencillo que el de Ptolomeo para explicar el movimiento de los cuerpos celestes.

Aun cuando no fue el primero en enunciar la teoría heliocéntrica, la obra de Copérnico es trascendental porque sentó las bases de la astronomía moderna.

Murió en Frauenburg, Prusia Oriental, el 24 de mayo de 1543.

Pierre CORNEILLE

Poeta y dramaturgo francés, nació en Ruán el 6 de junio de 1606. Ingresó a un colegio jesuita en 1615. Estudió Derecho y obtuvo su grado en 1624. Trabajó en el Parlamento en 1629 y se desempeñó como consejero del rey en la oficina local del departamento de cursos de agua y bosques durante 21 años, además de que se dio tiempo para escribir 20 obras durante ese periodo.

Aunque se le ha llegado a considerar el padre de la tragedia francesa, algunas de sus obras iniciales fueron comedias. Su primera obra, *Melite,* fue representada por una compañía itinerante en 1629; pero un año después se representó en París, lo que impulsó la carrera de Corneille. Vinieron luego *Clitandre* (1631), *La viuda* (1632), *La galería del palacio* (1633), *La siguiente* y *La plaza real* (1634), y *La ilusión cómica* (1636).

Con *Medea* incursionó en el género de la tragedia en 1635. El cardenal Richelieu lo invitó a participar en la elaboración de *La comedia de las Tullerías,* pero salió del grupo de autores por una discusión que tuvo con él. *El Cid* (1636), suscitó polémicas y ataques pues rompía con las unidades del teatro clásico, pero tuvo gran éxito. Siguieron *Horacio,* de 1640 y *Cinna* de 1641, año en que se casó. En *La muerte de Pompeyo* (1644) cobró revancha de Richelieu, quien para entonces ya había muerto. En 1647 fue nombrado miembro de la Academia Francesa. Para el estreno de *Andrómeda* (1650), se construyó el teatro Petit-Bourbon. Las obras de Racine le robaron la atención pública, pero él siguió innovando con obras como *Nicomedes* (1651), *Edipo* (1659), *Sertorio* (1662), *Atila* (1667), *Tito y Berenice* (1670) y *Psique* (1671).

Murió en París el 1 de octubre de 1684.

Juan **CORREA**

Pintor mexicano nacido en la Ciudad de México en 1646. Fue hijo de un barbero del mismo nombre y de Pascuala de Santoyo. Estuvo activo en la Nueva España entre 1776 y 1739. Se dedicó tanto a temas profanos como religiosos, y su prestigio llegó a Europa. Parte de su trabajo puede verse en la Catedral Metropolitana de México. Se le considera uno de los principales exponentes del barroco en América.

Murió en su ciudad natal, en 1716.

Julio **CORTÁZAR**

Escritor argentino nacido en Bruselas, Bélgica, el 26 de agosto de 1914. Su familia regresó a Argentina cuando tenía 4 años. Se graduó como maestro normalista en 1932, época en la que se aficionó al box. Se matriculó en la Universidad de Buenos Aires para estudiar Filosofía, pero la abandonó para trabajar como maestro desde 1935. Inicia la publicación de sus primeras obras en 1938. Pasó los siguientes años impartiendo sus clases en diferentes centros educativos hasta 1945, año en que Juan Domingo Perón ganó las elecciones. Su filiación antiperonista lo llevó a renunciar a sus cátedras.

En 1949 publica *Los reyes,* poema dramático en prosa que replantea el mito del Minotauro, desde un punto de vista muy original. Publicó *Bestiario* en 1951, año en que empezó a trabajar como traductor para la UNESCO, en París. En 1956 publicó la traducción de *Obras en prosa,* de Edgar Allan Poe en la Universidad de Puerto Rico. Fue autor de las novelas *Los premios* (1960), *Rayuela* (1963), *62 / Modelo para armar* (1968) y *Libro de Manuel* (1973). Otros libros suyos que incluyen relatos, cuentos y géneros híbridos son: *Final de juego* (1956), *Las armas secretas* (1959), *Historias de cronopios y famas* (1962), *Todos los fuegos el fuego* (1966), *La vuelta al día en ochenta mundos* (1967), *Último round* (1968), *Octaedro* (1974), *Alguien que anda por ahí* (1977), *Un tal Lucas* (1979), *Queremos tanto a Glenda* (1980) y *Deshoras* (1982).

Su obra es un homenaje a la fantasía, el humor y la imaginación creativa, además de que siempre mostró un extraordinario uso del lenguaje.

Murió en París el 12 de febrero de 1984.

Hernán **CORTÉS**

Conquistador español, nacido en Medellín, España, en 1485. Estudió Leyes en Salamanca a partir de los 14 años. Se embarcó hacia La Española en 1504. En 1511 participó en la conquista de Cuba. En 1518, Diego de Velázquez lo puso al mando de la tercera expedición a Yucatán.

Llegó a Cozumel en 1519. A pesar de tenerlo prohibido fundó varias ciudades, como la Villa Rica de la Veracruz. Aliado con algunas tribus de aborígenes, marchó hacia la capital del imperio azteca, luego de inutilizar los navíos en los que había llegado. Asentado en Tenochtitlan, recibió aviso de la llegada de tropas a la costa, por lo que partió a negociar, dejando la ciudad al mando de Pedro de Alvarado, quién realizó una matanza de nativos. Al regreso de Cortés, los aztecas se rebelaron y le infligieron una dolorosa derrota, por lo que tuvo que salir. A ese episodio histórico se le conoce como el de "la Noche Triste". Los españoles se reorganizaron y tomaron la ciudad en 1521.

Cortés realizó varias expediciones en territorio americano. Permaneció en la Nueva España de 1530 a 1540. En 1535 organizó una expedición a la Baja California, donde descubrió el mar que actualmente lleva su nombre. De regreso en España tomó parte en la expedición a Argel en 1541. Recibió varios títulos que luego le fueron retirados por sospechas de traición. Pasó sus últimos años buscando la reivindicación de sus cargos y derechos.

Murió en Castilleja de la Cuesta, el 2 de diciembre de 1547.

Charles **COULOMB**

Físico francés nacido en Angulema el 14 de junio de 1736. Estudió en la Escuela de Ingeniería de Mézieres, donde se graduó en 1761 como ingeniero militar.

Sirvió en el ejército durante nueve años en las Indias Occidentales y regresó a París para iniciar sus investigaciones en electrostática y magnetismo. Para enunciar la ley que lleva su nombre, inventó en 1777 la balanza de torsión. Entre 1785 y 1789 publicó los resultados de sus estudios.

Salió de París al inicio de la Revolución y no volvió sino hasta 1795, cuando fue nombrado miembro del Instituto de Ciencias de Francia, del que sería presidente a partir de 1801. El año siguiente fue inspector de enseñanza pública.

Su principal aportación fue hacer la transición del estudio del electromagnetismo que se hacía como parte de la filosofía natural para convertirlo en parte de la Física.

Murió en París el 23 de agosto de 1806.

Francis **CRICK**

Biofísico británico nacido en Northampton, Reino Unido, el 8 de junio de 1916. Cursó sus primeros estudios en escuelas locales y a los 14 años obtuvo una beca en la escuela Mill Hill de Londres.

Estudió Física en el University College y obtuvo su grado en 1937. Inició su doctorado, pero fue interrumpido en 1939 por la Segunda Guerra Mundial, durante la cual trabajó como científico para el Almirantazgo británico hasta 1947.

Inició sus estudios de Biología en Cambridge, y en 1949 se unió al Consejo de Investigación Médica. En 1951 empezó a trabajar con el biólogo estadounidense James Watson en la estructura molecular del ADN y en 1953 ambos propusieron la estructura de doble hélice.

Junto con Maurice Wilkins y Watson, en 1962 fue galardonado con el premio Nobel de Fisiología y Medicina. Con Watson continuó estudiando el cifrado del ADN hasta 1966. En 1972 recibió la Royal Medal. De 1973 a 1995 fue miembro no residente del Salk Institute for Biological Studies, de la Universidad de San Diego, California, donde realizó investigación en neurociencias. En 1976 aceptó una cátedra en esta universidad.

Murió el 28 de julio de 2004.

San Juan de la **CRUZ**
(Juan de Yepes)

Poeta español nacido en Fontiveros el 24 de junio de 1542. Su padre murió siendo él aún pequeño, por lo que su madre se encargó de él y de su hermano. Se trasladaron a Medina del Campo en 1551, donde Juan asistió a la escuela local para niños pobres y ayudó en diversas tareas de la iglesia.

De 1559 a 1563, estudió con los jesuitas y a los 21 años ingresó a la orden de los carmelitas. En 1564 viajó a Salamanca para continuar sus estudios. Regresó a Medina tres años después, conoció a Teresa de Jesús y se unió a la causa de las carmelitas descalzas. Volvió a Salamanca a estudiar teología en 1567, pero la dejó para unirse a Teresa en Valladolid. Al año siguiente fundó el primer convento de los carmelitas descalzos. Junto con Teresa, continuó difundiendo su reforma, lo que no era bien visto por el resto de la orden.

En 1575 ella fue recluida y él, encarcelado. Trataron de obligarlo a retractarse de la reforma, a lo que se negó. Durante su encierro escribió varios poemas y romances. Se fugó en 1578 y fue a Andalucía, donde en 1578 fue nombrado rector del Colegio Mayor. En 1582 se trasladó a Granada para ocupar el cargo de definidor y prior de los mártires. En 1590 tuvo un nuevo enfrentamiento doctrinal y fue destituido de todos sus cargos.

Su obra escrita se enfoca desde las perspectivas literaria y religiosa. Su obra más importante es *Cántico espiritual*, donde combina la simbología del *Cantar de los cantares* con fórmulas de la poesía clásica. Otras de sus obras son: *Noche oscura*, *Llama de amor viva* y *Ascensión al monte Carmelo*.

Murió en Ubeda el 14 de diciembre de 1591.

SOR JUANA INÉS DE LA **CRUZ**
(JUANA RAMÍREZ DE ASBAJE)

Escritora mexicana nacida el 12 de noviembre de 1651 en San Miguel Nepantla, Estado de México. Aprendió a leer y escribir a una edad muy corta y empezó a escribir versos antes de cumplir los 10 años. Fue a vivir a la capital poco antes de cumplir los 15 años.

En 1664 entró al servicio de los virreyes de Nueva España, en cuya corte dio muestras de su inteligencia y de sus capacidades literarias. En 1672 profesó en la orden de las jerónimas, donde pudo estudiar y escribir. Ese mismo año enfermó gravemente de tifus. En 1674 murió la virreina y Juana le compuso varias elegías, entre ellas *De la beldad de Laura*.

En 1680 llegaron los nuevos virreyes, Juana realizó el arco triunfal que adornó su entrada a la capital y escribió *Neptuno alegórico*. En esos años produjo una gran cantidad de literatura. Escribió poemas (*Primero sueño* y *Redondillas*), villancicos (*San Pedro*, *Santa Catarina* y *Navidad*), autos sacramentales (*El divino Narciso*, *El cetro de José* y *El mártir del sacramento: san Hermenegildo*), comedias (*Los empeños de una casa* y *Amor es*

CU

más laberinto) y tratados filosóficos (*Carta atenagórica* en 1690 y *Respuesta a sor Filotea de la Cruz*, en 1691). En 1693 dejó de escribir y se dedicó a sus actividades religiosas.

Sus obras completas se publicaron en España en tres volúmenes: *Inundación castálida de la única poetisa, musa décima, sor Juana Inés de la Cruz* (1689), *Segundo volumen de las obras de sor Juana Inés de la Cruz* (1692) y *Fama y obras póstumas del Fénix de México* (1700).

Murió en la Ciudad de México, el 17 de abril de 1695.

CUAUHTÉMOC

Último *Huey Tlatoani* (gobernante supremo) del imperio mexica. Nació hacia 1495, como hijo de Ahuízotl y una princesa llamada Tillacapantzin, heredera de Tlatelolco. Por lo tanto era primo (no sobrino) de Moctezuma Xocoyotzin —quien se encontraba en el trono a la llegada de los españoles en 1519— y su yerno, por haberse casado con la *tecuipoch* (princesa) Itzcalxóchitl.

Fue designado Tlacochcálcatl —jefe del arsenal— en 1518. Tras las sucesivas muertes de Moctezuma y su hermano Cuitláhuac, Cuauhtémoc fue electo *Huey Tlatoani* a finales de 1520, con la obligación de hacer la guerra a los conquistadores y expulsarlos de Tenochtitlan, la capital sitiada por los españoles y sus aliados indígenas. El cerco duró 80 días, hasta el 13 de agosto de 1521, cuando los últimos combatientes peleaban arrinconados en Tlatelolco y pidieron a Cuauhtémoc que huyera para proseguir la guerra desde otro punto.

Mientras el *Huey Tlatoani* se alejaba en una canoa con rumbo a Texcoco, los guerreros dejaron de luchar y se hizo el silencio. Fue entonces que un bergantín enviado por el capitán García Holguín dio alcance a la canoa real, capturó a Cuauhtémoc y lo condujo ante Hernán Cortés, frente al cual el soberano mexica reconoció su derrota y pidió morir con honor. Cortés le prometió respetarlo a él y a su familia, pero no impidió que el tesorero de la empresa conquistadora, Aldrete, lo torturara quemándole los pies para que declarara dónde ocultaba el perdido oro de Moctezuma. Cuauhtémoc calló y a causa del suplicio quedó baldado, trasladándose en lo sucesivo en silla de manos.

En 1525 Hernán Cortés emprendió la marcha a Las Hibueras (Honduras) para someter al sublevado Cristóbal de Olid, pero llevó consigo a Cuauhtémoc y a otros nobles. Al pasar por Acalan, el señor chontal Paxbolonacha delató a Cuauhtémoc como quien trataba de aliarse con los pueblos indígenas para hacer la guerra a los españoles. Cortés ordenó el bautizo de Cuauhtémoc, Tetlepanquetzal y Coanacochtzin, para luego colgarlos de una ceiba, junto al poblado de Itzamcanak, el 28 de febrero de 1525.

Rufino José **CUERVO**

Lingüista y humanista colombiano nacido el 19 de septiembre de 1844 en Santa Fe de Bogotá, hijo del vicepresidente de la república Rufino Cuervo y Francisca Urisarri. Fue el menor de siete hermanos. Su educación inicial corrió a cargo del padre, pero tras fallecer éste en 1853, Rufino José ingresó al Liceo de Familia, del cual era director su hermano Antonio Basilio, y donde el libertador Antonio José de Sucre le impartió clases especiales de español y latín.

En 1860 fue su maestro Santiago Pérez, el introductor en Colombia de la gramática de Andrés Bello. Su educación formal terminó abruptamente a los 17 años, debido al caos político y social, pero Cuervo supo aprovechar las bases con que contaba para proseguir sus estudios sin maestro. Poco después, y durante varios años, impartió clases, pero a partir de 1870 se dedicó por completo a la latinidad.

Junto con Miguel Antonio Caro escribió la versión original de su *Gramática latina*, la cual fue bien acogida. Mientras ayudaba a su hermano Ángel a hacer los cobros de la cervecería de la que éste era propietario, Cuervo trabajaba en sus mejores obras de filología: *Apuntaciones críticas sobre el lenguaje bogotano* y *Muestra de un diccionario de la lengua castellana*. Tras un primer viaje a Europa, en 1888 Rufino se trasladó a París para proseguir su magna obra: *Diccionario de construcción y régimen de la lengua castellana*. Asimismo concluyó *Notas sobre la Gramática castellana de Andrés Bello*. Murió el 17 de julio de 1911 en la capital francesa.

José Luis **CUEVAS**

Artista plástico mexicano nacido el 26 de febrero de 1934 en la Ciudad de México, con una formación eminentemente autodidacta. En 1957 se sumó a otros artistas de su generación para publicar el *Manifiesto del Nopal* (en el suplemento dominical del extinto periódico *Novedades*) donde exponía sus ideas estéticas: libertad absoluta en cuanto a la forma, el material y el contenido, alejándose de las tesis del ya anacrónico movimiento muralista de la Revolución Mexicana.

Cuevas es pintor, grabador, escultor e ilustrador. Ha viajado extensamente por Estados Unidos y Europa, presentando sus obras, entre las cuales destacan *Crime by Cuevas*, *Homage to Quevedo*, *Los mundos de Kafka y Cuevas*, *Suite Catalana* e *Intolerancia*, así como la escultura *La Giganta*. Fue galardonado en 1981 con el Premio Nacional de Ciencias y Artes de México y fue distinguido en la V Bienal de Dibujo de São Paulo, entre muchos otros reconocimientos.

Donó en 1992 una importante colección de obras de arte moderno para constituir, en el ex convento de Santa Inés de la capital mexicana, el Museo José Luis Cuevas. En el año 2000 inauguró la escultura *Hombre mirando al infinito: homenaje a Bertha Cuevas*, como tributo a su recién fallecida esposa y compañera de toda la vida.

CUITLÁHUAC

Décimo *Huey Tlatoani* de México Tenochtitlan, nació hacia 1476 y era el undécimo hijo de Axayácatl, padre también de Moctezuma II. Por parte de madre era nieto del señor de Iztapalapa, título y poder que heredó al cumplir la mayoría de edad.

A la llegada de los españoles, aconsejó a su hermano no recibirlos sino exterminarlos porque eran un peligro. No fue escuchado, evidentemente, y cuando Moctezuma fue prendido por los españoles, Cuitláhuac se alió con otros nobles para liberarlo y deshacerse de los invasores, pero también cayó preso.

Al regreso de Cortés a Tenochtitlan —tras haber derrotado a Pánfilo de Narváez, quien iba con órdenes de aprehenderlo y llevarlo a Cuba—, encontró la ciudad revuelta a consecuencia de la matanza en el Templo Mayor ordenada por Pedro de Alvarado, y a los españoles sitiados en el palacio de Axayácatl, donde los había aposentado a su llegada el *Huey Tlatoani*. Cortés ordenó a Moctezuma que subiera a la azotea y desde ahí ordenara al pueblo que cesaran las hostilidades, pero alentada por los nobles que habían escapado del cautiverio (entre ellos Cuitláhuac y Cuauhtémoc), la gente respondió con una lluvia de piedras e insultos para Moctezuma.

Cuitláhuac tomó el mando de las fuerzas mexicas que reforzaron el cerco del palacio hasta el punto de obligar la huida de los españoles el 30 de junio de 1520, episodio hoy conocido como el de "la Noche Triste". Ellos fueron a refugiarse —tras matar a Moctezuma y al *cihuacóatl* Itzcauatzin— a Tlaxcala, siendo perseguidos por los mexicas hasta Otumba. Después de eso, Cuitláhuac fue elegido *Huey Tlatoani* el 7 de septiembre de 1520, en una ceremonia en la que se sacrificó a varios españoles y tres caballos. El nuevo gobernante quiso aliarse con Tzintzicha de Michoacán e hizo gestos conciliatorios hacia los tlaxcaltecas, para convencerlos de unirse a los mexicas en la guerra para expulsar a los invasores europeos, pero nadie aceptó su propuesta.

Cuitláhuac enfermó de viruela —enfermedad importada por los españoles— y murió el 25 de noviembre de 1520, tras un reinado de sólo 80 días. Tras la conquista, sus hijas María y Bartola heredaron el señorío de Iztapalapa.

Marie **CURIE**
(Manya Sklodowska)

Física y química nacida el 7 de noviembre de 1867 en Varsovia, Polonia —entonces bajo control ruso—, fue la menor de los cinco hijos que tuvieron Wladislaw Sklodowski y su esposa Bronislawa Boguska, ambos educadores. Desde temprana edad, Manya fue orientada hacia el cultivo de las ciencias y el estudio en general, sin descuidar los saberes prácticos. Bronislawa murió de tuberculosis cuando su hija menor contaba nueve años, quien para entonces ya mostraba sus dotes de estudiante sobresaliente. Tras graduarse a los 15 años, y gozar de unas largas vacaciones, se empleó como institutriz para ayudar a su hermana Bronia a irse a París para estudiar Medicina; mientras, se dedicaba por su cuenta a las matemáticas y la física.

En 1891, Manya la alcanzó y se inscribió en la Sorbona para estudiar una maestría en Física y Química. En esa época empezó a usar "Marie", como traducción francesa de Manya y, de hecho, adquirió la ciudadanía de ese país. En 1893 completó la maestría y poco antes le habían presentado al profesor Pierre Curie, famoso por su descubrimiento de la piezoelectricidad.

Simpatizaron y se casaron el 26 de junio de 1895. Los siguientes 14 años trabajaron como equipo de investigación sobre el uranio y descubrieron el radio, otro elemento radiactivo. De hecho, Marie creó el término "radiactividad" para describir los efectos del radio. Por sus investigaciones, los Curie y Henri Becquerel compartieron el premio Nobel de Física en 1903.

Marie tuvo dos hijas, Iréne y Eve, antes de enviudar en 1906. La Sorbona le concedió la cátedra de Física, convirtiéndose así en la primera mujer que impartía clases en esa prestigiada universidad. En 1909 fundó el Instituto del Radio. En 1910 sostuvo una relación con el físico Paul Langevin, hecho que estuvo a punto de destruir su carrera (él era casado); no obstante ello, en 1911 recibió el premio Nobel de Química por su descubrimiento del radio y el polonio. Muy enferma debido a la exposición a la radiactividad —algo que ella no sabía—, Marie fue voluntaria durante la Primera Guerra Mundial.

Murió de cáncer el 4 de julio de 1934 en Sallanches, Francia.

Pierre **CURIE**

Físico francés nacido el 15 de mayo de 1859 en la ciudad de París, en el seno de una familia acomodada que le permitió educarse en casa con tutores y maestro particulares, debido a que padecía algunos problemas para expresarse verbalmente, lo que dificultaba su desempeño en un aula común. De ahí que desarrollara una fuerte inclinación por el estudio autodidacta y en solitario. No obstante, pasó el examen para ingresar a la universidad y estudió Física en la Sorbona, aunque por diversas circunstancias no optó de inmediato por el doctorado.

Junto con su hermano Jacques, en 1880 descubrió la piezo-electricidad: si dos cristales diferentes se comprimen, generan una corriente eléctrica. Al año siguiente demostraron el efecto inverso: que los cristales se deforman cuando son sometidos a un campo electromagnético. Inventó una báscula de torsión para hacer mediciones exactas de los coeficientes magnéticos.

Poco después de conocer a su futura esposa, Marie Sklodowska, Pierre se embarcó en sus estudios de doctorado sobre diferentes formas de magnetismo. Terminado éste y casado ya con Marie, inició las investigaciones sobre el uranio y el radio, que resultaron complementarias de las emprendidas por Henri

Becquerel, razón por la cual los tres científicos compartieron el premio Nobel de Física en 1903. Sintiéndose débil y con malestares de origen desconocido —en realidad causados por los materiales radiactivos que él y su esposa manejaban sin guantes protectores— salió a la calle y fue atropellado por un carruaje de caballos.

Murió casi de inmediato el 19 de abril de 1906. Sus restos reposan, junto con los de su esposa, en la cripta del Panteón en París.

GEORGES **CUVIER** (JEAN LÉOPOLD NICOLAS FRÉDERIC, BARÓN DE CUVIER)

Naturalista y zoólogo nacido en Montbéliard (entonces parte de Wittemberg, actualmente de Francia) el 23 de agosto de 1769. Tuvo los medios, pero sobre todo la capacidad para estudiar la naturaleza y hacer notables descubrimientos en el campo de los fósiles, gracias al método comparativo al que supo sistematizar y aplicar con rigor.

Comenzó sus estudios formales en la Academia Carolina de Sttutgart, donde permaneció de 1784 a 1788. Estaba a punto de establecerse como preceptor particular en Normandía cuando sobrevino la Revolución Francesa y alteró sus planes: fue nombrado funcionario público y así pudo dedicarse a sus estudios. En 1795 fue llamado a París para nombrarlo profesor de anatomía animal en el recién inaugurado Museo de Historia Natural, de la capital francesa. A la llegada de Napoleón al poder, Cuvier fue designado para distintos cargos, incluido el de inspector general de Instrucción (equivalente a ministro o secretario de Educación). La caída del régimen napoleónico no perturbó al ya por entonces insigne naturalista, quien sirvió a los sucesivos reyes: Luis XVIII, Carlos X y Luis Felipe de Orleáns.

Fue nombrado barón y par de Francia, pero ello no lo desvió de su interés fundamental: la ciencia como camino para explorar y descubrir el pasado de las especies, tanto de vertebrados como de invertebrados, a través de sus restos fósiles. De hecho, Cuvier fue el primero en demostrar que algunas especies vivieron en eras pasadas y se habían extinguido, en medio de catástrofes de dimensiones planetarias. Asimismo, con Carl von Linneo fue responsable de los progresos de la taxonomía biológica. Sus principales escritos son *El reino animal* y *Discurso sobre las revoluciones de la superficie terrestre*.

Murió el 13 de mayo de 1832.

Gottlieb Wilhelm **DAIMLER**

Ingeniero alemán nacido en Schorndorf, cerca de Stuttgart el 17 de marzo de 1834. Su padre era un panadero, y en 1852 él decidió estudiar la carrera de Ingeniería en el Politécnico de Stuttgart. Complementó su formación gracias a su trabajo en distintas fábricas, como la Armstrong-Whitworth, en el Reino Unido.

En 1872 él y su colega Wilhelm Maybach se integraron a una importante compañía fabricante de motores en Colonia, Deutz-AG-Gasmotoren-Fabrik, donde participaron en el desarrollo de sus primeros modelos alimentados con combustible para desplazar a los motores tradicionales de vapor. Por conflictos de intereses, en 1882 Daimler y Maybach se separaron de la firma e instalaron su propio taller en Stuttgart, donde experimentaron con petróleo y algunos de sus subproductos. En 1885 desarrollaron el primer motor de petróleo en la historia que contaba con un sistema de enfriamiento de aire y 0.5 caballos de fuerza.

Adaptaron una versión de ese motor a una bicicleta de madera, lo que resultó en la invención de la motocicleta, cuyo primer modelo alcanzaba una velocidad de 12 kilómetros por hora. En 1886 colocaron un motor más desarrollado en un coche de cuatro ruedas e hicieron un recorrido a 16 km/h. Tras la exitosa exhibición de sus inventos en la Exposición Universal de París, en 1889 construyeron formalmente su primer automóvil; la primera unidad se comercializó en 1892. Su modelo de motor más elaborado fue el *Phoenix*, impulsado con petróleo y presentado en 1894. En el mismo año ese vehículo ganó la primera competencia automovilística de la historia en la ruta de París a Ruán.

Daimler falleció el 6 de marzo de 1900. Sin embargo, su compañía, la Daimler Motoren Gessellschaft subsistió. En 1924 firmó un convenio de colaboración con la firma Karl Benz. Fue así como surgió Daimler-Benz AG que comercializó el célebre Mercedes Benz. Con la razón social Daimler AG, hoy día es una de las grandes y más prestigiosas manufactureras de automóviles del mundo.

Salvador **DALÍ**

Pintor español hijo de un notario catalán, nacido en Figueras el 11 de mayo de 1904. Comenzó a exponer a los 12 años. En Madrid frecuentó la Residencia de Estudiantes, donde se integró en el grupo de poetas y artistas pertenecientes a lo que sería la "Generación del 27". Mantuvo una estrecha relación con Juan

Gris, Federico García Lorca y Luis Buñuel. En 1925 expuso en la Galería Dalmau de Barcelona, y en 1935 en la librería Catalonia de la misma ciudad. A fines de la década de 1920 se instaló en París, donde se convirtió en la figura más representativa del surrealismo pictórico. En aquella época conoció a Gala, la mujer que sería su musa y compañera hasta el final de su vida. Su carácter excéntrico se reflejó en sus obras y acciones, lo que le atrajo popularidad en Europa y América.

Expulsado del grupo surrealista bajo la acusación de fascista, en 1939 se trasladó a Estados Unidos. En 1948 volvió a España y desarrolló lo que él llamó tradición espiritual de Zurbarán, Murillo, Valdés Leal y los grandes místicos de la literatura castellana.

Su pintura aprovechó la gran tradición renacentista e incorporó las tendencias que surgieron en las primeras décadas del siglo XX. Él denominó a su actividad "paranoico-crítica", caracterizada por la representación de escenas oníricas. Entre sus obras destacan *El gran masturbador* (1929), *La persistencia de la memoria* (1931), *La jirafa ardiente* (1935) y *La ciudad de la crítica-paranoica* (1935). Su estancia en Italia, durante la Guerra Civil española, inauguró una etapa en la que predominaron los temas religiosos, históricos y alegóricos. Colaboró con Luis Buñuel en las películas *Un perro andaluz* (1928) y *La edad de oro* (1930). Entre sus libros destacan *Vida secreta de Salvador Dalí* (1942) y *Diario de un genio* (1964).

Murió el 23 de enero de 1989.

John **DALTON**

Químico y físico inglés, nacido en Eaglesfield, Inglaterra, el 6 de septiembre de 1766. Fue autodidacto y se encargó de la escuela Quaker en la localidad de Cumberland cuando tenía apenas 12 años. Poco después, junto con su hermano impartió clases en la escuela de Kendal, donde permanecieron durante 12 años.

En 1793 se instaló en Manchester y su principal trabajo científico consistió en la anotación de las observaciones meteorológicas que realizó. Dalton fue el primer científico en confirmar la teoría de que la lluvia no es causada por ninguna alteración de la presión atmosférica, sino por una disminución de la temperatura.

En 1794 publicó el resultado de su investigación más importante, a la que tituló *Hechos extraordinarios relativos a la visión en colores,* en la que explicó por vez primera las características de la peculiaridad óptica que él padecía y que fue llamada daltonismo, en su honor. En 1803 publicó su tesis sobre la ley de las presiones parciales, y poco después descubrió que todos los gases poseen el mismo coeficiente de dilatación.

Al estudiar las propiedades físicas de la atmósfera y de diversos gases, Dalton adelantó las primeras observaciones sobre la estructura atómica desde una concepción puramente física. Comentó su teoría con Thomas Thomson, profesor de la Universidad de Glasgow quien, con el permiso de Dalton, incluyó un esquema de su *Sistema de química* (1807). Un año más tarde, Dalton publicó el primer volumen de su *Nuevo sistema de la filosofía química* (tres volúmenes, 1808-1827), donde expuso de manera exhaustiva su teoría. De esa forma sentó la base científica y experimental a las especulaciones realizadas por los atomistas griegos 24 siglos antes.

Murió en Manchester el 27 de julio de 1844.

RUBÉN **DARÍO**
(FÉLIX RUBÉN GARCÍA SARMIENTO)

Poeta nicaragüense nacido el 18 de enero de 1867 en Metapa. Sus primeros poemas, publicados en 1879, fueron *La Fe, Una lágrima* y *El desengaño.* En 1884 trabajó en la Biblioteca Nacional de Managua y en la Secretaría Privada del presidente Adán Cárdenas.

Durante un viaje a Chile que hizo en 1886, publicó su novela *Emelina* con la que participó, sin éxito, en un concurso literario. Un año más tarde apareció su colección de poemas breves *Abrojos,* así como el *Canto épico a las glorias de Chile.* Su reconocida obra *Azul* apareció en 1888. Esta colección de cuentos y poemas se considera un libro fundamental del modernismo, el movimiento literario que se desarrolló entre 1880 y 1910, y se caracterizó por el refinamiento formal, su amplio panorama cultural que recibió la influencia de las literaturas europeas (en el caso de Darío la obra de los románticos Victor Hugo y Alfred de Vigny; allí compartió sus experiencias con los modernistas de la siguiente generación, de Musset y los parnasianos Leconte de Lisle y José María Heredia) y propuso una renovación del lenguaje y la métrica. Su siguiente obra importante fue *Prosas profanas y otros poemas* (1896), producción que se popularizó ampliamente en las décadas siguientes.

En 1898 viajó a España con el compromiso de enviar crónicas para el periódico *La Nación* dedicadas a relatar la situación de España tras la pérdida de sus últimos dominios. Llegó a ser ministro residente en Madrid del gobierno nicaragüense de José Santos Zelaya.

En 1905 aparecieron sus *Cantos de vida y esperanza*, poemas de corte intimista y reflexivo. En su producción destaca la musicalidad de la poesía, la creación de vocablos exóticos, el empleo de figuras retóricas y el uso de símbolos como el cisne, el centauro y el pavorreal. Su influencia en los poetas hispanoamericanos de inicios del siglo XX se considera fundamental.

Murió en León, Nicaragua, el 6 de febrero de 1916.

Charles **DARWIN**

Naturalista británico nacido en Shrewsbury, Inglaterra, el 12 de febrero de 1809. En 1825 empezó a estudiar Medicina en la universidad de Edimburgo, pero luego emigró a la de Cambridge con la idea de convertirse en ministro religioso. Al final estudió Biología y Geología. Se graduó en 1831 y se enroló en el buque *HMS Beagle*, nave que haría una expedición científica a través de las costas suramericanas del Atlántico y el Pacífico, Nueva Zelanda, Australia y numerosas islas de estos dos océanos.

Así pudo estudiar las formaciones geológicas de distintos continentes e islas, una amplia variedad de plantas, animales, fósiles y todo tipo de organismos vivos. Sus observaciones de las tortugas gigantes en las islas Galápagos, y de los fósiles encontrados en América del Sur, junto con la comprobación de sus transformaciones en el curso del tiempo geológico, lo llevaron a plantear la teoría de la evolución de las especies.

Al volver a Inglaterra, en 1836, se dedicó a reunir sus ideas y material y siguió estudiando. En 1839 se casó con su prima Emma Wedwood y desde 1842 hasta su muerte vivió en Kent, lugar donde desarrolló la mayor parte de su producción científica. En 1859 publicó *Sobre el origen de las especies por medio de la selección natural*, obra que adquirió una extraordinaria popularidad y difusión. Sus teorías revolucionarias se enfrentaron con las ideas entonces aceptadas y provocaron grandes controversias, tanto entre la comunidad científica como por parte de la Iglesia, que expresó su rechazo. No obstante, sus ideas terminaron por ser aceptadas y reconocidas.

Murió el 19 de abril de 1882 y fue sepultado en la abadía de Westminster.

DA

Humphry **DAVY**

Considerado el padre de la química moderna, nació en Penzance, Cornualles, Gran Bretaña, el 17 de diciembre de 1778. Gracias al boticario de su pueblo natal pudo recibir educación básica y, después de estudiar en Truro, fue aprendiz de un cirujano.

En 1797 comenzó a estudiar química bajo la tutela de Thomas Beddoes y fue asistente en su laboratorio médico de Bristol, donde experimentaban con diferentes gases, incluyendo algunos de efecto anestésico, como el óxido nítrico. La lectura del *Tratado elemental de química*, de Lavoisier, tuvo un gran impacto en su vocación profesional. Su trabajo de esa época dio origen a su obra *Investigaciones químicas y filosóficas*, publicada en 1799, la que lo hizo merecedor del ingreso como conferencista a la Royal Institution, a la que posteriormente presidió.

A través de la electrólisis (separación de los componentes de una fórmula mediante la aplicación de electricidad) descubrió elementos como potasio, sodio, bario, estroncio, calcio y magnesio. A partir del bórax descubrió el boro y en 1810 demostró que el cloro es un elemento químico.

Considerado el científico más importante de Gran Bretaña, en 1812 el rey Jorge III lo nombró caballero del Imperio. Con su asistente Michael Faraday, realizó diversos viajes de investigación para observar el comportamiento de los volcanes. En 1815 diseñó una lámpara segura para usarse en las minas de carbón sin producir la explosión del metano: la llamada "lámpara Davy". Por otra parte, durante el auge de la Revolución Industrial impulsó a los empresarios a enfocar científicamente la producción de sus artículos. Sus descubrimientos tuvieron un decidido impacto en la agricultura, la minería y el tratamiento de pieles para prendas y mobiliario.

Falleció en Ginebra, Suiza, el 29 de mayo de 1829.

Daniel **DEFOE**

Escritor nacido en Londres, Inglaterra, probablemente el 10 de octubre de 1660, aunque es posible que haya sido en 1659 o 1661. Su padre fabricaba velas de sebo. En su juventud inició estudios religiosos pero los abandonó para dedicarse al comercio. En 1685 participó en la fallida rebelión que para acceder al trono emprendió el duque de Monmouth, hijo natural del rey Carlos II, con su amante Lucy Walter. Cayó preso y al recibir el indulto salió de Inglaterra.

De regreso en su país dirigió una fábrica de ladrillos. Su carrera literaria comenzó tardíamente, en 1719, con la publicación de su novela más importante, *Robinson Crusoe*, basada en el caso real del marinero escocés Alexander Selkirk, quien fue abandonado por su capitán en una pequeña isla del Pacífico conocida hoy como Juan Fernández. Siguieron *Las aventuras del capitán Singleton* (1720), relato de aventuras y piratería, y *Diario del año de la peste* (1722). Este último es una crónica acuciosa, casi periodística, de la gran peste ocurrida en Londres en 1665, reconstruida a partir de testimonios orales e investigación documental. De ese mismo año es *Moll Flanders,* una novela picaresca, muy amena, sobre la vida de una ladrona en el siglo XVII. Además de estas obras cabe destacar *Roxana o la amante afortunada* (1724), *Un viaje por la isla de Gran Bretaña* (1724-1727) y la *Historia política del Diablo* (1726).

Su poder descriptivo, la agilidad narrativa de sus obras, la invención de los rasgos circunstanciales y el fiel retrato de la sociedad de su época, con sus vicios y aspiraciones, convirtieron algunos de esos títulos en obras clásicas de la literatura en inglés.

En la última etapa de su vida sufrió la persecución de sus numerosos acreedores y se presume que falleció en la clandestinidad el 24 o 25 de abril de 1731, en la zona de Cripplegate de Londres.

Edgar **DEGAS**

Pintor francés nacido en París, el 19 de julio de 1834, con el nombre de Hilaire Germain Edgar De Gas. Su padre era banquero. En la adolescencia montó un estudio en su casa y comenzó a pintar; en 1853 se registró como copista en el Museo del Louvre. Aunque ese año también se inscribió en la Facultad de Derecho, desertó al poco tiempo.

En 1855 conoció a Jean Auguste Dominique Ingres, quien ejerció una poderosa influencia en su carrera y motivó su matrícula en la Escuela de Bellas Artes. Pasó los últimos tres años de esa década en Italia, donde realizó cientos de copias de piezas renacentistas.

En la década de 1860 se familiarizó con diferentes técnicas como el óleo, el aguafuerte y la litografía. Junto con Manet y

Monet encabezó la escuela impresionista que realizó su primera exposición en 1874. Las obras de Degas sobresalieron por su poder de observación, su dominio del dibujo y el manejo de la luz.

Los temas constantes de sus trabajos son bailarinas de ballet y carreras de caballos, aunque también abordó escenas intimistas de casas modestas y personajes sencillos del pueblo como modistas, lavanderas, planchadoras y sombrereras. Hizo retratos y representó escenas del mundo social parisino en la segunda mitad del siglo XIX, como el ambiente de los cafés cantantes y los bares.

En la última etapa de su vida padeció algunos problemas en su visión y realizó modelos tridimensionales en yeso y cera para fundir esculturas metálicas, volviendo a los mismos temas que exploró en su pintura. Su trabajo tuvo gran influencia en las generaciones sucesivas de pintores.

Entre su vasta obra destacan los cuadros *Ajenjo*, *Mujer peinándose*, *Los músicos de la orquesta*, *Bailarina con ramo, saludando*, *Caballos de carreras delante de las tribunas*, *El salón de baile*, *La bañera*, *Mujer con crisantemos*, *Cantante de café* y *La familia Ballelli*.

Falleció en su ciudad natal el 27 de septiembre de 1917.

Eugéne **DELACROIX**

Pintor francés nacido en Saint Maurice el 26 de abril de 1798. Su familia se trasladó a Marsella en 1800 y luego a Burdeos. A la muerte de su padre, ocurrida en 1805, se establecieron en París. Delacroix ingresó al Liceo Imperial, se unió al estudio de Guérin en 1815 y al año siguiente ingresó a la Escuela de Bellas Artes. Realizó su primera pintura por encargo en 1819.

En 1822 su cuadro *Dante y Virgilio en los infiernos* fue aceptado para ser expuesto en el Salón de París. Su éxito fue en aumento con *Las matanzas de Kíos*, de 1824, por lo que recibió varios encargos de esa ciudad. En 1825 viajó a Inglaterra para estudiar la obra de varios pintores, cuya influencia se notará en su obra, por ejemplo en *La muerte de Sardanápalo*, de 1827. En 1830 pintó su obra emblemática, *La libertad guiando al pueblo*, y fue galardonado con la Legión de Honor. Su viaje de 1832 al norte de África le dio una amplia gama temática, evidente en más de un centenar de sus obras.

En 1847 volvió a escribir su *Diario*, tarea que había interrumpido por más de 20 años. Muchas de sus últimas obras han sido catalogadas como excepcionales, aunque en cambio a otras se les ha criticado su deficiente ejecución y falta de inspiración.

Murió en París el 13 de agosto de 1863.

DEMÓCRITO

Filósofo griego nacido en Abdera hacia 460 a.C. Se dice que viajó por Egipto, Caldea y Persia en busca de conocimientos. Diógenes le atribuye más de 70 obras sobre temas de ética, física, matemáticas, tecnología y música. Es considerado iniciador de la escuela atomista.

Afirmó que la realidad se compone de dos elementos: lo que es y lo que no es, constituido el primero por átomos homogéneos e indivisibles, y el segundo por el vacío. También estableció que los átomos se distinguen por su forma, orden, posición y tamaño, además de que están en constante movimiento. Consideraba que todo se había formado a partir de la materia difusa y que la vida se originó de un caldo primordial.

Además, estableció un método para calcular volúmenes que corresponde a la teoría de los límites. A él se le atribuye la afirmación de que un cuerpo que se desplaza continuará su movimiento hasta que algo intervenga para alterarlo, lo cual después sería conocido como inercia.

La ética de Demócrito tiene fundamento en el equilibrio interno, logrado con el control de las pasiones gracias al saber y a la prudencia; de acuerdo con lo anterior, la aspiración natural del hombre no es el placer sino la eutimia.

Murió en Tracia alrededor de 370 a.C.

DEMÓSTENES

Político griego nacido en Atenas en 384 a.C. Quedó huérfano a los siete años. Sus tutores dilapidaron su herencia, de modo que siendo muy joven debió litigar para defender el resto de su patrimonio. Su interés por la oratoria surgió cuando su pedagogo lo introdujo subrepticiamente en la asamblea, experiencia que reforzó con la lectura de la obra de Isócrates. Ejerció como logógrafo y trabajó con ahínco para superar sus limitantes para la oratoria como la dislexia y la dificultad para improvisar.

Inició su vida política en 354 a.C. La actividad expansionista de Filipo de Macedonia (entre 357 y 348 a.C.) dio pie a las famosas *Filípicas*, alocuciones públicas de Demóstenes, por lo que formó parte en la embajada a Filipo de 346 a.C. Con motivo de la alianza entre Atenas y Calcídica (349-348),

Demóstenes pronunció las *Olintiacas*, donde arengaba a los atenienses a apoyar a Olinto. En 341 a.C. presentó *Sobre la situación del Quersoneso*, una obra maestra de la oratoria. En 338 combatió en Queronea, donde fue aplastado el levantamiento de Atenas y Tebas. Se propuso que se le concediera una corona por méritos ciudadanos, pero Esquines se opuso, lo que llevó a un proceso político en 330 a.C. en el que Demóstenes respondió con su discurso *Por la corona*, considerado su obra cumbre.

Antípatro envió sicarios a asesinarlo, pero él pudo huir a Calauria, donde se suicidó en 322 a.C.

René DESCARTES

Matemático y filósofo francés nacido en La Haya el 31 de marzo de 1596. Ingresó al colegio jesuita de Enrique IV en La Flèche, en 1606. A los 18 años fue a la Universidad de Poitiers, donde se graduó en Derecho canónico en 1616. Dos años más tarde se enroló en el ejército. Al dejar la milicia viajó por Alemania y los Países Bajos, para volver a Francia en 1622. Partió hacia Italia en 1623 y regresó a París dos años después.

En 1628 decidió instalarse en los Países Bajos para continuar su actividad intelectual, escribir y realizar investigación científica y matemática. Ese año escribió *Reglas para la dirección del espíritu*. En 1633 redactó *Tratado del mundo y de la luz*, que retiró de la imprenta al enterarse de la condena que la Santa Inquisición impuso a Galileo. De 1637 es el celebérrimo *Discurso del método para dirigir bien la razón y hallar la verdad en las ciencias*, al que siguieron *Dióptrica*, *Meteoros* y *Geometría*. En 1641 publicó *Meditaciones metafísicas*, y en 1644, *Principios de la filosofía*.

Además de su obra literaria y filosófica, Descartes tuvo una gran actividad epistolar. Estaba convencido de que todo en la naturaleza podía ser explicado utilizando la ciencia y las matemáticas. Fue el primero en describir el universo físico en términos de materia y movimiento, a semejanza de un motor gigante diseñado matemáticamente.

En 1649 se trasladó a Suecia para ejercer como tutor de la reina Cristina, quien lo citaba en su palacio cada mañana a las 5.00, horario que hizo decaer aún más la frágil salud del filósofo, quien murió en Estocolmo el 11 de febrero de 1650.

Bartolomeu DIAS

Navegante portugués nacido en Algarve hacia 1450. Poco se conoce de sus primeros años de vida. Fue caballero en la corte portuguesa del rey Juan II, era encargado de los almacenes reales y maestro velero del navío *San Christovão*. Se sabe que se dedicaba al transporte de marfil de Guinea a Portugal alrededor de 1477, y que en 1481 estuvo al mando de una carabela en un viaje a Elmina.

En 1486 el rey lo nombró comandante de una expedición cuyo propósito era llegar a los límites australes del continente africano, dar la vuelta a la masa continental y encontrar la ruta a las Indias. La expedición, conformada por tres bajeles, partió del puerto de Lisboa a mediados de 1487. A principios del año siguiente grandes tormentas separaron a los bajeles de la costa y los empujó al sur por varios días. El navegante viró al oeste en busca de tierra firme, por lo que se dirigió al norte. Se percató de que había rebasado el extremo austral del continente. A su regreso bautizó a ese extremo como cabo de las Tormentas, nombre que el rey Juan II cambió por el de cabo de Buena Esperanza. La expedición atracó en Lisboa a finales de 1488.

Dias sirvió como guía en las primeras etapas del viaje a las Indias que emprendió Vasco da Gama en 1497. También formó parte de la expedición de Pedro Alvares Cabral en 1500, en la que se descubrió el territorio de Brasil.

Murió en un naufragio frente al cabo de Buena Esperanza el 29 de mayo de 1500.

Porfirio DÍAZ

Político mexicano nacido en Oaxaca el 15 de septiembre de 1830. Ingresó al seminario en 1845 como alumno externo, de donde pasó al Instituto de Ciencias y Artes y de ahí a la actividad política y militar. En 1858 luchó contra los conservadores en la "guerra de los tres años" y en 1861 obtuvo el grado de general. Durante la intervención francesa, fue jefe de brigada en Acultzingo (1862), participó en la batalla del 5 de mayo al lado del general Ignacio Zaragoza, y en 1863 participó en la defensa de Puebla. En 1867 tomó la capital de la república, con lo que ayudó a la caída del imperio.

Ante la reelección de Juárez, en 1871 lanzó el Plan de la Noria, manifestándose contra el reeleccionismo. Cuando Sebastián Lerdo de Tejada ocupó la presidencia, en 1872, Díaz proclamó el Plan de Tuxtepec y se levantó en armas. Asumió la presidencia por primera vez de 1876 a 1880; en 1884 aprovechó para enmendar la Constitución y poder reelegirse de manera indefinida, cosa que hizo en 1888, 1892, 1896, 1900 y 1904. Un año antes había modificado la Constitución para que los periodos presidenciales fueran de seis y no de cuatro años, como hasta entonces.

Durante los 35 años que permaneció en el poder, se registró un enorme progreso económico, aparejado con un notorio avance tecnológico; sin embargo, también se despojó a los campesinos de la tierra para crear enormes latifundios, se agudizó la desigualdad económica y los movimientos sindicales fueron aplastados.

En 1907 Díaz declaró que México estaba listo para la democracia; sin embargo, volvió a reelegirse en 1910, lo que provocó el estallido de la Revolución Mexicana. Salió exiliado en 1911 rumbo a Francia. Murió en París el 2 de julio de 1915.

Salvador **DÍAZ MIRÓN**

Poeta mexicano nacido en Veracruz el 14 de diciembre de 1853. Su padre, Manuel Díaz Mirón, periodista y político, fue gobernador de su estado. Estudió en su ciudad natal y en Jalapa. En 1865 ingresó al seminario, y a los 14 años empezó a escribir poemas y artículos periodísticos. En 1874 empezó a destacar cuando algunas de sus obras se incluyeron en la antología *El parnaso mexicano*.

Fue diputado estatal en 1879 y federal en 1884. Estuvo cuatro años en prisión acusado de homicidio en 1892. Continuó su labor periodística en Jalapa. En 1904 volvió a ocupar una curul, desde donde apoyó notoriamente la dictadura de Porfirio Díaz, denostando a los revolucionarios. Volvió a prisión en 1910 por un atentado contra otro diputado, pero salió libre al triunfar la Revolución. En 1913 aceptó dirigir el periódico *El Imparcial*, por invitación de Victoriano Huerta, por lo que a su caída se exilió en el extranjero. Se autorizó su regreso al país y la restitución de sus bienes. En 1927 fue nombrado director del Colegio Preparatorio en Jalapa.

La producción literaria de Díaz Mirón tiene notorios hitos: su primera época, hasta 1891, está influenciada por el romanticismo europeo; la segunda, hasta 1901, se resume por completo en *Lascas*, y la tercera, en la etapa final de su vida, es un intento de depuración de su estilo para llevarlo a una concisión extrema. Su obra está compilada en *El Parnaso Mexicano*, 1886; *Poesía*, 1895; *Poesías*, 1900; *Poemas*, 1918; *Poesías completas*, 1941; *Antología Poética*, 1953 y *Prosas*, 1954.

Murió en Veracruz el 12 de junio de 1928.

Charles **DICKENS**

Novelista británico nacido el 7 de febrero de 1812 en Portsmouth, Inglaterra. Su familia se trasladó a Londres y a los 12 años Dickens tuvo que abandonar la escuela para trabajar debido a que su padre fue enviado a la cárcel por no haber podido pagar algunas deudas. Eso le impidió recibir una educación formal, de modo que fue autodidacta y como tal en 1827 entró a trabajar como asistente de abogado. En 1833 publicó algunos relatos, bajo el seudónimo de Boz. Para entonces ya era periodista político. Publicó *Papeles póstumos del club Pickwick* en 1836 y escribió dos libros de viajes: *Notas americanas* (1842) e *Imágenes de Italia* (1846).

Entre sus obras más destacadas están *Oliver Twist* (1837), *Cuento de Navidad* (1843) y *David Copperfield* (1849), libro autobiográfico, por las que mereció el reconocimiento internacional. También escribió: *La tienda de antigüedades* (1841), *Martin Chuzzlewit* (1844), *Dombey e hijo* (1848), *Casa desolada* (1853), *Tiempos difíciles* (1854), *La pequeña Dorritt* (1857), *Historia de dos ciudades* (1859), *Grandes esperanzas* (1861), *Nuestro amigo común* (1865) y *El misterio de Edwin Drood*, que dejó inconclusa.

Fue uno de los principales representantes de la literatura realista del siglo XIX. Su narrativa se caracteriza por el humor y la ironía. Utilizando personajes con personalidad muy definida, tejió historias que son una aguda crítica social de su entorno y su época, a la vez que impregnó a su obra de universalidad y atemporalidad.

Murió el 9 de junio de 1870 en Gadshill y fue sepultado en la abadía de Westminster.

Denis **DIDEROT**

Escritor y filósofo francés nacido en Langres el 5 de octubre de 1713. Inició su educación en el colegio jesuita de esa ciudad, con la idea de dedicarse a la vida clerical. Al observar sus dotes, los jesuitas lo enviaron al

Colegio D'Harcourt en 1728. Obtuvo un grado en artes por la Universidad de París en 1732.

Al parecer los diez años siguientes llevó una vida bohemia. En 1741 conoció a Antoinette Champion, una costurera con quien se casó en contra de la voluntad de su padre y con quien tuvo una unión infeliz; sus tres primeros hijos murieron muy pequeños.

En 1743 hizo la traducción de *La historia de Grecia*, de Sanyen, y en 1745 la de *Ensayo sobre el mérito y la virtud*, de Shaftesbury. El parlamento de París condenó su obra *Pensamientos filosóficos*, en 1746. Ese año, el editor André Le Breton le encargó la elaboración de la *Encyclopédie*, a la que Diderot le consagró 20 años y que resultó ser la obra más emblemática de la Ilustración. En 1773 fue invitado a la corte rusa como consejero de Catalina la Grande.

Otras obras suyas son *Carta sobre los ciegos* (1749), *El hijo natural* (1757), *La religiosa* (1760), *El sobrino de Rameu* (1761), *La paradoja del comediante* (1769) y *Jacques, el fatalista* (1778). Murió en París el 31 de julio de 1784.

Paul **DIRAC**

Físico matemático inglés nacido en Bristol, Gran Bretaña, el 8 de agosto de 1902, hijo de Charles Dirac, inmigrante suizo. Se matriculó en la universidad de su ciudad natal en la especialidad de Ingeniería eléctrica, pero poco después eligió dedicarse íntegramente a las matemáticas puras, para lo cual ingresó a la Universidad de Cambridge, donde se doctoró en 1926. En 1932 ocupó la cátedra Lucasiana de matemáticas en esa universidad, una de las más prestigiosas del mundo y por la que también han pasado genios como Isaac Newton y Stephen Hawking.

Dirac buscaba la explicación matemática de las propiedades ondulatorias de ciertas partículas físicas como el electrón, y al hacerlo se internó en el campo —entonces puramente especulativo— de las antipartículas, que finalmente lo condujo a postular la existencia (por necesidades teóricas) de la antimateria, misma que más tarde pudo comprobar Carl David Anderson.

En 1933 compartió con Edwin Schrödinger el premio Nobel de Física, como reconocimiento a sus aportaciones a la mecánica ondulatoria y al estudio de las antipartículas. Con todo ello, Dirac se sumó al grupo de científicos que estaban construyendo la mecánica cuántica, con sus leyes aplicables al mundo intraatómico. Otros hacían los trabajos en los laboratorios de física, mientras Dirac buscaba las bases matemáticas de la teoría. Y eso a pesar de padecer autismo, lo que le impedía relacionarse fluidamente con otras personas.

En 1937 se casó con Margit Wigner, con quien tuvo dos hijas. A partir de 1970 se estableció en Miami, Florida (EU), e impartió cátedra en diversas universidades de ese país. Murió el 20 de octubre de 1984.

Belisario **DOMÍNGUEZ**

Médico y político mexicano nacido el 25 de abril de 1863 en Comitán, Chiapas, fue uno de los siete hijos de Cleofas Domínguez Román y María del Pilar Palencia y Espinosa. Pasó sus primeros 16 años primero en Comitán y luego, para adelantar en sus estudios, en San Cristóbal de las Casas. En 1879 viajó a París para estudiar Medicina, carrera en la que se graduó el 17 de julio de 1889.

Volvió a México y en 1890 abrió su consultorio en Comitán, para seguir cerca de su familia. Procedía de una estirpe de liberales, entre ellos su tío Pantaleón Domínguez, quien luchó contra los conservadores y llegó a ser gobernador de Chiapas.

A los 27 años se casó con Delina Zebadúa, el 2 de noviembre de 1890. Procrearon cuatro hijos. En 1902 su esposa enfermó, por lo que la pareja se trasladó a la Ciudad de México. Ella falleció en 1903 a causa de la tuberculosis y a partir de entonces Domínguez se orienta a la política y publica artículos y gacetas en los que difunde sus ideas acerca del bien público y la justicia social. Pronto sus escritos fueron más críticos respecto a la situación reinante durante el porfirismo.

Regresó a Comitán en 1905 para ejercer de nuevo su carrera, especialmente con pacientes necesitados. Postulado por el Partido Antirreeleccionista, el 1 de enero de 1911 triunfa en las elecciones para presidente municipal de Comitán; meses después, en medio del caos desatado por maderistas y antimaderistas, asume el puesto de jefe político de la región. El 3 de agosto de 1912 resultó electo senador suplente por Chiapas, y en diciembre pasó a ser titular.

Después del golpe de estado contra Madero, y visto el giro que tomaba el régimen huertista, Domínguez escribió un discurso contra el usurpador Victoriano Huerta, para leerlo en el Senado el 23 de septiembre de 1913, pero se lo impidieron. Entonces lo hizo imprimir y distribuir en la calle. Huerta respondió al desafío y ordenó el asesinato del médico chiapaneco, quien fue ultimado el 7 de octubre de 1913. El 13 de agosto de 1914 sus restos fueron trasladados al Panteón Francés y en 1938 devueltos a Comitán.

Fedor **DOSTOIEVSKI**

Novelista ruso nacido el 30 de octubre de 1821 en Moscú, hijo del médico militar Mijail Andreievich Dostoievski, por entonces director del Hospital de Pobres, donde Fedor vivió su infancia, conociendo el dolor y la desgracia ajenos que luego plasmaría en sus novelas. Su madre, María Feodorovna, era una mujer culta y delicada que murió en 1837. Ese mismo año el joven ingresó, por deseo paterno, a la Escuela de Ingenieros Militares, donde pasó cuatro años. En 1839, el padre murió asesinado por los siervos de su finca rural.

Con el título de ingeniero obtenido en 1843, Fedor consiguió empleo en la burocracia zarista, pero renunció pronto para dedicarse a escribir. Así empezaron años de privaciones; para colmo, en 1849 fue arrestado por pertenecer a un grupo de socialistas opositores al régimen y, tras casi fusilarlo (el indulto llegó cuando ya estaba frente al pelotón), deportado a Siberia para cumplir una condena a trabajos forzados (algo que reflejaría en su genial novela *Crimen y castigo* de 1864-1867). Cumplida la sentencia, fue liberado y enviado como soldado raso a Semipalatinsk, donde en 1857 se casó con María Dimitrievna. Un año más tarde consiguió darse de baja en el ejército y se fue a San Petersburgo para reanudar su carrera literaria con obras como *Recuerdos de la casa de los muertos, Humillados y ofendidos, El idiota, Los endemoniados* y *Los hermanos Karamazov*.

En 1864 murió su primera esposa y pocos años después se enamoró de Polina Súslova. Para entonces, el escritor ya sufría de ataques epilépticos y era adicto al juego, cuyas deudas lo obligaron a trabajar a destajo para no ir a la cárcel. Entonces conoció a Anna Grigorievna Snitkina, con quien se casó.

El 28 de enero de 1881 murió de pulmonía.

Alejandro **DUMAS**

Novelista y dramaturgo francés nacido el 24 de julio de 1802 en Villiers-Cotterets, cerca de París. Sus padres fueron el general republicano Thomas Alexandre Davy de la Pailleterie y Marie Louise Labouret. Estudió con profesores privados hasta que en 1822 se estableció en París, para trabajar como aprendiz de notario, pero la fortuna quiso que acabara siendo secretario del duque de Orleáns, lo que le dejaba tiempo para escribir. Así, tras algunos fracasos, estrenó con éxito *Enrique III y su corte* en 1829; en poco tiempo era considerado un prometedor escritor teatral, pero en 1832 empezó a dedicarse a las novelas, especialmente del género que hoy llamamos "de capa y espada", que eran el equivalente entonces a nuestras actuales cintas de acción.

Combinando historia e imaginación, Dumas publicó con increíble éxito novelas que aún nos siguen gustando: *Los tres mosqueteros, La reina Margot, Veinte años después, El conde de Montecristo* y *El hombre de la máscara de hierro.*

Trabajaba mucho y rápido, por lo que llegó a contratar escritores desconocidos que le mandaban sus manuscritos, él los corregía y los daba al impresor que los publicaba bajo el nombre de Dumas, por lo que se notan algunos altibajos en la calidad de otras de sus obras. Pese a que reunió una considerable fortuna, a causa de sus derroches murió casi en la ruina el 5 de diciembre de 1870.

Alberto **DURERO** (Albrech Dürer)

Pintor y grabador alemán que además escribió poesía y tratados didácticos. Nació el 21 de mayo de 1471 en Nuremberg, hijo de un orfebre húngaro emigrado. Con él aprendió los rudimentos del dibujo. Para 1484 era evidente el talento del joven que diseñaba obras de estilo gótico, vigente en su época y entorno.

A los 15 años llegó como aprendiz al taller del pintor Michael Wohlmuth, y en cuatro años ya había alcanzado el grado de maestro. En 1490 emprendió un largo viaje que lo llevó hasta Basilea, donde fue muy apreciado como grabador en madera. Regresó a Nuremberg en 1494 y se casó con Agnes Frey. A los pocos meses partió rumbo a Italia donde conoció la obra de los renacentistas. Empapado en los ideales humanistas, regresó a Nuremberg, donde entabló amistad con el también humanista alemán Willibald Pirkheimer.

En 1498 publicó la serie de grabados sobre el Apocalipsis. Sus obras posteriores a 1500 muestran un renovado interés en la anatomía, las proporciones y la perspectiva, de tal manera que puede decirse que Durero llevó la pintura del Renacimiento a Alemania. De 1505 a 1507 estuvo de nuevo en Italia, con el propósito de ampliar sus conocimientos. En 1512 fue nombrado pintor de cámara del emperador Maximiliano I. En 1521, tras un viaje por los Países Bajos, comenzó a dar señales de mala salud, pero también de una profunda transformación espiritual motivada por la reforma luterana.

Entre sus grandes obras están: *Autorretrato, El caballero, la muerte y el Diablo, Melancolía, San Jerónimo en su estudio.*

Pasó sus últimos años viviendo con gran austeridad y en un ambiente piadoso, hasta que murió el 6 de abril de 1528.

ÉMILE **DURKHEIM**

Filósofo francés a quien se acredita haber puesto los cimientos de la sociología. Nació el 15 de abril 1858 en Épinal, Lorena, en el seno de una familia judía muy piadosa en la que su padre y ancestros habían sido rabinos, pero Émile pronto manifestó que no seguiría la misma dirección.

En 1879 ingresó a la Escuela Normal Superior, donde entre sus maestros estuvo Numa Denis Fustel de Coulanges, un brillante clasicista con interés en dar un enfoque científico a los estudios humanísticos, algo determinante para la futura obra de Durkheim. Otras influencias mayores que recibió fueron las de Auguste Comte y Herbert Spencer, que lo inclinaron a buscar causas materiales y sociales, para los más variados fenómenos humanos, incluida la religión.

En 1885 decidió ir a Alemania para estudiar en Marburgo, Berlín y Leipzig. En 1887 regresó a Francia y se instaló como maestro en Burdeos para enseñar pedagogía y sociología, al mismo tiempo que se implicaba en la reforma del sistema educativo francés.

En 1895 publicó *Reglas del método sociológico,* y para 1902 ya daba cátedra en la Sorbona. Diez años después publicó *Las formas elementales de la vida religiosa.* Durante la Primera Guerra Mundial se vio acosado por la extrema derecha y sufrió la pérdida de su hijo André en 1915, todo lo cual le causó un enorme deterioro emocional.

Murió el 15 de noviembre de 1917.

ESTEBAN **ECHEVERRÍA**

Escritor argentino nacido el 2 de septiembre de 1805 en Buenos Aires, como hijo del vasco José Domingo Echeverría y la argentina María Espinosa. Cursó su educación básica en el Colegio de Estudios Morales, del que tuvo que salir en 1823 por falta de recursos; se empleó como dependiente en una casa comercial. Consciente de que le faltaba preparación, con el dinero reunido penosamente se marchó a Europa en 1825.

Regresó a la Argentina en 1830, tras haber estudiado Literatura en París y haber aprendido inglés y francés. Comienza a difundir las tendencias del movimiento romántico europeo, y crea círculos literarios donde se debaten las ideas del momento y se leen las obras escritas por sus integrantes, o bien las obras traducidas de los consagrados europeos. En 1832 comienza a publicar sus poemas: *Elvira*, *Consuelos* y *Rimas* donde incluye *La cautiva*, considerada su mejor obra en verso.

En 1837 se abrió el Salón Literario, pero el dictador Juan Manuel de Rosas lo hizo clausurar, por lo que Echeverría fundó en 1838 una "sociedad secreta" donde además de literatura se discutían los ideales del liberalismo y la oposición a la tiranía. Los problemas políticos de la época llevaron al poeta a retirarse a su estancia Los Talas, cercana a Luján, pero le aconsejaron irse y se exilió a Uruguay en 1840, donde escribió su cuento realista *El matadero*. También allí concibió y redactó *Manual de enseñanza moral*, destinado a la educación pública.

Enfermo del corazón durante años, se le complicó una enfermedad pulmonar y falleció en Montevideo, Uruguay, el 19 de enero de 1851.

Thomas Alva **EDISON**

Inventor estadounidense nacido el 11 de febrero de 1847 en Milán, Ohio. Su familia se mudó a Michigan cuando Thomas tenía siete años y lo inscribió en la escuela, de la que fue expulsado por considerarlo "retrasado mental"; en realidad, la escarlatina lo había dejado con una audición muy deficiente. Su madre lo educó. A los 12 años, el chico se fue de casa para "conocer mundo y hacer negocios" en un país lleno de oportunidades.

De 1863 a 1868, tras adquirir alguna práctica en el manejo del telégrafo, trabajó en varias ciudades como telegrafista. Mientras, leyó el libro de Faraday *Investigaciones experimentales en electricidad*, y decidió repetir los experimentos. Con lo que sabía decidió establecerse en Nueva York como inventor. Su primer invento patentado fue un contador de votos. Más tarde la bolsa de Wall Street lo contrató como supervisor de sus máquinas, e inventó una impresora de acciones. Ganó suficiente dinero como para irse a Nueva Jersey, abrir una fábrica, establecer su laboratorio y casarse con Mary Stilwell, con quien procreó tres hijos.

En 1876 cerró la fábrica y trasladó el laboratorio a Menlo Park, para dedicarse de lleno a la invención. Entre inventos propios y mejoras a otros, Edison alcanzó las 1 093 patentes. Lo más relevante de su obra incluye: la lámpara incandescente (foco), el fonógrafo, el telégrafo cuádruple, la planta eléctrica, la pila alcalina, etcétera.

Murió el 18 de octubre de 1931 en West Orange, luego de una vida muy productiva.

Albert **EINSTEIN**

Físico y matemático alemán nacido el 14 de marzo de 1879 en Ulm. Siendo judío, estudió en el colegio católico de Münich, Baviera, el mejor que sus padres podían costearle. Posteriormente ingresó a la Academia Politécnica y luego de graduarse consiguió empleo en la oficina de patentes de Berna.

Mientras lo hacía, desarrolló cinco investigaciones de gran trascendencia que dio a conocer en 1905: el efecto fotoeléctrico según la mecánica cuántica; la existencia del fotón; el análisis matemático del movimiento browniano de las moléculas; la inexistencia del movimiento absoluto (las cosas se mueven en el universo sólo en relación con otras), y ésta sentó las bases de la teoría de la relatividad, la más importante hasta ahora —junto con la mecánica cuántica— para explicar el funcionamiento del universo. Einstein afirmó que la única constante era la velocidad de la luz y que la materia y la energía eran mutuamente convertibles, es decir, la materia puede convertirse en energía y la energía en materia; de ahí surgió su famosa fórmula: $E = mc^3$.

Ese año obtuvo el doctorado y comenzó a impartir cátedra en diversas universidades. En 1915 publicó *Teoría de la relatividad general*, donde postuló que la gravedad era consecuencia de la curvatura del espacio. El clima político adverso en Alemania lo obligó a renunciar a la ciudadanía de ese país y exiliarse en los Estados Unidos, donde se nacionalizó y fue profesor en la Universidad de Princeton. En 1921 recibió el premio Nobel de Física y, siendo una voz tan respetada, advirtió al presidente Roosevelt sobre la necesidad de desarrollar la bomba atómica, algo de lo cual se arrepintió al ver sus efectos.

Tuvo una vida personal poco satisfactoria: en 1903 se casó con la también física Mileca Maric, con quien procreó tres hijos

—uno de ellos se suicidó—; se divorciaron en 1919, y el mismo año se casó con su prima Elsa Lowenthal, quien falleció en 1936.

Murió el 18 de abril de 1955.

Plutarco **ELÍAS CALLES**

Militar y político mexicano nacido en Guaymas, Sonora, el 25 de septiembre de 1877. Estudió en Hermosillo y trabajó en el magisterio. Fue inspector de escuelas e incursionó en el periodismo. Siendo comisario de policía en Agua Prieta, se opuso a la dictadura de Victoriano Huerta al lado de Álvaro Obregón. En la etapa siguiente combatió a los convencionistas, llegó a ser gobernador y comandante militar de Sonora, donde siguió un completo programa progresista de trabajo y expulsó a todos los sacerdotes católicos del estado.

En 1919 se integró al gabinete de Carranza como secretario de Industria, Comercio y Trabajo, puesto que dejó para unirse a la campaña presidencial de Álvaro Obregón. Cuando éste ocupó el cargo lo designó secretario de Gobernación y se mantuvo en ese puesto hasta el 1 de septiembre de 1923, día en que lanzó su propia candidatura a la presidencia. Gobernó del 1 de diciembre de 1924 al 30 de noviembre de 1928.

Los hechos más destacados de su mandato fueron la consolidación institucional y su política anticlerical que motivó el estallido de la Guerra Cristera. En la etapa posterior al asesinato de Álvaro Obregón fundó el Partido Nacional Revolucionario y estuvo detrás de los gobiernos de Emilio Portes Gil, Pascual Ortiz Rubio y Abelardo L. Rodríguez. No pudo controlar al presidente Lázaro Cárdenas, quien lo obligó a exiliarse en Estados Unidos. Volvió al país durante el mandato de Manuel Ávila Camacho, en 1941, y falleció por las complicaciones postoperatorias de una cirugía vesicular el 19 de octubre de 1945.

Ernesto **ELORDUY**

Músico y compositor mexicano nacido en Zacatecas, Zac., el 11 de diciembre de 1854. A los 12 años quedó huérfano y él y su hermano heredaron una considerable fortuna. En 1871 ambos viajaron a Europa y Ernesto, dotado de talento precoz para la música, se quedó en Alemania donde estudió piano con Clara Schumann (viuda del compositor alemán Robert Schumann) y con el ruso Anton Rubinstein —maestro de Tchaikovsky—.

Después pasó una temporada en Turquía, y de allí partió a París para tomar clases con Georges Mathias, el último discípulo de Chopin. Entre 1884 y 1891 desempeñó algunos puestos diplomáticos en París y Madrid. En 1889 se casó con María Trinidad Payno, hija del novelista Manuel Payno.

De regreso en México, fue profesor en el Conservatorio Nacional donde su sólida formación era muy apreciada por los alumnos, pero su tendencia cosmopolita empezaba a desfasarse del nacionalismo emergente. Entre sus obras destacan: *Airam, Serenata árabe, Pensamiento oriental, Aziyadeh, Danza oriental, Zulema* (ópera), *Foujous, A toi, Obsesión, Hojas de álbum* (opereta), *Alma y Corazón, María Luisa, Soñadora, Vals de las flores, Minueto polonés.*

Falleció en la Ciudad de México el 6 de enero de 1913.

Friedrich **ENGELS**

Pensador socialista alemán nacido el 28 de noviembre de 1820 en Wuppertal (parte de Prusia y, actualmente, de la República Federal de Alemania), en el seno de una familia burguesa propietaria de negocios textiles y vitivinícolas. Al comenzar la década de 1840 se inscribió en la Universidad de Berlín, donde cobró conciencia de los graves problemas sociales de su tiempo y simpatizó con la izquierda hegeliana. Por encargo de su familia viajó a Gran Bretaña y quedó impresionado con las duras condiciones de vida de la clase trabajadora en plena época de la Revolución Industrial.

En 1844 conoció al filósofo alemán Karl Marx, de quien sería amigo y colaborador y se adhirió al movimiento socialista. En esa misma década publicaron diversas obras en coautoría como *La sagrada familia* (1845) en contra de los hermanos Bauer, hegelianos de izquierda. Entre 1844 y 1846 redactaron *La ideología alemana,* donde se enuncian las ideas medulares del materialismo histórico y en 1848 presentaron el influyente *Manifiesto del Partido Comunista,* que expone la importancia de los modos de producción como factores determinantes en la historia y la división de las clases sociales de acuerdo con la propiedad privada. Al final hace un llamado para que los proletarios se emancipen de sus explotadores a través de una revolución comunista.

Engels aportó a Marx recursos económicos para la redacción de su obra más importante, *El capital,* y se encargó de editarla tras el fallecimiento de su amigo, en 1883. En la última etapa de su vida impulsó el nacimiento de la socialdemocracia en Alemania y fue el depositario vivo de la doctrina marxista. Se le considera un importante ideólogo para los trabajos de la Segunda Internacional Socialista y de la Tercera Internacional (o Komintern), fundada después de la Revolución Rusa como piedra basal de la Unión Soviética.

Hombre de vasta cultura e intereses diversificados (dominaba más de treinta lenguas), falleció en Londres, Inglaterra, el 5 de agosto de 1895.

ENRIQUE EL NAVEGANTE

Príncipe portugués nacido en Oporto el 4 de marzo de 1394. Sus padres fueron el rey Juan I de Portugal y la reina Felipa de Lancaster. Su educación incluyó humanidades y técnicas de guerra. En 1415 convenció a su padre de realizar una campaña para conquistar Ceuta y participó en la exitosa acción militar. Al regresar a Portugal fue distinguido como duque de Viseu y señor de Covilhã. En su castillo de Sagres (la llamada "Ciudad del Infante" junto al Cabo de San Vicente, en el extremo suroeste de Portugal) reunió a cartógrafos, astrónomos y navegantes para promover el conocimiento geográfico que posibilitara nuevas exploraciones. En 1420 fue nombrado Gran Maestre de la Orden de Cristo, sucesora de los templarios y dueña de su fortuna.

A través de su centro de estudios náuticos organizó distintas expediciones a las costas africanas con fines comerciales y de evangelización. Entre los logros de estos viajes —posibilitados por las nuevas carabelas— destacan el reconocimiento de Madeira y las Islas Azores (1418 y 1432, respectivamente), que iniciaron la época de los grandes descubrimientos geográficos de Portugal realizados por hombres a su servicio.

El reino accedió así a las riquezas de África meridional evitando las rutas comerciales del Sahara y amplió su expansión colonial. En 1434 Gil Eanes logró doblar el cabo Bojador, superando así el límite al que habían alcanzado las exploraciones portuguesas en la época medieval. Nuño Tristán llegó al Cabo Blanco en 1443 y a la desembocadura del río Gambia en 1446.

La última expedición financiada por Enrique el Navegante consiguió llegar a Cabo Verde y el río Senegal. Gracias a su impulso las técnicas de navegación avanzaron sustancialmente e hicieron posible la llamada "era de los descubrimientos".

Falleció en Sagres el 13 de noviembre de 1460.

EP

EPICURO

Filósofo griego nacido en Samos, alrededor del año 342 a.C. Expuso su pensamiento en más de trescientos libros de los que hoy sólo se conservan las *Máximas* y fragmentos aislados de su tratado *De la naturaleza*.

Alrededor de 306 a.C. estableció en Atenas una escuela filosófica conocida como epicureísmo, cuya doctrina central es la preeminencia del placer como sumo bien y finalidad de toda moral. Junto con el escepticismo y el estoicismo, ésta conforma el grupo de las tres grandes filosofías helenísticas de decadencia, posteriores a Platón y Aristóteles. Se les llama así porque son la expresión de una sociedad (la Grecia de su tiempo) que ha logrado superar problemas e inquietudes y se dedica a disfrutar las supremas expresiones de su cultura, que culmina en este momento.

Siguiendo las enseñanzas de Demócrito de Abdera, Epicuro pensaba que el mundo material es resultado de una conjunción casual de átomos y definía al placer como "ausencia de dolor". No desechaba, sin embargo, la idea de virtud que, en este contexto, enseña a renunciar a los placeres inferiores de la carne que pueden ser vehículo del dolor y desasosiego, y a preferir los placeres espirituales que conducen a la paz interior.

Esta corriente intelectual tuvo importantes seguidores romanos como Plinio el Joven, Horacio y Ático. En el siglo XVII sus ideas revivieron en la escuela filosófica del francés Pierre Gassendi (1592-1665), a través de quien fueron adoptadas por autores como Molière, La Rochefoucauld, Rousseau y Voltaire. El concepto actual de *epicúreo* para referirse a quien se entrega a los placeres de los sentidos es una interpretación errónea de la doctrina original.

Falleció en Atenas alrededor del año 270 a.C.

ERASMO DE ROTTERDAM

Humanista y escritor neerlandés, llamado originalmente Geert Geertsen, nacido en Rotterdam alrededor de 1469. Se ordenó como clérigo agustino en 1488 y cuatro años después como sacerdote. La vida religiosa, sin embargo, le parecía bárbara e ignorante en contraste con la riqueza del espíritu humanista. Por su amplia cultura dejó el monasterio y llegó a ser secretario del obispo de Cambrai. En 1500 escribió sus *Adagios*, una serie de fábulas, refranes y moralejas inspiradas en la cultura grecolatina. A fines del siglo XV estudió en París y optó por llevar una vida independiente.

Viajó por Europa y se relacionó con figuras como los clérigos y humanistas ingleses John Colet y Tomás Moro. En casa de este último escribió el *Elogio de la locura* (1511), un examen irónico de los prejuicios, las supersticiones y la corrupción de la Iglesia Católica de su tiempo, que pronto se tradujo a distintos idiomas. Erasmo enseñó teología y griego en la Universidad de Cambridge. Tradujo y editó obras de Luciano, Eurípides y Séneca, y preparó una edición completa del *Nuevo Testamento* que buscó conciliar la cultura humanística con la teología.

Doctor en filosofía por la Universidad de Turín, en 1521 se estableció en Basilea, donde se unió a un grupo de humanistas reformadores. La gran difusión de su obra, admirada por el papa León X, y el surgimiento de Martín Lutero, lo orillaron a vivir un periodo de profunda inestabilidad por su ambigua postura en la polémica entre los reformistas y los ortodoxos cristianos. En 1527 la Iglesia prohibió la lectura de sus libros, incluyendo sus *Coloquios,* diálogos para facilitar el aprendizaje del latín. Lutero, por su parte, se opuso a la importancia que Erasmo daba a la responsabilidad individual en la salvación.

Pasó sus últimos años en medio de este repudio y sólo tiempo después de su muerte (ocurrida el 12 de julio de 1536) se revaloró su visión humanista.

Alonso de **ERCILLA**

Militar y poeta español nacido en Madrid el 7 de agosto de 1533, hijo de nobles. Tras la muerte de su padre, ocurrida en 1548, su madre, que para entonces era dama de compañía de la infanta María obtuvo para su hijo el puesto de paje del futuro rey Felipe II. Ercilla se educó dentro del acendrado humanismo católico de la corte matritense y en el marco del Siglo de Oro de las letras españolas. Gracias a su puesto cortesano viajó extensamente por Europa. En 1555, hallándose en Londres desde la boda de Felipe con María Tudor, reina de Inglaterra, conoció a Jerónimo de Aldrete quien le habló del Nuevo Mundo en tales términos que lo determinó a viajar a América en su compañía, cosa que hizo ese mismo año con el permiso del entonces príncipe Felipe.

Poco después de su arribo a Panamá en 1556, Aldrete falleció y Ercilla continuó su viaje a Perú donde se unió a las fuerzas de García Hurtado de Mendoza, recién nombrado adelantado de Chile. Durante varios años Ercilla peleó en la conquista de la Araucanía, distinguiéndose en los combates y afrontando las penalidades propias de la región y de las luchas contra indígenas que no se rendían fácilmente.

Luego de una grave enfermedad, regresó a España en 1562. En 1570 se casó con doña María de Bazán, dama de ilustre prosapia. En 1571 le fue concedido el hábito de caballero de Santiago —una distinción muy apreciada— y recibió mercedes y encargos.

Su gran obra, el poema épico *La Araucana*, narra el gran y trágico encuentro entre españoles y araucanos liderados por Caupolicán, por medio de octavas reales (estrofas de ocho versos endecasílabos) y un rico vocabulario.

Falleció el 29 de noviembre de 1594 en su ciudad natal.

ESOPO

Fabulista griego que vivió en el siglo VI a.C., pero de quien se conoce muy poco acerca de su vida. Para los griegos de la época clásica ya era un personaje legendario, del que circulaban muchas anécdotas. Se cree que nació en Frigia, pero algunas tradiciones lo colocan en Tracia, Samos, Sardes o Egipto.

Según Plutarco, contemporáneo suyo, Esopo era feo, tartamudo y jorobado, pero muy ingenioso, inteligente y bromista, características que lo hicieron famoso. De joven fue esclavo en Samos, pero consiguió que su último dueño, el filósofo Janto, le otorgara la libertad. Entonces se dedicó a viajar por Egipto, Babilonia y una parte de Oriente. En Delfos consultó el futuro ante el oráculo. Dado que Esopo bromeaba siempre, los sacerdotes pensaron que se burlaba del dios y lo acusaron de sacrílego, por lo que le dieron muerte.

Aunque nunca escribió, se designaban con el nombre de fábulas de Esopo unas breves narraciones, escritas con un lenguaje familiar, de carácter moralizador, que pretendían aleccionar a quienes las escuchaban. En ellas los animales desempeñaban los papeles principales.

A fines del siglo V, circulaba por Atenas una recopilación bastante numerosa de estas fábulas. En el siglo siguiente, Demetrio de Faleri publicó una colección completa de Fábulas esópicas. En 1480, el escritor alemán Steinhöwel publicó una edición de las fábulas de Esopo en alemán y en latín, lo que constituyó el punto de partida de cuentos fabulosos escritos en lenguas romances (castellano, catalán, italiano, francés, etc.). Durante los siglos XVI, XVII y XVIII no pararon de editarse las fábulas de Esopo, aunque muchas veces la censura las recortaba por cuestiones de moral.

ESQUILO

Dramaturgo griego nacido en Eleusis, en 525 a.C. La información sobre su vida es escasa. Se sabe que pertenecía a la aristocracia y tenía dos hermanos. Comenzó a escribir alrededor del año 500 y concursó en el certamen de autores trágicos celebrado con motivo de la septuagésima Olimpiada (500-497 a.C.). A pesar de que no se dispone de datos concretos sobre su educación, sus obras revelan un profundo conocimiento de Homero y los líricos griegos. Aunque era sensible a los célebres Misterios de Eleusis, las ceremonias religiosas que se desarrollaban en su ciudad natal, al parecer nunca fue iniciado en ellos. Valiente soldado, combatió en varias ocasiones para defender a su patria de los embates persas y estuvo presente en la célebre de Maratón entre persas y atenienses en el 490 a.C.

Los autores antiguos le atribuyeron la autoría de entre 90 y 70 tragedias. De ese conjunto sólo han llegado hasta nosotros siete de ellas cuyo valor, según los especialistas, sólo es comparable al de la obra de Shakespeare: *Los persas, Prometeo encadenado, Los siete contra Tebas, Los suplicantes* y las que componen la trilogía de *La Orestiada: Agamenón, Las coéforas* y *Las euménides.*

Se conservan, asimismo, algunos fragmentos aislados de piezas satíricas y otras obras perdidas de su autoría. Sus fechas de elaboración son difíciles de determinar, aunque se sabe que su triunfo escénico fue tardío (alrededor del 484 a.C.), puesto que sus innovaciones no recibieron en un principio la aceptación del público.

Creador de la tragedia como género particular, fue también su representante más ilustre, por encima de Sófocles y Eurípides. Sus obras se caracterizan por el poder de las concepciones dramáticas, la osadía de su lenguaje y la emoción intensa que desbordan las situaciones que plantea. De acuerdo con Friedrich Nietzsche, Esquilo fue el mejor representante del espíritu dionisiaco, la fuerza vital, libre e irracional que gobierna la condición humana.

Murió en Gela, Sicilia, en 456 a.C.

EUCLIDES

Matemático griego nacido, al parecer, en Alejandría hacia 330 a.C. Muy poco se sabe de su vida. Al parecer, se educó en la Academia de Platón, en Atenas. Se dice que vivió en Alejandría, seguramente durante el reinado de Ptolomeo I. Tal parece que tuvo una gran escuela de matemáticas en Alejandría, donde llegó a gozar de gran prestigio como maestro. También se dice de él que fue un hombre modesto en extremo.

Su obra maestra *Los elementos,* fue la principal fuente del razonamiento matemático hasta el siglo XIX, cuando apareció la geometría no-euclidiana. Se dice que *Los elementos* es la obra más traducida, más impresa y, sobre todo, más estudiada, después de *La Biblia.* Otras obras de Euclides son, de las que sobreviven: *Datos, Sobre las divisiones, Óptica y Fenómenos;* de las que se perdieron: *Lugares geométricos de superficies, Porismos, Cónicas, Libro de falacias* y *Elementos de música.*

Euclides murió hacia 275 a.C.

LEONHARD **EULER**

Matemático suizo nacido en Basilea el 15 de abril de 1707. Estudió en la Universidad de Basilea, donde se licenció a los 16 años y también en esa ciudad completó sus estudios de doctorado en 1726. En 1727 aceptó una propuesta para dar clases en la Academia de Ciencias de San Petersburgo. Aunado a su cátedra, realizó diversos proyectos estatales y sirvió como médico en la marina rusa entre 1727 y 1730. En esa época empezó a realizar investigaciones sobre la teoría de números, ecuaciones diferenciales y cálculo de variaciones, entre otros temas. Publicó diversos artículos y su obra *Mécanica* (1736). Por esas fechas empezó a deteriorarse su vista.

En 1741, por invitación de Federico el Grande, se incorporó a la Academia de Berlín. Ahí escribió una gran cantidad de artículos e *Introducción al análisis de los infinitos* (1748) y *Fundamentos de cálculo diferencial* (1755). También fue tutor de una princesa, sobrina del rey, a quien dirigió más de 200 cartas, compiladas en *Cartas a una princesa alemana* (1768). Euler regresó a Rusia en 1766. Poco después perdió casi por completo la vista; sin embargo, aun en tales condiciones produjo más de la mitad del total de su obra.

Murió en San Petersburgo el 18 de septiembre de 1783.

EURÍPIDES

Poeta trágico griego nacido en Salamina el 480 a.C. Sus padres fueron ricos hacendados, aunque sus detractores los representaban como verduleros en sus comedias. Cuando era pequeño se desarrolló la Segunda Guerra Médica (480-479 a.C.). Al parecer, estuvo interesado en la pintura antes de dedicarse a la literatura. Tuvo dos matrimonios muy desdichados, lo que dio material a Aristófanes para ridiculizarlo. Era asiduo lector y llegó a contar con una copiosa biblioteca.

Sus obras empezaron a representarse alrededor de 454 a.C., pero fue hasta 442 a.C. cuando obtuvo el reconocimiento oficial. Durante su etapa adulta se desató la Guerra del Peloponeso en 431 a.C., suceso que marcó por mucho su obra. Según la tradición, fue cercano de Sócrates, quien sólo iba al teatro para ver montajes de las obras de Eurípides. Harto y decepcionado por los sucesos derivados de la participación de su patria en la guerra, se retiró en 408 a.C. a la corte del rey macedonio Arquelao I.

Se le acreditan más de 90 tragedias, pero sólo han llegado 18 hasta nuestros días. Su obra tiene características innovadoras como modernización de mitos y leyendas; complejidad psicológica de situaciones y personajes; uso del coro como fondo, no como partícipe, y tratamiento implícito de problemas y situaciones actuales. De su prolífica obra destacan: *Alcestis* (438 a.C.), *Medea* (431 a.C.), *Hipólito* (428 a.C.), *Electra* (420 a.C.) y *Bacantes* (406 a.C.).

Murió en Pella en 406 a.C.

DANIEL GABRIEL FAHRENHEIT

Físico neerlandés, aunque originario de Danzig (hoy Gdansk, Polonia), donde nació el 24 de mayo de 1686. Se trasladó a Ámsterdam debido a la muerte de sus padres, y ya instalado en esa ciudad trabajó como soplador de vidrio y en la fabricación de instrumentos científicos de precisión.

Viajó por Alemania e Inglaterra para ampliar sus conocimientos y llegó a ser miembro de la Royal Society. En 1709 inventó el termómetro de alcohol y, en 1714, el de mercurio, en cuyo proceso se vio obligado a diseñar la escala que lleva su nombre y que es su aportación teórica más importante.

En 1724 publicó su método para fabricar termómetros en *Philosophical Transactions*, de la Royal Society, donde explicó que para establecer la escala utilizó como valor cero la temperatura de una mezcla de agua, hielo y sal marina; así, los valores de congelación y ebullición del agua simple quedaron en 32° y 212°, respectivamente. Otros instrumentos que diseñó fueron un hidrómetro de peso constante, útil para medir la gravedad y la fuerza de un líquido, y un termobarómetro, para estimar la presión barométrica utilizando el punto de ebullición del agua.

Murió en La Haya el 16 de septiembre de 1736.

Michael **FARADAY**

Físico, químico e inventor británico nacido en Newington, Reino Unido, el 22 de septiembre de 1791. Su familia vivía en la miseria, por lo que su educación fue muy elemental. A los 13 años comenzó a trabajar como aprendiz de encuadernador, oficio en el que duró unos cuatro años. Pero además de encuadernar, también leía los libros, lo que despertó su interés científico.

A partir de 1810 asistió a conferencias sobre diversos temas, pero empezó a interesarse especialmente por aquellas que hablaban de electricidad, galvanismo y mecánica. Humpry Davy, de la Royal Institution, lo tomó como ayudante en 1813. Ese mismo año Davy lo llevó en un viaje por Europa que duró año y medio, en el que conoció a muchos científicos de la época. Regresó a Londres en 1815 y se dedicó por completo a la química.

Publicó sus primeros trabajos entre 1816 y 1818. En la década de 1820 disfrutaba ya de cierta reputación como químico. Descubrió el benceno en 1825, año en que fue nombrado presidente de la Royal Society, con sólo un año en ella. Realizó experimentos en diversas áreas, y en 1831 descubrió la inducción electromagnética, con la que inventó el generador eléctrico. Enunció las leyes sobre la electrólisis en 1834. En 1845 descubrió el efecto que lleva su nombre, y que consiste en la modificación del plano de polarización de la luz por un imán.

De Faraday se ha dicho que era matemáticamente analfabeto; sin embargo, su trabajo experimental fue la base de profundas teorías matemáticas referentes al electromagnetismo.

Murió en Hampton Court el 25 de agosto de 1867.

William **FAULKNER**

Novelista estadounidense nacido en New Albany, el 25 de septiembre de 1897. Tenía 5 años cuando su familia se trasladó a Oxford, donde recibió una educación básica deficiente. Durante la Primera Guerra Mundial se enroló en la Royal Air Force canadiense, pues no cumplía con los requisitos físicos de la U.S. Air Force, pero no participó en combates. A su retorno, se matriculó como veterano en la Universidad de Mississippi. En 1924 publicó su único libro de poemas, *El fauno de mármol*.

Su primera novela, *La paga de los soldados*, se publicó en 1926. Como escenario de muchas de sus obras, creó el condado ficticio de Yoknapatawpha, ambientado en el viejo sur decadente de Estados Unidos. En ese sitio se desarrollan, entre otras de sus novelas: *Sartoris* (1929), *El ruido y la furia* (1929), *Mientras agonizo* (1930), *Santuario* (1931), *Luz de agosto* (1932), *¡Absalón, Absalón!* (1936), *Los invictos* (1938), *El villorrio* (1940), *Banderas sobre el polvo* (1948), *Réquiem por una monja* (1951), *La ciudad* (1957) y *La mansión* (1959). Ganó el premio Nobel de Literatura en 1949, así como el Pulitzer en dos ocasiones: por *Una fábula* (publicada en 1954) y *Los rateros* (de 1962), su última obra.

Murió en Oxford, Mississippi, el 6 de julio de 1962.

FELIPE II

Rey de España y Portugal, nacido en Valladolid el 21 de mayo de 1527. Fue el primogénito del emperador Carlos V. Recibió una educación muy esmerada en ciencias, aprendió francés y latín, aunque en su vida sólo habló castellano. Fue rey de España de 1556 a 1598, y de Portugal (como Felipe I) de 1580 a 1598. De su padre recibió el ducado de Milán en 1540, los reinos de Nápoles y Sicilia en 1554, el principado de los Países Bajos en 1555 y el reino de España con sus dominios de ultramar (que incluían los territorios en América, Filipinas y las islas Marianas) en 1556.

A partir de 1555, año en que casó con María I, gobernó desde los Países Bajos. En la guerra que tenía pendiente con Francia, salió victorioso en 1557. Regresó a España en 1559 e inició la construcción de El Escorial.

Uno de sus grandes triunfos políticos fue la unificación de la Península Ibérica en 1580 al ser coronado rey de Portugal, luego de hacer valer sus derechos sucesorios en las cortes reunidas en Tomar, tras la extinción de la casa de Aviz. Aunque fue el gobernante más poderoso de su época y llevó al imperio español a su etapa de mayor alcance, influencia y poder, su reinado estuvo lleno de contrastes: triunfó en la contrarreforma, pero fue incapaz de reprimir las rebeliones en los Países Bajos en 1568; derrotó a los otomanos en el Mediterráneo en la batalla de Lepanto en 1571, aunque fracasó en su intento de invadir Inglaterra en 1588.

Murió en El Escorial el 13 de septiembre de 1598.

Pierre de **FERMAT**

Matemático francés nacido en Beaumont-de-Lomange, el 17 de agosto de 1601. Asistió a la Universidad de Toulouse, de donde salió alrededor de 1625 para Burdeos. Ahí comenzó sus primeras investigaciones matemáticas serias, coronadas en 1629 con su primer trabajo, la restauración del libro perdido de las crónicas de Apolonio, *Plane loci*. Luego se trasladó a la Universidad de Orleáns, donde obtuvo un título en Derecho en 1631, año en que se instala en Toulouse en calidad de consejero del Parlamento, de donde ascendió puestos hasta que en 1652 llegó a la Corte Suprema.

Al mismo tiempo ejercía como magistrado en Castres y continuaba investigando en el campo de las matemáticas.

En 1636 concluyó *Introducción a los lugares planos y sólidos*, lo que le dio cierta prioridad sobre los estudios de Descartes que publicó su *Geometría* hasta el año siguiente. También se le considera precursor del cálculo diferencial.

Sin embargo, el área donde Fermat obtuvo fama universal fue en la teoría de números, tema por el que se interesó desde la década de 1630 y que lo llevó a descubrir el método de descenso infinito. Un gran problema es que él no apuntaba el método completo de sus demostraciones, lo que impedía que se les diera seguimiento. Un ejemplo es el teorema de Fermat para $n=3$ que fue demostrado un siglo después por Leonhard Euler. Esto, aunado al hecho de que no publicó sus trabajos, resultó en que el crédito de muchos de sus avances se lo llevaran otros investigadores. Durante sus últimos años desarrolló la teoría de probabilidades con Pascal.

Su obra sólo fue conocida de manera póstuma y gracias a la iniciativa de su hijo mayor, que publicó sus trabajos en 1679.

Murió en Castres el 12 de enero de 1665.

Enrico **FERMI**

Físico estadounidense de origen italiano nacido en Roma el 29 de septiembre de 1901. A los 17 años obtuvo una beca para la

Escuela Normal de la Universidad de Pisa, donde obtuvo su doctorado en 1922. Al año siguiente viajó a Gotinga becado por el gobierno italiano, y a Leyden, por el Centro Rockefeller. Regresó a Italia en 1924 para dar clases en la Universidad de Florencia.

En 1926 enunció las leyes de estadística que llevan su nombre. Un año después, empezó a impartir cátedra en la Universidad de Roma. A partir de 1930 pasó los veranos en varias universidades de Estados Unidos, dando cursos y conferencias, y trabajando en diversos proyectos. En 1934 desarrolló la teoría de la desintegración beta, lo que llevó al descubrimiento de los neutrones lentos y a la posibilidad de la fisión nuclear. En 1938 le fue otorgado el premio Nobel de Física. Siendo el experto más grande en neutrones, bombardeó con estas partículas 60 elementos, logró isótopos de 40 de ellos, además de la transmutación de los átomos de uranio en átomos de neptunio. En 1939 fue nombrado profesor de Física en la Universidad de Columbia en Nueva York.

Estuvo a cargo de la construcción de la primera pila nuclear y logró la primera reacción en cadena controlada en 1942. Esto lo llevó a ser uno de los líderes del Proyecto Manhattan, para el desarrollo de la bomba atómica. Obtuvo la ciudadanía estadounidense en 1944. Dos años después aceptó dar cátedra en la Universidad de Chicago. En 1953 fue nombrado presidente de la American Physical Society.

Murió en Chicago el 28 de noviembre de 1954.

José Joaquín
FERNÁNDEZ DE LIZARDI

Periodista y escritor mexicano nacido el 15 de noviembre de 1776 en el seno de una familia criolla. Estudió primero en Tepotzotlán y más tarde en el Colegio de San Ildefonso. En 1792 obtuvo el grado de bachiller en la Universidad de México, como era usual, a la temprana edad de 16 años. Hacia 1805 inició su actividad literaria y fue haciendo relaciones con otros criollos partidarios de la independencia. En 1812, siendo teniente de justicia por parte del gobierno virreinal en Taxco, llegaron tropas del general José María Morelos y les entregó armas y pólvora, por lo que sus superiores lo enviaron preso a la Ciudad de México. Más tarde formó una partida insurgente que operaba en la vecindad de Iguala.

Acogido a la libertad de imprenta de la Constitución española de 1812, fundó el periódico *El Pensador Mexicano*, nombre que luego usó como seudónimo. Sus críticas al virrey Venegas hicieron que éste suprimiera la libertad de imprenta, clausurara *El Pensador Mexicano* y encerrara al periodista. Entre 1815 y 1816 publicó los periódicos *Alacena de frioleras* y *Caxoncito de la alacena*. Después se dedicó a escribir novelas de tipo costumbrista: *El Periquillo Sarniento*, *La quijotita y su prima*, *Noches tristes y día alegre* y *Don Catrín de la Fachenda*, donde retrató a la sociedad de su tiempo, criticando sus defectos. Además escribió fábulas, obras de teatro, panfletos y poemas. En 1820 volvió al periodismo, publicando sucesivamente *El conductor eléctrico*, *El hermano del perico*, *Conversaciones del payo y el sacristán*, este último dedicado a debatir las relaciones entre la Iglesia y el Estado. En 1825 fue nombrado editor de la *Gaceta del Gobierno*, y al año siguiente publicó su último periódico: *Correo Semanario de México*. *Testamento y despedida* fue el folleto medio jocoso con que puso remate a su vida, pues murió en la Ciudad de México el 21 de junio de 1827.

FERNANDO EL CATÓLICO
(FERNANDO II DE ARAGÓN Y V DE CASTILLA)

Rey de Aragón y Cataluña nacido el 10 de mayo de 1452 en Sos, hijo del rey Juan II y su segunda esposa, Juana Enríquez. En 1461 fue reconocido heredero a la corona aragonesa luego de la muerte de su medio hermano, don Carlos, príncipe de Viana.

Fernando estudió con buenos maestros pero le atraían más la actividad física y los ejercicios militares. En 1469 se casó con Isabel de Castilla, enfrascada en la guerra que sostenía contra su sobrina Juana *la Beltraneja*, a quien un grupo de nobles estimaba bastarda. Fernando condujo la guerra con éxito y en 1479 se firmó el tratado por el cual Isabel y el rey de Aragón se convertían en soberanos de Castilla. Ese mismo año falleció Juan II y Fernando fue coronado rey de Aragón, Valencia, Mallorca y conde de Cataluña. En 1481 se refrendó la unión de las coronas castellana y aragonesa.

Ese mismo año los reyes crearon la Inquisición Española para uniformar la religión de sus súbditos. Entonces se plantearon dos metas: recobrar para los cristianos el reino nazarí de Granada y expulsar a los judíos de España, ambas logradas en

1492 (2 de enero y 3 de marzo, respectivamente), a las que se suma la empresa exploradora encomendada a Cristóbal Colón, que culmina con el descubrimiento de América.

En política, Fernando redujo el poder de la nobleza feudal y centralizó el poder del Estado; también recuperó, mediante la diplomacia o la guerra, posesiones como Cerdaña y el Rosellón, y añadió a la lista a Nápoles y Sicilia. Fernando organizó el matrimonio de su hijo e hijas con los herederos de las potencias vecinas. En 1496 el papa otorgó a los reyes el título de "Católicos". Al morir la reina Isabel en 1504, su hija Juana y Felipe el Hermoso fueron reconocidos reyes de Castilla, pero Felipe murió meses después y Fernando el Católico declaró demente a su hija, por lo que asumió la regencia castellana. En 1505 se casó con la princesa Germaine de Foix, con la que tuvo un hijo que murió al poco tiempo de haber nacido.

Falleció en Madrigalejos el 23 de enero de 1516. Se dice que fue el modelo de gobernante astuto y sin escrúpulos de *El Príncipe,* obra escrita por Maquiavelo.

FERNANDO VII

Monarca español, hijo primogénito de Carlos IV y María Luisa de Parma, nacido el 14 de octubre de 1784 en el palacio de El Escorial. En 1807 organizó una conspiración para derrocar al ministro José Godoy, favorito de la reina y valido del rey, pero fue descubierto y encarcelado, aunque después fue absuelto.

En 1808, la asonada de Aranjuez lo llevó al trono español, y poco tiempo después fue llamado por Napoleón I a Bayona para una entrevista en la que el emperador francés lo obligó a devolverle la corona a Carlos IV, sólo para que éste a su vez la cediera a José, hermano del emperador francés. Fernando y su padre fueron retenidos en cautiverio.

El pueblo lo llamaba *el Deseado,* porque suponía que con él mejoraría la situación tanto en España como en sus colonias respetando la Constitución liberal de 1812 y derivando hacía una monarquía parlamentaria, pero en 1814, cuando volvió al trono, defraudó las esperanzas de todos al gobernar con el mayor de los absolutismos.

Restableció la Inquisición, persiguió a los liberales, perdió casi todas las posesiones españolas (menos Cuba, Puerto Rico y las Filipinas) y se hizo de tal modo tirano que en 1820 estalló una revolución contra él que lo depuso. En 1823 consiguió recuperar la corona gracias a la ayuda que le brindó Francia. Tuvo una única hija de su cuarto matrimonio, por lo que la madre de ésta, la reina María Cristina, le propuso abolir la ley sálica y designar sucesora suya a la pequeña Isabel II. Fernando no se decidió y falleció en Madrid el 29 de septiembre de 1833, dejando a España sumida en una crisis dinástica.

FILIPO II DE MACEDONIA

Rey macedonio nacido en Pella en 382 a.C., tercer hijo del rey Amintas III. Pasó tres años como rehén en Tebas. De regreso en Macedonia, a la muerte de su padre, le sucedieron los hijos mayores, Alejandro II y Pérdicas III, ambos muertos en las guerras internas que asolaban el reino, y el trono recayó en Amintas IV, en cuyo nombre Filipo actuó como regente.

Al fin en 355 Filipo fue coronado y comenzó a reorganizar el ejército, perfeccionando la formación llamada *falange,* unidad integrada por guerreros armados con la sarissa, una lanza de 6.5 m de largo. Tuvo varias esposas y concubinas; de las primeras destaca Olimpias, princesa de los molosos de Epiro, con la que se casó en 357 y le dio a su hijo Alejandro Magno, mientras llevaba a cabo una guerra de expansión que lo había conducido a tomar la colonia ateniense de Anfípolis, con lo que desafiaba a una potencia griega. Confiado en su ejército, prosiguió la campaña de anexión de territorios vecinos a la vez que exterminaba a sus rivales internos. En 354, durante la batalla de Metone, Filipo perdió el ojo derecho, pero ello no le impidió proseguir sus conquistas militares, pues en 346 consiguió dominar el centro de Grecia. Firmó la paz con Atenas y luego amenazó a Esparta, que se rindió sin luchar.

En 343 firmó un tratado con el emperador persa Artajerjes, lo que le permitió expandirse por el noreste de Macedonia. Sus éxitos alarmaron a Atenas que le declaró la guerra en 340, pero en 338 con la batalla de Queronea derrotó conjuntamente a atenienses y tebanos. En 337 formó la Liga de Corinto con todos los Estados griegos, menos Esparta, para mantener la paz bajo la hegemonía de Macedonia. Ese mismo año se divorció de Olimpias, para contraer nupcias con Eurídice, hija del general macedonio Atalo, de quien acababa de tener una hija. Para aplacar a los epirotas, quiso casar a su hija Cleopatra con Alejandro de Epiro, hermano de Olimpias; durante el banquete de bodas, fue asesinado por un joven llamado Pausanias, en

336 a.C.

Gustave **FLAUBERT**

Escritor francés nacido el 12 de diciembre de 1821 en Ruan, hijo del médico cirujano Achille Flaubert y de Caroline Fleuriot. Desde muy pequeño desarrolló una portentosa capacidad para la observación prolija, misma que influyó en sus novelas realistas e históricas.

Como escolar, fue un alumno mediocre cuya única afición era el teatro. Ingresó a la universidad para estudiar Derecho, pero su mala salud truncó la carrera. Se dedicó entonces a leer a sus autores favoritos, todos románticos, como Hugo y Chateaubriand. A los 25 años, tras la muerte de su padre y de su hermana Caroline, Gustave se estableció en una casa en Croiset, junto al Sena, en compañía de su madre y su sobrina.

En 1845 apareció la primera versión de su novela *La educación sentimental*, que luego modificaría en 1869. En 1856 publicó la novela que sería un escándalo y marcaría la pauta de la novela realista: *Madame Bovary*. En 1874 publicó *La tentación de san Antonio*. Debido a su mala salud jamás se casó y pasó en un retiro solitario gran parte de su vida, escribiendo con lentitud y minuciosidad *Salambó, Tres cuentos (Un corazón sencillo, La Leyenda de san Julián el hospitalario y Herodías)*, y la inconclusa *Bouvard y Pécuchet*, publicada póstumamente pues Flaubert falleció en su casa el 8 de mayo de 1880.

Alexander **FLEMING**

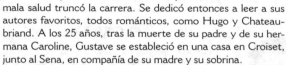

Bacteriólogo escocés nacido en Ayrshire, Reino Unido, el 6 de agosto de 1881. Estudió en la Escuela de Medicina del hospital Saint Mary y se tituló en la Universidad de Londres, gracias a una beca que obtuvo en 1902. Pero no ejerció de médico, pues le atraía más el estudio de las bacterias, por lo cual atendió el llamado del profesor Almrath Wright para dedicarse a la investigación, en busca de agentes farmacológicos que dieran mayor eficacia a las defensas orgánicas.

Tras la Primera Guerra Mundial, en la que actuó dentro del cuerpo médico, volvió a la investigación y la cátedra. En 1922 descubrió la lisozima, enzima producida junto con las lágrimas y la saliva humanas y que tiene efectos bacteriostáticos, pero que no pudo producir a escala comercial.

En 1928 fue nombrado catedrático de bacteriología en la Universidad de Londres. Allí, cuando iba a tirar un cultivo de estafilococos que había dejado descubierto varios días, notó el crecimiento de ciertos mohos azules o verdosos en cuyo alrededor habían muerto los estafilococos. Investigando el caso fue como dio con la penicilina, sustancia bactericida que produce el hongo *Penicilium notatum*. Por carecer del equipo y los recursos suficientes, Fleming no pudo aislar la sustancia en su forma pura, algo que sí lograron Florey y Chain, en 1938, con quienes compartió el premio Nobel de Medicina en 1945.

Murió en Londres el 11 de marzo de 1955.

Ricardo **FLORES MAGÓN**

Político y periodista mexicano nacido el 16 de septiembre de 1873 en San Antonio Eloxochitlán, Oaxaca, hijo de Teodoro Flores y Margarita Magón. En 1893 inició sus estudios de abogacía pero los abandonó para trabajar como periodista en *El Demócrata*. Con su hermano Jesús fundó, en 1900, el periódico *Regeneración* para difundir sus ideas, en las que influyeron los escritos de Mijail Bakunin, Piotr Kropotkin, Max Stirner y Pierre-Joseph Prudhon, afiliados al anarquismo; el periódico fue clausurado y Ricardo encarcelado. En 1902 colaboró con *El Hijo del Ahuizote*, otro diario oposicionista; fue arrestado y, ante la presión del gobierno porfirista, en 1904 se expatrió en San Antonio, Texas, donde volvió a publicar *Regeneración*.

Las autoridades estadounidenses también persiguieron a los hermanos Flores Magón, quienes huyeron a Saint Louis Missouri en 1905 para seguir esparciendo sus ideas anarquistas. En 1906 fundaron el Partido Liberal Mexicano en aquella ciudad, con postulados que incluían suprimir la reelección y la pena de muerte, así como la obligatoriedad de la enseñanza básica hasta los 14 años, entre otros. Ricardo dejó de lado el pacifismo del pensamiento anarquista puro para considerar que las reivindicaciones sociales sólo podían obtenerse a través de la lucha armada.

En 1911 organizó una revuelta en Baja California, en la que junto con algunos simpatizantes estadounidenses tomaron Mexicali y Tijuana, pero fueron derrotados por el gobierno de Francisco I. Madero. De nuevo en Estados Unidos, Ricardo y su amigo Librado Rivera publicaron en 1918 un manifiesto llamando a los trabajadores a resistirse a ser incorporados al ejército que combatía en la Primera Guerra Mundial. Debido a eso, las autoridades aprehendieron a los dos agitadores, que después de que fueron sometidos a juicio, recibieron sentencias de 20 y 15 años de cárcel. Ricardo estuvo preso en la isla McNeil, estado de Wash-ington, pero debido a su mala salud fue transferido a la prisión de Leavenworth, Kansas, donde falleció el 21 de noviembre de 1922.

Charles FOURIER

Filósofo francés nacido el 7 de abril de 1772 en Besançon, hijo de un comerciante de telas. Se educó en el colegio jesuita de la localidad y pronto descubrió que no deseaba seguir el negocio de su padre, sino dedicarse a la ingeniería, pero tal profesión estaba reservada a los nobles, por lo cual Fourier no pudo realizar su deseo. En cambio se alistó en el ejército y fue dado de baja honorablemente. Entonces se estableció en Lyon como empleado.

En su tiempo libre empezó a escribir sobre los problemas sociales que aquejaban a Francia y al mundo, originados por diferencias de clase y de fortuna, que son circunstanciales; nacemos iguales, pero la sociedad nos hace diferentes, según Fourier.

En 1808 publicó *El destino del hombre*, donde afirmó que la verdad y los negocios "eran tan incompatibles como Jesús y Satán". Asimismo propuso organizar la sociedad sobre la base de la cooperación igualitaria —incluida la de las mujeres—, la libertad y la justicia. Por ello se le reconoce como uno de los primeros socialistas utópicos.

Sus ideas eran poco realizables. Fourier llamó "falansterio" a la nueva comunidad propuesta por él. Tuvo seguidores que pusieron manos a la obra y organizaron falansterios en Rambouillet, Francia; Brook Farm en Massachussets, EU, y en otros sitios, donde terminaron en fracasos. También escribió *El nuevo mundo de la actividad comunal* y *La falsa división del trabajo*.

Murió en París el 10 de octubre de 1837.

Francisco FRANCO BAHAMONDE

Militar y político español nacido el 4 de diciembre de 1892 en El Ferrol, Galicia. Pasó su infancia soñando seguir la tradición familiar e ingresar a la marina, pero los recursos dieron sólo para enviarlo a la Escuela de Infantería de Toledo. Ya graduado, estuvo dos años asignado a un puesto sin importancia, tras lo cual fue enviado al protectorado español de Marruecos. Allí, a los 23 años fue herido de gravedad, lo que le valió un ascenso a mayor, el más joven de las fuerzas españolas. Sus acciones en suelo marroquí demostraron que era decidido, valiente, meticuloso y organizado, cualidades muy apreciadas en el ejército donde su carrera fue meteórica: en 1926 ya era general y estaba casado con Carmen Polo.

En 1934, ya de regreso en España, le tocó sofocar la revuelta popular contra el gobierno de Niceto Alcalá Zamora, y junto con otros generales observó cómo el gobierno republicano era zarandeado por las disparidades entre sus componentes: socialistas, comunistas, liberales y anarquistas. La escalada de violencia llegó a un punto álgido con el asesinato del líder ultraderechista José Antonio Calvo Sotelo. En ese punto, los principales generales se conjuraron para dar un golpe de estado, pero no sabían aún si Franco los apoyaría o no. Al fin éste se decidió y partiendo de Canarias llegó de incógnito a España para sumarse al golpe.

Pronto los demás dejaron todo en sus manos y tomó la dirección de la guerra civil que estalló en 1936, encabezando la facción que se autodenominó "nacionalista" frente al gobierno republicano de frente popular. Durante la contienda, Franco aceptó la ayuda militar de Alemania y de Italia, pero una vez terminada a mediados de 1939, supo escabullirse y declarar neutral a España en medio de la Segunda Guerra Mundial. Gobernó como jefe de estado *de facto* bajo los principios de respeto a los valores tradicionalistas y persiguió por igual a separatistas vascos, comunistas y masones.

Él mismo eligió como sucesor al entonces príncipe Juan Carlos de Borbón, anticipando su deceso que ocurrió el 20 de noviembre de 1975 en Madrid.

Benjamín **FRANKLIN**

Político, científico e inventor estadounidense nacido en Boston el 17 de enero de 1706. A los 13 años entró como aprendiz a la imprenta de su hermano James y dedicó su tiempo libre a leer y estudiar. Desde 1721 colaboró con James en la redacción de un diario de tendencia liberal que molestó a autoridades coloniales y creó desacuerdos entre los hermanos. En 1723 Benjamín se marchó a Filadelfia. Posteriormente fue a Inglaterra a completar su formación como impresor y a comprar equipo para crear su propia imprenta. De nuevo en Filadelfia, en 1726 reanudó su trabajo. Al año siguiente, con varios conocidos suyos organizó un grupo de debate denominado Junto, que más tarde se convirtió en la Sociedad Filosófica de Estados Unidos. En 1731 fundó una de las primeras bibliotecas públicas de Estados Unidos, inaugurada en 1742.

Interesado en los estudios científicos, empezó por idear sistemas para controlar el exceso de humo de las chimeneas. En 1744 inventó la estufa de hierro, después las lentes bifocales. En 1747 inició sus experimentos sobre la electricidad. Fue partidario de la teoría de que las tormentas eran un fenómeno eléctrico y lo demostró en 1752 con el famoso experimento de la cometa. Inventó el pararrayos y elaboró la teoría del fluido único para explicar los dos tipos de electricidad.

Su carrera política fue muy agitada. En 1750 fue elegido para la Asamblea de Pensilvania, donde prestó servicios hasta 1764. En marzo de 1785 fue elegido presidente del Consejo Ejecutivo de Filadelfia, cargo que ejerció hasta que en 1787 fue nombrado delegado de la convención que redactó la Constitución de Estados Unidos. Murió en su casa de Filadelfia el 17 de abril de 1790.

Sigmund **FREUD**

Psiquiatra austriaco, padre del psicoanálisis, nacido en Freiberg, hoy Príbor, el 6 de mayo de 1856. Estudió Medicina en la Universidad de Viena, y se doctoró con un trabajo de investigación sobre el sistema nervioso. Se interesó en la histeria y orientó sus investigaciones al estudio de los sueños. Los psiquiatras habían incorporado una nueva técnica que consistía en hipnotizar a los pacientes y, una vez dormidos, estudiar su comportamiento y sus palabras. Por el contrario, Freud prefería dejar que los pacientes despiertos hablaran con libertad. Les pedía que se relajaran y explicaran sus recuerdos, emociones y sueños y él intentaba interpretar lo que contaban. Así empezó a estudiar el subconsciente, en el que percibió que radicaba buena parte de la sexualidad y que uno de los problemas más comunes era su represión debido a la educación recibida, lo que creaba problemas. Desde 1902 fue profesor en la Universidad de Viena, y en 1908 fundó la Sociedad Psicoanalítica, donde reunió a sus seguidores (Adler, Jung, Rank, etc.).

Entre sus muchos libros destaca *Interpretación de los sueños*, donde parte de la idea de que los sueños existen para el descanso del que duerme y que en ellos aparecen los temores y los deseos que la persona despierta reprime. En *Tres ensayos sobre teoría sexual* planteó la teoría del "complejo de Edipo". En *Más allá del principio del placer* habló sobre dos impulsos básicos: por un lado, el *eros*, o la tendencia hacia el placer, y por el otro, el *tánatos*, o la tendencia a autosacrificarse, y la constante lucha que existe entre ambos.

En 1938 enfermó de cáncer, por lo que tuvo que marcharse de Austria que para entonces había sido ocupada por los nazis, de modo que se instaló en Londres, donde murió el 23 de septiembre de 1939.

Carlos **FUENTES**

Escritor mexicano nacido en la ciudad de Panamá el 11 de noviembre de 1928, donde su padre, Rafael Fuentes, desempeñaba una misión diplomática. Su niñez transcurrió entre Ecuador, Uruguay y Río de Janeiro, y estudió la carrera de leyes en la Universidad Nacional Autónoma de México. Colaborador y amigo del crítico literario Emmanuel Carballo, juntos fundaron la *Revista Mexicana de Literatura*. En 1956 publicó su volumen de cuentos *Los días enmascarados*, que incluye el relato "Chac Mool". A éste siguió una de sus obras fundamentales, *La región más transparente* (1958), novela que constituye un audaz experimento formal para retratar a la sociedad mexicana de su tiempo. *La muerte de Artemio Cruz* (1962) presenta el complejo conjunto de recuerdos de un militar de la Revolución de 1910 en su lecho de muerte. *Aura* (1962), su obra más conocida, es un relato breve inspirado en *La cena* de Alfonso Reyes y *Los papeles de Aspern* de Henry James. *Cambio de piel* (1967), cuya trama gira en torno a la pirámide de Cholula como núcleo simbólico de la transmutación, recibió el premio Biblioteca Breve de Novela Seix Barral.

A estas brillantes obras tempranas siguió un amplio conjunto de libros menos significativos en el que sobresalen la extensa novela *Terra Nostra* (1975), los relatos de *Constancia y otras novelas para vírgenes* (1990), así como ensayos, guiones cinematográficos y obras de teatro centrados en la exploración de la identidad nacional y su transformación en la historia. Algunos, como *Gringo viejo* (1985) —que imagina el último destino del escritor Ambrose Bierce en México— fueron adaptados al

cine. Maestro y conferencista en universidades de Gran Bretaña y Estados Unidos, en 1987 recibió el premio Cervantes y en
1994 el premio Príncipe de Asturias de las Letras.

Claudio **GALENO**

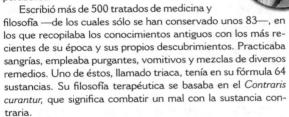

Médico y filósofo griego nacido en Pérgamo en
130, época en que era una colonia del imperio
romano. Estudió en Esmirna, Turquía, pero
viajó mucho. A partir de 162 se estableció en
Roma, donde su habilidad como médico le
acarreó fama, que llegó a oídos del emperador
Marco Aurelio. Más tarde serviría a otros emperadores.

Escribió más de 500 tratados de medicina y
filosofía —de los cuales sólo se han conservado unos 83—, en
los que recopilaba los conocimientos antiguos con los más recientes de su época y sus propios descubrimientos. Practicaba
sangrías, empleaba purgantes, vomitivos y mezclas de diversos
remedios. Uno de éstos, llamado triaca, tenía en su fórmula 64
sustancias. Su filosofía terapéutica se basaba en el *Contraris
curantur*, que significa combatir un mal con la sustancia con-
traria.

Diseccionó multitud de animales porque quería demostrar
cómo los distintos músculos son controlados en diferentes ni-
veles de la médula espinal. Descubrió las funciones del riñón y
la vejiga e identificó siete pares de nervios craneales. Demostró
que el cerebro controla la voz y que las arterias transportan
sangre. Describió las válvulas del corazón e indicó las diferencias estructurales entre las arterias y las venas.

Sus escritos han llegado hasta el presente gracias a que los
tradujeron pensadores árabes durante el siglo
IX y después gozaron de gran consideración
entre los médicos humanistas de la Europa del
Renacimiento.

Murió en 200, según algunas fuentes, o en
216, de acuerdo con otras.

Galileo **GALILEI**

Matemático, físico y astrónomo italiano, nacido en Pisa el 15 de febrero de 1564. Fue el
mayor de sus hermanos y estudió en la Universidad de Pisa.
Galileo se concentró en las matemáticas, que aplicó a los fenó-

menos de la naturaleza, pero su interés también abarcó temas de filosofía, medicina, literatura, pintura y música.

Entre sus muchos descubrimientos destaca la balanza hidrostática y el primer termómetro. A partir de unos experimentos realizados en la torre de Pisa y sobre planos inclinados, en 1590 escribió *Del movimiento*, un tratado donde asienta las bases de la cinemática y de la dinámica. Analizó el péndulo, el tiro parabólico y el giro de los cuerpos.

Entre 1592 y 1610 se encargó de la cátedra de Matemáticas de la Universidad de Padua. En aquellos años estableció el principio de conservación de la energía, construyó el compás geométrico, con el que resolvía problemas matemáticos y geométricos y construyó un anteojo. Si bien Galleo no inventó el telescopio, lo perfeccionó y lo enfocó hacia las estrellas, con lo que inició un nuevo sistema de observación astronómica. Así pudo estudiar las fases de Venus, descubrió las manchas solares, estudió sus movimientos y llegó a la conclusión de que el Sol es un cuerpo esférico que gira sobre sí mismo.

La Inquisición lo llamó a Roma con la intención de procesarlo por sospecha grave de herejía. En 1633 lo obligaron a abjurar y fue condenado a prisión perpetua, pena que le fue conmutada por la de arresto domiciliario.

Murió en su ciudad natal el 8 de enero de 1642. Sin duda, por sus aportaciones en la astronomía y la física, y por su uso del método experimental, fue el fundador de la ciencia moderna.

Blas **GALINDO**

Compositor mexicano nacido en San Gabriel (hoy Ciudad Venustiano Carranza), Jalisco, el 3 de febrero de 1910. De niño trabajó en el campo y tomó las armas como guerrillero en la sierra durante la Revolución. A los 18 años regresó a su pueblo y organizó una banda musical con intérpretes aficionados. En 1931 viajó a la Ciudad de México y se inscribió en el Conservatorio Nacional, donde estudió con los maestros José Rolón, Carlos Chávez y Candelario Huízar. Poco después formó parte del llamado "Grupo de los Cuatro", junto con Salvador Contreras, Daniel Ayala y José Pablo Moncayo.

Una década después obtuvo su título como maestro en composición. Tuvo una importante trayectoria como educador y promotor musical. Como director titular de la Orquesta Sinfónica Nacional dio conciertos en varios países de América

Latina. En el amplio conjunto de su obra de orientación nacionalista, siempre con un enfoque contemporáneo, sobresalen los *Sones de mariachi* y el ballet *Entre sombras anda el fuego* (estrenado en el Palacio de Bellas Artes por la coreógrafa Anna Sokolow).

Compuso tres sinfonías, dos conciertos para piano, uno para flauta, otro para guitarra eléctrica y uno más para violonchelo y orquesta. Abordó las formas más relevantes de la música culta, como la sonata, el quinteto para piano, el sexteto y el cuarteto de cuerdas. Una importante vertiente de su trabajo gira en torno a la literatura, como la cantata *Suave Patria*, basada en el poema homónimo de Ramón López Velarde, el *Homenaje a Rubén Darío* para orquesta, así como varias obras inspiradas en la poesía de Neruda. En muchas de ellas la tradición musical mexicana se hace presente por la dotación que a veces retoma instrumentos autóctonos, el uso de patrones rítmicos característicos de la música popular y hasta la cita directa de algunas melodías.

En 1964 fue reconocido con el Premio Nacional de Ciencias y Artes otorgado por el gobierno de la República. Falleció el 19 de abril de 1993 en la Ciudad de México.

Rómulo **GALLEGOS**

Novelista y político venezolano nacido en Caracas el 2 de agosto de 1884. Realizó estudios de Agrimensura y Derecho en la Universidad Central de su país, pero los dejó inconclusos. Trabajó como empleado de ferrocarriles y maestro en escuelas privadas hasta ser director del Liceo de Caracas, puesto que desempeñó entre 1922 y 1928.

Su primera incursión en la literatura fue la colección de relatos *Los aventureros* (1913), a la que siguió la novela *El último solar* (1920). Sin embargo, el verdadero salto cualitativo de su obra ocurrió en 1929 con la publicación de su libro más famoso: *Doña Bárbara*. Ubicada en la llanura venezolana, relata la historia de una mujer ruda y decepcionada de los hombres que gobierna con autoritarismo y crueldad a los personajes que orbitan su vasta propiedad rural. A este libro siguieron *Cantaclaro* (1934), la historia de un cantante de baladas en los llanos venezolanos, y *Canaima*, un relato de misterio inspirado en creencias indígenas tradicionales sobre un espíritu maligno que habita en las selvas tropicales.

143

Aparte de diversas obras de teatro que escribió, cabe mencionar sus libros *Pobre negro* (1937), *El forastero* (1942), *Sobre la misma tierra* (1943), *La rebelión y otros cuentos* (1947), y *La brizna de paja en el viento* (1952).

Paralelamente a su trayectoria literaria, Gallegos tuvo una destacada carrera política. En 1931 fue senador por el estado de Apure y en 1936 lo designaron ministro de Educación. En 1947 llegó a ser presidente de la República, pero al año siguiente lo derrocó el golpe militar encabezado por Carlos Delgado Chalbaud y él partió al exilio en México y en Cuba. Posteriormente pudo volver a su país y entonces fue nombrado senador vitalicio de la República.

Falleció en Caracas el 4 de abril de 1969.

Luigi **GALVANI**

Físico y fisiólogo italiano nacido en Bolonia el 9 de septiembre de 1737. Inicialmente se inclinó por la teología, pero reorientó su vocación: en 1759 se graduó como médico en la prestigiada universidad de la misma ciudad. Como alumno y maestro de esa casa de estudios, sus investigaciones incluyeron la descripción detallada de los órganos olfativos y auditivos de las aves, pero se centraron, sobre todo, en la relación de los impulsos eléctricos con el movimiento.

En uno de sus experimentos más famosos, realizado en la década de 1780, demostró que si se aplicaba una corriente eléctrica a la médula de una rana muerta, ésta se movía. Posteriormente realizó otras pruebas sobre la naturaleza eléctrica de la actividad neurológica. Sus hallazgos demostraron que el sistema nervioso es una compleja red eléctrica distribuida a lo largo del organismo, lo que hace posible las funciones fisiológicas. En 1791 publicó el ensayo *Comentario sobre el efecto de la electricidad en la movilidad muscular* (*De viribus electricitatis in motu musculari commentarius*), en el que propuso que una fuerza vital depositada en el cerebro originaba la energía eléctrica que se transmitía a los músculos, donde se acumulaba para producir el movimiento.

Uno de sus contemporáneos, el investigador Alejandro Volta, criticó esa explicación y aseguró que la energía eléctrica en los organismos vivos era resultado de las reacciones físicas de los elementos químicos presentes en ella, hipótesis que las observaciones ulteriores revelaron correcta.

Las ideas de Galvani dieron lugar a esperanzas absurdas, como la posibilidad de reanimar un cadáver mediante la electricidad. Aunque muchas de ellas fueron rectificadas en las décadas posteriores, su trabajo inauguró las neurociencias. Gozó de un amplio reconocimiento en vida y en 1772 llegó a presidir la Academia de Ciencias.

Falleció en su ciudad natal el 4 de diciembre de 1798.

Vasco da **GAMA**

Navegante portugués nacido en Sines, un pequeño pueblo situado en el bajo Alentejo, alrededor de 1469, en el seno de una familia de la nobleza estrechamente vinculada al rey Manuel I, *El Afortunado*. Retomando el proyecto de su antecesor, Juan II, éste le confió una flota con 150 hombres distribuidos en cuatro embarcaciones para partir en busca de la India a través del Cabo de Buena Esperanza y encontrar el legendario reino cristiano del Preste Juan. Tras surcar el océano Índico entre adversidades climáticas y una revuelta de la tripulación, en 1498 llegó a Calcuta y se convirtió así en el primer europeo que navegó hasta la India. En reconocimiento a su hazaña, el rey Manuel I lo nombró "almirante mayor de las Indias y del océano Índico", y le concedió una renta de trescientos mil reales.

En un segundo viaje (1502-1503) con propósitos militares y diplomáticos, estableció colonias en Mozambique y Sofala; logró eliminar a sus rivales árabes en el océano Índico, con lo que dio inicio a la hegemonía lusitana en la zona.

Sus descubrimientos convirtieron a Portugal en una potencia naval equiparable a España y le dieron grandes riquezas gracias a las colonias que conservó hasta el siglo XX, antes del proceso de descolonización iniciado al final del régimen de Antonio de Oliveira Salazar. Es el personaje central de la epopeya nacional portuguesa *Os Lusíadas* (1572), de Luís Vaz de Camões.

Tras derrotar al rajá de Calcuta, en 1524, fue designado virrey del Asia Portuguesa. Murió al poco tiempo, el 24 de diciembre de 1524, mientras realizaba una tercera expedición en Cochín, a consecuencia de un ataque de malaria. Fue enterrado en la propia colonia y en 1539 sus restos fueron repatriados a su país de origen.

Mahatma **GANDHI**

Pensador y político indio nacido en Porbandar el 2 de octubre de 1869. Su verdadero nombre fue Mohandas Karamchand Ghandi. El sobrenombre "Mahatma" significa *alma grande*.

Se casó cuando sólo tenía 13 años, estudió Leyes en Londres, regresó en 1891 a la India, se trasladó a Sudáfrica en 1893 para litigar y ahí se percató del clasismo practicado por los ingleses. Permaneció en Sudáfrica 21 años defendiendo los derechos de los indios. Puso en práctica lo que llamó el *satiagraja* o apego a la verdad, el cual no admite violentar al oponente sino advertirle de su error mediante la paciencia y la empatía, lo que se tradujo en manifestaciones de desobediencia civil y acciones sociales no violentas, como granjas comunitarias. En este lapso, Gandhi fue llevado a prisión varias veces.

En 1915 regresó a la India y en unos cuantos años llegó a ser líder del Congreso Nacional Indio. Bajo las premisas del *satiagraja* condujo el movimiento independentista indio de Gran Bretaña. Más de una vez recurrió al ayuno y, también, varias veces lo encarcelaron, llegando a acumular siete años en prisión.

Gran Bretaña puso como *condicio sine qua non* para dar la anhelada independencia a la India que se dividiera en dos países, tema en el que Gandhi disentía, pero el Congreso indio aceptó, así que el 15 de agosto de 1947 el país se escindió (la otra parte es Pakistán) y fue independiente. Esto desató la violencia entre hindúes y musulmanes. En enero de 1948 Gandhi inició un ayuno por la unificación, que cesó cinco días después cuando los líderes de ambas facciones accedieron a negociar. Sin embargo, un fanático hindú le disparó, por lo que murió el 30 de enero de 1948 en Dehli.

Gandhi fue nominado al premio Nobel de la Paz en 1937, en 1947 y, de forma póstuma, en 1948.

Fray Pedro de **GANTE**

Religioso nacido en Aaigem, Bélgica, hacia 1479. No existe información acerca de su niñez y adolescencia, pero se sabe que pertenecía a la orden de San Francisco. Formó parte del grupo que evangelizó la Nueva España, por solicitud del Carlos V al papa en 1522. Desembarcó en tierras mexicanas el 13 de agosto de 1523, junto con otros dos franciscanos.

Al llegar a Tenochtitlan, la encontraron sumida en un caos absoluto y asolada por la peste, por lo que Cortés les sugirió que se trasladasen a Texcoco. Gante se instaló y solicitó a Cortés que le enviara a los hijos de los nobles indígenas para educarlos cristianamente. Regresó a Tenochtitlan y fundó la escuela de San José de Belén de los Naturales, consagrada a la educación de los hijos de la nobleza azteca, donde aprendían la doctrina romana, además de artes y oficios. Uno de sus alumnos fue Diego de Valadés, primer mestizo ordenado fraile en América (1547). En 1520 realizó un *Catecismo para la doctrina cristiana con jeroglíficos*, y en 1525 una *Doctrina Christiana*, en lengua náhuatl.

Se percató de las condiciones de explotación en que vivían los indígenas y en más de una ocasión protestó por ello ante la Corona española. Una de las herramientas que utilizó en su afán evangelizador fue la representación en vivo de pasajes bíblicos. El teatro franciscano en náhuatl tuvo su momento de apogeo entre 1538 y 1539; se dice que llegó a tener audiencias de miles de indígenas. Aun cuando su finalidad era la imposición de una doctrina, se le reconoce como uno de los grandes educadores de América.

Murió en la Ciudad de México el 19 de abril de 1572.

Héctor **GARCÍA**

Fotógrafo nacido el 23 de agosto de 1923 en la Ciudad de México. Creció en el barrio de La Candelaria y empezó a tomar fotografías en la década de 1930. Trabajó como indocumentado a finales de la Segunda Guerra Mundial, en Nueva York, en el mantenimiento de las vías de ferrocarril para los transportes de material de guerra en trenes y furgones. Cuando regresó a México, en 1946, trabajó como cargador de bultos de papel en un periódico de cine que editaba Edmundo Valadés, quien lo envió a estudiar a la Academia de Artes Cinematográficas. Ahí conoció la obra de Gabriel Figueroa y Manuel Álvarez Bravo, cuya influencia es notoria en el trabajo de García.

A partir de 1955 ha expuesto en diversas galerías del país. En 1958 fotografió la brutal represión magisterial, en tanto que la mayoría de los medios guardaron silencio. También documentó la represión contra el movimiento ferrocarrilero de Demetrio Vallejo, en el mismo año, y el movimiento estudiantil de 1968. Fotografió a actores y actrices, activistas, y fue el fotógrafo oficial de las giras de varios presidentes de México. Representa una clara influencia para la generación de fotógrafos de prensa en la década de 1980. Además de trabajar como reportero gráfico para diversas publicaciones mexicanas, incursionó en el cine, donde ha obtenido diversos premios. En 2005 ingresó como miembro de número a la Academia de las Artes.

147

De él, Diego Rivera escribió que es "un excelente artista que expresa con emoción, belleza, plenitud de forma y profunda sensibilidad y comprensión humanas, la vida que lo rodea".

Federico **GARCÍA LORCA**

Poeta y dramaturgo español nacido en Fuente Vaqueros el 5 de junio de 1898. Inició sus estudios de bachillerato y música en Almería en 1908. A la edad de 11 años, se estableció con su familia en Granada y en 1915 realizó estudios de Filosofía y Letras en la Universidad de esa ciudad. En 1918 publicó su primer libro de prosa, *Impresiones y paisajes*. Al año siguiente se instaló en la Residencia del Estudiante en Madrid, donde se hizo amigo de Buñuel y Dalí, entre otros. El estreno de su obra *El maleficio de la mariposa*, en 1920, fue un fracaso. Publicó *Libro de poemas* en 1921.

Alternó su vida entre Madrid y Granada, donde visitó a Manuel De Falla entre 1921 y 1924, promoviendo el cante jondo. Por invitación de Dalí pasó algunas temporadas en Cataluña a partir de 1925, lo que amplió su panorama cultural. Las publicaciones de *Canciones* (1927) y del primer *Romancero gitano* (1928) fueron exitosas, pero generaron duras críticas de Buñuel y Dalí.

En 1929 se embarcó para Nueva York. A su regreso el año siguiente estuvo en La Habana, antes de llegar a Madrid, donde estrenó *La zapatera prodigiosa*. En 1931 fundó la compañía de teatro itinerante *La Barraca*. Escribió *Bodas de sangre* en 1932, que se estrenó el año siguiente en Madrid. Viajó a Sudamérica en 1933, para dirigir varias puestas en escena de sus obras. Regresó a Madrid en 1934 y estrenó *Yerma* con mucho éxito. En 1935 publicó *Llanto por Ignacio Sánchez Mejías*, una elegía a su amigo torero. Al año siguiente publicó *Primeras canciones* y terminó *La casa de Bernarda Alba*.

Su obra poética abrevó tanto en las formas populares como la tradición y los experimentos vanguardistas, y su estilo y sonoridad, así como el impacto causado por sus obras de teatro, lo convirtieron en uno de los escritores en lengua española más famosos e influyentes del siglo XX.

Al iniciarse el alzamiento militar salió para Granada, donde fue detenido y llevado al pueblo de Víznar. Ahí murió fusilado el 19 de agosto de 1936.

Gabriel **GARCÍA MÁRQUEZ**

Novelista colombiano nacido en Aracataca el 6 de marzo de 1928. Cursó su educación básica en escuelas públicas y terminó su bachillerato en 1946, luego de haberlo pasado en internados de diferentes lugares. En 1947 se matriculó en la Universidad de Cartagena para estudiar Derecho. En ese año le publicaron varios cuentos en el diario *El Espectador*. En 1948 se inició como periodista en *El Universal* de Cartagena y luego en *El Heraldo* de Barranquilla. Sus artículos provocaron al régimen del presidente Gustavo Rojas, por lo que la dirección del diario lo envió como corresponsal a Europa en 1955, donde decidió quedarse.

Ese mismo año publicó su primera obra, *La Hojarasca*. Continuó trabajando para diversos periódicos y publicaciones. En 1961 publicó *El coronel no tiene quién le escriba*, y al año siguiente *Los funerales de la mamá grande*. Se trasladó a México, donde trabajó en varias revistas y agencias de publicidad, y empezó a escribir su obra cumbre, *Cien años de soledad*, publicada en 1967. Con esta novela ganó carta de naturalización el llamado "realismo mágico", estilo en el que los asuntos históricos y la fantasía desbordada conviven para dar una visión del mundo hispanoamericano.

En 1971 recibió el doctorado honoris causa de la Universidad de Columbia. Al año siguiente publicó *La increíble y triste historia de la cándida Eréndira y su abuela desalmada*. Le siguieron *El otoño del patriarca* (1975) y *Crónica de una muerte anunciada* (1981). Ganó el premio Nobel de Literatura en 1982. De sus más recientes obras, destacan *El amor en los tiempos del cólera* (1985), *El general en su laberinto* (1989) y *Memorias de mis putas tristes* (2004).

Giuseppe **GARIBALDI**

Militar y político italiano nacido en Niza el 4 de julio de 1807. A los 20 años empezó a navegar por el Mediterráneo como marinero del *Cortese*. En 1832 recibió la licencia de capitán de segunda clase del *Clorinda*, barco que fue secuestrado por piratas y de donde resultó herido en una mano.

En 1834 se unió al movimiento de Mazzini, participó en la insurrección en Génova y fue capturado y forzado al exilio so pena de muerte. Permaneció en América

GA

hasta 1848. Durante esos años participó en conflictos en Brasil, Uruguay y Argentina. Ahí conoció a una mujer de origen brasileño, Anita, con quien casó en 1842.

Regresó a Italia, donde se involucró en la independencia de los estados del norte en 1848. Al año siguiente, murió su esposa, por lo que reanudó su exilio. Después de ir a Tánger, viajó a Estados Unidos, navegó por el Pacífico y, a finales de 1853, tomó rumbo a Inglaterra. En 1854 regresó a Italia y compró la isla de Caprera.

Al estallar la segunda guerra de independencia en 1859, luchó como mayor general de los Cazadores de los Alpes, al mando de 3 000 soldados. Se retiró después del armisticio de Villafranca. Durante 1860 luchó, en vano, para que Niza no fuera cedida a Francia. Participó en la expedición a Sicilia.

En 1866, con la tercera guerra de independencia, Garibaldi comandó a un grupo de voluntarios que lograron la única victoria italiana en Bezzeca. Comenzó una campaña que terminó en la derrota de Mentana. Regresó a Caprera donde permaneció dos años, en los cuales se dedicó a escribir. En 1871 participó en la guerra franco-prusiana del lado de la República. En 1875, siendo diputado, trabajó en un proyecto para canalizar el Tíber y en 1879 fundó la Liga de la Democracia.

Murió en Caprera el 2 de junio de 1882.

Charles de GAULLE

Militar y político francés nacido en Lille el 22 de noviembre de 1890. Se graduó en la Escuela Militar de Saint Cyr en 1912. Combatió en la Primera Guerra Mundial con el grado de capitán, fue herido y hecho prisionero en 1916. En 1937 obtuvo el grado de coronel y tres años más tarde, el de general. Durante el gobierno de Vichy, rendido a los alemanes, se exilió en Inglaterra para crear el movimiento "Francia libre". Continuó luchando y apoyando a la resistencia desde las colonias francesas.

Al término de la Segunda Guerra Mundial, De Gaulle consiguió para Francia el reconocimiento de potencia vencedora en 1945. La Primera Asamblea Constituyente acordó darle el cargo de jefe del gobierno provisional, que ocupó hasta su renuncia en 1946. Se retiró de la política para escribir sus memorias, pero regresó en 1958, al resultar electo presidente. Promulgó una nueva Constitución en ese año, iniciando la V República. Concedió la independencia a las colonias francesas en el continente africano, pero Argelia continuó en guerra hasta 1962.

Le dio impulso a la Comunidad Económica Europea (CEE) con la política agrícola común en 1963.

Practicó la política *laissez faire*, tanto al interior como al exterior del país: reconoció a la República Popular de China y viajó por América Latina, en 1964, además de reprobar en 1966 la intervención estadounidense en Vietnam. Enfrentó el movimiento social de 1968. En abril de 1969 realizó un referéndum, que perdió por un margen mínimo. De Gaulle había prometido respeto a la voluntad del pueblo soberano, por lo que dimitió al día siguiente.

Murió en Colombey-les-Deux-Églises, el 9 de noviembre de 1970.

Karl Friedrich **GAUSS**

Matemático, físico y astrónomo alemán nacido en Brunswick el 30 de abril de 1777. Ingresó a la escuela primaria en 1784, y su inteligencia deslumbro a sus maestros. En 1795 se matriculó con una beca del duque de Brunswick en la Universidad Georgia Augusta de Gotinga. Durante los tres años que permaneció ahí logró la construcción del heptadecágono regular con regla y compás, un impresionante avance desde las matemáticas griegas. Obtuvo su doctorado por la Universidad de Helmstedt en 1799 con una tesis sobre el teorema fundamental del álgebra.

En 1801 publicó *Disquisitiones arithmeticae* y calculó la órbita de Ceres utilizando el método de aproximación por mínimos cuadrados. En 1807 fue nombrado director del observatorio de Gotinga. Ocupó la mayor parte de su tiempo en la construcción de un nuevo observatorio que quedó terminado en 1816. En 1822 obtuvo el premio Universidad de Copenhague. Hizo importantes aportaciones a la física y la astronomía.

Durante la década de 1820 Gauss se interesó cada vez más en la geodesia y redactó más de 70 documentos. A partir de 1831 empezó a trabajar con Wilhelm Weber en la teoría del magnetismo terrestre, pero seis años más tarde Weber abandonó Gotinga y la actividad de Gauss decayó notoriamente.

Pasó el lapso de 1845 a 1851 entregado a cuestiones personales, especialmente sus finanzas. En 1849, con motivo del cincuentenario de su doctorado, presentó su cuarta demostración del teorema fundamental del álgebra, con lo que obtuvo un reconocimiento general. En 1854 hizo referencia a un péndulo de Foucault modificado.

Murió en Hanover el 23 de febrero de 1855.

GA

Joseph-Louis **GAY-LUSSAC**

Físico y químico francés nacido en Saint-Léonard-de-Noblat el 6 de diciembre de 1778. En 1797 fue admitido en la Escuela Politécnica de París. Se trasladó a la École des Ponts et Chaussées en 1800. En 1802 publicó los resultados de sus experimentos que ahora conocemos como Ley de Gay-Lussac.

En 1804 realizó dos ascensiones en globo, hasta altitudes de 7 000 metros, en las cuales estudió la composición de las capas altas de la atmósfera y el magnetismo terrestre. Al año siguiente descubrió que la composición básica de la atmósfera no cambia aunque aumente la altitud y, junto con Von Humboldt, que el agua está formada por dos partes de hidrógeno y una de oxígeno.

Desde 1808 fue profesor de Física en la Sorbona, así como catedrático de Química en la Escuela Politécnica de París desde 1809, año en que demostró que el cloro, al que se le llamaba ácido muriático oxigenado, es un elemento simple. En 1813 descubrió el yodo, y en 1815 el ácido cianhídrico. Investigó y experimentó en solubilidad sales, polvos blanqueadores, telas a prueba de fuego, pararrayos, instrumental químico, graduación del alcohol y la fabricación de los ácidos sulfúrico y oxálico.

Fue diputado en 1831, 1834 y 1837. En 1835 creó un procedimiento para la producción de ácido sulfúrico utilizando la torre que lleva su nombre. En 1839 fue nombrado Par de Francia por Luis Felipe I. Renunció a sus puestos en 1848 y desde entonces vivió retirado.

Murió en París el 9 de mayo de 1850.

GENGIS KHAN
(Temudjín)

Conquistador y fundador del imperio mongol, nació hacia el año 1167, hijo del jefe clánico Yasugay y de Oulon Eke. Al ser asesinado su esposo en 1176 escapó y se refugió en la estepa para asegurar la supervivencia de su hijo, pero no pudo impedir que un grupo emparentado con ellos capturara al niño y lo mantuviera cautivo por varios años.

Ya adolescente, y tras haberse liberado, Temudjín se alió con Ongkhan, señor de los keraítas, y juntos infligieron una gran derrota a los merkitas, clan del cual Temudjín tomó a su esposa Borte, como señal de paz y respeto. Se dedicó a organizar los clanes para formar un ejército con jerarquías estables y una regulación para el reparto del botín. Temudjín respetaba a los supervivientes y los invitaba a unirse a él. Con este sistema, en 1202 venció a los tártaros y turcomanos. A raíz de la victoria, Ongkhan rompió la alianza; ambos jefes lucharon por la supremacía en los llanos entre los ríos Tula y Kerelen. Ongkhan fue derrotado en 1203 y ejecutado al año siguiente.

Posteriormente Temudjín amplió el territorio bajo su dominio, de modo que en 1206 se convocó a una "kuraltai" o asamblea general en la que los clanes reunidos lo proclamaron "soberano universal", que es el significado de *Gengis Khan*. A partir de entonces sería reconocido por su título.

En 1211 se lanzó contra el imperio chino de la dinastía Song, cruzó la Gran Muralla y en 1215 entró victorioso en Pekín. Por otra parte, en 1218 la horda mongola atacó hacia el oeste y tomó Samarkanda en 1218. Los "orkhones" o lugartenientes que controlaban los diferentes ejércitos en que se dividió la horda mongola atacaron en 1224 la frontera de la India, arrasaron el territorio alrededor del mar Caspio y pusieron cerco a Persia.

Hacia 1227, cuando murió Gengis Khan, su imperio se extendía desde China hasta Kiev. Nadie sabe dónde quedó su tumba, pues el entierro fue realizado en secreto y los servidores que lo llevaron a cabo fueron asesinados.

GIOTTO (Giotto di Bondone)

Pintor y arquitecto italiano nacido entre 1266 y 1276, en la aldea de Vespignano, vecina de Florencia. De él se cuenta que, siendo un pastorcillo de ovejas, mientras cuidaba el rebaño trazaba con carboncillo círculos en las piedras cuando fue visto por el pintor Cimabue, quien lo llevó consigo para educarlo, pues nunca había visto a nadie capaz de trazar un círculo sin ayuda de instrumentos.

Como fuere, cabe pensar que Giotto (diminutivo de *Ambrogio*, o Ambrosio) tuvo una sólida formación artística, tanto por el reconocimiento que le brindaron sus contemporáneos (Dante, Petrarca y Boccaccio lo mencionan con admiración) cuanto por la excelencia de sus obras, entre las que destacan la torre del campanario *(il Campanille)* de la catedral de Florencia, o por la impresionante calidad de los frescos sobre la vida de Cristo en la capilla Scrovegni o de la Arena en Padua, y el

153

ciclo de la vida de san Francisco en la iglesia dedicada a este santo en Asís, su ciudad natal.

Se le considera renovador de la pintura italiana, ya que se apartó de los modelos bizantinos y añadió vitalidad, volumen y una incipiente perspectiva a sus obras, dotándolas de un realismo que maravilló a sus contemporáneos. Murió en Florencia, en 1337.

GO

JOHANN WOLFGANG VON **GOETHE**

Poeta, novelista, dramaturgo e ideólogo iniciador del romanticismo alemán, nacido el 28 de agosto de 1749 en Frankfurt del Meno. Su padre era un hombre letrado y culto aunque de carácter severo, mientras que su madre —perteneciente a la nobleza venida a menos— poseía una viva imaginación y un talante alegre.

Goethe fue un niño precoz que aprendió de sus preceptores Gramática, Latín, Historia, Geografía, francés e italiano. Se trasladó a Leipzig en 1765 para iniciar sus estudios de abogacía, pero lo atrajo la vida bohemia y despreocupada que en 1768 se tradujo en una grave enfermedad que lo obligó a volver a casa. Restablecido, marchó a Estrasburgo para reanudar sus estudios, y allí encontró a otros jóvenes con los que fundó el movimiento *Sturm und Drang* (tormenta y pasión) que rechazaba el clasicismo y abogaba por la supremacía del sentimiento y la libertad individual frente a los frenos sociales.

Concluida su carrera regresó a Frankfurt, donde publicó en 1773 el drama *Goetz on Berlichingen*, inspirado en la Edad Media, que reivindica junto con la espiritualidad sobre la fría razón. En 1774 publicó la novela epistolar *Las desventuras del joven Werther*, que causó furor y dejó una estela de suicidios por amor en toda Europa.

Entre 1775 y 1786 trabajó como funcionario en Weimar antes de viajar por Italia, donde admiraría el paisaje, el arte antiguo, pintaba y, además, escribió varias obras teatrales. De regreso en Alemania, en 1789, nació su hijo Augusto, fruto del amor por su amante Christiane Vulpius. Su obra se volvió más profunda y compleja: *Fausto* (que crea un personaje universal), *Los años de aprendizaje de Wilhelm Meister*, *Hermann und Dorothea*, *Las afinidades electivas*, *Poesía y verdad*, entre otras.

154

Murió el 22 de marzo de 1832.

Vincent van **GOGH**

Pintor holandés nacido el 30 de marzo de 1853 en Groot Zunder, Brabante, hijo de un pastor protestante. La familia también se dedicaba a la compra y venta de arte, negocio al que Vincent se dedicó primero en La Haya (1869-1873), en la tienda de su tío, y luego en la sucursal de Londres (1873-1875).

Sin embargo, era evidente que aquello no le satisfacía, por lo que volvió a casa sin saber a qué dedicarse, en medio de crisis religiosas que lo angustiaban. Pensó en hacerse predicador, pero le faltaba preparación, por lo que estudió teología en Ámsterdam y luego en Bruselas. Como pastor itinerante, se fue a vivir entre los mineros de Borinage. Allí encontró su vocación: pintar.

En 1880 escribió a su hermano Théo para comunicarle su resolución. El apoyo fraterno no le faltaría en ningún sentido.

Vincent se dedicó a pintar en Nuenen, donde vivía su familia, de 1883 a 1885. La muerte del padre y la escasez de recursos lo llevaron a radicarse en París, donde Théo tenía una tienda de arte. Conoció el ambiente parisino, entonces en ebullición creativa, y se hizo de amigos como Pissarro, Seurat y, sobre todo, Gaugin, con quien vivió una tempestuosa amistad.

En vida no logró vender un solo lienzo, pero hoy sus obras figuran en grandes museos y alcanzan precios millonarios, entre ellas *Autorretrato*, *Los girasoles*, *Noche estrellada*, *Habitación del pintor* y *Retrato del doctor Gachet*.

Padeció algunos trastornos mentales que en 1888 lo llevaron a automutilarse, cortándose la oreja izquierda. El año siguiente él mismo pidió ser internado en un hospital psiquiátrico de Provenza, donde tuvo una aparente mejoría. Pese a ello, el 29 de julio de 1890 falleció como resultado de haberse pegado un tiro dos días antes.

Nicolai **GOGOL**

Escritor ruso nacido en Poltava, Ucrania (entonces parte de Rusia), el 1 de abril de 1809, hijo de un empleado oficial de quien heredó la afición por la literatura. Con la ilusión de convertirse en un gran actor, en 1828 partió para San Petersburgo. Allí no consiguió ingresar a la academia de arte dramático y para subsistir tuvo que conformarse con un modesto empleo en la burocracia oficial.

En 1832 publicó los relatos de *Veladas en la finca de Dikanka*. Hizo algunos intentos de incorporarse a la docencia o a la investigación histórica, pero todos resultaron frustrados. Lo único satisfactorio para él era escribir cuentos y colaborar en la revista *Contemporáneos*, dirigida por Pushkin. Más tarde volvió al teatro, pero en calidad de dramaturgo con *El matrimonio* y *El inspector*. Entre 1836 y 1839 viajó extensamente por Europa, deteniéndose en Roma donde comenzó a escribir *Las almas muertas*, que remataría en Moscú, novela que junto con los cuentos "La avenida Nevski", "El abrigo" y "Diario de un loco", cimentaron su fama.

Afectado por crisis nerviosas, falleció el 4 de marzo de 1852.

Valentín **GÓMEZ FARÍAS**

Médico, maestro y político mexicano, nacido en Guadalajara, Jalisco, el 14 de febrero de 1781. Estudió Medicina e impartió cátedra en la universidad de su ciudad natal. Ejerció en Aguascalientes, donde destacó como ciudadano de ideas avanzadas, por lo que en 1812 fue designado representante ante las Cortes de Cádiz.

De regreso en el país fue electo diputado al primer Congreso, mismo que aprobó el ascenso de Agustín de Iturbide al trono. Más tarde se sumó a la insurrección de López de Santa Anna contra el primer imperio, e intervino activamente para llevar a Guadalupe Victoria a la presidencia nacional en 1824. Por su calidad de vicepresidente le tocó cubrir las ausencias del titular del Ejecutivo (Antonio López de Santa Anna) hasta en cuatro ocasiones entre 1833 y 1834. Nuevamente designado vicepresidente en 1846, volvió a suplir a López de Santa Anna.

Gómez Farías propugnó la separación entre el Estado y la Iglesia, la expropiación de bienes eclesiásticos, la supresión del pago de diezmos y primicias, así como la obligación del gobierno de hacer efectivos tales pagos. Extinguió la antigua Real y Pontificia Universidad, por obsoleta y conservadora, suprimió la pena de muerte y estableció la Dirección General de Instrucción (antecedente de la Secretaría de Educación Pública), pero la mayor parte de los decretos y leyes que expidió fueron anulados por López de Santa Anna por causar escándalo público. Sus ideas sirvieron como base de la Constitución de 1857, de la cual fue uno de los firmantes.

Murió en Coyoacán, Distrito Federal, el 5 de julio de 1858.

LUIS DE **GÓNGORA Y ARGOTE**

Poeta español y máximo exponente del barroco en el Siglo de Oro, nacido en Córdoba el 11 de julio de 1561, en casa de su tío que era racionero de la catedral. El padre era el abogado Francisco de Argote y la madre Leonor de Góngora, cuyos apellidos se invirtieron porque la familia Góngora era de mayor prosapia. Ingresó en la Universidad de Salamanca para estudiar Leyes, pero a los 24 años se ordenó sacerdote, lo cual no le impidió cultivar su pasión por las letras.

Entre sus obras se incluyen las de tema popular, como el villancico *Hermana Marica* (diminutivo de María), en tanto otros poemas son de tono religioso, descriptivos de lugares, o bien imitaciones de los romances fronterizos. Pero suele recordársele mayormente por su poesía culterana, de lenguaje pulido y metáforas muy elaboradas como en *Las Soledades*, *Fábula de Polifemo y Galatea*, y numerosos sonetos.

Estuvo largo tiempo radicado en Madrid, sobre todo para resolver el problema de su herencia. Allí, la rivalidad literaria con Félix Lope de Vega y Francisco de Quevedo, así como la ingratitud de sus patronos (a quienes había ensalzado en sus obras) como el duque de Lerma, le amargaron la existencia, que transcurrió entre estrecheces económicas, por lo que se vio obligado a regresar a su tierra natal.

El llamado *Cisne de Córdoba* falleció en Córdoba el 23 de mayo de 1627.

FRANCISCO **GONZÁLEZ BOCANEGRA**

Poeta mexicano nacido en San Luis Potosí, capital del estado del mismo nombre, el 8 de enero de 1824, hijo del militar José María González Yáñez, español casado con mexicana, que emigró con su familia a España por causa de la ley de expulsión de españoles promulgada en 1829. En 1836 la familia volvió a México y hacia 1846 el joven Francisco se radicó en la Ciudad de México para dedicarse al comercio.

Fue miembro de la Academia de Letras y coadyuvó en la fundación del Liceo Hidalgo —semillero de literatos del siglo XIX—. En 1850 pronunció su *Discurso sobre la poesía nacional*. En respuesta a la convocatoria lanzada el 12 de noviembre de 1853, presentó a concurso su composición de la letra para el que sería el himno patrio. El 5 de febrero de 1854 fue declarado vencedor. Según parece, la intervención de su prima y novia Guadalupe González del Pino y Villalpando fue decisiva para que el poeta compusiera y presentara su poema a concurso. Francisco se casó con ella y vivieron modestamente, pero sin dejar de participar en diversos actos cívicos. El 15 de septiembre de 1854 se interpretó por vez primera el Himno Nacional. El 14 de septiembre de 1856 se estrenó en teatro su obra *Vasco Núñez de Balboa*, y en 1860 el *Himno a Miramón*.

Murió el 11 de abril de 1861, víctima de tifo.

Mijail **GORBACHOV**

Político ruso nacido el 2 de marzo de 1931 en Stavropol, en la entonces Unión Soviética, en el seno de una familia campesina. Fue hijo de padre ruso y madre ucraniana. Al mismo tiempo que realizaba sus estudios superiores se afilió al Partido Comunista de la Unión Soviética (PCUS). En la universidad conoció a Raisa Titarenko con quien se casó en 1953. En 1955 se tituló de abogado en la Universidad Estatal de Moscú y regresó a Stavropol en compañía de su esposa. Dos años después nació su única hija, Irina Mijailovna.

A través de los años 60 y 70 del siglo xx logró ascender en la jerarquía del PCUS, gracias a su claridad de ideas para reformar el régimen. En 1980, ya era miembro del Politburó, el órgano supremo de gobierno. Durante el mandato de Yuri Andropov, pudo ocuparse personalmente del ascenso de otros jóvenes líderes para conformar un grupo importante de reformistas. A la muerte —en poco tiempo— de Andropov y su sucesor Konstantin Chernenko, fue electo secretario general del Partido Comunista y el Politburó lo eligió como su secretario general y presidente el 11 de marzo de 1988.

Al año siguiente hizo públicas las líneas de su gobierno: transparencia (*glasnost*), reestructuración (*perestroika*), democratización y aceleración de la economía. Mientras se ponía en marcha el plan de reformas, Gorbachov sustituyó a Andrei Gromyko, ministro de Relaciones Exteriores, por Eduard Shevardnadze, y se produjo un acercamiento a las potencias de Occidente. Hubo muchos inconformes, tanto por el caos económico producido, como por el cambio de actitud hacia el exterior y las demostraciones separatistas en el interior. En 1990, elegido presidente único del país, Gorbachov tuvo que enfrentarse un fallido golpe de estado en agosto de 1991, del cual salió con vida y libre gracias, en parte, a la acción de Boris Yeltsin. En la última reunión del Politburó y el Congreso, Gorbachov renunció a su cargo al mismo tiempo que anunciaba la disolución de la Unión Soviética.

En 1999 falleció su esposa Raisa, víctima de leucemia. Gorbachov se dedica ahora al análisis político y como conferencista.

Maxim **GORKI** (Aleksei Peshkov)

Escritor ruso nacido en Nizhny Novgorod el 16 de marzo de 1868, hijo de un agente de importaciones que murió cuando el niño tenía cinco años. La madre volvió a casarse y la abuela crió al pequeño. En 1879 abandonó el hogar y se fue a vivir a una aldea cercana a Kazán, donde trabajó como panadero. Allí se encontró con activistas que le dieron a leer la obra de Marx. Regresó tiempo después a Nizhny Novgorod, donde en 1887 presenció un pogromo (ataque violento contra los judíos del lugar) y horrorizado por lo que vio se declaró enemigo de todo racismo. En 1889 fue arrestado por "difundir propaganda revolucionaria", pero salió libre por falta de pruebas. A partir de entonces estuvo vigilado por la policía secreta.

En 1891 se mudó a Tiflis (hoy Tbilisi) y al año siguiente publicó sus primeros relatos cortos, así como artículos para diversos periódicos. Pronto se hizo famoso y la policía acentuó la vigilancia sobre el escritor. Eso no le impidió contribuir a las ideas socialistas, primero, y más tarde a las de los bolcheviques. En 1901 lo encarcelaron, pero su mala salud hizo que lo pusieran en libertad a los 30 días, aunque siguió en arresto domiciliario.

En 1902 fue electo miembro de la Academia Imperial de Literatura, pero el zar vetó su nombramiento. Fue testigo del "Domingo sangriento" en 1905 y decidió apoyar el derrocamiento del zarismo, por lo cual fue deportado. En el extranjero se dedicó a reunir fondos para la causa revolucionaria. Gorki vivió la gran revolución de 1917. El gobierno soviético lo hostigó hasta el punto de obligarlo a emigrar a Alemania y a Italia. Stalin lo invitó a regresar y Gorki lo hizo en un esfuerzo por ayudar a otros escritores perseguidos por el régimen.

De su obra destacan: *La madre, Tres hombres, Una confesión, Los pequeños burgueses* y *Los hijos del sol.*

Murió en Moscú el 18 de junio de 1936, en circunstancias que todavía no han sido aclaradas.

José **GOROSTIZA**

Poeta mexicano nacido en Villahermosa, Tabasco, el 10 de noviembre de 1901. Se trasladó a la Ciudad de México donde realizó estudios de bachillerato en Letras en 1920. Viajó a Londres en 1927 como parte del servicio diplomático. Junto con Salvador Novo, Xavier Villaurrutia, Jaime Torres Bodet y otros intelectuales, en 1928 fundó la revista *Contemporáneos*. Impartió cátedra de Literatura Mexicana en la Facultad de Filosofía y Letras de la Universidad Nacional Autónoma de México a partir de 1929. Fue jefe del Departamento de Bellas Artes de la Secretaría de Educación Pública y maestro de Historia Moderna en la Escuela Nacional de Maestros desde 1932. Regresó al servicio diplomático en 1937. Fue electo miembro de la Academia Mexicana de la Lengua en 1954. Fue secretario de Relaciones Exteriores en 1964. Ocupó la presidencia de la Comisión Nacional de Energía Nuclear entre 1965 y 1970.

Aunque compuesta por tan sólo tres breves libros (*Canciones para cantar en las barcas*, de 1925, *Muerte sin fin*, de 1939, y *Poesía*, de 1946, que reúne los dos libros anteriores con nuevos trabajos), su obra ha sido elogiada por su profundidad y lirismo desarrollado en un alto grado de pureza, además de que se le considera esencial en la poesía mexicana del siglo xx. Recibió el Premio Nacional de Letras en 1968.

Murió en la Ciudad de México el 16 de marzo de 1973.

Francisco de **GOYA Y LUCIENTES**

Pintor y grabador español nacido en Fuendetodos, el 30 de marzo de 1746. A partir de 1751 estudió en el Colegio de las Escuelas Pías de Zaragoza y viajó a Italia para continuar con sus estudios de arte. A su regreso a Zaragoza, en 1771 pintó los frescos de la catedral. Lo contrataron en la Real Fábrica de Tapices como pintor en 1775, por lo que se trasladó a Madrid. Inició su trabajo como grabador en 1778.

Fue nombrado miembro de la Real Academia de San Fernando en 1780, pintor del rey en 1786 y de cámara en 1789. Quedó sordo en 1792. Tres años más tarde ocupó el puesto de director de pintura en la Academia de San Fernando. En 1798 realizó su obra mural cumbre: los frescos de la ermita de

San Antonio de la Florida, y el año siguiente creó *Los caprichos*, serie de aguafuertes donde satirizó los vicios y la locura de los hombres.

A raíz de la invasión napoleónica, de 1808 a 1814 trabajó como pintor de la corte francesa. Expresó su horror hacia los conflictos armados en *Los desastres de la guerra*, publicados después de su muerte. En 1816 sacó a la luz su serie de grabados *Tauromaquia*. A partir de 1824 se exilió en Francia y terminó en 1827 su última gran obra: *La lechera de Burdeos*, con claras muestras de lo que se llamaría después impresionismo.

Artista prolífico, en 56 años de trabajo produjo cerca de 700 pinturas, casi 300 aguafuertes y alrededor de 1 000 dibujos. Su temática fue variada: tradiciones, supersticiones populares, vicios, guerra, historia, retrato, religión y bodegones. Su estilo evolucionó del rococó a uno muy personal llamado pintura negra. Cabe destacar también sus magistrales retratos.

Murió en Burdeos, Francia, el 15 de abril de 1828.

Juan de **GRIJALVA**

Navegante y explorador español nacido en Cuellar, en 1490. A los 18 años llegó con Pánfilo de Narváez a la isla La Española, de donde salió con la expedición de su tío, Diego Velázquez, que en 1511 llegó a Cuba. Participó en la exploración y conquista de la isla, luego de lo cual Velázquez fue nombrado gobernador.

En 1518, Grijalva recibió de su tío el mando de una expedición a Yucatán, conformada por 4 navíos y 240 hombres. Avistó Cozumel 25 días después de su salida, exploró el litoral de Yucatán y parte del golfo de México. Descubrió el actual territorio de Tabasco, así como el río que lleva su nombre. Llegó hasta Veracruz y nombró San Juan de Ulúa al lugar donde desembarcó. Continuó navegando al norte y llegó hasta el río Pánuco.

Regresó a Cuba, donde fue destituido por el gobernador debido a no haber colonizado. En 1523, partió en la expedición de Francisco de Garay hacia La Florida, pero en Veracruz se amotinó y fue devuelto a Cuba. Se puso entonces a las órdenes de Arias de Ávila, quien empezaba a explorar Centroamérica. Grijalva viajó a Nicaragua y luego a Honduras, donde murió peleando con los nativos de Olancho en 1527.

Vicente **GUERRERO**

Militar y político mexicano nacido en Tixtla, Guerrero, el 10 de agosto de 1782. Al parecer no tuvo instrucción formal. Trabajaba como arriero cuando se unió al ejército insurgente de Hermenegildo Galeana en 1810. Ya siendo capitán de José María Morelos recibió la orden de atacar Taxco. Tomó parte en la batalla de Izúcar, en 1812. Después fue a combatir al sur de Puebla.

Tras la muerte de Morelos en 1815, Guerrero era uno de los pocos jefes insurgentes que seguían combatiendo, pues muchos se acogieron al indulto español. Continuó la lucha con una tropa muy escasa en las montañas del estado que en su honor actualmente lleva su nombre. Las tropas realistas fracasaron en su intento de aprehenderlo.

En 1821 se reunió en Acatempan con Agustín de Iturbide, a quien reconoció como emperador, aunque terminó combatiendo contra él. Obtuvo el grado de general de división y en 1829, tras declararse la insubsistencia de la elección de Manuel Gómez Pedraza, fue designado presidente de México, cargo que ocupó ocho meses durante los cuales emprendió una campaña para enfrentar a sus opositores. En 1831 fue traicionado por Francisco Picaluga, quien lo entrampó y aprehendió a bordo de su bergantín. Lo entregó en Oaxaca, donde fue sometido a un consejo de guerra sumario que lo declaró culpable.

Murió fusilado en Cuilapan, Guerrero, el 14 de febrero de 1831.

Ernesto "Che" **GUEVARA**

Revolucionario cubano nacido en Rosario, Argentina, el 14 de junio de 1928. Desde su infancia padeció asma, por lo que su familia se mudó en 1932 a Altagracia. En 1947 ingresó a la Universidad de Buenos Aires para estudiar Medicina, y se graduó en 1953. Al año siguiente conoció a Ñico López, uno de los participantes del asalto al cuartel Moncada, en Santiago de Cuba.

En 1955 trabó amistad con Fidel Castro en México y formó parte de la expedición del *Granma*, en 1956. Al año siguiente, participó en el ataque al cuartel del Uvero y fue nombrado jefe de la cuarta columna rebelde. En 1958 recorrió más de 500 kilómetros e inició la ofensiva final atacando Santa Clara. Al terminar el año, se consumó el triunfo de la revolución cubana, por lo que Guevara se trasladó a La Habana.

En 1959 recibió la ciudadanía cubana y fue nombrado presidente del Banco Nacional de Cuba, y en 1960 ministro de Industrias. Participó en la Conferencia del Consejo Interamericano Económico Social de 1961, en Uruguay, y en la Conferencia Mundial de Comercio y Desarrollo de 1964, en Ginebra.

Impulsado por sus ideales, viajó al Congo para integrarse al movimiento revolucionario de aquel país. Junto con un grupo de combatientes afrocubanos permaneció ahí unos siete meses, después de lo cual, en 1965, llegó a Bolivia con la idea de abrir un nuevo frente revolucionario. Fue herido, tomado prisionero en el combate de Quebrada del Yuyo y el 9 de octubre de 1967, ejecutado en La Higuera. En 1997 sus restos fueron localizados, exhumados y llevados a Cuba, donde fueron sepultados en medio de grandes honores.

Johannes **GUTENBERG**

Impresor e inventor alemán, nacido en Maguncia hacia 1398. Se cree que aprendió orfebrería como herencia ocupacional. Su familia se trasladó a Eltville. Al parecer estuvo matriculado en la Universidad de Érfurt, pues se tiene un registro de 1419 a nombre de Johannes de Eltville. La agitación social y política reinante en esa época en la región renana, orilló a Gutenberg a salir de Maguncia en 1428. No se tiene información de él hasta 1434, año en que se le ubica en Estrasburgo, por las actas de un proceso penal en las que se hace mención de un proceso secreto. Trabajó como platero y permaneció ahí hasta 1444. Se le vuelve a perder la pista hasta su regreso a Maguncia.

En 1449, imprimió e hizo público el *Misal de Constanza*, en realidad el primer libro impreso con un sistema inventado por él. En 1450 consiguió financiamiento de Johann Fust por 800 florines (que equivalía a 10 años de sueldo de un trabajador bien remunerado), para iniciar un taller de impresión y pagar a los obreros.

En 1452 Gutenberg inició la formación e impresión de "la *Biblia* de 42 líneas", por ser ése el número de renglones por columna de cada una de las 1 280 páginas encuadernadas en dos volúmenes en latín, con un tiraje de 180 ejemplares, incluyendo 30 en papel vitela. Fust debió desembolsar otros 800 florines. Para 1455 la deuda resultó prácticamente impagable para Gutenberg, por lo que perdió parte del taller y el tiraje de su *Biblia*. Consiguió ayuda del arzobispo local para sobrevivir sus últimos años.

El sistema que inventó Gutenberg permaneció prácticamente inamovible hasta comenzar el siglo XX, pero todos los desarrollos logrados desde entonces han seguido sus fundamentos.

Murió en Maguncia el 3 de febrero de 1468.

Manuel **GUTIÉRREZ NÁJERA**

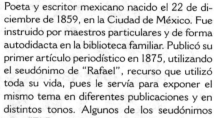

Poeta y escritor mexicano nacido el 22 de diciembre de 1859, en la Ciudad de México. Fue instruido por maestros particulares y de forma autodidacta en la biblioteca familiar. Publicó su primer artículo periodístico en 1875, utilizando el seudónimo de "Rafael", recurso que utilizó toda su vida, pues le servía para exponer el mismo tema en diferentes publicaciones y en distintos tonos. Algunos de los seudónimos que más usó fueron: "El Duque Job", "Puck", "Junios", "Mr. Can-Can", "Perico de los Palotes", "Recamier", "El Cura de Jalatlaco" e "Ignotus".

Escritor infatigable, colaboró en más de 40 periódicos, entre ellos *El Federalista, El Liceo Mexicano, El Nacional, La Libertad, El Renacimiento, La República Literaria, La Revista Nacional de Letras y Ciencias, El Universal* y *El Mundo Ilustrado.* Fundó en 1894 la revista *Azul* como suplemento de *El Partido Liberal,* donde se publicó la obra de los más destacados poetas hispanoamericanos y precursores del modernismo tales como Darío, Urbina, Martí, Nervo, Urueta y Tablada, entre otros. En 1883 apareció *Cuentos frágiles,* una recopilación de relatos para niños y único libro que publicó en vida. En 1892 fue diputado por Texcoco.

A Gutiérrez Nájera también se le considera precursor del modernismo. Él mismo escribió en diversos géneros, aunque toda su obra convergió en la poesía. Justo Sierra llevó a cabo la primera compilación de su obra luego de su muerte en *Poesías de Manuel Gutiérrez Nájera* (1896). También se publicaron *Obras de Manuel Gutiérrez Nájera* (1898), *Prosa (cuentos y crónicas)* (1912) y *Obras inéditas de Manuel Gutiérrez Nájera (Crónicas de Puck)* (1939).

Murió en su ciudad natal el 3 de febrero de 1895.

Martín Luis **GUZMÁN**

Novelista y político mexicano nacido en Chihuahua el 6 de octubre de 1887. Antes de que cumpliera un año, su familia se mudó a la Ciudad de México. A los 14 años inició la publicación de la revista *La Juventud*, en Veracruz. En 1904 ingresó a la Escuela Nacional Preparatoria y luego a la Escuela Nacional de Jurisprudencia. Comenzó a trabajar en la redacción de *El Imparcial* en 1908. Fue cónsul de México en Phoenix, Arizona, en 1909. Formó parte de El Ateneo de la Juventud a partir de 1911, año en que asistió a la Convención del Partido Constitucional Progresista. Fue director de la Biblioteca Nacional en el gobierno de Francisco I. Madero. En 1913 concluyó sus estudios de Jurisprudencia.

Durante la Revolución Mexicana formó parte del estado mayor de Venustiano Carranza y, posteriormente, fue coronel bajo el mando de Francisco Villa. Se estableció en España, donde publicó su primer libro: *La querella de México*, en 1915, y empezó su trabajo como crítico de cine, compartiendo con Alfonso Reyes el seudónimo de "Fósforo". En 1916 se estableció en Nueva York, donde fue catedrático de la Universidad de Minnesota y director de *El Gráfico*. Regresó en 1920 para trabajar en *El Heraldo de México* y publicar *A orillas del Hudson*. Se exilió en España en 1925, y ahí publicó *El águila y la serpiente* (1928), *La sombra del caudillo* (1929) y *Mina, el mozo, héroe de Navarra* (1932), entre otros títulos.

Volvió a México donde fundó la editorial Ediapsa en 1930. Publicó *Memorias de Pancho Villa* e ingresó a la Academia Mexicana de la Lengua en 1940. Fundó el semanario *Tiempo* en 1942 y fue embajador de México ante la ONU. Recibió el Premio Nacional de Literatura en 1958, y el año siguiente el presidente Adolfo López Mateos lo designó presidente vitalicio de la Comisión Nacional de Libros de Texto Gratuitos. También fue senador de 1970 a 1976, apoyado por el presidente Luis Echeverría Álvarez.

Murió en la Ciudad de México el 22 de diciembre de 1976.

Nuño Beltrán de **GUZMÁN**

Militar, conquistador y funcionario español nacido en Guadalajara hacia 1490, como hijo de hidalgos. Fue bachiller en Leyes. En 1525 residía en Toledo cuando el emperador Carlos V lo designó gobernador de la recién descubierta provincia de Pánuco, a la que llegó en mayo de 1526. Encontró pocos españoles y nada de oro, por lo que decidió vender indígenas en las Antillas para comprar ganado. Allí enfermó de fiebres tropicales.

Fue nombrado presidente de la Real Audiencia de la Ciudad de México, a la cual arribó en 1528. En su cargo cometió muchos abusos e injusticias contra los indígenas y otros españoles, en especial los partidarios de Hernán Cortés, a tal punto que fray Juan de Zumárraga, obispo y protector de los indios, envió quejas a España. Además, se había ganado la excomunión por cometer desacatos en la misa, como arrojar del púlpito a fray Antonio Ortiz, quien predicaba llamando a los oidores —los otros dos eran del mismo talante que Guzmán— a cumplir con sus deberes.

En 1529 recibió ordenanzas de descubrimiento para el Occidente de la Nueva España. Prendió a Calzontzin (o Tanganxoan, en purépecha), señor de Michuacán y lo hizo quemar vivo. Exploró la costa y subió a Jalisco, donde fundó Guadalajara en honor a su ciudad natal, descubrió Nayarit, y recorrió parte de la Sierra Madre Occidental hasta Culiacán, Sinaloa. Por todas partes esclavizó, torturó, aporreó y mató indígenas.

En 1532 llegaron los miembros de la segunda Audiencia, que requirió a Guzmán a comparecer, pero él no hizo caso y prendió a quienes iban a someterlo, sintiéndose intocable por su recién obtenido título de gobernador de Nueva Galicia.

En 1536 decidió regresar a España, para lo cual pasó por la Ciudad de México y, en la cámara del virrey Antonio de Mendoza, fue aprehendido por Diego Pérez de la Torre, quien llegaba a reemplazarlo en Nueva Galicia. Así, fue enviado preso a España y se le encerró en Torrejón de Velasco, donde murió en la miseria —sin que el juicio al que había sido sometido hubiera terminado—, en 1544 o en 1550, según otras fuentes.

Franz Joseph **HAYDN**

Compositor austriaco nacido en Rohrau an der Leitha, el 31 de marzo de 1732. Su padre solía tocar el arpa acompañado de la voz del pequeño Franz. En 1738 fue puesto a cargo de Johann Matthias Franck, y aprendió a leer, escribir y tocar varios instrumentos. Dos años después lo escuchó cantar Karl Georg Reutter y lo seleccionó para el coro de la catedral de San Esteban de Viena. Cuando le cambió la voz en la pubertad, sobrevivió tocando el órgano en las iglesias y el violín en bailes y serenatas, así como impartiendo clases particulares de música.

Poco a poco se fue dando a conocer en los círculos más influyentes, manteniendo contactos con personas distinguidas como el barón Fürnberg y el conde Morzin, para quien compuso sus primeras sinfonías. Más adelante fue contratado por la familia Esterházy, con la que permaneció 30 años. En esta etapa compuso la mayor parte de sus obras.

Viajó a Londres en dos ocasiones (1790 y 1794), donde escribió sus doce últimas sinfonías e, influido Georg Friedrich Haendel, compuso sus obras *La creación* (1798) y *Las estaciones* (1801). Pasó los últimos años de su vida en Viena, ya como músico con un gran reconocimiento. Fue amigo de Mozart y profesor de Beethoven. Se le considera el padre de los géneros sinfonía y cuarteto de cuerda. Murió el 31 de mayo de 1809.

HAMMURABI

Rey de Babilonia (actualmente Irak), del que no se sabe con certeza la fecha de su nacimiento, aunque algunas fuentes especulan que fue en el año 1792 a.C. Fue el sexto soberano amorrita de aquella nación y accedió al trono cuando aún era joven. Dado que el control de las aguas del río Éufrates era vital, emprendió una serie de conquistas y arreglos diplomáticos que lo llevaron a controlar toda Mesopotamia.

Pero Hammurabi no sólo se distinguió como guerrero: también fue un gran administrador. Gracias a esas cualidades instauró un imperio que rebasaba a las ciudades-Estado que hasta entonces prevalecían. El poder se centralizó y se estableció la monarquía hereditaria. Unificó la lengua, la religión y las leyes.

El código que lleva su nombre, plasmado en un bloque de basalto de más de dos metros de altura y que consta de 282 artículos (una treintena de ellos perdidos), fue colocado en un lugar público para que en su tiempo todos lo conocieran. El código distinguía tres clases sociales, con sus derechos y obligaciones correspondientes: el notable, el hombre común y el esclavo. Trataba también los derechos de las mujeres y los menores de edad y regulaba el funcionamiento de la economía al determinar sistemas de impuestos, forma de hacer los contratos, valores máximos de salarios y de interés de los préstamos. Abordaba las penas que debían sufrir los que atentaban contra los derechos de las personas, y establecía que algunos castigos podían ser corporales, equivalentes al daño producido.

Murió cerca del año 1750 a.C.

George Friedrich
HÄNDEL (o HAENDEL)

Compositor alemán naturalizado inglés, nacido en Halle (actualmente Alemania) el 23 de febrero de 1685. A los 17 años fue nombrado organista de la catedral calvinista de su ciudad. Al año siguiente viajó a Italia, donde permaneció hasta 1710 y compuso óperas, oratorios y cantatas profanas; volvió a Alemania como director de la orquesta de la corte de Hannover.

El éxito de sus obras en Inglaterra lo convenció de mudarse a ese país, donde se encargó de crear un teatro oficial de ópera que habría de conocerse como Royal Academy of Music. Para esa compañía compuso 14 óperas entre 1720 y 1728, estrenadas por los cantantes más notables de la época. Cuando su contrato terminó, fundó una nueva compañía de ópera en el teatro Covent Garden.

Después de sufrir una embolia en los últimos años de su vida, se dedicó a la composición de oratorios, entre los que sobresale *El Mesías* (1742); compuso también la *Música para los reales fuegos de artificio* (1749), misma que fue estrenada ante un público de 12 000 personas. Sufrió un accidente y una operación inadecuada que lo dejó ciego, pero siguió componiendo hasta el final de su vida.

Inscrito en la estética barroca, su repertorio conjuga el rigor del contrapunto alemán y la gracia alegre y opulenta de la ópera italiana. Su amplia obra incluye las óperas *Julio César, Tamerlán* (ambas de 1724), *Rodelinda* (1725), *Orlando* (1733) y *Xerxes* (1738). De sus oratorios también se siguen interpretando *Israel en Egipto* (1739), *Judas Macabeo* (1747) y *Jephta* (1752). Asimismo, compuso obras orquestales como la *Música acuática* (1717). Cultivó otros géneros como odas, cantatas, himnos, canciones, sonatas y motetes. El cuerpo de su obra se ha organizado en el *Catálogo de las obras de Händel* (HWV, por sus siglas en alemán), publicado por el musicólogo Bernd Basel entre 1978 y 1986.

Händel falleció el 14 de abril de 1759.

William HARVEY

Médico y fisiólogo inglés nacido en Folkestone, el 1 de abril de 1578. Se graduó en Cambridge en 1597 y posteriormente viajó a Padua, Italia, en cuya universidad continuó sus estudios. Ahí surgió su concepción del organismo como unidad fisiológica. De regresó a Inglaterra fue nombrado médico del hospital de

San Bartolomé y profesor de Anatomía y Cirugía en el Colegio Real. Más tarde ocupó la plaza de médico de cámara de los reyes Jacobo I y Carlos I.

La comprensión del método experimental, así como su gran inventiva, le ayudaron a descubrir diferentes procesos fisiológicos. Partiendo de trabajos anteriores, como los de Realdo Colombo y Guilio Cesare Aranzio, demostró la doble circulación de la sangre, lo que modificó las teorías vigentes que databan de Galeno. Tal hallazgo, observado en 1616, tuvo importancia capital para el progreso de la medicina, pero fue difundido apenas en 1628, con la publicación de la obra *Exercitatio anatomica de motu cordis et sanguinis in animalibus*. Aunque muchos médicos y estudiosos de su época cuestionaron la validez de su descubrimiento, lo que afectó su posición profesional, finalmente fue admitido por todos los hombres de ciencia europeos.

La embriología fue otro de sus intereses y también en ella hizo aportaciones destacadas, presentadas en el tratado *Exercitationes de generatione animalium* (1651). Distinguió dos modelos de generación: la epigénesis y la metamorfosis. La primera, propia de los animales superiores; y la segunda, de los seres inferiores.

Murió en Hampstead, Essex, el 3 de junio de 1657.

GEORG WILHELM FRIEDRICH HEGEL

Filósofo alemán nacido en Stuttgart, Württemberg (actual República Federal de Alemania) el 27 de agosto de 1770. Se inscribió en la Universidad de Tübingen y en ella concluyó la carrera de Filosofía. Fue maestro en centros universitarios de Berna y Frankfurt am Main. En esa etapa se adentró en el estudio de la filosofía de Immanuel Kant y concluyó que las limitaciones impuestas al poder de la razón en el pensamiento kantiano eran infundadas. En 1801 comenzó a dictar cursos en la Universidad de Jena.

En 1807 publicó la *Fenomenología del espíritu*, uno de los libros de filosofía más importantes, en el que su planteamiento central es la evolución de la mente mediante la autoconciencia, la razón, el espíritu y la religión hasta el conocimiento absoluto. Entre 1812 y 1816 publicó la *Ciencia de la lógica*, una completa exposición de su sistema de pensamiento que le hizo merecedor de una cátedra en la Universidad de Heidelberg.

Su *Enciclopedia de las ciencias filosóficas* (1817) ofrece una explicación del proceso dialéctico como fuerza motriz de la historia: los conceptos contrarios se enfrentan entre sí y generan nuevos conceptos que, a su vez, se contraponen con la realidad del mundo. Los elementos de este esquema mantienen su identidad pero hacen cambiar el conjunto. En 1818 Hegel aceptó una cátedra en la Universidad de Berlín y allí publicó su tratado *Filosofía del derecho*.

Su obra se considera la cúspide del idealismo alemán y fue retomada por Karl Marx en su concepción del llamado materialismo histórico. Aunque los aspectos lógicos despiertan hoy poca atención, su filosofía política y social sigue siendo objeto de gran interés.

En 1830 se convirtió en rector de la Universidad de Berlín, pero falleció poco después, el 14 de noviembre de 1831, durante una epidemia de cólera.

Werner Karl **HEISENBERG**

Físico alemán nacido en Wurzburgo, el 5 de diciembre de 1901. Se doctoró por la Universidad de Münich en 1923. Tres años trabajó con Niels Bohr y se relacionó con Albert Einstein y Paul Dirac, entre otras eminencias científicas. En 1927 fue nombrado profesor de Física en la Universidad de Leipzig, y a partir de la Segunda Guerra Mundial fue director del Instituto Max Planck.

Heisenberg fue uno de los fundadores de la teoría cuántica. En 1925 formuló la mecánica cuántica en términos de matrices. La idea básica es que sólo los atributos medibles u observables deben formar parte de una teoría física. Por ello fijó su atención en la radiación que emiten los átomos en su frecuencia y en su intensidad, y los representó no por números aislados, sino por conjuntos bidimensionales y ordenados que denominó matrices. Esta poderosa herramienta matemática le permitió, en 1927, formular el principio de indeterminación.

Poco después de que Louis de Broglie sugiriese que el electrón tenía carácter ondulatorio, Erwin Schrodinger presentaba su mecánica cuántica y Heisenberg formulaba su principio, íntimamente relacionado con la teoría ondulatoria: la posición y la cantidad de movimiento de una partícula no pueden ser medidas simultáneamente con exactitud. Ésta es una de las leyes fundamentales del mundo físico. En 1932, con apenas 31 años de edad, le fue concedido el premio Nobel de Física por el conjunto de sus investigaciones.

Después de la Segunda Guerra Mundial, trabajó en el Instituto de Física y Astrofísica, primero en Gotinga y luego en Münich, donde realizó estudios sobre la teoría de las partículas elementales, estructura del núcleo atómico, hidrodinámica de las turbulencias, rayos cósmicos y ferromagnetismo.

Murió en Münich el 1 de febrero de 1976.

ERNEST **HEMINGWAY**

Escritor estadounidense nacido en Oak Park el 21 de julio de 1899. Vivió su infancia en las regiones septentrionales de Michigan, donde aprendió con su padre, que era médico, las primeras técnicas de la caza y la pesca. Al terminar sus estudios secundarios no quiso estudiar más y se dedicó al periodismo. Se alistó en el ejército que participó en la Primera Guerra Mundial; estuvo a cargo de una ambulancia y resultó herido. De esa experiencia surgió el material de su novela *Adiós a las armas*, publicada en 1929. Vivió un tiempo en París, donde conoció a algunos integrantes de la llamada "generación perdida" (F. Scott Fitzgerald, Gertrude Steiner). Poco después también viajó a España y se interesó en las corridas de toros.

Elementos reales y simbólicos se combinan con gran habilidad en su obra para hacer un análisis profundo de la sociedad, y de la condición humana en general. La guerra fue una presencia constante y de gran impacto, como puede apreciarse en *Por quién doblan las campanas* (1940), posiblemente su obra más célebre, y *Al otro lado del río y entre los árboles* (1950). En sus ficciones conviven el amor, la fuerza moral y la soledad enfrentados con la fuerza y el salvajismo de la naturaleza, lo que se ve en muchos de sus cuentos, por ejemplo en *El viejo y el mar* (1952), obra por la que recibió el premio Pulitzer, en 1953.

También recibió el premio Nobel de Literatura, en 1954. Posteriormente se han publicado otras obras suyas, tales como *París era una fiesta* (1964) y las novelas inconclusas *Islas en el golfo* (1970) y *El jardín del Edén* (1986).

Hemingway se suicidó en Ketchum, Idaho, el 2 de julio de 1961.

HERÁCLITO DE ÉFESO

Filósofo griego nacido en lo que actualmente es Turquía, c. 540 a.C., cuando las ciudades de Jonia se habían sublevado contra el dominio persa. Miembro de la familia real, tenía derecho a presidir los misterios de Deméter, de la sagrada familia eleusina, pero cedió el honor a su hermano.

Se resistió a trabajar como legislador y se aisló para dedicarse a la reflexión filosófica. Resultado de esa actividad es su *Tratado de la naturaleza*, conocido también como *Las Musas*, separado en tres secciones dedicadas a la Física, la Teología y la Política. Aunque está perdido, conocemos varios de sus fragmentos gracias a las citas incluidas en otras obras que llegaron a nosotros, como los *Diálogos* de Platón.

Opuesto a las ideas de Parménides sobre la permanencia y la inmutabilidad del ser, Heráclito pensaba que la esencia del mundo es el cambio expresado en la idea del fuego y la guerra librada entre pares antagónicos: el ser y el no ser, el día y la noche, el invierno y el verano, el bien y el mal. Estos pares coexisten o se excluyen en una permanente alternancia, idea que Georg Friedrich Hegel retomó para explicar el proceso dialéctico.

Heráclito fue un ácido opositor de los poetas por considerar que éstos habían corrompido la idea de Dios y la religión, y criticó a los eruditos asegurando que "la gran ciencia es una mala ciencia". Por esas razones, y por la novedad de su pensamiento, generó el rechazo de sus contemporáneos. Diógenes Laercio lo describió como "un hombre de sentimientos elevados, orgulloso y despectivo que, desde joven, fue objeto de admiración y sorpresa". De acuerdo con una tradición recuperada por éste, enfermó de hidropesía, se sumió en un estercolero para eliminar el exceso de agua en su organismo y falleció devorado por los perros. Otras versiones aseguran que se curó y falleció de una enfermedad distinta alrededor del 480 a.C.

José María **HEREDIA**

Poeta nacido el 31 de diciembre de 1803 en Santiago de Cuba, en el seno de una familia acomodada. El padre, José Francisco Heredia, funcionario colonial de alto rango, trasladó a la familia a Santo Domingo, donde Heredia pasó gran parte de su infancia, y luego a Venezuela donde desempeñó el cargo de oidor. De regreso en Cuba, estudió Derecho en la Universidad de La Habana. La familia se mudó a México, donde en 1820 el padre murió asesinado y Heredia retornó a Cuba en 1821.

Dos años después de doctorarse, se instaló en Matanzas para ejercer su profesión y comenzó a colaborar en distintas publicaciones periódicas e incluso dirigió *El Semanario de las Damas*.

En 1823, involucrado en una fallida conspiración para independizar a la isla, huyó a Estados Unidos, donde publicó sus primeros versos en Nueva York. Dos años más tarde regresó a México, donde además de desempeñar diversos puestos ligados a su especialidad como jurista, fue maestro de Literatura y de Historia. En 1827 se casó con Jacoba Yáñez.

Radicado en Toluca, publicó una segunda edición de sus poemas en 1832, además de que colaboraba en varias revistas. En 1836, tras retractarse públicamente de sus ideas independentistas, obtuvo licencia para volver a Cuba; pero soportó sólo cuatro meses de estancia y volvió a México, donde recibió asilo.

Su estilo combina la formalidad clásica con el sentimiento vívido propio del romanticismo, del cual se le considera precursor en Latinoamérica. Entre sus obras destacan: *Himno del desterrado, Oda al Niágara, En una tempestad, A mi esposa, En el Teocalli de Cholula* y *Al Popocatépetl*.

Murió en Toluca a causa de la tuberculosis, el 7 de mayo de 1839.

Miguel **HERNÁNDEZ**

Poeta español nacido en Orihuela el 30 de octubre de 1910, en el seno de una familia de pastores de cabras, por lo que Miguel pasó poco y rápido por la escuela de los jesuitas de Santo Domingo, pero aprendió a estudiar por sí mismo aquello que le interesaba, sobre todo la poesía española del Siglo de Oro, en textos que le prestaba su amigo Ramón Sijé.

En 1930 publicó sus primeros poemas en diarios y revistas de Orihuela. Entonces decidió irse a la capital, Madrid. Pero el éxito lo esquivó y tuvo que regresar a Orihuela, donde se empleó en una notaría. Al poco tiempo conoció a Josefina Manresa, empleada de un taller de costura de quien se enamoró, lo que le dio aliento a su libro *El silbo vulnerado*. Volvió a Madrid, donde triunfó al tiempo que conocía a otros poetas y literatos: José Bergamín, Federico García Lorca, Vicente Aleixandre, entre otros. En 1936 recibió la consagración definitiva con *El rayo que no cesa*.

Se inició la guerra civil y Hernández se incorporó al ejército republicano. En sus licencias iba a Orihuela, donde se casó con Josefina. Para 1938 nació su primer hijo, que por falta de recursos murió a los pocos meses. No dejó de escribir y aparecieron los poemarios *Viento del pueblo* y *El hombre ace-cha*. En 1939, a punto de terminar la guerra, nació su segundo vástago. Para él escribió la *Nana de las cebollas,* donde el amor y la preocupación por la pobreza se mezclan con el tesón y el idealismo.

Al terminar la guerra fue encarcelado por el régimen franquista. Contrajo tuberculosis y falleció en la cárcel de Alicante la madrugada del 28 de marzo de 1942.

HERODOTO

Historiador griego, primero en usar la investigación dentro de esta especialidad, nacido en Halicarnaso, Asia Menor, hacia el 485 a.C. Al parecer provenía de una familia acomodada y quizás incluso aristocrática; el hecho es que bajo la tiranía de Lygdamis fue expulsada de la ciudad cuando Herodoto era pequeño. Por ello vivió algún tiempo en la isla de Samos, donde recibió las enseñanzas de Hecateo de Mileto.

Según algunas fuentes, regresó a Halicarnaso para contribuir al derrocamiento de Lygdamis. En todo caso, no permaneció allí mucho tiempo, pues en su juventud y temprana madurez viajó por la mayor parte del mundo entonces conocido, se interesó en los hechos, culturas y héroes pasados, tomó notas y analizó la información. Visitó las costas del mar Negro, el desierto de Siria, Babilonia (hoy Iraq), Palestina, parte de Arabia, y Egipto.

Hacia el 450 a.C. radicó en Atenas por un tiempo y luego partió hacia la colonia griega de Turios, en el sur de Italia, donde fijó su residencia. Es posible que allí pusiera en orden sus notas y redactara la versión final de su obra *Historia* (palabra que en griego significa "investigación"), donde describió todo lo que había visto y narró los sucesos averiguados en las distintas fuentes.

No se sabe con exactitud cuándo murió, pero se calcula que fue entre el 430 y el 420 a.C.

Saturnino HERRÁN

Pintor mexicano nacido en Aguascalientes, Ags., el 9 de julio de 1887, hijo único del librero José Herrán y Josefa Guinchard. En 1901 los Herrán se trasladaron a la capital de la república. La posición desahogada de la familia dejó de ser al morir don José en 1903, cuando Saturnino aún no cumplía 16 años. Sobre el joven recayó la responsabilidad de mantener a la familia y al mismo tiempo proseguir sus recién iniciados estudios en la Escuela Nacional de Bellas Artes, de la que era director el arquitecto Antonio Rivas Mercado. Obtuvo una beca y Saturnino estudió tres años con el maestro catalán Antonio Fabrés hasta 1906 cuando éste renunció por desacuerdos con la dirección del plantel.

Saturnino absorbió lo mejor de las enseñanzas del maestro, partidario del realismo pictórico, pero también sintió el deseo de experimentar propio de las vanguardias del siglo XX. Prueba de ello son sus pinturas *Vendedor de plátanos*, *La ofrenda*, *El jarabe* y el tríptico de dibujos preparatorios para lo que sería el mural *Nuestros dioses*, que causó escándalo cuando fue exhibido. En 1912 conoció a Rosario Arellano, con quien contrajo matrimonio dos años después, y a la que pintó varias veces con trajes de criolla y de mestiza. En 1915 nació su único hijo, José Francisco.

En 1918 un viejo mal gástrico se agravó y el pintor fue conducido al hospital, donde se le intervino quirúrgicamente el 2 de octubre. Falleció el día 8 del mismo mes.

Alfonso Luis **HERRERA**

Biólogo mexicano nacido en la Ciudad de México el 3 de julio de 1868. Estudió en la Escuela de Medicina. Una vez recibido, se dedicó a las investigaciones biológicas, y se especializó en la búsqueda del origen bioquímico de la vida. De 1900 a 1907 jefaturó la Comisión de Parasitología Agrícola. En 1915 fue director del Museo Nacional de Historia Natural. En 1922 fundó el Jardín Botánico y en 1923 coadyuvó al establecimiento del zoológico de Chapultepec.

A lo largo de los años logró sintetizar diversas moléculas orgánicas, lo que lo llevó a sostener que algunos compuestos podrían haber evolucionado hasta dar paso a las primeras células con protoplasma. Fue precursor del Instituto de Investigaciones Biológicas y maestro de muchas generaciones a las que impartió clases en la Escuela Normal de Maestros, la Escuela Preparatoria y el Colegio Militar. Fue el primer mexicano miembro de la Academia Nacional de los Lincei de Roma, la cual premia a los investigadores más distinguidos del mundo.

Es autor de los libros *Recopilación de las leyes de la biología general*, *Nociones de biología*, *La vida en las altas llanuras*, y *La biología en México durante un siglo*.

Murió en su laboratorio el 19 de septiembre de 1942.

Heinrich Rudolf **HERTZ**

Físico alemán nacido en Hamburgo el 22 de febrero de 1857. Realizó estudios de ingeniería y física. En 1883, colaboraba ya en la Universidad de Kiel cuando comenzó a estudiar las ecuaciones de Maxwell sobre electromagnetismo. Realizó experimentos diseñados por él mismo, creando un circuito eléctrico oscilante capaz de producir ondas electromagnéticas de una longitud larga; esto lo llevó a deducir que las ondas podían viajar por el espacio vacío, además de demostrar que tenían la misma capacidad de reflexión y refracción que las ondas luminosas.

Por sus aportaciones, en 1885 fue aceptado como catedrático de Física en la Escuela Técnica de Karlsruhe y en 1889 en la Universidad de Bonn, donde se dedicó al estudio de los rayos catódicos y comprobó que la radiación térmica también da una forma de radiación electromagnética. Su obra sentó las bases para el posterior desarrollo de la radiofonía.

Murió el 1 de enero de 1894.

Miguel **HIDALGO Y COSTILLA**

Sacerdote y militar mexicano, también conocido como el "padre de la Patria", nacido en la hacienda de San Diego de Corralejo, Pénjamo, Gto., el 8 de mayo de 1753, segundo hijo de Cristóbal Hidalgo y Costilla y de Ana María Gallaga Mandarte y Villaseñor, criollos ambos. En 1762 quedó huérfano de madre. A los 12 años llegó a Valladolid (hoy Morelia) para estudiar en el colegio jesuita de San Francisco Javier. Tras la expulsión de los jesuitas de la Nueva España decretada en 1767, fue inscrito en el Colegio de San Nicolás Obispo. De 1770 a 1778 cursó los estudios y recibió los grados que le permitieron ordenarse sacerdote.

Entre 1779 y 1792 realizó una intensa labor docente en el Colegio de San Nicolás, e incluso fue rector del mismo. Hidalgo renunció para hacerse cargo de un curato en Colima. En 1802, al fallecer su hermano José Joaquín, que era párroco del pueblo de Dolores, Hidalgo logró que lo asignaran a esa parroquia. Desde allí mantuvo trato con el capitán Ignacio Allende, el corregidor de Querétaro, Miguel Domínguez, y la esposa de éste, Josefa Ortiz.

El 16 de septiembre de 1810, al ser descubierta la conspiración independentista que Hidalgo encabezaba, levantó al pueblo en armas. Luego lideró a la multitud hacia la Ciudad de México con el fin de derrocar al virrey. En todas partes nombraba autoridades, recogía las cajas de caudales e incrementaba el ejército insurgente.

En la ciudad de Guanajuato, la toma de la Alhóndiga provocó la muerte de decenas de civiles españoles. También fueron fusilados otros que no cooperaron con la causa. El 30 de octubre venció a las fuerzas realistas en el Monte de las Cruces e inexplicablemente no avanzó hacia la capital del virreinato, lo que permitió al ejército realista reagruparse, para de inmediato salir en su persecución. Tras la derrota sufrida en Puente de Calderón, Hidalgo y sus hombres huyeron hacia el norte, donde fueron traicionados por Francisco Elizondo y cayeron en una emboscada en Acatita de Baján el 21 de marzo de 1811.

Fue sometido a juicio y degradado de la orden sacerdotal. Murió fusilado el 30 de julio de 1811.

HIPÓCRATES

Médico griego nacido en la isla de Cos hacia el año 460 a.C., que sentó las bases de la medicina occidental. Fue hijo de Heraclides y Praxitela, y estudió en el santuario de Asclepios (Esculapio), donde se reunían los hombres más experimentados en materia de salud. Sin embargo, todo indica que Hipócrates tomó un camino enteramente nuevo y desligado de la religión o de la filosofía, basándose en la cuidadosa observación y auscultación del enfermo.

Fue el primero en percibir de la influencia del medio y los alimentos sobre la salud. Llegó a sistematizar sus conocimientos para transmitirlos a sus discípulos, entre los cuales se contaron sus propios hijos Tesalo y Draco, así como su yerno Polibo.

Los datos sobre su vida son escasos, no así sus obras, que nos han llegado casi intactas: *Aforismos, Sobre los vientos, las aguas y los lugares, Sobre las articulaciones, El libro de los pronósticos, El juramento, Sobre la enfermedad divina* (epilepsia), *Sobre la cirugía, De las epidemias* y otras más, algunas de las cuales constituyen verdaderos tratados especializados.

Murió en la ciudad tesalia de Larisa, en Grecia continental, hacia el año 377 a.C.

Juan Ruiz, Arcipreste de HITA

Clérigo y poeta español, cuyo año de nacimiento más aceptado es 1283. En cuanto al lugar, por tradición se ha tomado a la ciudad de Alcalá de Henares, Madrid, aunque algunos lo cuestionan y aseguran que nació en Alcalá la Real, Jaén.

Se han tomado algunos elementos de su obra *Libro de buen amor* como autobiográficos, por lo que son la única fuente del conocimiento que se tiene del autor. Debió haber estudiado en Toledo, aunque también existe la posibilidad de que lo haya hecho en otros lugares como Alcalá de Henares o la propia Hita, donde ocupó el cargo de arcipreste.

Fue músico, según se desprende de la lectura del mismo libro. Al parecer, estuvo en la cárcel entre 1330 y 1343 por orden de Gil de Albornoz, arzobispo de Toledo, y se supone que fue en prisión donde escribió su obra.

El *Libro de buen amor* forma parte del Mester de Clerecía. Está constituido por materiales diversos que tienen como hilo conductor los asuntos amorosos del protagonista y se considera una obra cumbre de la literatura medieval en lengua hispana.

La fecha de su muerte se sitúa en 1350, pues para el año siguiente el cargo de arcipreste de Hita ya era ocupado por otra persona.

Adolf HITLER

Político austriaco nacionalizado alemán que nació el 20 de abril de 1889 en Braunau-am-Inn, hijo de Alois y Klara Hitler, pues habían cambiado su apellido original (Schicklegrüber) desde que el padre comenzó a trabajar como agente aduanal. Estudió en Linz, pero abandonó la escuela porque deseaba ser pintor, por lo que se dirigió a Viena, cuya escuela de Bellas Artes lo rechazó. Allí pasó tiempos de hambre y extrema pobreza. Se fue a Alemania para buscar un empleo.

Al estallar la Primera Guerra Mundial fue llamado a filas y alcanzó el grado de cabo, pero un ataque con gas mostaza lo envió al hospital hasta que finalizó la contienda. En 1919 fue reclutado por Anton Drexler para el Partido Alemán de los Trabajadores (luego Partido Nazi), donde gracias a sus dotes naturales de orador logró su ascenso. En 1921 Hitler era ya líder del partido. En 1923 organizó en Münich un intento de golpe de estado que fracasó. Lo aprehendieron y encarcelaron cinco años, tiempo durante el cual escribió su libro *Mein kampf* (*Mi lucha*), compendio de su programa político.

Al salir libre, organizó sus fuerzas paramilitares, los "camisas pardas", a imitación de los fascistas, pero fue más allá y consiguió los votos necesarios para ser aceptado como canciller (jefe de gobierno) de Alemania en 1933. Ese mismo año, luego del incendio del Reichstag (Parlamento), Hitler se habilitó como dictador y empezó la cacería de comunistas y otros opositores a los nazis. Poco después desencadenaría la campaña de exterminio de los judíos.

En 1936 respaldó a Franco en España, luego organizó la anexión de Austria a Alemania y en 1938 exigió que Checoslovaquia le cediera los Sudetes. Luego firmó un pacto de no agresión con la Unión Soviética. En agosto de 1939 desencadenó el ataque contra Polonia, lo que obligó a Francia e Inglaterra, que eran sus aliados, a declarar la guerra a Alemania. Así empezó la Segunda Guerra Mundial, que duraría de 1949 a 1945 y que representó el enfrentamiento armado más vasto y sangriento en la historia de la humanidad.

Frente a la derrota, y ante la posibilidad de ser capturado y juzgado, Hitler se suicidó el 30 de abril de 1945.

Thomas **HOBBES**

Filósofo inglés nacido el 5 de abril de 1588 en Westport. Hijo de un párroco anglicano que mató a golpes a un colega y por eso huyó y abandonó a su familia, Hobbes quedó bajo la tutela de un tío paterno. Estudió en Oxford y después de graduarse se dedicó a impartir clases particulares. Como preceptor de William Cavendish, en 1610 viajó por Francia e Italia. De regreso en Gran Bretaña, la violencia de la guerra civil lo indujo a emigrar a Francia, donde radicó cerca de 20 años. Allí influyeron en él las ideas de los racionalistas, sin embargo no estaba de acuerdo con algunas de ellas y escribió una refutación llamada *Terceras objeciones a las Meditaciones de Descartes*.

En 1641, con el inicio del gobierno de Oliver Cromwell en Gran Bretaña, Hobbes regresó a su isla y entró al servicio del conde de Devonshire. Al ocurrir la restauración, en 1660 el rey Carlos II le otorgó una pensión gracias a la cual Hobbes pudo dedicarse de lleno a sus escritos. Sus múltiples saberes y aptitudes le permitieron lo mismo enseñar matemáticas al mencionado rey, que hacer una traducción de *La Ilíada* de Homero.

179

HO

Pragmático y desencantado, Hobbes postuló la idea de que el hombre es malo por naturaleza. Para sobrevivir y formar una sociedad, debe delegar sus libertades en un soberano absoluto, quien organiza el Estado y vigila el bienestar de sus súbditos. Entre sus obras notables están: *Leviatán*, *De Cive* y *De Homine*.

Murió en Hardwich el 4 de diciembre de 1679.

Hans **HOLBEIN**, *el Joven*

Pintor, dibujante y grabador alemán hijo de Hans Holbein el Viejo y hermano de Ambrosius Holbein, ambos artistas, nacido en Augsburg, Alemania, en 1497. Su primera formación artística estuvo a cargo de su padre, quien era un afamado pintor de estilo gótico. Hacia 1515 ya trabajaba por su cuenta en Basilea, Suiza. Dos años más tarde viajó a Italia y luego a Francia, donde asimiló el realismo propio del Renacimiento, que aplicó concienzudamente a la confección de retratos, entonces mejor remunerados que otros géneros pictóricos.

En 1519 se inscribió en el gremio de pintores de Basilea y se casó con la viuda de un curtidor, con quien procreó dos hijos. Pintó varios murales en Basilea, pero ninguno de ellos se conserva intacto. Entre sus grabados se encuentran las xilografías para ilustrar la traducción alemana —hecha por Lutero— de la *Biblia* y las magníficas que integran *La danza de la Muerte*, todavía con sabor gótico.

En 1526, los motines religiosos y la intolerancia hicieron aconsejable emigrar y Holbein lo hizo a Inglaterra, donde hacia 1537 se convirtió en el retratista preferido de la corte. De él son los retratos: *Enrique VIII*, *Ana Bolena*, *María Tudor*, *Tomás Moro*, *Erasmo de Rotterdam*, *Eduardo VI* y *Jane Seymour*, entre los 150 que realizó. También pintó cuadros de tema religioso como *La Virgen del burgomaestre Meyer*, e intimistas como *La familia del pintor*.

Murió a consecuencia de la peste en Londres el 29 de noviembre de 1543.

HOMERO

Poeta griego nacido probablemente en Jonia y quien vivió entre los siglos IX y VIII a.C. Se le atribuye la autoría de la *Ilíada* y la *Odisea*, obras primordiales de la literatura universal, pues constituyeron parte fundamental del mundo grecolatino que dio lugar a la cultura occidental. Se supone su nacimiento en Jonia, pues ambos poemas estaban compuestos originalmente en idioma jónico.

En cuanto a la época en que vivió, se ha planteado que fue a mediados del siglo VII a.C., debido a que la estructura lingüística de los poemas indica un periodo posterior al de los primeros asentamientos jónicos en Asia Menor (alrededor del año 1000 a.C.), pero anterior a los poemas de Hesiodo, ubicado poco después de 700 a.C. En cuanto a las referencias antiguas, Herodoto (hacia 484-430 a.C.) citó varios pasajes de ambos poemas y mencionó que Homero vivió 400 años antes que él.

Se sabe que Homero era un rapsoda y que nunca escribió los versos que pregonaba, por tanto el rescate escrito de sus poemas debió ser realizado por otras personas. Varios investigadores sostienen que no los escribió, pero tal vez los leyó, es decir, que ya habían sido escritos antes de Homero, y otra teoría afirma que dictó los versos a un escriba. Sea como fuere, lo esencial es que han llegado hasta nuestros días.

ROBERT **HOOKE**

Físico y astrónomo inglés nacido en Freshwater, isla de Wight, el 18 de julio de 1635. Estudió en la Escuela de Westminster. En 1653 ingresó al Christ College, de Oxford y desde 1655 fue ayudante de Robert Boyle. Por instrucciones de éste, Hook diseñó la bomba de aire moderna. Al mismo tiempo, diseñó el volante con espiral de los relojes mecánicos, el diafragma iris y la junta o articulación universal utilizada en motores de vehículos. Formuló la ley que lleva su nombre en 1660. Desde 1662 fue curador de experimentos de la Royal Society de Londres, y a partir de 1677 su secretario.

En 1665 publicó *Micrographia,* obra en la que da cuenta de sus observaciones microscópicas —incluyó estudios e ilustraciones sobre la estructura cristalográfica de los copos de nieve— y donde ya aparece la palabra célula. En 1666, luego del gran incendio de Londres, realizó el catastro de la mitad de los terrenos de la ciudad, además de que diseñó varios edificios como el Betlehem Royal Hospital. Descubrió el comportamiento ondular de la luz.

El gran mérito de Hooke fue la enorme cantidad de ideas que generó y que compartió con científicos de su época, quienes pudieron realizar los avances que él no pudo llevar a cabo y que fueron de gran utilidad en el desarrollo de la ciencia.

Murió en Londres el 3 de marzo de 1703.

Quinto **HORACIO**

Poeta latino nacido en Venosa el 8 de diciembre de 65 a.C. Estudió en Roma y en la Academia de Atenas, en 46 a.C. A su regreso a Roma, en 39 a.C., tuvo que trabajar como escribano, pues sus bienes habían sido confiscados por luchar contra el triunvirato, y al mismo tiempo escribía poesía. Conoció a Cayo Mecenas en 38 a.C., quien lo presentó en los círculos literarios y políticos de Roma. En 35 a.C. publicó *Sátiras, Libro I*, donde incluyó 10 poemas en verso hexámetro.

Recibió de Mecenas una propiedad en 33 a.C. y ahí se retiró a escribir. Tres años más tarde publicó *Epodos* y *Sátiras, Libro II*. En 27 a.C. comenzó el periodo más activo de su vida: en cuatro años escribió los tres libros de *Odas*, con 88 poemas cortos. Publicó *Epístolas, Libro I* en 20 a.C., con 20 cartas en hexámetros en las que expresa su perspectiva acerca de la sociedad, la literatura y la filosofía. En 17 a.C. Augusto le encargó el himno *Carmen seaculare* para los juegos seglares. Son inciertas las fechas de sus últimas obras, *Epístolas, Libro II*; *Odas, Libro IV* y *Epístola a los pisos*, más conocida como *Ars Poetica*.

La influencia de Horacio en la literatura universal ha llegado hasta nuestros días, pasando por Petrarca, Garcilaso, fray Luis de León, Milton y Jorge Guillén.

Murió en Roma el 27 de noviembre de 8 a.C.

Victoriano **HUERTA**

Militar y político mexicano nacido en Colotlán, Jalisco, el 23 de marzo de 1845. Hizo sus estudios primarios en Guadalajara e ingresó al Colegio Militar. Desde 1869 fue secretario particular del general Donato Guerra. En 1890 obtuvo el grado de coronel, y cuatro años después el mando del Tercer Regimiento de Infantería. En 1900 combatió a los yaquis en Sonora, y en 1901 a los mayas en Yucatán y Quintana Roo, acciones por las que recibió el grado de general brigadier, la medalla al Mérito Militar y fue nombrado miembro de la Suprema Corte Militar de la Nación. Fungió como jefe de Obras Públicas en Nuevo León durante la gubernatura de Bernardo Reyes en 1907.

Combatió al zapatismo en 1910 y derrotó a Pascual Orozco en Chihuahua, en 1912. Fue nombrado secretario de Guerra por Madero, a quien traicionó y mandó fusilar en la Decena Trágica, con lo que Huerta asumió el poder en 1913.

Removió el gabinete nombrado por Madero y disolvió el Congreso. Fue presionado y renunció a la Presidencia en julio de 1914. Abandonó el país e intentó volver en 1915, pero fue acusado de violar las leyes de neutralidad y por ello apresado.

Murió en El Paso, Texas, el 13 de enero de 1916.

Víctor **HUGO**

Poeta, dramaturgo y novelista francés, nacido en Besançon el 26 de febrero de 1802. Su niñez transcurrió en Francia, Italia y España entre 1808 y 1812, pues su padre fue general de Napoleón. Desde niño fue muy aficionado a dibujar. Fundó la revista *El Conservatorio Literario* en 1819. En 1822 apareció su primera obra, *Odas y poesías diversas,* y un año más tarde, *Hans de Islandia,* que lo consagró como un gran escritor. *Cromwell,* de 1827, causó revuelo pues en su prólogo hacía un llamamiento a la liberación del clasicismo.

La etapa siguiente fue de una gran producción: *Marion de Lorne* (1829) que fue censurada; *Hernani* (1830); *Nuestra Señora de París* y *Hojas de otoño,* ambas de 1831; *El rey se divierte* (1832); *Lucrecia Borgia* (1833); *Los cantos del crepúsculo* (1835); *Voces interiores* (1837), y *Ruy Blas* (1838). También fue nombrado oficial de la Legión de Honor, y más tarde Par de Francia.

Defendió la república a raíz de la revolución de 1848, por lo que durante el gobierno de Napoleón se exilió en Bélgica y Gran Bretaña. Escribió *Napoleón, el pequeño* (1852) en el exilio. En la década de 1860 realizó viajes como turista por Luxemburgo.

El año de 1862 quedó marcado por la aparición de *Los miserables,* su obra cumbre. Su regreso a París en 1870 fue celebrado por la población que salió a recibirlo con todos los honores. En 1881 fue homenajeado por los 50 años de *Nuestra Señora de París,* al cual asistieron 600 000 parisinos.

Murió en París el 22 de mayo de 1885. Su ataúd permaneció tres días bajo el Arco del Triunfo, donde lo visitaron alrededor de tres millones de personas.

Alexander von **HUMBOLDT**

Naturalista y explorador alemán nacido en Berlín el 14 de septiembre de 1769. Estudió en la Universidad de Gotinga e ingresó a la Escuela de Minas de Freiburg y, en 1792, se incorporó al Departamento de Minas del gobierno de Prusia. Inventó la lámpara de seguridad minera y estableció una escuela técnica para mineros. En 1797 estudió astronomía.

Exploró Centro y Sudamérica a partir de 1799. Llegó hasta el Amazonas y descubrió su conexión con el Orinoco. En los Andes, concluyó que el mal de altura es causado por la falta de oxígeno. Estudió las corrientes marinas del Atlántico. Conoció México en 1803. Volvió a Europa en 1804, año en que conoció a Simón Bolívar en París, donde se asentó para escribir sus experiencias en América.

Su fortuna, herencia de su madre, casi se extinguió por los costos de sus viajes y sus publicaciones. En 1827 fue nombrado consejero del rey de Prusia y empezó a dictar cátedra en la Real Academia de Ciencias de Berlín. Por invitación del zar emprendió un viaje en 1829 por Rusia y Siberia, donde realizó observaciones geológicas, geográficas y meteorológicas.

Durante la década de 1830 investigó acerca de las "tormentas magnéticas", término con el que designó los disturbios del magnetismo terrestre. A partir de 1834 se dedicó a escribir *Kosmos,* obra en la que explica la estructura del universo hasta entonces conocido.

Sus investigaciones dieron fundamento a la climatología comparada, al establecer la relación entre una región geográfica y su flora y fauna. Bolívar se refirió a Humboldt como el "descubridor científico del Nuevo Mundo, cuyo estudio ha dado a América algo mejor que todos los conquistadores juntos".

Murió en Berlín el 6 de mayo de 1859.

David **HUME**

Filósofo e historiador inglés nacido en Edimburgo el 7 de mayo de 1711. Ingresó a la universidad de esa ciudad en 1723, donde por tres años estudió Leyes, pero la abandonó para dedicarse a la literatura. En 1734 se estableció en Reims y luego en Anjou para escribir *Tratado sobre la naturaleza humana* (1739-1740), del que el propio autor dijo que nunca hubo otro intento literario más desafortunado. Para entonces ya había regresado a Inglaterra.

Publicó en seguida *Ensayos morales y políticos* (1741-1742), obra que fue recibida favorablemente. Recibió una invitación para ser tutor del marqués de Annandale en 1745. Los dos años siguientes trabajó como asistente de campo para el general St. Clair. Publicó *Investigación sobre el entendimiento humano* en 1747. En 1752 envió a la imprenta una versión editada y abreviada del *Tratado*, así como su obra más exitosa: *Discursos políticos;* también en ese año se trasladó a Edimburgo para trabajar como bibliotecario de la Facultad de Derecho.

Inició la escritura de *Historia de Inglaterra* (1754-1762), cuyo primer tomo le generó reproches y ataques de todos los sectores, pero a medida que aparecían los otros cuatro tomos se convirtió en su obra cumbre y le redituó grandes ganancias.

En 1757 apareció *Historia natural de la religión,* y a partir de 1762 fue secretario del embajador británico en París, donde fue aclamado en los círculos literarios. Regresó a Londres en 1767 cuando fue nombrado subsecretario de Estado.

Finalmente se mudó a Edimburgo en 1769, donde murió el 25 de agosto de 1776.

Henrik **IBSEN**

Dramaturgo noruego nacido en Skien el 20 de marzo de 1828. Su infancia se vio marcada por el rápido deterioro económico que vivió su familia. A los 15 años se fue a Grimstad para estudiar como boticario. Ahí empezó a escribir poesía y teatro. En 1850 publicó *Catilina* bajo el seudónimo de "Brynjolf Bjarme". Viajó a Cristianía (hoy Oslo) al parecer para continuar sus estudios de Medicina, lo cual no sucedió. Empezó a trabajar como periodista e inició el periódico de sátira *Andhrimner*. En el Teatro de Cristianía puso en escena *La tumba del guerrero,* obra en un acto.

Fue director de escena y autor del Teatro Nacional de Bergen, entre 1851 y 1857. Ahí comenzó formalmente su carrera como dramaturgo. Desde 1857 se desempeñó como director artístico del Cristianía Norske Theater, hasta su quiebra en 1862, año en que escribió *La comedia del amor,* con la que se dio a conocer en su país.

Para 1864 estaba instalado en Roma, de donde fue a Dresde en 1868, luego a Múnich en 1875, volvió a Roma en 1878, y de nuevo a Múnich en 1885; en 1891 regresó a Cristianía. Ese periodo fue el más fructífero de su producción, pues entre otras obras publicó *Brand* (1866), *Peer Gynt* (1876), *Los pilares de la sociedad* (1877), *Casa de muñecas* (1879), *Los espectros* (1881), *Un enemigo del pueblo* (1882), *El pato silvestre* (1884), *La casa de Rosmer* (1886), *La dama del mar* (1888), *Hedda Gabler* (1890), *El maestro contratista* (1892) y *Al despertar de nuestra muerte* (1899).

Su trascendencia ha sido tal que, después de William Shakespeare, es el autor teatral más representado alrededor del mundo. Murió en Cristianía el 23 de mayo de 1906.

Eugéne **IONESCO**

Dramaturgo francés de origen rumano nacido en Slatina, el 26 de noviembre de 1909. Vivió en París desde que tenía un año y regresó a Rumania cuando cumplió 13. Estudió el bachillerato en Craiova y Letras en la Universidad de Bucarest. De vuelta en París, en 1938 recibió una beca para estudiar un doctorado. En 1940 regresó a su país natal, ya casado, pero la difícil situación predominante con motivo de la Segunda Guerra Mundial lo llevó a retornar a París dos años después. Vivió una gran crisis financiera que se prolongó por varios años.

El estreno de su primera obra, *La cantante calva* (1950), fue un fracaso. En ese año obtuvo la nacionalidad francesa y se asoció al movimiento de André Breton. En tanto, continuó su obra con *La lección* y *El porvenir está en los huevos*, de 1951; *Las sillas* y *Víctimas del deber*, de 1952; *Amadeo o cómo salir del paso* (1953) y *La mesa* (1954).

Debatió con el crítico Kenneth Tynan en 1958 en defensa de su visión del teatro. En 1960 apareció *El rinoceronte*, su obra más conocida. Le siguieron *El rey se muere* (1962), *Delirio a dúo* (1962), *La foto del coronel* (1962), *El cuadro* (1962), *El peatón del aire* (1962) y *La sed y el hambre* (1964), *Macbett* (1972), *Ese formidable burdel* (1973), *El hombre de las maletas* (1975) y *Viajes al otro mundo* (1980), entre muchas otras obras que lo hacen ser el creador, junto con Samuel Beckett, del teatro del absurdo, además de múltiples ensayos y otros escritos. En vida recibió diversos reconocimientos, entre ellos el Gran Premio Nacional de Teatro en 1969, el premio de Jerusalén 1973 y doctorados honoris causa de diversas universidades.

Su salud empezó a deteriorarse, por lo que fue hospitalizado en 1984 y en 1989. Murió en París el 28 de marzo de 1994.

ISABEL I DE INGLATERRA

Última monarca inglesa de la casa Tudor, nacida en Greenwich el 7 de septiembre de 1533. Fue hija de Enrique VIII y Ana Bolena. Declarada ilegítima por el Parlamento tras la ejecución de su madre cuando ella tenía tres años. Accedió al trono en 1558, luego de que le fueron reconocidos todos sus derechos. Recibió un reino dividido por las creencias religiosas, de modo que en 1559 promulgó el Acta de Supremacía y el Acta de Uniformidad, edictos con los que reforzó el protestantismo pero sin proscribir el catolicismo. Llevó a cabo una reforma monetaria en 1560, con la que se regularizaron los precios y se revaluó la moneda inglesa. En 1563 se aprobaron los 39 artículos que fueron la base de la Iglesia Anglicana.

En lo relativo a la cultura, en 1576 inauguró el primer teatro público en Londres, además de que impulsó la obra de William Shakespeare y Christopher Marlowe. Enfrentada a una férrea oposición de los católicos, en 1587 ordenó decapitar a su protectora, María Estuardo, lo que desencadenó la guerra con España. Felipe II intentó invadir Inglaterra en 1588, pero su Armada Invencible fue derrotada. Esto dio inicio al poderío naval inglés e impulsó el contrabando y la piratería, lo que produjo enormes ganancias a la Corona, de tal suerte que la reina nombró caballero al pirata Francis Drake. En 1601, Isabel sofocó una rebelión de Robert Devereux, conde de Essex, a quien mandó ejecutar.

Nunca se casó y su virginidad generó un extraño culto que creció a medida que envejecía. Su reinado de 45 años se considera uno de los más gloriosos de la historia inglesa. Murió en el palacio de Richmond, en Surrey, el 24 de marzo de 1603.

ISABEL LA CATÓLICA

Reina de Castilla y Aragón nacida en el castillo de Madrigal de las Altas Torres el 22 de abril de 1451. Su infancia transcurrió en Arévalo. Fue educada por su madre, quien pronto empezó a dar muestras de locura a raíz de su reciente viudez. En 1461 fue trasladada a Segovia, residencia de la corte. Ahí se negó a involucrarse en las intrigas cortesanas. Su hermanastro, Enrique IV, le otorgó el título de princesa de Asturias en 1468. Casó en 1469 con Fernando, hijo de Juan II de Aragón, a escondidas. Ocupó el trono tras la Guerra de Sucesión de Castilla (1475-1480).

Entre sus principales acciones están la abolición de las prerrogativas de la nobleza otorgadas por Enrique IV y haber convertido al Consejo Real en el principal órgano de gobierno, en detrimento de las Cortes. Estableció la Santa Inquisición en 1480 y creó la Santa Hermandad. Logró la unificación religiosa de la Corona con el Edicto de Granada de 1492. En ese mismo año ocurrió la conquista de las Canarias y financió la expedición de Cristóbal Colón. Firmó con Portugal el Tratado de Tordesillas en 1494. El papa otorgó a Isabel y Fernando el título de Reyes Católicos en 1496. Organizó el Secretariado de Asuntos Indios en 1503, antecesor del Consejo Supremo de las Indias o Consejo de Indias.

Murió en Medina del Campo el 26 de noviembre de 1504.

AGUSTÍN DE **ITURBIDE**

Militar y político mexicano nacido en Valladolid, Michoacán, el 27 de septiembre de 1783. Estudió en el Seminario Tridentino, al igual que José María Morelos. Iturbide abandonó sus estudios cuando tenía 15 años para trabajar en la hacienda de su padre y se integró al ejército en 1797. Participó en el sofocamiento de la conjura de Valladolid en 1809, siendo ya teniente. Rechazó el grado de teniente coronel que le ofreció Miguel Hidalgo para que se uniera al movimiento insurgente y huyó a la Ciudad de México.

Como realista, se destacó por reprimir diversas insurrecciones independentistas, por lo que el virrey Calleja le dio el rango de coronel y el control militar de la intendencia de Guanajuato en 1813. Pero fue destituido en 1816 bajo cargos de malversación y abuso de autoridad. Aunque fue rehabilitado al año siguiente, no se le regresó el ejército a su mando. En 1820 fue designado comandante general del Sur, pero se rebeló contra el virrey luego de instalarse en el nuevo cargo.

En 1821 se dio con Vicente Guerrero el famoso "abrazo de Acatempan", con lo que sellaron su alianza. Proclamó el Plan de Iguala y fue reconocido como jefe del Ejército Trigarante. Entró en la capital de la Nueva España el 27 de septiembre de 1821, con lo que se consumó la Independencia. Presidió la Junta Provisional Gubernativa, pero en 1822 se proclamó emperador y disolvió el Congreso. En respuesta, Antonio López de Santa Anna promulgó el Plan de Casa Mata y desconoció al imperio.

Derrotado, Iturbide abdicó el 19 de marzo de 1823 y abandonó el país después de reinstalar el Congreso. Estaba en Europa cuando el Congreso mexicano lo declaró traidor y ordenó su ejecución sin juicio previo. Ignorante de ello, regresó a México por Soto la Marina, donde fue aprehendido y llevado a Padilla, Tamaulipas. Ahí murió fusilado el 19 de julio de 1824.

Henry **JAMES**

Novelista estadounidense nacionalizado inglés, nacido en Nueva York, EU, el 15 de abril de 1843. Su padre influyó en su educación por ser uno de los intelectuales más ricos de su época y por sus relaciones con personajes de la talla de Ralph Waldo Emerson, Henry David Thoreau, Nathaniel Hawthorne y Henry Wadsworth Longefellow. Recibió clases de idiomas y literatura, a la vez que viajaba con su familia por toda Europa. Después de probar en varias escuelas, decidió ser escritor en 1864. Trabajó para diversas revistas estadounidenses escribiendo reseñas y crónicas.

Publicó su primera novela en 1871. Vivió en París antes de establecerse en Londres en 1876. Desde ahí publicó *Roderick Hudson* (1876), *El americano* (1877), *Daisy Miller* (1879) y *Retrato de una dama* (1881). Adentrado en el ambiente británico, escribió *La musa trágica* (1890), al tiempo que adaptó su novela *El americano* al teatro con relativo éxito. Cambió su residencia a Rye, donde escribió *Los despojos de Poynton* (1897) y *La edad ingrata* (1899). Sus últimas novelas contrastan a las sociedades europeas y americanas: *Las alas de la paloma* (1902), *Los embajadores* (1903) y *La copa dorada* (1904). Realizó una gira dando conferencias por Estados Unidos en 1904. Obtuvo la nacionalidad británica en 1915 y al año siguiente recibió la Orden al Mérito por el rey George V.

La temática de su obra sigue siendo vigente, tanto que al menos siete de sus novelas fueron llevadas al cine a finales del siglo pasado.

Murió en Londres el 28 de febrero de 1916.

Thomas **JEFFERSON**

Político estadounidense y tercer presidente de los Estados Unidos de América nacido en Shadwell el 13 de abril de 1743. De 1760 a 1762 asistió al College of William and Mary, donde estudió Derecho. A partir de 1769 fue representante en la Cámara de Burgueses de Virginia. Su fama se extendió cuando publicó un panfleto político en 1774, donde argumentaba sobre la base de la teoría de los derechos naturales. El 11 de junio de 1776 fue nombrado por el Segundo Congreso Continental, reunido en Filadelfia, para dirigir un comité de cinco años en la preparación de la Declaración de la Independencia. Entre 1776 y 1779 sirvió en la Cámara de Delegados de Virginia. En 1779 presentó una ley que establecía la libertad religiosa en Virginia, algo que no tenía precedente en el mundo. Se promulgó hasta 1786, después de ocho años de discusiones.

Fue gobernador de Virginia desde 1779 hasta 1781. En 1783 ocupó un sitio en el Congreso. Gracias a una iniciativa suya, se adoptó el dólar (1792) como unidad monetaria básica. Aunque él tenía esclavos, propuso la abolición de la esclavitud en 1784, pero esa ley no fue aprobada por un margen mínimo.

Se desempeñó como diplomático en Francia, de 1784 a 1789, y después como secretario de Estado hasta 1793. Fue uno de los fundadores del Partido Republicano en 1792 y candidato presidencial en 1796 (perdió por un margen mínimo). De acuerdo con el sistema vigente entonces, se convirtió en vicepresidente.

Sí fue presidente en dos periodos consecutivos, desde 1801 hasta 1809. Diseñó y fundó la Universidad de Virginia en 1819.

Murió en Monticello el 4 de julio de 1826.

JESÚS

La fecha real del nacimiento del fundador del cristianismo se desconoce. Según los textos y testimonios de sus seguidores, fue hijo de Dios y una virgen, María, y su padre adoptivo fue José, un carpintero esposo de María. Su nacimiento corresponde al año 1 de la era cristiana, durante el reinado de Herodes, rey de los judíos.

Su vida se explica en el *Nuevo Testamento*, y se han hallado pocos documentos no cristianos que aporten información. Pasó en Nazaret su infancia y juventud, y a los treinta años empezó a predicar. Se le consideró el Mesías (enviado divino encargado de establecer en la tierra el reino de Dios), hijo de Dios y redentor de la humanidad. Se dirigió sobre todo a las clases más desprotegidas con un mensaje de esperanza en un mundo mejor después de la muerte, donde el sufrimiento se recompensaría.

En poco tiempo discípulos y seguidores lo acompañaban siempre. De entre ellos surgió un grupo selecto: los doce apóstoles, quienes mas tarde continuarían la difusión las enseñanzas de Jesús. Su mensaje de esperanza caló hondo y con ello creció la desconfianza entre los fariseos y los saduceos, los dos partidos judíos, que lo consideraban una amenaza, pues percibían en las enseñanzas un elemento de agitación política. Al mismo tiempo surgió descontento entre algunos seguidores de Jesús.

Aprovechando la traición de Judas Iscariote, las autoridades judías detuvieron a Jesús cuando llegó a Jerusalén para celebrar la pascua judía. El tribunal de los romanos lo acusó de traición al César y el tribunal judío lo hizo por blasfemia.

Al final fue condenado a morir en la cruz por orden del procurador romano Poncio Pilato en el año 33.

Juan Ramón JIMÉNEZ

Poeta español nacido en Moguer el 23 de diciembre de 1881. Ingresó en 1893 al Colegio Jesuita San Luis Gonzaga, en Cádiz. En 1896 se trasladó a Sevilla para estudiar pintura y publicó *Andén*, su primer trabajo. En 1900, en Madrid, publicó *Ninfeas* y *Almas de violeta*. La muerte se convirtió en una obsesión a partir de que murió su padre.

En 1901 fue llevado a Francia para recuperarse de su crisis anímica en un sanatorio. Sin mejorar, volvió a Madrid y quedó internado. Escribió *Rimas* y *Arias tristes*. Fue dado de alta en 1903 y se fue a vivir a casa de su amigo, el Dr. Luis Simarro. Estableció contacto con la Institución Libre de Enseñanza, donde fue discípulo de Giner de los Ríos.

Para 1905 su salud volvió a deteriorarse, por lo que regresó a Moguer. Su recuperación fue paulatina y sólo se completó hasta 1912. Entonces se marchó a Madrid y se instaló en la Residencia de Estudiantes para iniciar un periodo muy activo. En 1915 publicó *Platero y yo*. Casó en 1916 y escribió *Diario de un poeta recién casado*. En 1917 empezó a recorrer España en automóvil. Se estableció en Conde de Aranda, donde lo visitó Federico García Lorca. La muerte de su madre en 1928 lo llevó a una etapa de aislamiento e inactividad. En 1931 comenzó a ordenar su obra.

En 1936, y a consecuencia del inicio de la Guerra Civil, salió de España para ir a Washington. También radicó en Cuba y en Puerto Rico, donde se instaló definitivamente en 1951, debido a sus crisis nerviosas. Su prolífica obra se ha dividido en tres periodos: el sensitivo (hasta 1915), el intelectual (hasta 1936) y el verdadero. Fue galardonado con el premio Nobel de Literatura 1956.

Murió en San Juan, Puerto Rico el 29 de mayo de 1958.

James Prescott **JOULE**

Físico británico nacido en Salford el 24 de diciembre de 1818. Estudió en la Universidad de Manchester con John Dalton, desde 1834 hasta 1837. Entre 1838 y 1841 trabajó en la cervecería de su padre, buscando hacer un uso más eficaz de los motores. Su objetivo era reemplazar las máquinas de vapor con motores electromagnéticos, por lo que su investigación se centró en los electroimanes. En 1838 publicó *Descripción de un motor electromagnético, con experimentos*. Enunció la ley que lleva su nombre en 1840.

A partir de 1842, su interés se concentró en el calor. Sus conclusiones, publicadas en 1843, fueron que el calor es un estado de vibración y que no se genera ni se destruye, sino que sólo se reorganiza. La convergencia de sus trabajos con el motor electromagnético y el calor, lo llevaron a lograr la conversión de energía mecánica en calor. Para 1844 ya había completado su teoría del calor, concluyendo que el calor de un cuerpo es proporcional al número de átomos combinados dividido por el peso atómico.

En 1850 fue nombrado miembro de la Real Sociedad y dos años más tarde descubrió el efecto Joule-Thomson, en relación con la expansión de los gases. Inventó la soldadura eléctrica en 1855. La Real Sociedad le otorgó su máximo reconocimiento, la medalla Copley, en 1866. Fue elegido presidente de la Asociación Británica para el Avance de la Ciencia en 1872 y en 1887.

En su honor, la unidad del Sistema Internacional utilizada para medir energía, trabajo y calor, se llama *joule*.

Murió en Sale, Cheshire, el 11 de octubre de 1889.

Gaspar Melchor de **JOVELLANOS**

Político y escritor español nacido en Gijón el 5 de enero de 1744. Estudió Filosofía en la Universidad de Oviedo y Derecho civil y canónigo en las universidades de Ávila y de Alcalá, donde se licenció en 1763. Fue nombrado alcalde del Crimen en la Audiencia de Sevilla en 1767 y ascendido a oidor en 1774, año en que estrenó *El delincuente honrado*. Entró en contacto con la Ilustración al tratar con el intendente Pablo de Olavide.

Se trasladó a Madrid en 1778 con el nombramiento de alcalde de Casa y Corte. Ingresó a la Real Academia de la Historia en 1779 y a la de Bellas Artes de San Fernando en 1780, año en que fue designado miembro del Consejo de las Órdenes Militares y de la Junta de Comercio y Moneda. Se integró a la Real Academia Española en 1781 y a la Real Sociedad Económica Matritense en 1782.

Recibió encargos para elaborar discursos y elogios para distintas instituciones, como el *Elogio del marqués de los Llanos de Alguazas* (1780), el de *Ventura Rodríguez* y el de las *Bellas Artes* (1781), y el de *Carlos III* (1788). Para las instituciones en las que colabora, preparó diversos informes entre los que destacan: el de *Fomento de la marina mercante* (1784), el del *Libre ejercicio de las artes* (1785), la *Memoria sobre la policía de los espectáculos y diversiones públicas* (1790), y el más celebrado, *Informe en el expediente de Ley Agraria* (1795).

En 1790 fue enviado a Asturias ante el temor de que propagara las ideas de la Revolución Francesa, pero fue habilitado nuevamente en 1797 y nombrado ministro de Gracia y Justicia. Volvió al destierro en 1801 en Mallorca, pero regresó para ocupar un lugar en la Junta Central.

Aunque escribió en varios géneros, es considerado uno de los ensayistas más brillantes de la época de la Ilustración.

Huyó de la ocupación francesa y murió en Vega, Asturias, el 27 de noviembre de 1811.

James **JOYCE**

Escritor irlandés nacido en Dublín el 2 de febrero de 1882. Realizó sus estudios en escuelas jesuitas, incluido el University College de Dublín. A los 18 años escribió un artículo sobre una obra de Henrik Ibsen, para lo que aprendió danés a fin de leerla en el idioma original. En 1901 publicó su primer ensayo. Se graduó con honores al año siguiente y salió hacia París. Regresó a Dublín en 1903, debido a que su madre enfermó gravemente.

En 1904 se casó con Nora Barnacle y un año después se trasladó a Trieste. Trabajó en un banco de Roma entre 1906 y 1907, año en que apareció su libro de poemas *Música de cámara*. Su siguiente esfuerzo de publicación fructificó en 1914 con el libro de relatos *Dublineses*. En 1915 Italia entró a la guerra, por lo que Joyce salió hacia Zurich. Al año siguiente apareció la novela *Retrato del artista adolescente*. Su vista se convirtió en un problema: entre 1917 y 1930 fue sometido a casi 25 cirugías de los ojos.

Al término de la Primera Guerra Mundial, regresó unos meses a Trieste y en 1920 fue a París. Allí, en 1922, dio a la imprenta una de las obras cumbre de la literatura universal: *Ulises*, novela que marcaría la práctica del género por la riqueza de sus recursos y la audacia de su ejecución. En ella recurre lo mismo al llamado "flujo de la conciencia" que al pastiche de diferentes tipo de habla y discursos para brindarnos los andares de varios personajes durante 24 horas de su vida.

Su última obra fue *Finnegans Wake*, de 1939, la cual no fue bien recibida por la crítica. Se trata de una narración en la que el lenguaje es una amalgama de idiomas y referencias en un tejido muy compacto y complejo, que lo mismo fascina que plantea un duro reto al lector dispuesto a bucear en sus páginas, como han recalcado los comentaristas posteriores.

Después de la caída de Francia en la Segunda Guerra Mundial, Joyce regresó a Zurich en 1940, decepcionado por la acogida de la crítica a su último libro. Su obra narrativa, auténtica renovadora del género, se convirtió durante el siglo xx en un paradigma muy difícil de alcanzar o superar.

Murió en Zurich el 13 de enero de 1941.

Don **JUAN MANUEL**

Escritor español nacido en Escalona el 5 de mayo de 1282, según lo narra él mismo en *Libro de las armas* (1337). Recibió una educación esmerada y una gran herencia de su padre. Participó en las guerras dinásticas entre Castilla y Aragón. Fue corregente de Castilla de 1319 a 1325. En 1327 se rebeló contra Alfonso XI, pues no le quería reconocer sus derechos, concedidos sólo hasta 1329. En 1335 se negó a ayudar al monarca en el cerco de Gibraltar, por lo que se enemistaron pero dos años después se reconciliaron. Participó en la batalla del río Salado en 1340 y, tres años después, en la del río Palmones, que condujo a la toma de Algeciras en 1344.

Don Juan Manuel perteneció a la clase de hombres que eran guerreros, filósofos y poetas. Escribió el *Libro de la caballería* (hacia 1325), el *Libro de los cantares* o *de las cantigas* y las *Reglas como se debe trovar*, que se han perdido. Además de *Crónica abreviada* (1324), *Libro del caballero y del escudero* (1326), *Libro de los estados* (entre 1327 y 1332), *Libro de los castigos* o *Libro infinito* (entre 1342 y 1344), *Libro de la caza* (posterior a 1337) y *Tratado de la asunción de la virgen* (posterior a 1342), hoy se le recuerda por el *Libro de los ejemplos del conde Lucanor y de Patronio*, escrito entre 1325 y 1335. En él se recopilan, con el pretexto de los consejos que el conde Lucanor pide a Petronio, una serie de narraciones cortas, tomadas tanto de la tradición culta como la popular, que se cuentan con una gracia y agilidad que van más allá del afán pedagógico inicial.

Apartado de sus quehaceres políticos, se retiró a su castillo de Garcimuñoz, Cuenca, donde murió el 13 de junio de 1348.

JUANA DE ARCO

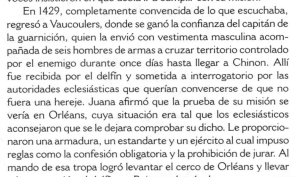

Heroína francesa nacida en Domrémy, probablemente el 6 de enero de 1412. Al parecer nunca aprendió a leer ni a escribir. Aseguraba que desde los 12 años veía ángeles y santos que le hablaban y que, a la postre, le revelaron su misión de salvar a Francia de los ingleses y borgoñeses. En 1428, guiada por las voces que escuchaba, Juana partió para unirse a las fuerzas del delfín Carlos. Se dirigió a Vaucoulers, pero no la tomaron en serio, así que regresó a casa, donde las voces insistieron en que debía ir a cumplir con su misión.

En 1429, completamente convencida de lo que escuchaba, regresó a Vaucoulers, donde se ganó la confianza del capitán de la guarnición, quien la envió con vestimenta masculina acompañada de seis hombres de armas a cruzar territorio controlado por el enemigo durante once días hasta llegar a Chinon. Allí fue recibida por el delfín y sometida a interrogatorio por las autoridades eclesiásticas que querían convencerse de que no fuera una hereje. Juana afirmó que la prueba de su misión se vería en Orléans, cuya situación era tal que los eclesiásticos aconsejaron que se le dejara comprobar su dicho. Le proporcionaron una armadura, un estandarte y un ejército al cual impuso reglas como la confesión obligatoria y la prohibición de jurar. Al mando de esa tropa logró levantar el cerco de Orléans y llevar a la coronación al delfín en Reims, además de obtener victorias como las de Jargeau, Mungsur-Loire, Beaugency y Patay.

Cayó prisionera por los borgoñeses en mayo de 1430, en el sitio de Compiègne, y la entregaron a los ingleses. La sometieron a juicio bajo el cargo de herejía, fue declarada culpable y muerta en la hoguera en Ruán el 30 de mayo de 1431.

BENITO JUÁREZ

Abogado y político mexicano nacido el 21 de marzo de 1806 en San Pablo Guelatao, Oaxaca, hijo de Marcelino Juárez y

Brígida García, ambos indígenas zapotecas. En 1809 quedó huérfano y pasó al cuidado de sus abuelos, Pedro Juárez y Justa López, hasta que a la muerte de éstos Benito fue a vivir con su tío Bernardino.

En 1818 se fugó del pueblo para irse a la capital oaxaqueña donde trabajaba su hermana Josefa en la casa de Antonio Maza. Éste lo puso al servicio del fraile lego Antonio de Salanueva, quien lo instruyó y patrocinó sus estudios en el Seminario de Santa Cruz para que se ordenara sacerdote. En vez de eso, Benito se inscribió en 1829 en el Instituto de Ciencias y Artes para cursar la carrera de abogacía. Allí entró en contacto con los liberales. En 1834 recibió su título de abogado. En 1843 se casó con Margarita Maza. De 1847 a 1849 fue gobernador interino y después electo de Oaxaca hasta 1852. En 1853 el gobierno conservador mandó aprehenderlo y luego exiliarlo a La Habana. De allí pasó a Nueva Orleáns, donde contactó a otros liberales como Melchor Ocampo, José María Mata y Ponciano Arriaga.

Juárez regresó a México en 1855, para sumarse a la revolución de Ayutla. Era ministro de Justicia e Instrucción Pública cuando expidió la *Ley Juárez* que extinguía los fueros militar y eclesiástico, lo que provocó reacciones adversas. Siendo Ignacio Comonfort presidente, se promulgó la Constitución de 1857, cuyo contenido liberal decidió desconocer.

En enero de 1858 los conservadores depusieron a Comonfort y por ministerio de ley tocó asumir la Primera Magistratura a Juárez, entonces presidente de la Suprema Corte. Se inició entonces la guerra de Reforma, al cabo de la cual Juárez ocupó la presidencia y, falto de recursos, declaró la moratoria que a su vez desencadenó la intervención de Francia, Inglaterra y España; las dos últimas se retiraron mientras las tropas francesas ocupaban el país y hacían llegar a Maximiliano de Habsburgo para coronarlo emperador de México.

La lucha se extendió hasta 1867, con la victoria de los liberales y la restauración de la República, al frente de la cual siguió Juárez hasta su muerte, ocurrida el 18 de julio de 1872.

Décimo Junio JUVENAL

Poeta satírico latino nacido en Aquino, Italia, entre el año 55 y el 60 d.C. Hijo de un liberto rico y nativo de Hispania (España), Juvenal debió asistir a la escuela de gramática y oratoria usual para los jóvenes romanos de clase acomodada, y más tarde fue discípulo del famoso Quintiliano.

Hasta su madurez, se dedicó a la práctica de las leyes, profesión honorable en el imperio romano. Al mismo tiempo escribía los 16 poemas incluidos en *Sátiras*, su única obra conocida en nuestros días. Pero seguramente su lengua mordaz no sólo se expresaba por escrito y al parecer ofendió con sus burlas a un actor favorito del emperador Domiciano, por lo que fue sentenciado al destierro en Egipto entre el 92 y el 96, año en que el nuevo soberano, Nerva, concedió el perdón a todos los exiliados. De sus populares *Sátiras* provienen numerosos lugares comunes usados hoy en día, por ejemplo: "pan y circo" o "¿quién vigila a los vigilantes?".

Murió hacia el 127 d.C.

Franz **KAFKA**

Escritor checo en lengua alemana, nacido en Praga el 3 de julio de 1883, hijo de una familia judía practicante, centrada en un padre comerciante y posesivo. Franz decidió estudiar leyes para complacerlo y se graduó en 1906 en la Universidad de Praga. Pero en lugar de ejercer la abogacía por su cuenta, entró a trabajar en el Instituto de Seguridad para los Obreros Accidentados, en 1908, desempeñando un puesto burocrático. Su vida transcurrió entre ese empleo y sus numerosas estancias en diversos hospitales debido a su frágil salud.

En sus ratos libres se dedicó a escribir su diario, novelas, cuentos y aforismos. Atacado por la tuberculosis que padeció largamente, eso no le impidió enamorarse de Dora Dymant y pasar un breve periodo de felicidad.

Aunque pidió a su amigo Max Brod que quemara todos sus papeles, éstos se salvaron por fortuna y constituyen una obra en la que se reconoce la genialidad con la que expresa las contradicciones de la vida moderna entre el individuo y la sociedad que lo domina.

Entre esos papeles se hallaban las novelas *La metamorfosis*, *El castillo*, *América*, *El proceso*, y volúmenes de relatos como *La muralla china*, entre otros.

Su estado empeoró y murió en el hospital de Kierling, cerca de Viena, el 3 de junio de 1924.

Frida **KAHLO**

Pintora mexicana nacida el 6 de julio de 1907 en Coyoacán, tercera de las cuatro hijas que tuvieron el fotógrafo alemán radicado en México Guillermo Kahlo y Matilde Calderón. A los seis años enfermó de poliomielitis y durante su larga convalecencia su padre empezó a enseñarle a pintar.

Estudió en el Colegio Alemán, y en 1922, en la Escuela Nacional Preparatoria. En 1925 sufrió un accidente de tránsito que le causó heridas muy graves de las que nunca se recuperó del todo, pero que no impidieron que se dedicara a la pintura.

En 1927 pintó el retrato del poeta Miguel N. Lira, con atisbos de lo que llegaría a ser el surrealismo. En 1928 retomó su vida académica y política (izquierdista), y fue entonces cuando conoció al pintor Diego Rivera, con quien se casó en 1929. Juntos dieron impulso al movimiento nacionalista en la pintura, si bien con estilos personales muy diferentes.

Frida fue la animadora de un gran círculo de artistas e intelectuales, e incluso hospedó en su casa a León Trotski, político y revolucionario soviético exiliado en México. Vivió numerosas intervenciones y embarazos fallidos, así como la amputación de una pierna, todo lo cual le acarreó dolores intensos y continuos, a pesar de lo que siguió adelante con su vida social y artística. Sus obras incluyen numerosos autorretratos como *Autorretrato con mono, La columna rota, Las dos Fridas.*

Murió en su Casa Azul de Coyoacán —hoy convertida en museo—, el 13 de julio de 1954.

Vasíly **KANDINSKY**

Pintor de origen ruso nacionalizado alemán y francés, nacido en Moscú el 4 de diciembre de 1866, hijo de una familia burguesa acomodada con tendencias artísticas, que le fomentó el aprendizaje del dibujo, la pintura y la música. En 1886 ingresó en la Universidad de Moscú para cursar estudios de Derecho y Economía, y en 1893 obtuvo el doctorado. Tres años más tarde abandonó su carrera para iniciar la de pintor, por lo que se trasladó a Münich, entonces un centro de vanguardia. Allí estudió un par de años con un profesor y luego decidió seguir su camino solo, pero en 1899 volvió a estudiar formalmente en la Academia de Münich, donde se diplomó en 1900.

Su trabajo profesional se inició con paisajes estilizados, con acentos geométricos y vibrante colorido que exhibió en 1903 en Moscú. En 1909, él y su compañera Gabriele Münter se establecieron en Baviera. En 1911 publicó el libro *Acerca de lo espiritual en el arte,* con la justificación de sus ideas estéticas que lo fueron llevando hacia una pintura colorista y no figurativa, prácticamente abstracta. Al estallar la Primera Guerra

Mundial terminó su relación con Gabriele y regresó a Rusia, donde en 1917 se casó con Nina Andreyevskaya. La Revolución Rusa le permitió crear el Instituto de Cultura Artística y el Museo de Cultura Pictórica. En 1920 presentó una exposición en la Universidad de Moscú.

En 1922 se marchó a Weimar, Alemania, donde dio clases en la Bauhaus y en 1926 publicó *Punto, línea, superficie*. El cierre de la Bauhaus por la Gestapo lo consternó y emigró a Francia en 1933. En 1939 adoptó la ciudadanía francesa. Entre sus obras destacan: *Improvisación XIV, Movimiento I°, Crepúsculo*.

Murió el 13 de diciembre de 1944 en Neuilly-sur-Seine.

Immanuel **KANT**

Filósofo alemán nacido en Köningsberg, Prusia, el 22 de abril de 1724, de padres profundamente religiosos, sobre todo su madre Ana Regina Reuter, que era pietista. El padre, Hans Georg Kant, era talabartero, de modo que sólo con grandes esfuerzos pudo educar a sus hijos, especialmente a Immanuel, muy delicado de salud. De 1732 a 1740 Kant estudió en el Colegio fundado por Federico de Prusia. A los 16 años ingresó a la universidad de su ciudad natal para estudiar Matemáticas, Física y Filosofía, campos en los que destacó. Una vez graduado se dedicó a la enseñanza como medio para ganarse la vida y a la investigación por puro interés científico.

Con un régimen espartano, fue modelo de austeridad y exactitud, en la cátedra y en las obras que le dieron justa fama al postular cómo funciona la razón, sus límites y alcances en cuanto a la verdad del conocimiento obtenido y los métodos para verificarlo, como expuso en *Crítica de la razón pura, Crítica de la razón práctica, Prolegómenos a toda metafísica futura*, entre otras, con las cuales revolucionó la filosofía.

Falleció el 12 de febrero de 1804 en Köningsberg.

John F. **KENNEDY**

Político estadounidense de origen irlandés, nacido en Brookline, Massachussets, el 29 de mayo de 1917, hijo del político Joseph Kennedy y Rose Fitzgerald. Estudió en Harvard, donde se graduó en 1940 y se alistó en la Marina. En 1943 su bote patrullero fue hundido por los japoneses, pero aunque estaba gravemente herido, logró poner a salvo a sus hombres, acción por la que fue condecorado. Sus heridas le dejaron secuelas permanentes.

Al finalizar la guerra se afilió al Partido Demócrata y ganó una diputación en el área de Boston. En 1953 se postuló para senador y ganó la elección; ese mismo año se casó con Jacqueline Bouvier, con quien tuvo varios hijos de los cuales sobrevivieron sólo dos, Caroline y John. En 1960 ganó la nominación como candidato a la presidencia y más tarde ésta misma, superando a su rival, el republicano Richard Nixon, con lo que pasó a ser el 35° presidente de los Estados Unidos de América.

Una vez en la Casa Blanca, Kennedy tuvo que enfrentar la Guerra Fría con la ex Unión Soviética, la descolonización de África y los movimientos guerrilleros en América Latina, de los cuales triunfó el de Cuba, que aliada a la Unión Soviética supuso un enorme desafío para su país. Asimismo, en cuanto a política interna estuvo a favor de la igualdad de derechos civiles para los ciudadanos negros. Durante su campaña para reelegirse, cayó asesinado mientras viajaba con su esposa en un automóvil convertible, el 22 de noviembre de 1963.

JOHANNES **KEPLER**

Astrónomo alemán nacido en Weil der Stadt el 27 de diciembre de 1571, en el seno de una familia muy pobre, por lo que desde la infancia tuvo que dedicarse a hacer trabajos manuales para contribuir a los gastos. Sin embargo, aprendiendo por su cuenta dio muestras precoces de talento, por lo que los duques de Württenberg lo apoyaron económicamente.

En 1587 ingresó en la Universidad de Tubinga, donde pensaba completar su carrera eclesiástica, pero reconoció su falta de vocación así como su interés en las matemáticas. En 1594 ya era catedrático en la Universidad de Graz, Austria, donde preparó un almanaque y un calendario perpetuo con la reforma gregoriana. También se ganaba la vida haciendo horóscopos para personajes como el emperador Rodolfo II.

Vertió sus investigaciones sobre las distancias entre los planetas y el sol en su obra *El misterio del Universo*, afirmando que seguían trayectorias acordes a los sólidos perfectos (cubo, esfera, tetraedro, etc.), teoría errónea pero que sostenía con cálculos matemáticos y no sólo con razonamientos. Ésa fue su innovadora contribución.

En 1596 se trasladó a Praga, donde trabajó al servicio de Tycho Brahe, quien al morir le legó un acervo de observaciones y mediciones. En 1604 observó una supernova. Ello le impulsó a perfeccionar sus cálculos y postular las hoy famosas leyes de Kepler sobre las órbitas elípticas de los planetas.

En 1612 fue confirmado en su cargo de astrónomo de la corte imperial, pese a lo cual en 1620 tuvo muchas dificultades para liberar a su madre encarcelada bajo la falsa acusación de brujería. Víctima de las guerras religiosas, Kepler acabó refugiándose en Ulm y posteriormente en Ratisbona.

Falleció el 15 de noviembre de 1630.

JOHN MAYNARD **KEYNES**

Economista inglés nacido en Cambridge, el 5 de junio de 1883. Estudió Matemáticas en el King's College y ahí sus profesores lo alentaron a seguir la nueva carrera de Economía. Al finalizar la Primera Guerra Mundial, en 1918, formó parte de la delegación británica para la firma del Tratado de Versalles, a la que renunció al enterarse de la enormidad que se exigía a Alemania en calidad de "reparaciones de guerra". Keynes percibió que aquello sería ruinoso para los alemanes, pero también para el resto del mundo industrializado.

En 1919 publicó *Consecuencias económicas de la paz*, cuya exactitud se materializó en la llamada Gran Depresión, que empezó en 1929 con la caída de la Bolsa de Wall Street. En aquel momento, Keynes se permitió desafiar la economía establecida, que preconizaba recortar el presupuesto estatal y dejar que el libre mercado hiciera lo demás para salir de la depresión, al proponer una mayor inversión en obras públicas, préstamos para los pequeños productores y estímulos al empleo. Sus advertencias fueron ignoradas.

En 1939 publicó su gran ensayo *Teoría general del empleo, el interés y el dinero*, cuyas ideas se retomaron al finalizar la Segunda Guerra Mundial, marcando un cambio radical en el papel de los gobiernos en la economía hasta la década de 1980, en que tales supuestos fueron desafiados por los partidos más conservadores e interesados en la globalización comercial. Pero eso no lo vio Keynes, quien falleció el 21 de abril de 1946.

SÖREN **KIERKEGAARD**

Filósofo danés nacido en Copenhague el 5 de mayo de 1813, hijo de Michael Pedersen Kierkegaard, pastor y próspero comerciante en telas que se retiró del negocio para dedicarse a la meditación y la educación de sus hijos, y de Ana Sorensdater Lund. Sören fue el menor de los siete vástagos de la pareja.

Precoz e inteligente, pero atormentado por la estricta religiosidad paterna y por una malformación de la columna vertebral, a los 17 años ingresó en la Universidad de Copenhague para estudiar teología, según los deseos de su padre. Sin embargo, le interesó más la literatura, en especial la poesía.

Durante años vivió de una manera disipada. Las contrariedades con el padre llegaron al punto en que Sören abandonó el hogar en 1837 y se estableció en una vivienda alquilada, que pagaba con la renta que le enviaba su desconsolado padre. En poco tiempo fallecieron su madre y cinco hermanos, lo que lo llevó a pensar en un castigo divino. Se reconcilió con su progenitor poco antes de que éste falleciera en 1838. Arrepentido, reanudó la carrera eclesiástica y la culminó en 1840. Por esa época se enamoró de la joven Regina Olsen, pero luego de una crisis de conciencia, rompió el compromiso.

En 1841 se marchó a Berlín, donde acudió a la cátedra del filósofo Friedrich Schelling y ese mismo año recibió el grado de maestro en filosofía. Su tesis, *Sobre el concepto de la ironía,* le valió el reconocimiento académico. De regreso en Copenhague, Sören se entregó a escribir, viviendo con desahogo gracias a la herencia paterna. En sus obras, Kierkegaard encuentra en la angustia la clave de la vida actual, así como que la religión no debía ser puro acto ritual, sino libre sentimiento. Esto lo distanció de la iglesia luterana. Casi desconocido en su época, se le ha considerado precursor del existencialismo del siglo xx.

Falleció el 11 de noviembre de 1855, luego de haber pasado un mes hospitalizado después de un desmayo.

Martin Luther **KING**

Pastor baptista estadounidense de raza negra nacido el 15 de enero de 1929 en Atlanta, Georgia. Su padre fue ministro de la misma religión. Estudió teología en la Universidad de Boston y en 1954 quedó a cargo de una iglesia en la ciudad de Montgomery, Alabama. Desde entonces observó con preocupación la segregación racial que sufrían las personas de su raza.

Allí organizó un boicot contra el sistema de transporte municipal que discriminaba a los negros. La noticia se propagó por otros estados y King se convirtió en líder de un amplio movimiento contra la segregación. Los dos ejes de su esfuerzo fueron la filosofía de la resistencia pasiva creada por Mahatma Gandhi y la idea de la desobediencia civil, según

Henry David Thoreau. A inicios de la década de 1960, cuando su campaña adquirió dimensión nacional, fue encarcelado. Obtuvo su libertad por recomendación de John F. Kennedy, a la sazón candidato a la presidencia por el Partido Demócrata.

En 1963 organizó una marcha multitudinaria en Washington y fue recibido por Kennedy quien escuchó sus argumentos. Sin embargo, el movimiento negro carecía de cohesión y en él había pequeños grupos, como los Panteras Negras, que se inclinaban por la violencia. A los 35 años de edad, en 1964, King se convirtió en la persona más joven en recibir el premio Nobel de la Paz, con lo que su esfuerzo alcanzó resonancia internacional. En diferentes libros como *Un paso hacia la libertad* (1958), *Fuerza para amar, Por qué no podemos esperar* (ambos de 1964) y *¿Hacia dónde vamos, al caos o a la comunidad?*, dio sustento teórico a su programa que, a largo plazo logró una mayor integración de los negros en la sociedad estadounidense.

Murió asesinado en Memphis, Tennessee, el 4 de abril de 1968, a manos del suprematista blanco James Earl Ray. Su muerte provocó una ola de motines raciales en 60 ciudades de Estados Unidos.

Paul **KLEE**

Pintor suizo nacido en Münchenbuchsee, cerca de Berna, el 18 de diciembre de 1879. Desde pequeño demostró talento para el dibujo y entre 1898 y 1901 estudió en Münich con los artistas Heinrich Knirr y Franz von Stuck. Después de una larga época en Italia, regresó a Münich en 1906 y conoció al escritor y grabador Alfred Kubin, al pintor August Macke y a los miembros del movimiento artístico llamado "El Jinete Azul".

Amigo de Vasíly Kandinsky y Franz Marc, en 1912 tomó parte en la exposición de "El Jinete Azul". En el mismo año estuvo en París y se interesó por las obras de Henri Rousseau, Georges Braque y Pablo Picasso. Otra experiencia fundamental en su desarrollo fue su etapa como docente en la Escuela Bauhaus, en Weimar y Dessau, de 1921 a 1931. En 1937 sus trabajos fueron señalados en Alemania como "arte degenerado" por parte del gobierno nacionalsocialista.

Su obra consta de cerca de nueve mil piezas. Las de la primera etapa son, sobre todo, dibujos y trabajos gráficos de dinamismo lineal que reducen la percepción de los objetos, como ocurre en sus ilustraciones para *Cándido,* de Voltaire. Su viaje a Túnez, en 1914, le dio un nuevo sentido del color a su trabajo. En la etapa siguiente empleó diversas técnicas que supo manejar con sutileza, como el óleo y la acuarela. A veces mezclaba representaciones de objetos con asociaciones oníricas libres que avanzan hacia el abstraccionismo con un toque irónico. Su obra tardía reduce el lenguaje a representaciones y símbolos elementales marcados por un sentido claro del ritmo. Su trabajo abreva en imágenes e ideas de la filosofía, la música y el estudio de la literatura bajo la idea de que "El arte no nos devuelve lo que se ve, sino que lo hace visible". Además de su labor pictórica, durante su larga experiencia docente Klee escribió varias obras como el *Cuaderno de bocetos pedagógicos* (1925) y *Sobre el arte moderno* (publicado en 1945).

Sus ideas y sus obras tuvieron una influencia decisiva en el arte del siglo XX.

Falleció en Muralto, cerca de Locarno, el 29 de junio de 1940.

Robert **KOCH**

Médico y fisiólogo alemán nacido en Clausthal, actualmente Alemania, en 1843. Estudió en la Universidad de Göttingen y se doctoró en 1866. Trabajó como médico en el hospital de Hamburgo y más tarde en otros hospitales antes de dedicarse de lleno a la investigación. En 1870 hizo un primer descubrimiento: el bacilo del carbunco *(Bacillus anthrads)*, lo que representó un gran paso para la historia de la medicina, pues por primera vez en la historia se aisló al agente causante de una infección. Sus métodos dieron inicio a la bacteriología y la inmunología modernas.

En 1881 identificó otro bacilo: el de la tuberculosis. Este agente infeccioso *(Mycobacterium tuberculosis)*, que ahora se conoce como bacilo de Koch, se multiplica en el interior de unas lesiones pulmonares llamadas "tubérculos", y después invade las vías respiratorias altas y también la boca. Más tarde, en 1883, una epidemia de cólera que estaba causando estragos en la India lo llevó a estudiar las causas de esta dolencia y se detectó al *Vibrio choleras,* una bacteria que se multiplica en el intestino delgado y que se contagia, sobre todo, a través del agua. También investigó, en África, el papel de ciertos insectos en la transmisión de enfermedades.

Estos estudios permitieron comprender que los agentes que causan las enfermedades pueden vivir en diferentes seres vivos: ratas, gallinas, pulgas, moscas, mosquitos, etc. Gracias a Koch se identificaron los animales que los transmiten a los seres humanos. Así fue posible controlarlos para evitar la propagación de enfermedades infecciosas. Asimismo, quedó claro que el agua que se utilizaba para beber o cocinar muchas veces estaba contaminada. En 1905 obtuvo el premio Nobel de Fisiología y Medicina.

Murió en Baden Baden, en 1910.

Nikita **KRUSCHEV**

Político soviético nacido el 17 de abril de 1894 en Kalinovka, Ucrania, Imperio Ruso. Era hijo de un minero y recibió su educación básica en su pueblo natal. Su familia se mudó después a Yuzovka, un centro minero e industrial, donde comenzó a trabajar como obrero a los 15 años. Fue miembro activo de diversas organizaciones obreras y se integró al Partido Comunista Ruso, el de los Bolcheviques. En 1919 se sumó al Ejército Rojo; tres años después ingresó a una escuela para trabajadores en Yuzovka, donde estudió la secundaria y recibió adoctrinamiento político.

Con la ayuda de Lázar Kaganóvich, figura cercana a Stalin, ascendió en los puestos políticos de la Unión Soviética. Aprobó y apoyó las políticas de persecución de Stalin y participó en las purgas contra los disidentes. En 1935 se integró al Comité Constitucional y en 1939 llegó a ser gobernador de Ucrania. Durante la Segunda Guerra Mundial sirvió como comisario entre Stalin y sus generales, y estuvo presente en el sitio de Stalingrado. Después de la liberación de Ucrania, se ocupó de reactivar la vida productiva de la República, pero nada pudo hacer para controlar la hambruna de 1946. Tres años después Stalin lo llamó de regreso a Moscú y, en su calidad de director del Partido de la Ciudad, fue uno de sus más cercanos asesores.

A la muerte de Stalin, en 1953 luchó con varios contendientes por su herencia política. El 14 de septiembre se convirtió en primer secretario del Partido Comunista de la URSS, cargo en el que permaneció hasta 1964; posteriormente llegó a ser presidente del Consejo de Ministros. En 1956, durante el XX Congreso del Partido, pronunció un discurso secreto en el que denunció los excesos de Stalin. Su gobierno abrió paso a una etapa de mayor respeto; sin embargo, no logró controlar la crisis agrícola. Le tocó protagonizar la etapa de mayores tensiones con Estados Unidos durante la llamada "Guerra Fría", incluyendo la Crisis de los Misiles. En 1964 una conspiración encabezada por Leonid Brezhnev lo retiró del poder.

Falleció de un ataque cardiaco en Moscú el 11 de septiembre de 1971.

Jean de **LA FONTAINE**

Fabulista francés nacido en Château Thierry, Champagne, el 8 de julio de 1621, hijo de un funcionario gubernamental a cargo de Aguas y Florestas en la región. Mientras estudiaba Derecho y Teología en París tuvo el deseo de hacerse sacerdote, pero se vio atraído por las reuniones mundanas y prefirió no ejercer la abogacía sino regresar a la casa paterna y desempeñar el cargo heredado de superintendente de bosques. En 1647 se casó con la rica heredera Marie Héricart, pero el matrimonio no funcionó y se separaron en 1658.

Jean decidió irse a París y consagrarse a escribir. Allí fue amigo de Moliére y obtuvo el patrocinio del poderoso Nicolas Fouquet, superintendente de finanzas del reino. Cuando éste fue acusado de alta traición y encarcelado, La Fontaine dejó París. De 1664 a 1672 estuvo al servicio de la duquesa de Orleáns. En 1683 le concedieron el honor de pertenecer a la Academia Francesa en reconocimiento a su obra, constituida por 239 fábulas escritas en excelente verso, llenas de animación y gracia, clásicas en su estructura y con una moraleja práctica a la vez que aguda. Además escribió *Narraciones y cuentos* (1665) y *Los amores de Psique y Cupido* (1669).

Falleció el 13 de abril de 1695 en París.

Jean-Baptiste **LAMARCK**

Biólogo francés nacido en Bazentin el 1 de agosto de 1744. Hasta los 17 años siguió la carrera eclesiástica por indicaciones de su padre. Al morir éste se integró a un cuerpo de infantería, en el que permaneció de 1761 a 1768, cuando se separó por problemas de salud. En los años subsecuentes radicó en París y se dedicó al estudio de la botánica. Fue miembro del Real Jardín Botánico y, después de la Revolución Francesa, se integró como investigador al Museo de Historia Natural, donde dirigió el Departamento de Animales sin esqueleto, a los que denominó "invertebrados". A ellos dedicó su obra más amplia, en siete volúmenes: *Historia natural de los invertebrados* (1815-1822).

Precursor de la teoría de la evolución, formulada por Charles Darwin, afirmó que las plantas y los animales cambian de estructura de acuerdo con el medio donde viven; como respuesta adaptativa desarrollan ciertos órganos y dejan otros en desuso y, con el paso del tiempo, éstos se atrofian. De acuerdo con él, estos cambios se traspasan a las generaciones posteriores.

Su obra aborda diversos temas. En ella cabe destacar *Flora francesa* (1778), *Diccionario de botánica* (1782), *Enciclopedia de botánica* (1783) y *Filosofía zoológica* (1809). Fue él quien usó por primera vez el término "biología" para referirse al estudio de los seres vivos, en el contexto de su libro *Hidrogeología* (1802).

Interesado por la química rechazó las avanzadas teorías de Lavoisier y defendió la vieja visión de los cuatro elementos. Su trabajo fue incomprendido por sus colegas contemporáneos y, en los últimos años de su vida, quedó ciego y sumido en la pobreza.

Su familia se vio obligada a vender su biblioteca y los objetos domésticos tras su fallecimiento, ocurrido en Somme, el 18 de diciembre de 1829.

Pierre-Simón **LAPLACE**

Matemático, físico y astrónomo francés nacido en Normandía el 23 de marzo de 1749. Fue profesor de matemáticas en la escuela militar de París y posteriormente en la Escuela Normal Superior y de la Politécnica. Durante el imperio napoleónico ocupó el cargo de senador y recibió el título de conde. Más adelante se alineó con Luis XVIII, fue nombrado marqués y en 1816 se convirtió en miembro de la Academia Francesa.

Se interesó en el estudio de los movimientos de los distintos planetas y satélites, en especial de la Luna y los satélites de Júpiter. Descubrió que el achatamiento de la Tierra por los polos influía en el movimiento de traslación de la Luna y partiendo de tal hipótesis dio un valor aproximado a ese achatamiento.

En su obra *Exposición del sistema del mundo* (1796) expuso la hipótesis según la cual los elementos de que están constituidos los astros del sistema solar empezaron a formarse a partir de una nebulosa primitiva, a su vez formada por una nube lenticular de gas y polvo en rotación. Esta materia difusa se fue concentrando sobre los núcleos de mayor masa hasta formar los planetas. Como la presión y la temperatura variaban con la distancia al centro de la nebulosa, ocupado por el Sol, los fenómenos fisicoquímicos siguieron una evolución distinta en la superficie y en la zona central de cada planeta.

En su obra *Mecánica celeste* reunió todas las teorías e ideas expuestas por los principales físicos y astrónomos como Isaac

Newton, Edmond Halley, Jean Le Rond D'Alembert, Leonhard Euler, etcétera.

En cuanto a las matemáticas, destacó en el cálculo integral, el cálculo de ecuaciones diferenciales y el cálculo y la definición de probabilidad. También realizó estudios de física teórica.

Murió en París en 1827.

Mariano José de **LARRA**

Escritor español, hijo de un médico que trabajaba en el ejército francés, nació en Madrid el 24 de marzo de 1809 y se exilió en Francia con su familia. Residió en Burdeos y luego se estableció en París, donde recibió una formación humanística y aprendió la lengua francesa. En 1818 la familia regresó a España y se estableció en Madrid. En 1820, por motivos políticos, la familia se trasladó a Navarra. En 1823 volvió a Madrid, donde estudió matemáticas, taquigrafía y economía política, y también aprendió italiano, inglés y griego. En 1824 empezó a estudiar Leyes en la Universidad de Valladolid, pero al poco tiempo se trasladó a Valencia.

En 1825 fue a Madrid, donde empezó a estudiar Medicina y consiguió un empleo. Aunque no era partidario de la política de Fernando VII, Larra procuró obtener sus favores. Su trabajo como periodista se inició con la publicación de la revista mensual *El duende satírico del día*.

A los 20 años se casó con Josefina Wetoret, con quien tuvo tres hijos. En 1832 empezó a publicar la revista satírica *El pobrecito hablador*. Un año más tarde murió Fernando VII y Larra se inclinó hacia el liberalismo. Colaboró en diferentes publicaciones con el seudónimo de "Fígaro". También escribió varias obras de teatro. Entre sus artículos destacan los de tema político, pero también hay otros muchos de carácter general, de costumbres y literarios.

Mantuvo un romance con Dolores Armijo. En 1834 conoció a la cantante de ópera Julia Grisi, se separó de su mujer y rompió su relación con su amante. Se fue de España para evitar el escándalo y estuvo en París, Portugal y el Reino Unido, hasta 1835, año en que regresó a Madrid. Al año siguiente fue elegido diputado liberal por Ávila, pero el Parlamento no llegó a constituirse a raíz del motín de La Granja.

El 13 de febrero de 1837 se reunió de nuevo con Dolores Armijo. Cuando ella quiso romper la relación y le devolvió todas sus cartas, Larra se suicidó disparándose un tiro ante un espejo.

LAUTARO

Caudillo araucano nacido hacia 1535. Dirigió la lucha de su pueblo frente a la dominación española. La exploración de los conquistadores españoles fue iniciada por Diego de Almagro en 1536, pero fue Pedro de Valdivia quien comenzó en 1540 la conquista de los territorios que actualmente forman Chile. Valdivia fundó Santiago en febrero de 1541, pero los indígenas contrarios a la presencia española incendiaron la ciudad. A partir de entonces se entabló una guerra abierta entre los conquistadores y los araucanos. Lautaro, hijo de un cacique, fue capturado por los españoles cuando aún era niño y vivió con ellos entre 1550 y 1553. Cuando escapó, se puso al frente de la resistencia de los mapuches.

Venció a los españoles en Tucapel en 1553, capturó y ejecutó a Pedro de Valdivia. El mando de las operaciones lo tomó el lugarteniente del conquistador, Francisco de Villagrán, quien fue nombrado corregidor y justicia mayor de Chile. Lautaro derrotó de nuevo a los colonizadores en la ciudad de Valdivia y Marigueña, y dirigió el saqueo de la ciudad de Concepción, expulsando a los españoles de gran parte de Chile.

García de Mendoza fue enviado desde España como nuevo gobernador de Chile. Su expedición de reprimenda logró que los araucanos retrocedieran hacia el sur. Francisco de Villagrán consiguió penetrar en el campamento de los mapuches, capturar al jefe indio y ajusticiarlo junto al río Malaquita en 1557. La guerra de la colonización de Chile duró veinte años.

Anton Van **LEEUWENHOEK**

Naturalista e inventor del microscopio, nacido en Delft, Países Bajos, el 24 de octubre de 1632, en el seno de una familia de comerciantes. En su primera juventud se entrenó en el negocio de la compra-venta de paños en Ámsterdam. Careció de cualquier formación científica y no fue alumno de ninguna universidad, pero de manera autodidacta estudió astronomía, ciencias naturales, matemáticas y química.

Después de casarse regresó a vivir a Delft, donde estableció un comercio de telas. Tras aprender técnicas para pulir y soplar vidrio, construyó lupas con el fin de observar en detalle el entramado de las fibras que componían las telas que comerciaba. Ello le condujo al desarrollo de un microscopio artesanal que ampliaba la imagen hasta en 300%. Siguiendo la intuición de su curiosidad natural, lo aplicó al análisis de fibras musculares y la circulación sanguínea en capilares. Fue el primero en observar protozoarios, bacterias, espermatozoides y estructuras vegetales, lo que cuestionaba la teoría de la "generación espontánea". Halló microorganismos presentes en aguas estancadas y el sarro dental y dio a esas criaturas el nombre de animalículos.

Recopiló sus hallazgos y descripciones de lo que observaba en escritos, dibujos y diagramas difundidos con gran éxito entre los naturalistas de la época, cuando nadie podía acceder a este tipo de conocimientos. Aunque ni siquiera tenía conocimientos de latín, el idioma de los científicos de ese entonces, en 1680 fue admitido en la Real Society y sostuvo correspondencia con algunos de sus miembros más importantes. Su legado fundamental fue la creación de la microbiología, desconocida en su época. Amigo del pintor Johannes Vermeer, se presume que fue el modelo de *El geógrafo*, uno de sus cuadros más notables.

Falleció en su ciudad natal el 26 de agosto de 1723.

Gottfried Wilhelm von **LEIBNIZ**

Filósofo y matemático alemán, nacido en Leipzig el 1 de julio de 1646. A los 20 años obtuvo su grado de doctor en Derecho. En 1666 publicó *Dissertatio de arte combinatoria*, donde exploró la idea de un lenguaje matemático lógico universal basado en el sistema binario. En 1667 empezó a trabajar con el elector de Maguncia, para quien realizó un nuevo código legal, entre otros trabajos. Entre 1672 y 1676 residió en París y viajó a Londres. Fue bibliotecario y asesor de los duques de Brunswick en Hanover desde 1676.

En 1687 recibió la comisión del elector de Hanover para investigar y escribir la historia de la casa Brunswick, por lo que viajó por Alemania, Austria e Italia, pero cuando el hijo del elector se convirtió en el rey Jorge I de Inglaterra, éste le prohibió a Leibniz seguirlo a la corte hasta que terminara al menos el primer tomo. Fue cofundador y primer presidente de la Academia Alemana de Ciencias en 1700, mismo año en que fue admitido como miembro extranjero en la Academia de Ciencias de París, además de que fue miembro vitalicio de la Royal Society de Londres.

Durante su vida escribió de manera prolífica, aunque publicó muy pocas obras. En 1710, apareció *Teodicea*, donde hace una conciliación entre la bondad de Dios y la maldad del mundo, afirmando que sólo Dios es perfecto y el mundo es el mejor de los mundos posibles. En el campo de la metafísica, escribió *Monadología* (1715), donde enunció la doctrina de las mónadas (sustancias simples), a las que les dio fundamento matemático, físico, metafísico, psicológico y biológico.

Residió en Viena entre 1712 y 1714, y fue nombrado consejero de la corte de Habsburgo por Carlos VI. Murió en Hanover el 14 de noviembre de 1716.

LENIN (Vladimir Ilich Uliánov)

Político y líder comunista ruso nacido el 22 de abril de 1870, en Simbirsk. Ingresó al gimnasio de la ciudad en 1879. Recibió una fuerte influencia de su hermano mayor, Aleksandr, que fue ahorcado en 1887 por atentar contra el zar Alejandro III. Estudió Derecho y se hizo marxista durante la práctica legal. Fue detenido por subversión en 1895 y exiliado a Siberia.

Vivió en Europa occidental desde 1900. Surgió como líder de los bolcheviques en la reunión de 1903, en Londres, del Partido Obrero Socialdemócrata de Rusia. Fundó y editó varios periódicos revolucionarios en los que expuso su teoría que, unida a las ideas de Marx, conformaron el marxismo-leninismo, esencia doctrinaria del comunismo.

Regresó a Rusia en 1917 y condujo a los bolcheviques en el derrocamiento del gobierno de Alexander Kerensky. El Congreso de los Soviets lo nombró presidente del Consejo de Comisarios del Pueblo, lo que lo convirtió en líder del Estado soviético. Firmó el Tratado de Brest-Litovsk, para pactar la paz con Alemania, en condiciones desventajosas para Rusia. Encaró la contrarrevolución en la Guerra Civil Rusa de 1917. Fundó la Internacional Comunista en 1919 y mantuvo su comunismo de guerra hasta 1921.

Murió en Gorki el 21 de enero de 1924.

Fray Luis de LEÓN

Escritor español nacido en Belmonte, Cuenca, en 1527. Se marchó a estudiar a Salamanca, donde profesó en 1544 en la orden de los agustinos. Obtuvo su grado de doctor en Teología por la Universidad de Salamanca en 1560, y al año siguiente ganó por oposición la cátedra de Santo Tomás.

Fue encarcelado en 1561 por su *Comentario al Cantar de los Cantares*, texto de la *Biblia* entonces prohibida. En 1565 ganó la cátedra de Durando. Ese mismo año, en el Concilio Compostelano, defendió la necesidad de estudiar los originales en hebreo de la *Biblia*. Durante las sesiones de la comisión de teólogos reunida en 1569, para examinar el texto de la *Biblia* de Vatablo, se enfrentó con León de Castro. Al cerrarse la comisión en 1571, De Castro y sus partidarios declararon contra fray Luis y otros dos teólogos, por exponer y defender opiniones heréticas, de modo que al año siguiente fue encarcelado.

Absuelto en 1576 se reintegró a la universidad en 1578 en la cátedra de Teología y en la de Filosofía Moral. Continuó con su trabajo de traductor y escritor, y fue nombrado para presidir el capítulo de Castilla de la orden de San Agustín.

Su obra quedó dividida primero por los idiomas que utilizó (latín y castellano) y luego en tres categorías: las piezas originales (*La perfecta casada*, *De los nombres de Cristo*, ambas de 1583), las traducciones profanas y las traducciones bíblicas (o comentarios a fragmentos bíblicos). Dejó una marca personal en la poesía en lengua castellana por su uso de un lenguaje transparente y un uso impecable de las formas.

Murió el 23 de agosto de 1591.

Sebastián **LERDO DE TEJADA**

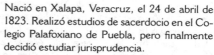

Nació en Xalapa, Veracruz, el 24 de abril de 1823. Realizó estudios de sacerdocio en el Colegio Palafoxiano de Puebla, pero finalmente decidió estudiar jurisprudencia.

Empezó a destacar en política durante el gobierno de Ignacio Comonfort. Colaboró con Benito Juárez, de quien fue ministro de Justicia (1863) y más tarde se encargó de Relaciones Exteriores (1863–1870).

En 1871, al declararse el triunfo de la república, Lerdo de Tejada, Porfirio Díaz y Benito Juárez contendieron por la presidencia. Este último ganó las elecciones y Lerdo de Tejada ocupó el cargo de presidente de la Suprema Corte de Justicia. En julio del siguiente año Juárez murió y Lerdo asumió la presidencia interina. Tras nuevas elecciones celebradas en octubre, obtuvo una enorme mayoría y en diciembre se convirtió oficialmente en presidente del país. Durante su gobierno se elevaron a rango constitucional las Leyes de Reforma, se restableció la Cámara de Senadores, se fomentó la inversión y se inauguró el ferrocarril de México a Veracruz. Intentó reelegirse, pero Porfirio Díaz se levantó en armas en enero de 1876 y logró derrocarlo.

Lerdo de Tejada partió al exilio y murió en Nueva York el 21 de abril de 1889.

LEUCIPO

Filósofo griego nacido hacia 460 a.C., en alguna ciudad de Asia Menor. Se sabe muy poco de su vida y sólo por referencia de terceros. Se cree que fundó la Academia en Abdera, ciudad de la Confederación de Delos y cuna de Protágoras, el primer sofista, también contemporáneo de Leucipo.

Fue maestro de Demócrito de Abdera, con quien comparte el crédito del establecimiento del atomismo mecanicista, de acuerdo con el cual el Universo está conformado por pequeñas partículas llamadas átomos (en griego, *indivisible*), desprovistas de cualidades y que forman la variedad de cuerpos existente sólo cuando se combinan en el vacío.

Se le atribuyen las obras *El gran sistema del mundo*, en la que expone una cosmología donde los mundos se generan por las aglomeraciones de átomos originadas por colisiones oportunas, y *Sobre la mente*, de la que sólo se conserva una cita: "Nada ocurre al azar, sino por una razón y una necesidad".

Murió hacia 370 a.C.

ABRAHAM **LINCOLN**

Político estadounidense nacido en Hodgenville, Kentucky, el 12 de febrero de 1809. Su familia se trasladó a Indiana cuando él tenía ocho años. Perdió a su madre en 1818 y su padre casó al año siguiente con quien Lincoln llamó su "madre ángel". Según sus propias palabras, al llegar a la mayoría de edad apenas sabía leer, escribir y hacer algunas operaciones matemáticas.

Su familia se mudó en 1830 a Illinois, donde Lincoln hizo grandes esfuerzos por estudiar mientras trabajaba en la granja de su padre, primero, y en un almacén, después, entre las múltiples ocupaciones que tuvo. Se alistó como voluntario en la guerra contra el jefe Halcón Negro, en 1832, hasta ser capitán de su compañía. Postuló para legislador de su estado y fue derrotado en su primer intento, pero en 1834 logró el triunfo y la reelección en tres ocasiones. Después de aprender por su cuenta gramática y matemáticas, empezó a estudiar libros de Derecho, de modo que en 1836 obtuvo la licencia para litigar y fue uno de los abogados más exitosos en Illinois.

En 1846 fue elegido a la Cámara de Representantes. En 1858 se postuló para senador y perdió, aunque se dio a conocer a nivel nacional, por lo que el Partido Republicano lo postuló para presidente en las elecciones de 1860, las que ganó y así se convirtió en el 16º presidente de los Estados Unidos.

Luego de una prolongada lucha de intereses, en la que elección de Lincoln como presidente fue la culminación, en 1861 los estados del sur declararon, bajo el nombre de Estados Confederados de América, su separación de los estados del norte y comenzó así la Guerra de Secesión, que duraría hasta 1865 y daría la victoria de los unionistas. El 1 de enero de 1863, Lincoln emitió la Proclama de Emancipación que declaraba libres a los esclavos dentro de la Confederación. Ganó nuevamente la presidencia en 1864, y al año siguiente la Cámara de Representantes aprobó la 13ª enmienda con la abolición de la esclavitud.

Murió asesinado por un actor simpatizante del sur en el teatro Ford, de la ciudad de Washington, el 14 de abril de 1865.

Carl von LINNEO

Botánico sueco nacido en Råshult, el 23 de mayo de 1707. Estudió en las escuelas de Växjö. En 1727 ingresó a la Universidad de Lund y en 1728, a la Universidad de Uppsala, donde estudió Medicina. Exploró en 1732 la Laponia sueca, financiado por una beca. Se trasladó a Holanda en 1735 para ingresar a la Universidad de Hardewijk, donde desarrolló los fundamentos para definir los géneros y las especies de los organismos. Vivió en Estocolmo en 1738 y regresó a Uppsala tres años después para establecerse como catedrático por el resto de su vida.

Linneo creó la nomenclatura binomial, cuyo fundamento inicial fueron las partes de la flor, que no cambian durante el proceso evolutivo. También sistematizó el reino mineral. Sus principales obras fueron *Systema naturae* (1735), *Fundamenta botanica* (1736) y *Species plantarum* (1753).

Murió en Uppsala el 10 de enero de 1778.

Franz LISZT

Compositor y pianista húngaro nacido en Raiding el 22 de octubre de 1811. Su formación inicial en la música se la dio su padre desde los seis años. Al percatarse del talento de su hijo, consiguió fondos de la nobleza para su educación. Lo mandó a Viena donde tomó clases con un discípulo de Beethoven y estudió composición con Salieri. En 1823 se trasladó con su familia a París, donde debutó en 1824 y causó sensación. Pasó tres años de gira por Europa, y regresó a París. Suplió su deficiente formación intelectual leyendo y conviviendo con artistas e intelectuales. Conoció entre 1830 y 1832 a Berlioz, Paganini y Chopin, quienes influyeron notablemente en su arte.

Regresó a Hungría por primera vez desde su infancia, durante una gira que realizó por Europa de 1839 a 1847. Al terminarla, aceptó establecerse en Weimar en 1848 como director musical del ducado, para dedicarse a componer, lo que hizo de manera prolija. Dimitió al cargo en 1851 y salió a Roma en 1861 para gestionar el divorcio de su pareja y reunirse con ella. Allí pasó los siguientes ocho años dedicado cada vez más a la música religiosa.

Recibió una invitación para dar clases en Weimar, en 1869, y en Budapest, en 1871, por lo que viajó entre estas ciudades y Roma el resto de su vida. Luego de cinco años de distanciamiento, se reconcilió con Wagner en 1872 y a partir de entonces asistió con regularidad al festival de Bayreuth.

Como virtuoso del piano, Lizst tuvo la posibilidad de elevar a un nivel nunca visto la ejecución del instrumento y fue el primero en presentar conciertos enteros como solista. En su obra, amplió el lenguaje armónico de su época, lo que llevó a final de cuentas a la música atonal del siglo XX.

Murió el 31 de julio de 1886.

JOHN **LOCKE**

Filósofo inglés nacido en Wrington, el 29 de agosto de 1632. A los 14 años ingresó a la Westminster School y a los 20, a la Universidad de Oxford, donde estudió Filosofía y Medicina. Obtuvo su maestría en 1658. Ya como tutor en su colegio, en 1660, recibió con beneplácito el regreso de la monarquía. Sirvió como diplomático en 1665. Desde 1667 fue secretario y médico privado de lord Anthony Ashley, con quien se identificó, pues ambos estaban por la monarquía constitucional, la tolerancia religiosa, la libertad civil, la regulación del Parlamento y la expansión de Inglaterra. Fue miembro de la Royal Society desde 1668. Ayudó a lord Ashley a redactar la Constitución de Carolina, colonia británica en América, en 1669.

Se autoexilió en Francia en 1675, luego de que lord Ashley, entonces conde de Shaftesbury, perdió el favor del rey. Regresó a Inglaterra en 1679, durante un periodo de gran efervescencia política, que orilló a Locke a salir a Holanda en 1683. En el exilio, trabajó con ahínco en obras que le serían publicadas mucho después. Volvió a Londres en 1689 pero su salud, que nunca fue buena, resintió la densa atmósfera de la ciudad, por lo que en 1691 se mudó a Essex. En esa época se publicaron sus principales obras: *Carta sobre la tolerancia* (1689), *Ensayo sobre el entendimiento humano* (1690), *Pensamientos sobre la educación* (1693) y *La razonabilidad del cristianismo* (1695).

En 1696 fue comisionado en la Junta de Comercio y Colonias, en la que desempeñó un importante papel con sus deliberaciones, por lo que en la etapa final de su vida realizó constantes viajes a Londres.

Murió en Oates, Essex, el 28 de octubre de 1704.

Nacho **LÓPEZ**

Fotógrafo y cineasta mexicano nacido en Tampico, Tamaulipas, en noviembre de 1923. Estudió hasta el bachillerato en su ciudad natal y en 1944 se trasladó a la Ciudad de México. Inició estudios en 1945 en el Instituto de Artes y Ciencias Cinematográficas de México. Viajó a Venezuela en 1948 para trabajar como maestro en la Escuela de Periodismo de la Universidad Central, en Caracas. A su regreso a México, en la década de 1950, inició su etapa de fotorreportero, colaborando para diversas publicaciones. También trabajó fotografiando expresiones de danza contemporánea.

Su primera exposición individual en la Ciudad de México se inauguró en 1955, en el Salón de la Plástica Mexicana. Al año siguiente fue invitado por la Panamerican Union, de la OEA, para exponer en Washington.

Incursionó en la cinematografía y expuso su material en varias muestras: *Los interioristas* (1961), *Cincuenta imágenes de jazz* (1962) y *Caleidoscopio fotográfico* (1965). Fundó su compañía productora en 1969, para realizar cine independiente. Se desempeñó como catedrático en 1976 en la Facultad de Artes Plásticas, de la Universidad Veracruzana, y en el Centro Universitario de Estudios Cinematográficos de la Universidad Nacional Autónoma de México (UNAM). Fue contratado por la Dirección de Educación Indígena (INI) en 1980 para realizar registros que se incluyeron en algunos libros didácticos.

A lo largo de su vida, sus inquietudes lo llevaron por diferentes caminos. Se acercó en algunas ocasiones a otras disciplinas y ramos artísticos como la danza, la pintura, la música y el teatro, y en su laboratorio también experimentó con diferentes técnicas.

Murió en la Ciudad de México el 24 octubre de 1986.

Antonio **LÓPEZ DE SANTA ANNA**

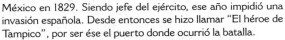

Militar, político y presidente mexicano nacido en Jalapa, Veracruz, el 21 de febrero de 1794. Hijo de españoles peninsulares, tuvo una educación esmerada. Ingresó al ejército realista en 1810 como cadete de infantería y llegó a ser capitán. En 1821 apoyó a Agustín de Iturbide y dos años más tarde, ayudó a derrocarlo.

En las elecciones de 1828 apoyó a Vicente Guerrero, quien asumió la presidencia de México en 1829. Siendo jefe del ejército, ese año impidió una invasión española. Desde entonces se hizo llamar "El héroe de Tampico", por ser ése el puerto donde ocurrió la batalla.

Llegó a la presidencia por primera vez en 1833 y permaneció en el poder hasta 1836, pues marchó a sofocar una rebelión en Texas, donde fue hecho prisionero. Lo enviaron a México en 1838, año en que participó en la "Guerra de los Pasteles", donde perdió una pierna. Al año siguiente asumió el poder por cuatro meses, en ausencia del presidente. En 1841 llegó a la presidencia debido a un golpe de Estado, pero fue enviado al exilio en 1845. De nuevo en el país tomó el mando del ejército, peleó con las tropas estadounidenses y fue derrotado, lo que ocasionó la pérdida de casi la mitad del territorio nacional. Partió al exilio de nuevo en 1847.

Asumió una vez más la presidencia a petición de los conservadores en 1853. Se autonombró dictador vitalicio y se hizo llamar "su Alteza Serenísima". Para obtener recursos, vendió La Mesilla a Estados Unidos. Propició el regreso de los jesuitas a México, previamente expulsados durante la Colonia; también estableció impuestos sobre la posesión de perros domésticos y ventanas en las casas. Obligado a dimitir una vez más, salió a su último exilio en 1855 y regresó en 1867.

Ciego y en la miseria, murió en la Ciudad de México el 21 de junio de 1876.

José **LÓPEZ PORTILLO Y ROJAS**

Novelista mexicano nacido en Guadalajara, Jalisco, el 26 de mayo de 1850. Estudió en su ciudad natal la carrera de Derecho y se graduó en 1871. Viajó por Estados Unidos, Europa y el Oriente Medio y a su regreso en 1871 publicó *Impresiones de viaje*. Fue diputado por Jalisco de 1875 a 1877 y por Nuevo

León en 1892. Fundó en 1886 *La República Literaria*, una revista cultural.

Se estableció en la Ciudad de México en 1902 para atender un puesto en la Secretaría de Relaciones y participó como delegado en la Segunda Conferencia Panamericana. Volvió a ocupar una curul en 1904 y, dos años más tarde, fue senador de la República. Ingresó en la Academia Mexicana de la Lengua en 1903, de la que llegó a ser su secretario y, 13 años más tarde, su director. Acusado de malversación de fondos en 1909, fue desaforado como senador y pasó seis meses en la cárcel.

Ocupó la gubernatura de Jalisco en 1912, pero la dejó para hacerse cargo del ministerio de Relaciones Exteriores en 1914, posición para la que lo llamó Victoriano Huerta, con quien terminó enemistado. Por ello sufrió persecución tanto de Huerta como de los revolucionarios. En 1916 se acogió a la amnistía que decretó Pablo González, para dedicarse a enseñar y escribir.

Como escritor incursionó en diversos géneros, pero lo mejor de su obra fueron las novelas: *La parcela* (1898), la más conocida y celebrada, *Los precursores* (1909), donde trata la clausura de los conventos, y *Fuertes y débiles* (1919), cuyo tema es la Revolución Mexicana.

Murió en la Ciudad de México, el 22 de mayo de 1923.

Ignacio **LÓPEZ RAYÓN**

Abogado e insurgente mexicano nacido en Tlalpujahua, Michoacán, en 1773. Ingresó en 1786 al Colegio Nicolaíta en su estado y 10 años después se graduó en Derecho, en el Colegio de San Ildefonso de la Ciudad de México. Regresó a su ciudad natal a trabajar la tierra y las minas de su padre.

Se incorporó a las fuerzas de Miguel Hidalgo al comienzo del movimiento independentista de 1810 y participó en la histórica batalla del monte de Las Cruces. En Guadalajara, Hidalgo le otorgó el título de secretario de Estado y del Despacho. Promovió la publicación de *El Despertador Americano*, primer periódico insurgente. Participó en la batalla de Puente de Calderón, en 1811, donde fueron derrotados los insurgentes, que se retiraron hacia el norte.

Reunidos en Saltillo, nombraron a López Rayón jefe supremo. Al conocer de la captura de los jefes insurgentes en Acatita de Baján, se dirigió a tomar Zacatecas, lo que logró después de varios combates. Ahí se pertrechó y salió hacia Zitácuaro, donde instauró una junta de gobierno, representante del movimiento insurgente. Félix María Calleja atacó la ciudad en 1812 y, al caer ésta, López Rayón salió hacia Toluca y se fortificó en Lerma. Formó parte del Constituyente de 1813, que se reunió en Chilpancingo, con Morelos a la cabeza.

Los realistas lo aprehendieron en 1817 y lo encerraron en la prisión de Tacuba, en la Ciudad de México, de la que fue liberado en 1820. Dos años después, consumada la Independencia, fue nombrado tesorero de San Luis Potosí. Fue diputado en su estado natal en 1824 y en 1827 ocupó el cargo de presidente del Tribunal Supremo de Guerra y Marina.

Murió en la Ciudad de México, el 2 de febrero de 1832. Su nombre está inscrito con letras de oro en el salón de sesiones de la Cámara de Diputados.

Ramón **LÓPEZ VELARDE**

Poeta mexicano nacido en Jerez, Zacatecas el 15 de junio de 1888. En 1900 ingresó al seminario de Zacatecas para iniciar sus estudios que continuó en el de Aguascalientes. En 1905 abandonó la carrera sacerdotal. Empezó a colaborar con diferentes publicaciones desde 1906. Se matriculó en la Universidad de San Luis Potosí, en 1908, para estudiar Derecho. Apoyó a Madero, a quien conoció en 1910. Obtuvo su título de abogado en 1911 y ejerció durante algún tiempo. En 1912 se trasladó a la Ciudad de México para colaborar en *La Nación*, periódico donde publicó poemas, reseñas y artículos sobre la política de México, pero lo abandonó al año siguiente, aunque siguió colaborando con otras publicaciones, y se dedicó a escribir.

Apareció *La sangre devota* en 1916, con relativo éxito. Su segunda obra, *Zozobra*, se publicó en 1919. Escribió su obra más conocida, el poema *Suave Patria*, en 1921. Después de su muerte se publicaron: *El minutero* (1923), *El son del corazón* (1932), *El don de febrero y otras prosas* (1952) y la compilación epistolar *Correspondencia con Eduardo J. Correa y otros escritos juveniles* (1991). Su poesía, que representa un paso intermedio entre el modernismo y las vanguardias que vendrían poco después, se caracteriza por un uso peculiar de los calificativos y un vocabulario muy cuidado pero firmemente ligado al entorno, las metáforas inesperadas y juegos de palabras muy afortunados, en cuyos temas se funden la tradición y una mirada fresca.

Murió en la Ciudad de México el 19 de junio de 1921.

Ignacio de **LOYOLA**

Religioso español nacido en Loyola, Castilla, el 24 de octubre de 1491. El condestable de Castilla se convirtió en su tutor en 1506, por lo que fue a vivir a su casa, en Arévalo. Ahí se aficionó a la lectura, además de que recibió instrucción militar. En 1518, luego de la muerte de su tutor, fue enviado a servir al duque de Nájera. Participó en la Guerra de las Comunidades (1520-1522), en el rechazo del intento de reconquista de Navarra y, con el grado de capitán, en la defensa de Pamplona en 1521, donde fue herido.

Durante su convalecencia leyó libros religiosos que lo dejaron muy impresionado y lo llevaron a decidirse a ser religioso. En 1522 inició una peregrinación que terminó en Jerusalén. En 1523 regresó a España. Ingresó en la Universidad de Alcalá de Henares en 1526. Se matriculó en la Universidad de París en 1528. Ahí encontró sus primeros seguidores.

Se ordenó sacerdote en 1537 y dos años después fundó la Compañía de Jesús, que recibió la aprobación del papa Pablo III en 1540. Ignacio fue elegido superior general de la orden y publicó *Ejercicios espirituales* en 1548. Esta orden se extendió por Europa, India y Brasil y, a la postre, por todo el mundo.

Murió en Roma, el 31 de julio de 1556.

LUIS XVI

Último rey de Francia y duque de Berry nacido en Versalles, el 23 de agosto de 1754. Su educación estuvo a cargo del duque de La Vauguyon, y se centró en ciencias y artes, más que en gestión pública o política. Fue proclamado delfín de Francia en 1765, en Fontainebleu. Casó en 1770 en Versalles con María Antonieta de Austria-Lorena. Proclamado rey de Francia y Navarra en 1774 y coronado en Réims en 1775. Como rey se caracterizó por su falta de carácter.

Al principio de su reinado reinstauró los Parlamentos, con lo que impulsó a la aristocracia. Sus ministros Turgot y Malesherbes realizaron reformas económicas para estabilizar las vacilantes finanzas del reino, pero que afectaban los intereses de los miembros de los Parlamentos, por lo que ejercieron presión sobre el rey, quien no fue capaz de defender las reformas y tuvo que prescindir de ambos ministros. Lo mismo ocurrió con su sucesor, Necker. La misma oposición aristocrática se dejó sentir contra las reformas de Calonne y el rey fue obligado a

LO

convocar en 1788 los Estados Generales, con lo que se puso en marcha la Revolución Francesa.

Coaccionado por los reaccionarios de la corte, defendió los privilegios del clero y la nobleza, y le negó su apoyo a la Asamblea Nacional. Rechazó las demandas del pueblo, por lo que la familia real fue llevada de Versalles a Las Tullerías, en París. Intentó escapar de la capital en 1791, pero fue capturado. Controlado por la reina, llevó a cabo una política ajena a la Constitución de 1791, que había jurado guardar. En 1792 fue depuesto y se proclamó la Primera República Francesa. Fue juzgado por traición y condenado a la guillotina.

Murió ejecutado en París, el 21 de enero de 1793.

Martín **LUTERO**

Teólogo y reformador protestante alemán nacido en Eisleben el 10 de noviembre de 1483. Poco después de su nacimiento, su familia se mudó a Mansfeld, donde él aprendió latín. En 1501 se matriculó en la Universidad de Erfurt, de gran prestigio, donde obtuvo su maestría en 1503 y cursó estudios de teología en 1507. Entró al monasterio de los agustinos en la misma ciudad en 1505.

En 1510 fue comisionado para representar a los monasterios agustinos en Roma. Tiempo después afirmaba que estaba decepcionado, pues encontró el corazón de la cristiandad occidental falto de espiritualidad. Recibió su doctorado en 1512 y asumió la cátedra de estudios bíblicos.

Lutero estaba en contra de las indulgencias, que eran perdones comprados, no sólo porque constituían un abuso, sino porque no tenían fundamento bíblico. Esto lo llevó a escribir sus 95 tesis contra la teología escolástica, que empezaron a distribuirse en 1517 y que cuestionaban las enseñanzas de la Iglesia Católica y llamaban a la reforma. El papa León IX lo excomulgó en 1521 y lo declaró fuera de la ley.

Lutero se refugió en Wartburg, bajo la protección del elector de Sajonia. Realizó una traducción de la *Biblia* al alemán, la cual se considera un parteaguas en la historia de la lengua germana. Casó en Wittenberg con una ex monja en 1525 y procreó seis hijos. A consecuencia de su ruptura con el Vaticano, se creó la Iglesia Luterana. Viajó a Mansfeld varias veces en 1545, para arreglar asuntos de la herencia familiar.

Murió en Eisleben, su ciudad natal, el 18 de febrero de 1546.

Antonio **MACHADO**

Escritor español nacido en Sevilla, el 26 de julio de 1875. Su familia se trasladó a Madrid cuando él tenía ocho años. Estudió en la Institución Libre de Enseñanza y su bachillerato en el Instituto San Isidro. En esa época empezó a frecuentar el ambiente literario de Madrid. A partir de 1899 realizó frecuentes viajes a París, donde trabajó como traductor y conoció a escritores como Óscar Wilde, Pío Baroja y Rubén Darío. A partir de esta época, sus colaboraciones en diversas revistas fueron constantes.

Publicó *Soledades* en 1903. En 1907 ganó la cátedra de Francés en Soria. En 1912 apareció *Campos de Castilla*, con un éxito inmediato. Meses después murió su esposa, por lo que se trasladó a Baeza. Ingresó a la Liga de Educación Política Española en 1913. Conoció a Federico García Lorca en 1917, con quien entabló una profunda amistad. En 1919, se mudó a Segovia, donde colaboró con el grupo fundador de la Universidad Popular. Firmó el manifiesto para la Defensa de los Derechos del Hombre de la Liga Española en 1922 y presidió la delegación segoviana de la liga. En 1924 publicó *Nuevas canciones*. Fue elegido miembro de la Hispanic Society of America en 1925.

En 1926 se estrenó con gran éxito en Madrid su primera obra de teatro, *Desdichas de la fortuna o Julianillo Valcárcel*. Un año después fue elegido miembro de la Real Academia Española. Regresó en 1932 a Madrid, para radicar ahí. En 1936 publicó el célebre poema "El crimen fue en Granada", en memoria de García Lorca.

Su poesía, en la que reina una aparente sencillez y tono intimista, es una de las más representativas e intensas de su época.

Al estallar la Guerra Civil Española, formó parte de la evacuación de intelectuales a Valencia, dispuesta por el gobierno republicano. Junto con su madre, su hermano José y un grupo de intelectuales, salió hacia Francia el 22 de enero de 1939. Murió en Collioure un mes después, el 22 de febrero.

Francisco I. **MADERO**

Político y presidente mexicano nacido en Parras, Coahuila, el 30 de octubre de 1873. Estudió en un colegio jesuita de Saltillo;

en el Saint Mary's College, en Maryland; en el Liceo de Versalles, en Francia, y en la Universidad de California en Berkeley. Regresó en 1893 a Coahuila para administrar las haciendas de su padre.

Inició su carrera política en 1904 al fundar el Partido Democrático Independiente, que se oponía a la reelección del gobernador de Coahuila. En 1905 estableció relaciones con el Partido Liberal Mexicano, pero se retiró por diferencias ideológicas con Ricardo Flores Magón. Fundó el Partido Nacional Antirreleccionista en 1909, para competir contra la dictadura de Díaz. Alcanzó un alto nivel de popularidad con miras a las elecciones de 1910, por lo que Díaz mandó encarcelarlo. Madero pudo escapar a San Antonio, Texas, desde donde, el 6 de octubre de 1910, promulgó el Plan de San Luis, documento en el que hacía un llamado al pueblo mexicano a levantarse en armas el 20 de noviembre.

Así comenzó la Revolución Mexicana, guerra civil que duró alrededor de 10 años y que costó la vida de casi un millón de mexicanos. La lucha de Madero empezó a crecer con la participación de los hermanos Serdán, en Puebla, y Pascual Orozco y Francisco Villa, en el norte. Díaz se vio obligado a renunciar y partir al exilio en 1911.

De inmediato se convocaron elecciones, que ganó Madero, pero su inexperiencia e ingenuidad política, aunadas a un idealismo excesivamente optimista, le impidieron ver la posibilidad de una traición. Durante la Decena Trágica, el jefe del ejército, Victoriano Huerta, mandó apresar al presidente y a su vicepresidente, José María Pino Suárez. Cuando eran trasladados a la prisión, la escolta los asesinó, el 22 de febrero de 1913.

Fernando de **MAGALLANES**

Explorador y navegante portugués nacido en Sabrosa, en 1480. Desde 1505 formó parte de las expediciones a India y África, de las que resultó herido en batalla varias veces. En 1513 se unió a la fuerza enviada por el rey Manuel de Portugal para desafiar al gobernador marroquí que se negaba a tributar. Ahí recibió una grave herida que lo obligó a cojear el resto de su vida.

Magallanes solicitó reiteradamente apoyo real para emprender un viaje por Occidente hacia las islas de las Especias, pero el rey se lo negó siempre. Frustrado, se trasladó en 1517 a la Corte española para ponerse al servicio del rey Carlos I (a la sazón futuro emperador Carlos V) y le propuso realizar el viaje para demostrar que las islas de las Especias estaban en territorio español, no portugués. Con el apoyo del rey de España, el 10 de agosto de 1519 zarpó de Sevilla con 270 hombres, a bordo del *Trinidad*. Lo acompañaban el *Victoria*, el *San Antonio*, el *Concepción* y el *Santiago*.

Navegó alrededor de Sudamérica, sofocó un motín en la travesía y descubrió el estrecho que hoy lleva su nombre. Antes de llegar ahí, perdió uno de sus barcos y la tripulación de otro se volvió a España, así que con sólo tres naves, en 1520 cruzó el mar —del Sur—, que más tarde llamó océano Pacífico, debido a que lo cruzó en calma.

Ya en Filipinas trabó combate con los nativos en Mactan, fue alcanzado por una flecha envenenada y murió el 27 de abril de 1521. Dos de sus barcos llegaron a las Molucas y uno de ellos, el *Victoria*, al mando de Juan Sebastián de Elcano, continuó hacia el oeste hasta España, lo que en 1922 representó la primera circunnavegación del mundo.

Gustav **MAHLER**

Compositor y director musical austriaco nacido el 7 de julio de 1860 en Jihlava (entonces parte del imperio austrohúngaro, hoy República Checa), en el seno de una familia judía que al poco tiempo se trasladó a Inglau, Moravia, donde él empezó sus estudios escolares mientras también recibía sus primeras enseñanzas musicales. A los 15 años ingresó al Conservatorio de Viena, donde concluyó sus estudios en 1878 como un alumno sobresaliente. Los siguientes dos años impartió clases de música en Viena, mientras se preparaba para ser director de orquesta. Su deseo comenzó a materializarse en 1880, cuando fue contratado como director en el teatro de la Ópera de Linz.

En 1881 desempeñó el mismo cargo en Laibach (hoy Ljubljana, capital de Eslovenia) y luego en Olmütz (hoy Olomouc). En 1883 fue contratado por una compañía vienesa de ópera con la que trabajó dos años. En 1885 fue nombrado director de la orquesta de la Ópera de Praga, su primer puesto importante, en el que fue aclamado muchas veces, pero su carácter tempestuoso hizo que lo despidieran, situación que se repetiría a lo largo de su vida. En su tiempo libre componía llevado por la pasión hacia los sonidos grandiosos que para él evocaban la sonoridad de la naturaleza. Así surgieron *Canciones del tiempo de juventud*, *Canciones de un camarada errante* y *Canciones del corno maravilloso del doncel*, entre otras.

En 1888 fue nombrado director de la Ópera Real de Budapest, pero tuvo que renunciar en 1891 y de inmediato le ofrecieron el puesto de director en la Ópera de Hamburgo. En 1894 compuso su sinfonía *Resurrección* y la *Sinfonía Núm. 3 en Re menor*. Otras de sus obras importantes son: *Sinfonía Titán* y *Cantos a los niños muertos*. En 1897 le ofrecieron el puesto de director de la orquesta de la Ópera de Viena, y más tarde la dirección general de esa institución.

En 1901 se casó con Alma Schindler. En 1907 murió el hijo mayor de la pareja, lo que supuso un duro golpe para Mahler, a quien se le detectó una enfermedad cardiaca. Pese a ello, aceptó hacerse cargo de la orquesta de la Metropolitan Opera House, en Nueva York, donde compuso *Canción de la Tierra*. Enfermo, y cada vez más neurótico, regresó a Viena, donde murió el 18 de mayo de 1911.

MAHOMA
(MUHAMMAD IBN ABDULAH)

Líder religioso árabe nacido en La Meca el año 570 de nuestra era, en el mes de Rabbí-el-awwal del calendario árabe, hijo de Abdulah y Amina, ambos pertenecientes al poderoso clan de los Banu Hashim de la tribu Quraysí. Seis meses antes de nacer, Mahoma quedó huérfano de padre; incapacitada por el pesar que le causaba tener que criar a su hijo, la madre lo entregó a una familia beduina para que cuidara de él.

El niño permaneció dos años con Halimah, su madre adoptiva. Amina murió cuando Mahoma tenía seis años, por lo que pasó a la custodia sucesiva de su abuelo y de su tío Abú Talib. Éste se dedicaba al comercio caravanero, que pasó como oficio al joven Mahoma. A los 25 años se casó con la viuda Khadijah, una mujer de 40 años, dueña de un rebaño de camellos que incrementó el patrimonio de Mahoma, quien había alcanzado entre los suyos reputación de hombre sensato, imparcial y leal.

Hacia 610, cuando meditaba en una cueva del monte Hira, recibió una revelación. Luego, tras una pausa de tres años, y a partir de ese momento comenzó a anunciar la existencia de un Dios único (Alá) y que él, Mahoma, era su profeta. Su esposa lo apoyó y fue la primera conversa al Islam (*sumisión a Dios*, en árabe). Pronto otros amigos y parientes aceptaron su guía,

225

como Abú Bakr (futuro suegro y sucesor de Mahoma como cabeza del Islam). Pero los vecinos de La Meca se opusieron a él: era el centro religioso donde, alrededor de la Caaba se veneraban los dioses tribales de toda Arabia y no pensaban destruir sus ídolos.

En 622 Mahoma y su familia tuvieron que refugiarse en la cercana ciudad de Yatrib (hoy Medina), donde él encontró aceptación y fue aclamado como líder; ese año se considera el 1 del calendario musulmán, marcado por la Héjira (o huida) a Medina. Allí Mahoma organizó un verdadero ejército con el cual ganó varias batallas y en 630 sitió La Meca y la conquistó. A partir de entonces sería la nueva "ciudad santa" de los musulmanes. Viudo desde 619, Mahoma tomó varias esposas, entre ellas Aisha o Ayesha, hija de Abú Bakr, gracias a la cual se compiló el *hadith* o tradición sobre la vida del profeta, quien transmitió sus enseñanzas en el *Corán* (Qur-án), libro sagrado del Islam.

Mahoma se sintió enfermo durante varios días y finalmente murió en los brazos de su esposa preferida, Aisha, el 8 de junio de 632 en Medina.

MALINCHE o MALINTZIN
(MALINALLI TENEPAL)

Intérprete, traductora y compañera sentimental del conquistador español Hernán Cortés, nacida en Painala, provincia de Coatzacoalcos, Veracruz, entre 1500 y 1505, hija de un cacique local a cuya muerte su esposa se habría vuelto a casar, tenido un hijo varón y vendido a Malinalli como esclava a los comerciantes putunes (chontales) de Xicalanco —Tabasco—, quienes la obsequiaron, junto con otras 19 mujeres, al entonces capitán Hernán Cortés tras la batalla de Centla. Cortés la asignó a su compañero Alonso Hernández Portocarrero, pero cuando envió a éste a España para que llevara noticias de lo acaecido y de lo que se proponía hacer, Cortés guardó para sí a Malinalli, ya bautizada como Marina, pues se había enterado de que ella hablaba maya y náhuatl, por lo que podía ser de ayuda para comunicarse con la gente del altiplano adonde pensaba dirigirse. Marina aprendió pronto a expresarse también en castellano. Con ello se agilizó el proceso de traducción que hasta ahí había ejercido Jerónimo de Aguilar —quien hablaba español y maya— como intermediario.

Al arribar Cortés a Tenochtitlan, el 8 de noviembre de 1519, los mexicas observaron que Marina era tratada con respeto por los españoles y siempre se hallaba junto a Cortés, por lo que llamaron a éste *Malinche*, es decir, "el hombre de Malinalli"; por error, los españoles pensaron que la palabra "Malinche" se aplicaba a la intérprete (a la que los indígenas llamaban Malintzin) y de ahí que aún en la actualidad se le dé este nombre.

Ella estuvo presente en todas las fases de la conquista de Tenochtitlan y fue de gran ayuda para los españoles. En 1523, en Coyoacán, tuvo un hijo del conquistador, que fue bautizado con el nombre de Martín. En el viaje a las Hibueras de 1525, según Bernal Díaz del Castillo, se encontró con su madre y medio hermano y los perdonó. En 1524 Cortés la dio en matrimonio al capitán Juan Jaramillo, con quien tuvo una hija, María, y vivió en la Ciudad de México hasta su muerte que ocurrió, según algunas fuentes en 1529, o en 1551 de acuerdo con otras.

Thomas Robert **MALTHUS**

Economista y demógrafo inglés nacido en Rookery el 13 de febrero de 1766, hijo de Daniel Malthus y Henrietta Catherine Graham. El progenitor era un hombre muy culto que mantenía buenas relaciones con talentos como David Hume, de modo que Thomas creció en un ambiente ilustrado y estimulante para el intelecto. Estudió en el Jesus College de Cambridge y se ordenó pastor anglicano en 1797. Ejerció su ministerio en Albury.

Dedicaba su tiempo libre a la lectura. Llamó su atención especialmente *La riqueza de las naciones,* de Adam Smith, por lo que comenzó a investigar más a fondo los temas ligados a la economía. En 1798 publicó su *Ensayo sobre el principio de la población*, obra que causó verdadera polémica. En él, Malthus explicaba que la población se multiplicaba en progresión geométrica, en tanto los recursos y bienes crecen en progresión aritmética, lo que originaba la pobreza y la desigualdad, y más allá de ello advertía que de no tomarse medidas llegaría el tiempo en que la población mundial rebasara la capacidad de la Tierra para sustentarla, por lo que recomendó la práctica del matrimonio tardío y la "abstención moral" de la relación carnal con el fin de frenar el crecimiento poblacional. En 1818 ingresó a la Royal Society como reconocimiento a sus aportaciones en el terreno de las matemáticas y la economía.

Murió en Bath el 23 de diciembre de 1834.

Nelson **MANDELA**

Político sudafricano, líder de la lucha por los derechos civiles y presidente de su país, nacido el 18 de julio de 1918 en Transkei, Sudáfrica. Su padre, Henry Mandela, era el jefe de la tribu Tembu y murió de tuberculosis cuando su hijo tenía nueve años. Estudió en el University College de Fort Hare y luego siguió la carrera de abogado en la Universidad de Witwatersrand donde se tituló en 1942.

Dos años después se afilió al Congreso Nacional Africano, que a partir de 1948 empezó a combatir el régimen racista del *apartheid*, ideado por el gobierno blanco para segregar a la mayoría negra y mestiza. Luego de que el CNA fuera prohibido, Mandela propuso usar tácticas guerrilleras contra las fuerzas armadas del gobierno opresor. Fue arrestado en 1962 y condenado a cinco años de trabajos forzados, los que se ampliaron a cadena perpetua después de un segundo juicio en 1964. Cumplió su sentencia en la cárcel de Robben Island, frente a Ciudad del Cabo. Durante esos años el régimen creó los bantustanes, localidades cercadas donde vivía la población negra, y se produjeron motines y represiones en varios puntos del país.

Fue liberado en 1990. Para entonces sus ideas habían madurado y encontraron eco en la población mayoritaria, incluso en políticos blancos como Frederick de Klerk, con quien negoció la abolición del *apartheid*. Ambos recibieron el premio Nobel de la Paz en 1993. En las primeras elecciones libres resultó presidente electo, cargo que desempeñó de 1994 a 1999, después de lo cual ha vivido retirado de toda actividad política.

Édouard **MANET**

Pintor francés nacido el 23 de enero de 1832 en París, hijo de Auguste Manet, funcionario del Ministerio de Justicia, y de Eugénie-Desirée Fournier, hija de un diplomático. Como hijo de familia acomodada, su padre deseaba que fuera abogado, algo que Manet rehusó; se le negó permiso para estudiar pintura, como era su deseo. Édouard abandonó la casa paterna y se embarcó en 1848 rumbo a Brasil. Luego de seis meses en el mar, empezó a tomar clases de pintura académica, con toda la disciplina y rigidez que ello suponía. Seis años de aprendizaje lo habilitaron como pintor de gran calidad, que se distinguió en su época por el rechazo a la pintura clasicista.

Tomaba sus modelos de la vida cotidiana y le gustaban las escenas al aire libre. A pesar de que sus obras eran rechazadas en el Salón Oficial de Pintura, pronto se hizo de fama y clien-

MA

tela, hasta el punto de organizar con sus amigos pintores un "Salón de los Rechazados", que fue todo un éxito. Manet se casó en 1863 con Suzanne Leenhoff.

Otro punto de controversia fueron los desnudos que pintaba, como en *Olimpia* y *Desayuno sobre la hierba*, que lo hicieron célebre pero escandalizaron a los moralistas. Fue amigo de los impresionistas, pero no siguió sus postulados. Entre sus obras más famosas se cuentan: *El Bar del Follies-Bergére*, *El muchacho del pífano* y *Retrato de Émile Zola*.

A raíz de una enfermedad de origen infeccioso que le causó gangrena, fue necesario amputarle la pierna izquierda pero no sobrevivió. Murió el 30 de abril de 1883.

Thomas **MANN**

Escritor alemán nacido en Lübeck el 6 de junio de 1875. Johann Heinrich Mann, su padre, era director de una firma comercial y senador electo por su ciudad; falleció cuando Thomas tenía 15 años. Su madre, la brasileña Julia da Silva Bruhns decidió mudarse a Munich con sus dos hijos, Thomas y Heinrich. En esa ciudad estudió hasta el bachillerato. Después, durante una larga estadía en Roma, comenzó a escribir su primera novela, *Los Buddenbrook*, que publicó en 1901. En 1905 se casó con Katia Pringsheim, con quien procreó seis hijos. En 1913 dio a conocer *Muerte en Venecia*, otro relato sobre la decadencia y el amor esquivo.

En 1924 publicó *La montaña mágica*, su novela más representativa y la que contribuyó para que en 1929 recibiera el premio Nobel de Literatura. No obstante ello, en 1933 el gobierno nazi lo despojó de la nacionalidad alemana debido a sus antecedentes judíos y le confiscó sus propiedades, por lo que tuvo que huir.

Al estallar la Segunda Guerra Mundial se trasladó a los Estados Unidos, donde impartió cátedra en la universidad de Princeton (que también albergaba a Albert Einstein y a otros notables refugiados europeos). Como otros, adoptó la nacionalidad estadounidense y siguió escribiendo contra Hitler y el nazismo. Otras de sus obras son: *Tonio Kröger*, *José y sus hermanos* y *Carlota en Weimar*.

Al terminar la guerra visitó Alemania, donde fue recibido con honores, pero prefirió radicar en Zurich, Suiza, donde falleció el 12 de agosto de 1955.

Jorge **MANRIQUE**

Guerrero, cortesano y poeta español nacido en Paredes de Navas, Palencia, hacia 1440, hijo de don Rodrigo Manrique —conde Paredes, condestable de Castilla y maestre de la Orden de Santiago— y de doña Mencía de Figueroa. Esta última falleció en 1444.

Jorge fue educado como los nobles en el manejo de las armas, para servir a su rey y a su religión, pero adquirió también amplios conocimientos en gramática, historia, astronomía y otras materias heredadas de los clásicos griegos y latinos. Es posible que en sus aficiones tuviera que ver la influencia de su tío, don Diego Gómez Manrique, también poeta.

Sin duda participó en las luchas que la nobleza castellana sostuvo contra el rey Enrique IV y, a la muerte de éste, contra su hija Juana *la Beltraneja*, para colocar en el trono primero al príncipe Alfonso —que murió envenenado a los 14 años— y luego a Isabel de Castilla. Los Manrique figuran conjuntamente en 1465 en la "Farsa de Ávila", en la que destronaron simbólicamente al rey Enrique, representado por un muñeco de paja.

En 1476, como consecuencia de un cáncer, murió don Rodrigo. Su hijo escribió ese mismo año la obra que le daría fama, *Coplas por la muerte de su padre*, un largo poema elegiaco de extremada belleza.

La guerra siguió reclamando a Jorge, quien murió en batalla durante el sitio del castillo de García Muñoz, en Cuenca, cuando peleaba contra el marqués de Villena, el 24 de abril de 1479.

Alessandro **MANZONI**

Poeta, novelista y dramaturgo italiano nacido el 7 de marzo de 1785 en Milán, hijo de una familia acomodada e ilustre formada por Pietro Manzoni y Giulia Beccaria. Ellos se separaron en 1792 y él permaneció con su padre en Milán. Recibió una excelente educación en la Universidad de Pavía, pero nada parecía interesarle hasta que a los 15 años descubrió la poesía. Al morir su padre en 1805, se fue a París donde vivía su madre; pasó con ella dos años en los cuales tuvo contacto con las ideas anticatólicas y anticlericales surgidas de la revolución francesa.

En 1808 se casó con Henrietta-Louise Blondel, hija de un banquero suizo. Ella era calvinista, pero se convirtió al catolicismo en 1810, para seguir al propio Alessandro que debido a una crisis de conciencia había vuelto a la religión de su infancia. Los Manzoni establecieron su hogar en Milán. Él empezó a difundir sus poemas de tema religioso y patriótico, embebidos de romanticismo.

En 1819 publicó su primera pieza de teatro, *El conde de Carmagnola*. En 1821, a la muerte de Napoleón, le dedicó el poema *El Cinco de Mayo*, que se hizo muy popular. Ese mismo año comenzó a redactar la novela *Los novios*, que revisó y corrigió de 1825 a 1827, año en que al fin se publicó. Es la más notablemente romántica de las obras de Manzoni y se ha considerado piedra fundamental para la literatura italiana. En 1833 quedó viudo y se volvió a casar en 1837, esta vez con Teresa Born. Ella falleció poco después.

El 28 de abril de 1873 murió el hijo mayor de Manzoni, lo que lo afectó de tal manera que menos de un mes después, el 22 de mayo, ocurrió el deceso del escritor.

Nicolás **MAQUIAVELO**

Escritor y estadista nacido el 3 de mayo de 1469 en Florencia, Italia. Era hijo de un abogado venido a menos, miembro de una familia antigua y poderosa del lugar, que en aquel entonces era una importante potencia política y cultural marcada por el gobierno de Lorenzo de Médicis y el fanatismo religioso de Girolamo Savonarola.

En 1494 los Médicis dejaron el poder; a partir de esa fecha y hasta 1512 Maquiavelo trabajó en el gobierno de Florencia y desempeñó varias misiones diplomáticas en otras ciudades-Estado de la península itálica con cargos ascendentes como canciller y secretario de la Segunda Cancillería, en los que prestó importantes servicios a la República de Florencia. En esa etapa se entrevistó con el rey Luis XII de Francia y el emperador Maximiliano I de Alemania. Fue, asimismo, observador de las maniobras políticas de la familia Borgia para controlar el poder del papado.

Cuando la poderosa familia Médicis regresó al poder y concluyó el gobierno republicano, Maquiavelo perdió su puesto y fue arrestado por formar parte de una conspiración contra ésta. Gracias a la ayuda del papa León X quedó en libertad y se retiró a San Casiano, donde se dedicó a faenas agrícolas y silvícolas para subsistir y tuvo el tiempo necesario para escribir.

En 1513 completó su trabajo más importante, *El Príncipe*, en el que postula una teoría del Estado como entidad independiente de toda ética a la que deben supeditarse los intereses y derechos de las personas particulares. A ésta siguieron los *Discursos sobre la primera década de Tito Livio* (1513-1519), *El arte de la guerra* (1521) y las *Historias florentinas* (1521-1525). A ellos debe agregarse la comedia *La mandrágora* (1518), un tratado de estrategia política oculto bajo la historia de una intriga amorosa. Este conjunto de trabajos hicieron crecer su influencia en Florencia y el resto de Europa. En la última etapa de su vida se dedicó a la escritura de la *Historia de Florencia*.

En 1527 los Médicis nuevamente perdieron el poder, pero Maquiavelo no recuperó su antiguo puesto público, pues falleció el 21 de junio de ese año.

MARCO ANTONIO

General romano, miembro de una de las familias más ilustres de Roma, nacido el año 83 a.C. César y Antonio fueron elegidos cónsules en 44 a.C., año en que Bruto y Casio asesinaron al primero por temor a que pusiera fin a la República. Marco Antonio aprovechó la situación para hacerse del poder, pero se interpuso Octavio, quien también reivindicaba la sucesión. Trató de tomar posesión como gobernador de la Galia, pero eso motivó el enfrentamiento con Décimo Bruto en Módena; el ejército dirigido por Octavio, Hircio y Pansa lo derrotó. En el año 43 a.C. se formó el segundo triunvirato, integrado por Octavio, Marco Antonio y Lapido. Los triunviros se repartieron el gobierno de los territorios y adjudicaron a Marco Antonio primero las Galias y después Asia, donde Marco Antonio conoció a Cleopatra, reina de Egipto. Ambos se instalaron en Alejandría.

No obstante, para sellar las alianzas y obligarlo a recapacitar, Marco Antonio y Octavio establecieron alianzas y el segundo concilió el matrimonio de su hermana con el primero. Marco Antonio terminó por olvidar a su esposa y los intereses de Roma y vivió once años en Egipto. Octavio reaccionó en contra y propinó una derrota militar a Antonio en Accio. Octavio se dirigió a Alejandría, donde se había refugiado Marco Antonio, quien al enterarse de la muerte de Cleopatra se suicidó el año 30 a.C. Como personaje, Marco Antonio ha atraído a los artistas de todos los tiempos y ha sido un tema recurrente tanto en la pintura como en la literatura y el cine.

GUGLIELMO **MARCONI**

Físico e inventor, de padre italiano y madre irlandesa, se educó primero en Bolonia, donde había nacido el 25 de abril de 1874, y después en Florencia. Más tarde fue a la escuela técnica de Lenhorn donde cursó estudios de física. A los veinte años se impuso la tarea de inventar un dispositivo que utilizara las ondas electromagnéticas para la comunicación, algo que para muchos científicos de su época era impensable.

En 1894 reprodujo las experiencias de Hertz sobre las ondas electromagnéticas y descubrió que la distancia de transmisión de estas ondas se podía incrementar mediante el uso de antenas y conexiones a tierra de los aparatos emisores y receptores de radiofrecuencia, en lugar de los dipolos que había utilizado Hertz. En 1895 construyó un equipo y transmitió señales eléctricas a través del aire de un extremo de su casa al otro y luego desde su casa hasta el jardín. Había conseguido la primera transmisión telegráfica sin cable.

Al no contar con el interés ni el apoyo económico necesario para continuar sus investigaciones en Italia, emigró a Gran Bretaña, donde patentó su sistema telegráfico y creó la Wireless Telegraph and Signal Company Ltd. En 1897 estableció su primera comunicación telegráfica a través del Canal de la Mancha, y posteriormente consiguió aumentar la distancia de transmisión, hasta que en 1901 logró hacerlo directamente a través del océano Atlántico, entre Europa y América. Para 1907 su técnica perfeccionada permitió el surgimiento de un servicio público trasatlántico de telegrafía sin hilos. Sus últimos estudios fueron sobre la transmisión de ondas ultracortas y sobre la transmisión múltiple.

En 1909 recibió el premio Nobel de Física y murió en Roma el 20 de julio de 1937.

José Carlos **MARIÁTEGUI**

Ensayista y líder político peruano nacido en La Chira, Moquegua, el 14 de junio de 1894. Miembro de una familia muy humilde, en 1902 sufrió un accidente escolar que le produjo un problema crónico en las extremidades inferiores. En 1909 comenzó a trabajar en el periódico *La Prensa* como ayudante de linotipista y poco a poco se adentró en el periodismo. En 1919 fundó el diario *La Razón*, que buscaba reivindicar las luchas obreras.

Perú vivía bajo la dictadura de Augusto Bernardo Leguía, de quien Mariátegui fue uno de sus mayores críticos. El presidente lo exilió enviándolo a estudiar a Italia. Durante su estancia en

Europa conoció a Henri Barbusse, Antonio Gramsci y Máximo Gorki, de quienes asimiló la ideología socialista. Con el tiempo Mariátegui se convirtió en el primer intelectual que aplicó las teorías marxistas para el análisis de los problemas peruanos.

A su regreso a Lima apoyó la Alianza Popular Revolucionaria (APRA) y la abandonó en 1928 para fundar el Partido Comunista Peruano. Confinado a una silla de ruedas tras la amputación de una pierna, fundó el periódico marxista *Amauta*, que se publicó de 1926 a 1930. Desde sus páginas criticó los fascismos emergentes en Europa y subrayó la responsabilidad moral de los intelectuales en la vida pública de sus países. Sus textos fueron fundamentales para toda una generación de lectores, incluyendo al importante poeta César Vallejo.

En 1928 Mariátegui publicó su obra más importante: *Siete ensayos de interpretación de la realidad peruana*. En ellos defendió una vez más los postulados económicos del marxismo, pero respetó la importancia de la religión y la mitología en la conformación de la identidad y la cultura indígenas. También postuló una teoría estética en la que incorporó la importancia de los temas y el lenguaje indígenas asimilados en los experimentos creativos de los movimientos de vanguardia. En 1929 fundó la Confederación General de Trabajadores (CGT).

Falleció el 16 de abril de 1930 en Lima, Perú.

José **MARTÍ**

Político y escritor cubano nacido en La Habana el 28 de enero de 1853, como hijo de una familia española de escasos recursos. A los doce años ingresó al Colegio Municipal y quedó bajo la tutoría del poeta Rafael María de Mendive. Contrario al gobierno colonial de Cuba, se opuso a éste a través de publicaciones revolucionarias como la revista *La Patria Libre*. Su simpatía hacia los grupos independentistas ocasionó que fuera condenado a seis meses de cárcel.

Posteriormente fue deportado a España, donde en la Universidad de Zaragoza estudió Derecho, Filosofía y Letras. Después de viajar por Europa y América, se instaló en México, pasó un nuevo periodo en Cuba y una vez más fue deportado. En Nueva York realizó actividades a favor de la independencia de su país, incluida la fundación del Partido Revolucionario Cubano, en 1894. Dos años más tarde logró poner en marcha un alzamiento contra el gobierno colonial español.

Martí desarrolló también una amplia carrera en las letras con la publicación de volúmenes de poemas y relatos inscritos en la estética modernista. Entre ellos se cuenta *Versos sencillos* (1891), obra en que la huella del modernismo es mucho más patente. Fue autor de una sola novela, *Amistad funesta* (o *Lucía Jerez*) que apareció por entregas en el periódico *El Latinoamericano* en 1885, y en la que hay interesantes apuntes sobre la sociedad cubana bajo el gobierno español. Su producción también incluye algunas obras de teatro como *Adúltera* (1873) y *Amor con amor se paga* (1875).

Fundó una revista pionera para niños, *La Edad de Oro*, que incluía poemas y relatos, compilados posteriormente en un volumen con el mismo nombre. Colaboró en periódicos prestigiados como *La Nación* de Buenos Aires y *La Opinión Nacional*, de Caracas. También escribió algunos ensayos sobre el problema de Cuba y la lucha por su independencia.

Murió el 19 de mayo de 1895 en Dos Ríos, Cuba, durante un enfrentamiento con el ejército español.

Karl **MARX**

Sociólogo, filósofo y economista alemán, de ascendencia judía, nacido en Tréveris el 5 de mayo de 1818. Estudió Leyes y Filosofía en la Universidad de Bonn y posteriormente en la de Berlín. En 1842 se incorporó como redactor a la *Rheinische Zeitung*, de la que fue nombrado director. Marx publicó artículos en los que criticaba la defensa de los intereses de los empresarios que llevaba a cabo el Estado, así como su indiferencia hacia la igualdad de todos los seres humanos. En sus artículos apoyaba a los proletarios europeos. En junio de 1843 se casó con Jenny von Westphalen, y se exiliaron en París, ciudad que tuvo que abandonar porque el gobierno prusiano presionó a las autoridades francesas.

En febrero de 1845 se instaló en Bruselas, donde comenzó a trabajar en colaboración con otro pensador y economista alemán: Friedrich Engels. En 1847 se trasladó a Londres y contactó con la Liga de los Justos, a los que escribió sus estatutos, publicados con el título de *Manifiesto del Partido Comunista*. En ellos expuso su teoría de la lucha de clases.

En esa época estallaron en Europa una serie de revoluciones populares. Marx se trasladó a Alemania para colaborar con las fuerzas democráticas, pero debió regresar a París, de donde también fue expulsado. Regresó entonces a Londres, donde vivió durante el resto de su vida. A finales de 1851, el periódico *New York Times* lo designó corresponsal. En esa misma etapa comenzó a preparar información para redactar su obra más famosa, *El capital*, una amplia crítica al sistema capitalista. En 1864 participó en Londres en la redacción de los documentos de la Asociación Internacional de Trabajadores (conocida popularmente como La Internacional). En 1873 decidió retirarse de las actividades políticas para dedicarse al estudio.

Murió el 14 de marzo de 1883.

Tomáš Garrigue **MASARYK**

Pedagogo, filósofo, político y estadista checo nacido el 7 de marzo de 1850 en Hodonín, Moravia, a la sazón parte del Imperio Austrohúngaro, en el seno de una familia modesta de la clase trabajadora. Aprendió el oficio de herrero, pero estudió Filosofía en Brno, Viena, Leipzig y Praga. Fue profesor en la Universidad de Praga, donde también se interesó por la política. Se integró al Partido de los Jóvenes Checos (o de la Joven Chequia) y fue diputado al Parlamento austriaco. En 1905 fue miembro fundador del Partido Progresista Checo, de orientación socialdemócrata. Se inclinó por un programa de reformas sociales y planteó el proyecto de independizar a Chequia y Eslovaquia de la monarquía de los Habsburgo.

Al estallar la Primera Guerra Mundial huyó a Inglaterra, donde estableció el Consejo Nacional Checoslovaco y la Legión Checa, que lucharon del lado de los aliados contra el Imperio Austrohúngaro. Éste fue derrotado en la guerra y su desintegración derivó —entre otras cosas— en la emergencia de Checoslovaquia. Masaryk fue reconocido como el presidente de facto del nuevo país, y las elecciones confirmaron su mandato, como ocurrió también en los comicios de 1927 y 1934. Como fundador del nuevo Estado, promovió la redacción de una Constitución y estableció alianzas con Francia, Rumania y Yugoslavia para consolidarlo en el ámbito internacional.

En 1935 se retiró del cargo por motivos de salud y lo sucedió en la presidencia Eduard Benes, ministro de Relaciones Exteriores. Masaryk expuso su pensamiento en diversas obras como *El suicidio como fenómeno de masas de la civilización moderna* (1881), *Nuestra crisis actual* (1885), *Fundamentos de una lógica concreta* (1887) y *Rusia y Europa* (1913).

A pesar de que el país que fundó quedó dividido en la República Checa y la República Eslovaca tras la caída del comunismo, en ambas naciones Masaryk sigue siendo un baluarte de la libertad, la democracia y el respeto a los derechos humanos.

Falleció de causas naturales en Praga, el 14 de septiembre de 1937.

Mariano **MATAMOROS**

Religioso y militar nacido en la Ciudad de México el 14 de agosto de 1770, hijo de José Matamoros y Mariana Guridi. Estudió en el Colegio de Santa Cruz de Tlatelolco, donde obtuvo el título de bachiller en artes y teología. Después de recibir las órdenes religiosas fue cura en distintas parroquias de la Ciudad de México y del Sagrario de la Catedral Metropolitana. En 1808 quedó a cargo de la iglesia de Jantetelco, en el actual estado de Morelos.

Familiarizado con el pensamiento liberal, simpatizó con los proyectos de independencia y la autoridad lo arrestó como medida preventiva. Pero Matamoros escapó de la prisión y se unió a las filas de José María Morelos en la localidad de Izúcar (hoy llamada en su honor Izúcar de Matamoros) cercana a Puebla. Después del sitio de Cuautla uno de sus grandes éxitos militares fue la toma de la ciudad de Oaxaca. Sus triunfos sucesivos contra los realistas lo convirtieron en uno de los insurgentes más buscados por la autoridad virreinal, que encomendó su detención a Agustín de Iturbide.

A inicios de 1814 fue capturado y en la ciudad de Valladolid desistió por escrito de su participación en el levantamiento. Fue sometido a proceso por las autoridades eclesiásticas que le retiraron las órdenes sacerdotales. Puesto a disposición de las autoridades civiles, fue hallado culpable de alta traición y condenado a muerte. Morelos propuso devolver a 200 prisioneros si se le conmutaba la pena, pero el virrey Félix María Calleja rechazó la oferta.

Murió fusilado el 3 de febrero de 1814. Sus restos permanecen en la Columna de la Independencia de la Ciudad de México.

Juan A. **MATEOS**

Político, abogado y literato nacido en la Ciudad de México el 24 de julio de 1831. Inició su formación en el Colegio de San Gregorio, y la prosiguió en el Instituto Científico y Literario de Toluca —donde tuvo como maestro a Ignacio Ramírez— y posteriormente en el Colegio de San Juan de Letrán, donde obtuvo el título de abogado. Durante la Guerra de Reforma permaneció fiel a la causa liberal. Su hermano Manuel murió fusilado por instrucciones del general conservador Leonardo Márquez.

Al inicio de la Intervención Francesa simpatizó con el gobierno de Maximiliano y fue regidor del Ayuntamiento. Pero pronto se desilusionó de él y, a raíz de un artículo suyo en el que criticaba las cortes marciales, fue recluido en prisión. Combatiente en las fuerzas liberales de Porfirio Díaz, al restaurarse la República el presidente Benito Juárez lo nombró secretario de la Suprema Corte de Justicia. Fue diputado al Congreso de la Unión y, posteriormente, bibliotecario de éste.

A la caída del imperio dio importancia a su obra literaria, en la que reflejó sus diversas experiencias en los episodios históricos breves. El conjunto de sus escritos incluye poemas, piezas de oratoria, obras teatrales y novelas. La parte más relevante son sus novelas históricas. En 1868 publicó *El Cerro de las Campanas* y *El sol de mayo*, dedicadas a la Intervención Francesa. Al año siguiente se editaron *Sacerdote y caudillo* y *Los insurgentes*, dedicadas a la guerra de Independencia. De sus obras teatrales se recuerdan *Odio hereditario* y *Martín el Demente*, pero la gran mayoría de sus creaciones para el escenario se perdieron y se conocen sólo por referencias contemporáneas. Su larga vida le permitió observar los primeros años de la Revolución Mexicana, a la que dedicó el libro *La majestad caída*.

Falleció en la Ciudad de México el 29 de diciembre de 1913.

Henri **MATISSE**

Pintor, escultor y diseñador gráfico francés nacido el 31 de diciembre de 1869 en Le Cateau-Cambrésis, Picardía. Después de la guerra Franco-Prusiana (1870-1871) su familia se mudó a Bohain-en-Vermandois. Su padre era comerciante y pudo costearle los estudios de Derecho de 1887 a 1891. Sin embargo, él decidió irse a París para estudiar pintura. Lo hizo en la Escuela de Bellas Artes con maestros tan prestigiados como Adolphe Bouguereau y Gustave Moreau; este último lo alentó a cultivar un estilo propio, por lo que después de haber copiado a los grandes maestros del Louvre y pintado al aire libre, Matisse produjo varios lienzos impresionistas.

En 1898 se casó con Amélie Parayre y fue a Inglaterra para

seguir estudiando. De regreso en París ya mostraba notables cambios en su estilo: colores claros y muy vivos, formas simplificadas y escasa perspectiva. También empezó a experimentar con la escultura. En 1905 se sitúa el inicio del fauvismo, movimiento al que se sumaron Dufy y Rouault. A pesar de sus dificultades económicas, Matisse logró exhibir sus obras, como *Lujo, calma y voluptuosidad.*

Cada vez más decorativo y menos realista, el pintor rozó lo abstracto en cuadros como *Tristeza de rey.* A partir de 1919 vio acrecentada su fama y reconocimiento; llegó a ser miembro de la Legión de Honor y recipiendario de varios premios. Entre sus obras destacan *Retrato con raya verde, La gitana, La danza* y *La serpentina* (escultura).

Murió en Niza el 3 de noviembre de 1954.

MAXIMILIANO DE HABSBURGO

Archiduque austriaco y emperador de México nacido en el palacio de Shöenbrunn, cerca de Viena, el 6 de julio de 1832, hijo de los archiduques Francisco Carlos y Sofía. Estudió con preceptores privados antes de ingresar a la marina austrohúngara, de la cual llegó a ser almirante y comandante en jefe. En 1857 se casó con Carlota Amalia, hija del rey Leopoldo de Bélgica. En 1861 un grupo de mexicanos exiliados en Europa, aconsejados por Napoleón III de Francia, le propuso la "corona imperial" de México.

El 10 de abril de 1864 firmó el *Tratado de Miramar,* en el que aceptaba oficialmente convertirse en emperador de México; se embarcó con su esposa en la nave *La Novara* y arribó a Veracruz el 28 de mayo de 1864. El 11 de junio llegó a la capital donde lo recibió la Regencia (integrada por un grupo de conservadores notables).

Durante su gobierno se enemistó con la Iglesia y los sectores más reaccionarios porque no quiso abolir las leyes de Reforma. Trató de pactar con Benito Juárez para pacificar el país, fue un gobernante popular e hizo, con su esposa, algunas obras de beneficencia pública y de interés científico, pero las fuerzas liberales y las numerosas guerrillas seguían en pie de lucha contra el ejército intervencionista francés.

En 1866 Napoleón III anunció su intención de retirar sus fuerzas de México. A medida que se marchaban los franceses, las tropas republicanas tomaban las poblaciones hasta cercar a las fuerzas conservadoras —ya sin el refuerzo francés— en Querétaro. No obstante que la emperatriz Carlota había ido a Europa para conseguir ayuda, Maximiliano supo que no le quedaba más apoyo que el de los mexicanos conservadores y quiso abdicar, pero su madre le advirtió que eso era impropio de un Habsburgo. Tras el sitio de Querétaro fue aprehendido por los liberales, juzgado y fusilado, en compañía de los generales Miguel Miramón y Tomás Mejía, en el cerro de Las Campanas el 19 de junio de 1867. Su cuerpo embalsamado fue enviado a Austria a bordo de *La Novara*.

James Clerk MAXWELL

Matemático y físico escocés nacido en Edimburgo el 13 de junio de 1831, hijo de John Clerk Maxwell y Frances Cay, un matrimonio acomodado de clase media. En su adolescencia ideó un método mecánico para trazar curvas elípticas, investigó la teoría de la ruleta y el equilibrio de los sólidos, trabajos que envió a la Royal Society de Edimburgo, ciudad en cuya universidad estudiaba. En octubre de 1850 ingresó al Trinity College de la Universidad de Cambridge para dedicarse al estudio de las matemáticas.

En 1859 se casó con Katherine Mary Dewar y en 1860 fue nombrado profesor en el King's College de Cambridge. Investigó los anillos de Saturno y propuso la hipótesis, hoy confirmada, de que estaban conformados por partículas.

Sus contribuciones al estudio del electromagnetismo son, sin embargo, lo más importante de sus investigaciones, ya que no sólo trabajó experimentalmente sino que dedujo que la electricidad y el magnetismo, e incluso la luz, no son sino aspectos del campo magnético y describió sus leyes como ecuaciones de aplicación universal. Asimismo trabajó en la teoría general de los gases, estudiando el movimiento de sus moléculas mediante el método estadístico, y obtuvo la ecuación correspondiente para calcular la velocidad promedio de las moléculas de un gas.

En 1864 publicó *Teoría dinámica del campo electromagnético* y *Sobre las figuras y diagramas de las fuerzas*. A los 33 años se retiró de la enseñanza para dedicarse por completo a la investigación, pero seis años más tarde se convirtió en profesor de física experimental. De 1871 es su obra *Teoría del calor* y de 1876 *Materia y movimiento*.

Murió en Cambridge el 5 de noviembre de 1879.

Tomás **MEJÍA**

General mexicano nacido en Santa Catarina, en la sierra de Xichú, Gto., el 17 de septiembre de 1820, hijo de Cristóbal Mejía y María Martina, indígenas otomíes. Se casó con Carlota Durán en Pinal de Amoles, antes de ingresar al ejército como alférez en 1841.

Le tocó batallar en la campaña de 1841 a 1844 contra los indios apaches en el norte del país. Durante la intervención estadounidense, acudió a la defensa de Monterrey (1846) y se distinguió en la batalla de La Angostura. Fue ascendido a teniente coronel en 1854 por acciones sobresalientes al frente de sus tropas mayoritariamente indígenas.

Al triunfo liberal, y ante la amenaza que suponía para las tierras comunales de los indígenas la ejecución de la desamortización de bienes de comunidades —que también afectaba a las propiedades eclesiásticas—, militó en el Partido Conservador y obtuvo importantes triunfos en Silao, Salamanca, Ahualulco y Tampico, por los cuales fue ascendido a general.

Durante la intervención francesa y el imperio de Maximiliano, defendió con sus tropas la Sierra Gorda, y venció a Santos Degollado y a Mariano Escobedo, entre otros. Se unió a las tropas conservadoras sitiadas en Querétaro, donde fue hecho preso, enjuiciado y fusilado junto con el emperador y con el general Miguel Miramón, el 19 de junio de 1867.

Herman **MELVILLE**

Escritor estadounidense nacido en Nueva York el 1 de agosto de 1819, tercer hijo de Allan Melville y Maria Gansevoort, de origen bostoniano. Su padre era comerciante de importaciones. Sus abuelos habían combatido por la independencia, por lo que había un ambiente proclive al heroísmo y la aventura en la familia.

Hacia 1830, endeudado e inquieto, Allan trasladó la familia a Albany, donde pronto quedó en quiebra y al poco tiempo murió. Melville, huérfano a los 12 años y sin un centavo, comenzó a buscar trabajo y lo halló como grumete en un barco que navegaba a Gran Bretaña. De 1836 a 1837 se las arregló para estudiar en la Academia de Albany, sobre todo los clásicos grecolatinos. En 1841 estaba otra vez navegando, contratado por el capitán de un navío ballenero. En 1842 abandonó el barco para vivir en las islas Marquesas. A bordo de otra nave se fue a Hawaii, donde se hizo notar por su oposición a la evangelización de los nativos.

En 1844 estaba de regreso en Boston, donde comenzó a publicar sus primeros escritos: las novelas *Typee, Omoo* y *Casaca blanca*, basadas en sus experiencias y teñidas de sus ideales de libertad y exotismo. En 1847 se casó con Elizabeth Shaw, con quien tendría cuatro hijos. En 1850 compraron una casa campestre donde Melville vivió los siguientes 30 años, cultivando su granja, escribiendo y cultivando una amistad con otro literato de valía, Nathaniel Hawthorne, quien le dio ánimos mientras escribía su obra maestra, *Moby Dick*, publicada en 1851.

En 1857 dio a conocer la que sería su última gran novela: *El hombre de confianza*. De ese año a 1869 presentó conferencias sobre los "mares del Sur" y la vida con los nativos "caníbales". En 1863 se mudó a Nueva York. Para entonces la gente había perdido interés en sus obras, cada vez más complejas e investidas de un misticismo religioso. En 1866, gracias a algunos parientes, consiguió el puesto de inspector de aduanas. Allí trabajó cada vez más sombrío, apesadumbrado y alcohólico hasta 1886, cuando gracias a algunas herencias pudo retirarse.

Murió el 28 de septiembre de 1891.

Gregor **MENDEL**

Botánico austriaco nacido el 22 de julio de 1822 en Heizendorf, hijo de un matrimonio campesino de escasos recursos. A los 21 años comenzó su preparación escolar y religiosa en Brönn, en el monasterio de Santo Tomás de la orden de los padres agustinos. Fue ordenado sacerdote en 1847 y además de sus tareas pastorales se le asignó un puesto de maestro.

En 1851 se inscribió en la Universidad de Viena para estudiar Matemáticas y Ciencias naturales y en 1854 regresó a Brönn para dar clases.

Al realizar sus investigaciones botánicas mediante el cultivo y cruza de variedades de chícharos, dedujo las leyes de la herencia biológica, que en su tiempo pasaron casi inadvertidas pero luego se reconocieron como pieza importante para la teoría de la evolución. Varias veces intentó pasar el examen para obtener el certificado de maestro en ciencias, pero no lo consiguió por su exacerbado nerviosismo.

Dedicado por completo a sus actividades religiosas, en 1868 fue ascendido al cargo de abad del monasterio, donde falleció el 6 de enero de 1884.

Dmitri **MENDELÉIEV**

Químico ruso nacido en Tobolsk, Siberia, el 7 de febrero de 1834. Fue el menor de 14 hijos de Iván Pavlov Mendeléiev, director de la escuela de bachillerato, y María Dimitrievna Korniliev. Su padre murió cuando Dimitri era aún pequeño y María se empleó como administradora de una fábrica de vidrio. Ella ahorró para que Dimitri pudiera ir a la universidad y él no la decepcionó.

En la fábrica de vidrio comenzó a aprender lo básico con el químico y con el maestro vidriero. Pero en 1848 la fábrica se incendió, por lo que la única forma de acceder a la universidad sería a través de una beca. En 1849 Dimitri, su hermana y su madre se trasladaron a Moscú, pero la universidad rechazó al joven siberiano. No se desanimaron y fueron a San Petersburgo, donde él ingresó al Instituto Pedagógico y luego a la Universidad, en el otoño de 1850. Poco después, su madre y su hermana murieron.

Durante tres años prosiguió sus estudios, pero entonces cayó enfermo, aunque eso no le impidió terminar sus cursos en tiempo y obtener una medalla de primer lugar en su clase. Como no mejoraba, el médico le prescribió irse a un lugar con mejor clima: tenía tuberculosis, la misma enfermedad que había matado a su familia.

Así, en 1855 se marchó a Crimea, donde trabajó como maestro y recobró la salud. En 1859 fue comisionado para ir a Francia y Alemania con el fin de estudiar los últimos adelantos. Regresó en 1861 y dos años después fue nombrado profesor de Química en la Universidad de San Petersburgo, donde además continuó sus investigaciones que desembocaron en la tabla periódica de los elementos, una síntesis de las relaciones entre los elementos químicos por sus pesos atómicos y propiedades.

En 1863 se casó con Feozva Nikichna, con quien procreó dos hijos. Se divorciaron en 1882 y él se volvió a casar, esta vez con Ana Ivanova Popova, con quien procreó cuatro hijos. Renunció a la cátedra en 1890, luego de expresar su contrariedad por la represión política ejercida por el gobierno. En 1906 publicó *Proyecto de una escuela para maestros*, toda una novedad en Rusia.

Murió el 20 de enero de 1907.

Félix **MENDELSSOHN**

Músico alemán nacido en Hamburgo el 3 de febrero de 1809, hijo de una familia judía asimilada, es decir, convertida al protestantismo y a la cultura europea. Siendo él muy pequeño, su familia se trasladó a Berlín. Recibió sus primeras lecciones de su madre, Lea Salomon, y después estuvo a cargo de preceptores. Muy pronto se hizo evidente su talento musical como violinista, organista y compositor. También escribía poemas, dibujaba y pintaba.

En 1818, a la edad de nueve años, ofreció su primer recital de piano. En 1821 viajó a Weimar para conocer a Goethe, con quien trabó una amistad que se prolongó hasta la muerte del anciano literato. En 1824 su padre, acaudalado banquero, puso a disposición del quinceañero una orquesta. Para entonces ya había compuesto varias sonatas, cuartetos y la *Sinfonía # 1 en Do menor.*

Con la aprobación de Luigi Cherubini, en 1825 inició formalmente su carrera musical. Al año siguiente presentó la versión para dos pianos de la *Obertura al sueño de una noche de verano*. Sin embargo, al año siguiente su ópera *Las bodas de Camacho* no gustó. En 1829 dio cima a su tarea de rescate de la obra de Johann Sebastian Bach y viajó a Inglaterra, donde fue muy bien recibido. Al año siguiente presentó su *Sinfonía # 5 La Reforma* y la obertura *La gruta de Fingal*. Tras un viaje de placer por Europa, se dedicó a escribir música sacra, las sinfonías *Italiana* y *Escocesa*, las *Canciones sin palabras* y la música incidental para *La primera noche de Walpurgis.*

Reconocido como director de orquesta y pianista, aceptó el cargo de director musical de Düsseldorf, que ostentó hasta 1835 cuando renunció para convertirse en director de la orquesta del Gewanhaus de Leipzig. En 1837 se casó con Cécile Jeanrenaud. Su vida parecía completa. Seguía componiendo: *Concierto para piano # 2 en Re menor, Sonata para chelo # 1 en Si bemol mayor, Ruy Blas, Lohegesang, Variations sérieuses* y *Kinderstücke*. En 1843 se dedicó a fundar el Conservatorio de Leipzig. En 1847 lo sorprendió la súbita muerte de su hermana Fanny, por lo que cayó en una grave depresión y falleció el 4 de noviembre del mismo año.

Antonio de **MENDOZA**

Noble, guerrero, diplomático y político español nacido en Granada, Andalucía, entre 1492 y 1494, hijo de una poderosa familia de raíces castellanas. Se casó con María Ana de Trujillo, también noble. Combatió en Huéscar durante la revuelta de los comuneros contra Carlos I de España y V del Sacro Imperio

Romano Germánico, fue tesorero de la casa de moneda de Granada y embajador en Hungría.

Fue nombrado primer virrey de la Nueva España y presidente de su Real Audiencia el 17 de abril de 1535. A su arribo, hubo de dominar la complicada situación creada por Hernán Cortés (ya Capitán General y quien creía merecer el virreinato) y Nuño de Guzmán (ex presidente de la Primera Audiencia y hombre violento), por lo que tuvo que ponerlos a ellos y a sus partidarios.

Trajo la primera imprenta (1536) que hubo en México y en América, estableció la casa de moneda e inició la acuñación También fundó el Imperial Colegio de Santiago Tlatelolco para los indígenas nobles y sentó las bases para abrir la Real y Pontificia Universidad, además de que comisionó a Francisco Vázquez de Coronado la exploración del norte del país, promulgó leyes contra los encomenderos, apoyó la evangelización y el buen trato a los indios. En 1542 sofocó la rebelión de los caxcanes en la llamada guerra del Mixtón, fundó las ciudades de Valladolid (hoy Morelia) y La Barca. En 1548 enfrentó el alzamiento de los zapotecas, a quienes pacificó.

Al término de su encargo en la Nueva España, el rey lo nombró virrey de Perú en 1550, adonde fue por tierra hasta Panamá, ahí se embarcó y llegó al puerto de El Callao en 1551. La muerte lo alcanzó en Lima el 21 de julio de 1552, tras escasos 10 meses de estar al frente del gobierno en el virreinato del Perú.

MERCATOR
(GERARDUS DE KREMER)

Matemático y cartógrafo flamenco nacido el 5 de marzo de 1512 en Rupelmonde, en el condado de Flandes. Empezó su educación formal con el humanista Macropedius, lo que le dio la idea de latinizar su apellido como Mercator, pues Kremer significa precisamente "mercader". Estudió en la Universidad de Lovaina y se ganaba la vida fabricando instrumentos matemáticos y náuticos, por lo que en 1535 aceptó trabajar con Gemma Frisius y Gaspar Myrica en la construcción de un modelo del globo terráqueo, en lo que resultaron muy útiles sus habilidades como experto grabador en láminas de bronce.

A partir de 1537 empezó a trabajar por su cuenta en la confección de mapas, el primero de los cuales fue el de Pales-

245

tina. En 1538 produjo el primer planisferio. Al hacer las placas para reproducir los mapas, se dio cuenta de que la letra itálica o bastardilla era la más adecuada para ello y en 1540 escribió el primer manual sobre la letra bastardilla publicado en el norte de Europa.

En 1544 fue acusado de herejía y estuvo encarcelado algunos meses antes de ser liberado por falta de pruebas. En 1552 se trasladó a Duisburg, en Cleves, para establecer un taller de cartografía. Al tiempo que completaba un mapa de Europa, en 1554 daba clases de matemáticas en la academia de la ciudad. En 1564 fue nombrado cartógrafo de la corte por el duque Guillermo. En 1569 usó por primera vez la proyección que lo hizo famoso, con paralelos y meridianos para precisar las coordenadas geográficas de cualquier punto. Fue el primero en usar la palabra "atlas" para designar un conjunto de mapas, y publicó el suyo en 1578. Reconocido y famoso, dejó a su hijo Rumold al frente del taller.

Murió el 2 de diciembre de 1594.

Carlos **MÉRIDA**

Pintor guatemalteco nacido el 2 de diciembre de 1891. Al terminar sus estudios de secundaria, ingresó al Instituto de Artes y Oficios. Viajó a Francia en 1912, llevando una carta de presentación para Pablo Picasso, obsequiada por Jaime Sabartés, un amigo mutuo. Picasso lo presentó en el círculo de los intelectuales en París. Visitó también Bélgica, Holanda y España. Regresó a Guatemala en 1914. En 1919 se casó con Dalila Gálvez, oriunda de Quetzaltenango, y casi de inmediato ambos se trasladaron a México. Trabajó con Diego Rivera en 1922, pintando los murales del Anfiteatro Bolívar. Fundó con Rivera, José Clemente Orozco y David Alfaro Siqueiros el Sindicato de Trabajadores Técnicos, Pintores y Escultores de México. Regresó a París en 1927, donde conoció a Paul Klee y a Joan Miró.

De nuevo en México, en 1929 fue nombrado director de la Galería del Teatro Nacional. En 1930 ocupó el cargo de director de la Escuela de Danza de la Secretaría de Educación Pública y participó en la Exposición Internacional Surrealista (1940), también celebrada en México. Fue profesor de Arte en el North State Teacher Collage, en Texas.

Realizó murales en el centro infantil del multifamiliar Miguel Alemán en 1950; en el edificio multifamiliar Presidente Juárez; en el Palacio Municipal de Guatemala (La mestiza de Guatemala); en el Instituto Guatemalteco de la Seguridad Social; en la sala Cora Huichol del Museo Nacional de Antropología de México *(Los adoratorios)*, y en el Centro Cívico de San Antonio, Texas *(La confluencia de las civilizaciones en América)*.

En 1965 recibió la medalla de oro de la Dirección General de Cultura y Bellas Artes de Guatemala, así como la Orden del Águila Azteca, máximo galardón que otorga el gobierno mexicano a personajes extranjeros.

Murió en la Ciudad de México el 21 de diciembre de 1984.

Fray Servando Teresa de **MIER**

Religioso y político mexicano nacido el 18 de octubre de 1765, en Monterrey. Estudió filosofía y teología. Obtuvo su doctorado a los 27 años. En 1794 pronunció un sermón donde puso en entredicho la validez de las apariciones de la virgen de Guadalupe, por lo que fue condenado en 1795 al destierro por diez años en España, recluido en el convento de las Caldas, de donde se fugó para ser reaprehendido.

En 1796 fue a Madrid a pedir justicia al consejo de Indias, pero éste lo volvió a recluir y él nuevamente se fugó, se refugió en Bayona y de ahí fue a Burdeos, París y Roma, en 1802. Al siguiente año, el papa le concedió la secularización, pero siguió siendo perseguido. Pasó por una serie de encierros y fugas en diferentes partes de Europa.

En 1811, tras conocer sobre el levantamiento de Miguel Hidalgo en México, partió a Londres a propagar el ideal independentista. Conoció a Francisco Javier Mina y lo persuadió para realizar la expedición a México de 1817, que entró por Soto La Marina. Ahí fue aprehendido y llevado a la Ciudad de México para ser procesado por la Inquisición. Al ser disuelto ese tribunal, fue enviado a España para terminar su proceso, pero se fugó en La Habana. A su regreso a México, en 1822, fue reaprehendido y enviado a San Juan de Ulúa, de donde lo sacó el Constituyente.

A Iturbide le reclamó su vanidad excesiva, declarándose republicano, por lo que fue encerrado en Santo Domingo. Se fugó el 1 de enero de 1823. A la caída de Iturbide fue diputado por Nuevo León. Atacó el sistema federalista desde la tribuna pero firmó, en 1824, el acta constitutiva de la Federación y la Constitución de México. Vivió sus últimos años gracias a una pensión que recibió del Estado.

Murió en la Ciudad de México el 3 de diciembre de 1827.

MIGUEL ÁNGEL
(MICHELANGELO DI LUDOVICO BUONARROTI SIMONI)

Escultor, pintor y arquitecto italiano nacido el 6 de marzo de 1475 en Caprese, cerca de Florencia, como hijo primogénito de Ludovico Buonarroti y Francesca di Neri, ambos pertenecientes a la baja nobleza toscana. Huérfano de madre a temprana edad, a los 13 años expresó su deseo de ser escultor, una profesión entonces poco valorada, a lo que el padre accedió con reticencia y le consiguió un puesto de aprendiz en el taller del afamado pintor Domenico Ghirlandaio, en Florencia.

Allí Lorenzo *el Magnífico* advirtió el genio potencial de Miguel Ángel y se lo llevó a su palacio donde lo hizo educar junto con sus hijos, sin dejar de aprender el arte de la escultura. El artista adquirió así la vasta cultura que plasmó después en sus obras, impregnadas del humanismo propio del Renacimiento. Realizó para el gobierno de Florencia el colosal *David*, de mármol blanco, y para la basílica de San Pedro en Roma la famosísima *Piedad*, además de pintar los frescos de la capilla Sixtina (la bóveda con el Antiguo Testamento y el muro del ábside con *El Juicio Final*), y posteriormente *El martirio de san Pablo* y *La crucifixión de san Pedro*. Esculpió el *Moisés* y otras figuras para la tumba del papa Julio II, así como los mausoleos en la capilla Médici, entre sus esculturas más sobresalientes.

En arquitectura, diseñó la cúpula de la basílica de San Pedro y la Biblioteca Laurenciana. También fue delicado poeta, aunque sus contemporáneos lo llamaban "el terrible" por sus accesos de apasionado mal humor. Nunca se casó, pero siempre protegió a su familia y tuvo numerosos amigos y discípulos.

Falleció en Roma el 18 de febrero de 1564, a los 89 años de edad, cuando trabajaba en su última escultura, la *Piedad Rondanini*.

JOHN MILTON

Poeta inglés nacido en Londres el 9 de diciembre de 1608. Estudió en Cambridge, donde obtuvo un grado de bachiller en Artes, en 1629, y la maestría en Artes en 1632. Abandonó sus planes de ser sacerdote. Pasó los siguientes años en la casa paterna, durante los cuales leyó a los clásicos griegos y latinos. Viajó por Europa en 1638, sobre todo por Italia. Conoció a Galileo en su arresto domiciliario. Fue tal la impresión que causó a Milton, que Galileo es el único personaje contemporáneo al que menciona por su nombre en *El paraíso perdido* (1667), su obra maestra y uno de los más grandes poemas de la literatura universal.

Regresó a Inglaterra en 1639. Su enorme talento como traductor se reveló desde que tenía 15 años y tuvo su principal aplicación práctica entre 1648 y 1653, lapso en que además escribió panfletos contra la Iglesia inglesa y contra la monarquía, defendiendo a los puritanos y a Oliver Cromwell. Fue perdiendo la vista hasta que, en 1651, completamente ciego, necesitó de varios asistentes para realizar su trabajo. Al restaurarse la monarquía, en 1660, fue multado por defender el Estado libre, aunque estaba amenazado de ser ejecutado. Sus últimos años los pasó recluido y escribiendo.

Milton escribió tanto en verso como en prosa, pero fue *El paraíso perdido* la obra de su vida. Sin gran éxito al publicarse, recibió elogios de personajes como Voltaire e influyó en la obra de escritores como William Blake, Lord Byron, T.S. Elliot y Mary Shelley.

Murió en Londres el 8 de noviembre de 1674.

Francisco Javier **MINA**

Caudillo insurgente nacido en Navarra, España, el 15 de diciembre de 1789. Estudió Leyes en las universidades de Pamplona y Zaragoza. En 1808 se unió al ejército de la resistencia española contra los invasores franceses, luego del levantamiento popular en Madrid. Recibió el encargo de organizar las guerrillas de voluntarios en Navarra y el Alto Aragón, asestó varias derrotas a los franceses y los obligó a retirarse. Sin embargo, en 1810 fue hecho prisionero y enviado a Vincennes, donde pudo estudiar estrategia militar y matemáticas con sus compañeros de presidio.

Fue liberado en 1814 y volvió a España. Se le ofreció el mando del ejército en la Nueva España, entonces a las órdenes de Félix María Calleja, pero lo rechazó. Conspiró en Navarra contra Fernando VII, defendiendo la Constitución emanada de las Cortes de Cádiz contra el absolutismo de la monarquía, pero fue denunciado, por lo que tuvo que salir hacia Francia.

Fue arrestado y llevado a Bayona, y al ser puesto en libertad buscó refugio en Londres, donde conoció a fray Servando Teresa de Mier, con quien hizo causa común de denuncia contra la Corona española. Convencido por Mier, trazó un plan para ayudar a la causa independentista de Miguel Hidalgo y privar al rey de los ingresos provenientes de la Nueva España.

Salió de Liverpool en 1816 rumbo a Estados Unidos. De ahí partió con dos embarcaciones hacia costas mexicanas. Desembarcó en Soto la Marina en abril de 1817. Se internó en territorio mexicano, tomó Valle del Maíz, Real de Pinos y entró en Fuerte del Sombrero, que fue sitiado. Mina pudo salir y se refugió en el rancho "El Venadito", donde lo apresaron.

Murió fusilado en Pénjamo, Guanajuato, el 11 de noviembre de 1817.

Miguel **MIRAMÓN**

Militar y político nacido en la Ciudad de México el 29 de septiembre de 1831. Ingresó al Colegio Militar en 1846. Defendió el castillo de Chapultepec en 1847, cuando era cadete. Cayó prisionero de las fuerzas invasoras de Estados Unidos y fue liberado casi de inmediato. Al considerar como única opción para restaurar el orden y el progreso en un país gobernado por la anarquía y la revuelta, tomó partido por los conservadores. Recibió el grado de subteniente en 1852, y el de general de división, en 1858.

Asumió la presidencia a los 27 años de edad, de modo que fue el presidente más joven de México. Su primer periodo fue como presidente sustituto entre febrero y agosto de 1860. También fue presidente interino a los pocos días y gobernó entre agosto y diciembre del mismo año. Reinstaló en sus funciones al Colegio Militar y atacó en Veracruz al gobierno de Juárez, pero fue derrotado por los liberales y desterrado a finales de 1860.

Se dirigió a la Corte de España, donde fue recibido por Isabel II y Napoleón III, quienes lo enviaron a Alemania a estudiar táctica militar. Regresó a México en 1862 como apoyo al imperio de Maximiliano, quien contaba con el respaldo de las tropas francesas, las cuales se retiraron en cuanto tomaron la capital y dejaron al emperador solo. Por ese motivo el emperador tuvo que apoyarse en los conservadores, a los que había desdeñado. Miramón reunió un ejército de 9 000 hombres y lo puso a las órdenes de Maximiliano. El emperador decidió establecer su base de operaciones en Querétaro, donde fue sitiado y derrotado por Escobedo.

Junto con el emperador Maximiliano y el general Tomás Mejía, Miramón murió fusilado en el cerro de Las Campanas, Querétaro, el 19 de junio de 1867.

Francisco de **MIRANDA**

Militar venezolano nacido en Caracas el 28 de marzo de 1750. Se educó en su ciudad natal y, en 1767, recibió el título de bachiller. Llegó a España en 1771, donde compró un título de conde y sirvió en el ejército con el grado de capitán. Se enlistó para la defensa de Melilla, donde luchó contra el sultán de Marruecos. Fue encarcelado por desobediencia y liberado en 1780. En Cuba luchó contra los ingleses, pero fue acusado por malversación de fondos. Huyó a Estados Unidos en 1783, desde donde alegaba su inocencia. Conoció a los principales líderes de la revolución estadounidense, pero debió salir hacia Londres debido a la persecución de agentes españoles.

Pidió ayuda al primer ministro inglés para respaldar los movimientos de independencia en América, donde Miranda vislumbraba un imperio de Cabo de Hornos hasta el Mississippi, con un emperador inca y una legislatura de dos cámaras, cuyo nombre sería Colombia. Participó en la Revolución Francesa como general y su nombre aparece grabado en el Arco del Triunfo.

Regresó a Londres donde se convirtió en líder de los conspiradores exiliados contra España. Reunió un ejército en Estados Unidos, con el que intentó invadir Venezuela en 1806, pero fracasó pues los venezolanos no le prestaron ayuda. Conoció a Bolívar en Londres, quien lo convenció de regresar a Venezuela como general de la insurgencia. Al declarar su independencia, Miranda asumió el gobierno como dictador. Los españoles contraatacaron y como temía un derramamiento de sangre innecesario, De Miranda firmó un armisticio en 1812, lo que fue considerado una traición por los otros líderes. Fue hecho prisionero y entregado a los españoles.

Murió siendo prisionero en Cádiz, España, el 14 de julio de 1816.

Joan **MIRÓ**

Pintor, escultor y grabador español nacido en Barcelona el 20 de abril de 1893. Estudió comercio y trabajó en una droguería como contador. En 1912 se inscribió en la Escuela de Arte de Francesc Galí, y al año siguiente se apuntó al Cercle Artístic de Sant Lluc. Formó parte de la Agrupación Courbet a partir de 1918. Su primera exposición individual fue en las Galeries Dalmau de Barcelona. Viajó a París en 1920, donde conoció a Picasso. Ahí su primera exposición individual fue en la Galerie La Licorne. Firmó el Manifiesto Surrealista de 1924.

Debido al estallido de la Guerra Civil Española, decidió permanecer en París. En 1937 pintó el mural *El segador*, para el pabellón de la República Española en la Exposición Internacional de París. Se instaló en Normandía en 1939. Al año siguiente realizó la serie de aguadas llamada *Constelaciones* y, luego del bombardeo de los alemanes a Normandía, regresó a España. Inició sus primeras obras en cerámica en 1944 y se trasladó a Mallorca en 1956.

Realizó sus primeras esculturas monumentales de bronce en 1966, *Pájaro solar* y *Pájaro lunar*. En 1968 fue nombrado doctor honoris causa por la Universidad de Harvard. Realizó en 1970 un mural de cerámica monumental para el aeropuerto de Barcelona. En 1972 se constituyó la Fundación Joan Miró, Centro de Estudios de Arte Contemporáneo de Barcelona. Recibió un doctorado honoris causa en 1979 por la Universidad de Barcelona. En 1982 se instaló la escultura monumental *Mujer y pájaro* en el parque Joan Miró de Barcelona.

Su estilo artístico, en el que destaca el uso asiduo de los colores primarios, es uno de los más personales y, al mismo tiempo identificable, desarrollado primero en el cauce del surrealismo y, más tarde, a través del deseo de "asesinar" el arte con los medios mismos del arte.

Murió en Palma de Mallorca, España, el 25 de diciembre de 1983.

Bartolomé **MITRE**

Militar, político y escritor argentino nacido en Buenos Aires el 26 de junio de 1821. A los 17 años ingresó a la Academia Militar. Por entonces comenzó a colaborar en *El Iniciador*, periódico que combatía al presidente Juan Manuel de Rosas. Salió de Argentina en 1837 y viajó a Uruguay, Bolivia y Perú, donde participó en varias campañas militares. Regresó a Argentina en 1852 como líder de las fuerzas uruguayas para dirigir el derrocamiento de Rosas. Al año siguiente fue el líder de la provincia separatista de Buenos Aires, cuyos ciudadanos rechazaron la nueva Constitución federal.

Fue gobernador cuando la provincia derrotó a las fuerzas federales en 1861.

Al unirse de nuevo la nación argentina, fue elegido presidente. Durante su mandato amplió los servicios postal y telegráfico, organizó las finanzas públicas, estableció nuevos tribunales y fomentó el comercio exterior. Asumió el mando de las fuerzas argentinas en 1864 contra Paraguay. Fue senador al terminar su periodo presidencial en 1868 y nuevamente se postuló para la presidencia en 1874, con el argumento de que había sido derrotado de manera fraudulenta y se enfrascó en una rebelión fallida. Intentó de nuevo ser presidente en 1891, pero declinó en favor del candidato conservador. Permaneció como un símbolo de la unidad de Argentina.

Sus aportaciones a la vida cultural de su país fueron muy importantes. Fundó el periódico *La Nación* en 1870 y la Academia Argentina de Historia. Escribió muchas obras tanto en verso como en prosa, además de que realizó varias traducciones e investigación histórica.

Murió en Buenos Aires el 19 de enero de 1906.

MOCTEZUMA II
XOCOYOTZIN

Noveno emperador azteca nacido h. 1466. Fue hijo de Axayácatl, nieto de Itzcóatl y hermano de Cuitláhuac, su sucesor en el trono azteca. Al morir Axayácatl, en 1502, el consejo de ancianos mexicas lo designó *tlatoani* (emperador), pues ocupaba uno de los dos puestos militares de mayor jerarquía. Tuvo como responsabilidad primordial mantener y reforzar el imperio mexica, que había llegado a su máxima expresión cuando obtuvo su mandato. Encabezó la ceremonia de renovación del tiempo, en 1507, un importante evento que ocurría cada 52 años.

En abril de 1519, los españoles al mando de Hernán Cortés llegaron a Veracruz, lo que fue precedido por una serie de noticias alarmantes y presagios funestos que provocaron la angustia del emperador, quien tenía conocimiento de la llegada de diversas expediciones a costas americanas algunos años antes. Moctezuma envió presentes de joyas y oro al conquistador, lo que despertó su ambición. Éste atacó Cholula y masacró a sus habitantes. Desde ahí avanzó hacia Tenochtitlan, adonde llegó en noviembre de 1519. Aprovechando la amabilidad del emperador, Cortés lo aprehendió junto con los nobles aztecas.

Cortés salió hacia Veracruz y dejó el mando a Pedro de Alvarado, quien encabezó la matanza del Templo Mayor el 16 de mayo de 1520 y por ello los aztecas se rebelaron. Cortés regresó el 24 de junio a Tenochtitlan. Liberó a Cuitláhuac, hermano de Moctezuma y convenció a éste último de que subiera a la azotea del palacio de Axayácatl para tranquilizar a su pueblo. Fue golpeado por piedras que le lanzaron y, al parecer, murió a causa de las heridas el 29 de junio de 1520.

MOLIÈRE
(JEAN BAPTISTE POQUELIN)

Dramaturgo y actor francés nacido 15 de enero de 1622 en París. Comenzó sus estudios en Humanidades en 1631, en el colegio jesuita de Clermont. En 1642 obtuvo su título de abogado en Orléans. Inició en 1643 la compañía del Teatro Ilustre, del que fue director al año siguiente, luego de adoptar el seudónimo de "Molière". La compañía quebró en 1645 y él fue encarcelado debido a las deudas que tenía. De 1646 a 1658 salió de París para recorrer las provincias, y regresó con su compañía a París. Actuó ante Luis XIV, quien se convirtió en su protector.

A partir del estreno de *Las preciosas ridículas,* en 1659, hasta llegar a *El enfermo imaginario,* de 1673, Molière se transformó de adaptador de pequeñas actos italianos a un dramaturgo interpretado hasta la actualidad en los teatros de todo el mundo. En el desarrollo de su talentosa obra, inconscientemente se ganó muchos enemigos, gente que se sentía aludida en los mordaces parlamentos de sus personajes. Por ejemplo, el clero consideró que se atacaba a la Iglesia en algunas de sus obras. Algunos colegas suyos desdeñaban sus continuos experimentos con las formas cómicas, como en *La escuela de las mujeres* (1662) o con el verso, como en *Anfitrión* (1668).

Otros dramaturgos más bien lo detestaban por la envidia que sentían por su éxito con el público y por la predilección real de la que disfrutaba. A finales de la década de 1660, desarrolló una enfermedad pulmonar que nunca pudo detenerse. No obstante, siguió trabajando como escritor, director, actor y representante de la compañía.

Murió en París el 17 de febrero de 1673.

Tirso de **MOLINA**
(Gabriel Téllez)

Dramaturgo español nacido en Madrid el 24 de marzo de 1579. La información sobre los primeros años de su vida es escasa, aunque se sabe que sus padres eran sirvientes del conde de Molina de Herrera y corrió el rumor (desechado después) de que era hijo natural del duque de Osuna. Recibió las órdenes en el convento de Guadalajara en 1601, pasó una temporada en el monasterio de Estercuel y en 1616 viajó a Santo Domingo, en América, donde permaneció hasta 1618, encargado de una misión pastoral. Fue uno de los pocos autores del barroco español que conoció el Nuevo Mundo.

La Junta de Reformación, un cuerpo de censura, lo mantuvo temporalmente alejado de la corte por el disgusto que causaban sus "comedias profanas, de malos incentivos", de modo que se mudó a Sevilla, pero en 1626 fue rehabilitado y llegó a ser comendador del convento de Trujillo. Una nueva etapa de contrariedad por su trabajo motivó que fuera recluido en el convento de Cuenca. En 1632 llegó a ser el cronista de su orden; en 1645 fue designado comendador y luego fue definidor provincial de Castilla.

Su obra está integrada por casi 300 comedias (de las que se conservan apenas 60), editadas entre 1627 y 1636. Varias de ellas perviven en el repertorio teatral, como *Don Gil de las calzas verdes*, *El burlador de Sevilla* (centrada en el personaje de Don Juan Tenorio) y *El vergonzoso en palacio*. Los problemas que le generó la ligereza y gracia de su pluma lo inclinaron a escribir trabajos de tono más serio y meditado, como los autos sacramentales *El laberinto de Creta* y *La vida y la muerte de Herodes*.

También fue autor de una sustanciosa obra poética que incluye coplas, romances y sonetos inscritos en la estética conceptista que asocia con ingenio el sentido y la forma de las palabras mediante el empleo de distintos recursos retóricos.

Pasó sus últimos años como comendador del convento de Soria, donde murió el 12 de marzo de 1648.

Piet **MONDRIAN**
(Pieter Cornelis Mondriaan)

Pintor holandés nacido en Amersfoort el 7 de marzo de 1872. Inició su carrera plástica pintando paisajes, enfrentado con el puntillismo y el simbolismo. Entre 1911 y 1914 vivió en París, donde su trabajo presentó una fase cubista. Finalmente, en 1914 realizó sus primeras composiciones abstractas, caracterizadas por elementos lineales y geométricos.

Tres años más tarde formó parte de los fundadores del grupo De Stijl, cuyos miembros (como Theo van Doesburg y Bart van der Leck) defendían la claridad geométrica y la fuerza de la armonía.

En la revista *De Stijl*, órgano informativo del grupo, presentó su teoría del neoplasticismo, en el que la forma se reduce a elementos simples, líneas verticales y horizontales pintadas con los colores básicos (amarillo, rojo y azul), así como blanco, negro y gris, y se eliminan las figuras y los elementos casuales y arbitrarios. Entre 1919 y 1938 volvió a París, donde se unió al grupo Abstracción-Creación, y posteriormente residió en Londres y Nueva York.

La etapa fundamental de su trabajo se desarrolló a partir de 1920 y se caracteriza por los principios del neoplasticismo, una exploración que desecha las tendencias y expresiones individuales, en beneficio de una cosmología filosófica. Sus piezas con cuadrados, rectángulos y diagonales representan un intento de acceder a la realidad en los términos expresados con sus propias palabras: "a través de un sistema de figuras puro, sin los límites de los sentimientos o la imaginación personales".

Entre los trabajos emblemáticos de esta vertiente se cuenta su *Composición con amarillo, azul y rojo* (1939-1942) conservada en la galería Tate de Londres. Su estética rebasó el ámbito de la pintura y tuvo gran influencia en el diseño, la decoración, la arquitectura y la escultura del siglo XX.

Falleció en Nueva York el 1 de febrero de 1944.

Claude MONET

Pintor francés nacido en París el 14 de noviembre de 1840. Creció en Havre, donde su padre trabajaba como comerciante, y ahí comenzó su carrera plástica como caricaturista. En 1856 conoció a Eugène Boudin, con quien practicó la pintura al aire libre. Inscrito en la Academia Suiza durante una breve temporada de 1859, hizo amistad con Camille Pisarro. Mientras prestaba el servicio militar en Argelia (1861-1862) quedó fascinado con la luz y el colorido del sur, lo que tuvo gran impacto en su obra. De regreso en Europa trabajó la pintura del paisaje en el bosque de Fontainebleau al lado de Auguste Renoir y Alfred Sisley, y en Londres apreció los cuadros de John Constable y William Turner. En esa misma ciudad conoció al marchante de arte Paul Durand-Ruel, que en los años siguientes adquirió varios de sus cuadros.

Su óleo *Impresión: la salida del sol* (1872), pintado en Argenteuil, dio nombre al grupo de pintores al aire libre con quienes expuso en París en 1874. Un crítico los calificó con ironía de "impresionistas" y así surgió la denominación de la afamada corriente pictórica.

Monet se mudó a su casa de campo en Giverny, en cuyo estanque cultivó los lirios acuáticos, que fue motivo de inspiración durante sus últimos años y donde creó *El estanque con nenúfares,* que incluye un puente japonés. Su interés central fue la representación del colorido de la naturaleza y sus transformaciones marcadas por la luz que recreó a base de pinceladas cortas. En su trabajo esos cambios son más importantes que los objetos que pierden los contornos reales, como ocurre en *Las amapolas,* de 1873.

En varios proyectos exploró los cambios de un mismo paisaje bajo distintas condiciones climáticas (como en el ciclo *La Catedral de Ruán,* de 1892-1893) y se le considera uno de los fundadores del arte serial. En los últimos años de su vida, casi ciego, se distanció del impresionismo y en sus obras —como el ciclo de vistas de Venecia— los objetos casi desaparecen y se convierten en reflejos abstractos de la luz.

Falleció en Giverny el 5 de diciembre de 1926.

James **MONROE**

Político estadounidense nacido el 28 de abril de 1758 en el condado de Westmoreland, Virginia. Estudió en el College of William and Mary. Se distinguió como miembro del Ejército Continental luchando en la célebre batalla de Trenton, durante la guerra de Independencia, y posteriormente ejerció la abogacía en Fredericksburg, Virginia. Muy joven comenzó a participar en política: en 1790 fue electo senador y de 1794 a 1796 embajador en Francia, país con el que negoció la compra de Louisiana. De 1799 a 1802 fue gobernador de Virginal (cargo en el que repitió en 1811); se desempeñó como secretario de Guerra (1814-1815) y de Estado (en dos ocasiones). En 1816 fue electo quinto presidente de los Estados Unidos, y se reeligió en 1820.

Durante su mandato Estados Unidos compró Florida a la Corona española, el país vivió una depresión económica y se agudizaron los debates políticos sobre la esclavitud. Monroe aceptó el Compromiso de Missouri (1820) que dividía al país en estados esclavistas y estados abolicionistas.

En cuanto a su política exterior, ésta se caracterizó por la premisa de "América para los americanos", mejor conocida hoy como *Doctrina Monroe*, una respuesta a los intereses europeos de reconquistar las naciones emergentes que habían sido sus colonias. Desarrollada en realidad por John Quincy Adams —quien lo sucedió en la presidencia— se expresó así: "Por la condición libre e independiente que han adquirido y ahora mantienen, de aquí en adelante [los países de América] no podrán considerarse sujetos para la futura colonización de un poder europeo". Esta supuesta visión americanista en realidad inspiró el imperialismo estadounidense en el continente, que derivó en la anexión territorial de la mitad de México en la década de 1840.

Al término de su gobierno, varias de sus iniciativas fueron bloqueadas debido a las disputas sucesorias. Monroe sufrió graves problemas económicos a consecuencia de las deudas que contrajo durante su vida pública, murió de tuberculosis el 4 de julio de 1831.

Michel de **MONTAIGNE**

Escritor francés nacido en el castillo de Montaigne, Périgord, el 28 de febrero de 1533. Su infancia transcurrió en el ambiente rural. Aprendió latín antes que francés y estudió Filosofía y Derecho. A los 21 años fue nombrado consejero en la Cour des Aides de Périgueux y a los 24 pasó al Parlamento de Burdeos, donde conoció a Étienne de La Boétie, quien dejó una profunda huella en sus ideas.

Muerto su padre en 1568, y convertido en señor de Montaigne, renunció a su cargo parlamentario y se retiró a sus tierras. Católico moderado y tolerante, fungió como intermediario entre Enrique de Navarra, líder de los protestantes, y Enrique III, representante de los católicos conservadores.

Más tarde, por disposición de Enrique III, debió aceptar el cargo de alcalde de Burdeos (1581-1585).

Como escritor dedicó su vida prácticamente a una obra: *Ensayos* (los dos primeros libros aparecieron en 1580), que fundan el género literario que lleva ese nombre. En ellos busca desarrollar temas que le interesan (el amor, la amistad, la virtud, el valor) y poner de manifiesto contradicciones ante las cuales hay que oponer la tolerancia y la moderación.

Se retiró a Périgord, donde murió el 23 de septiembre de 1592.

MONTESQUIEU
(Charles-Louis de Secondat, barón de la Bréde y de Montesquieu)

Filósofo y escritor francés nacido en el castillo de la Bréde, Burdeos, el 18 de enero de 1689, hijo de una familia de la antigua nobleza. Estudió Leyes en Burdeos y en París. Sustituyó a su padre como consejero en el Parlamento de Burdeos en 1713. En 1715 se casó con Jeanne Lartigue y, al morir su tío, el barón de Montesquieu, heredó el cargo de presidente del Parlamento y el nombre de Montesquieu, que usaría a partir de entonces.

Ingresó a la Academia de Ciencias de Burdeos y mostró interés por las ciencias naturales en diversos tratados sobre biología y fisiología. Aplicó con gran éxito el método experimental que había usado en las ciencias naturales a las ciencias sociales.

En 1721 se publicó en Ámsterdam, de forma anónima, la primera de sus obras, las *Cartas persas,* que alcanzaron fama extraordinaria. Dado que le aburría su cargo en la presidencia del Parlamento, lo vendió. Así podría dedicarse por completo al estudio y la literatura. En 1727 ingresó como miembro de la Academia Francesa. Poco después inició un viaje por Europa, que finalizó en Gran Bretaña. En Londres, ingresó a la Royal Society y a la masonería.

En 1748 salió a la luz *El espíritu de las leyes,* obra en la que plantea la división de poderes que sigue vigente hasta nuestros días, y cuyo éxito fue sorprendente. Los jesuitas lo atacaron en nombre de la religión y Montesquieu publicó una *Defensa del espíritu de las leyes,* pero el Vaticano lo incluyó en el índice de libros prohibidos.

Enfermó de gravedad y murió en París el 10 de enero de 1755.

Henry **MOORE**

Escultor y artista gráfico inglés nacido en Castleford (cerca de Leeds), el 30 de julio de 1898, en el seno de una familia de inmigrantes irlandeses. En la escuela primaria de su poblado natal comenzó a modelar en arcilla y tallar en madera. A los 11 años el descubrimiento de la obra de Miguel Ángel Buonarroti despertó en él la vocación de escultor. Estudió en el Royal Collage of Art, de Londres, donde también dio clases de 1926 a 1932 y formó parte de la planta docente de la School of

Arts de Chelsea. Como escultor, recibió la influencia del arte monumental egipcio, del México prehispánico (en especial de la región maya), y de los trabajos de Constantin Brancusi y Alexander Archipenko.

El tema central de sus grandes esculturas es la figura humana presentada en forma individual (por lo común en posición yacente) o en pequeños grupos que incluyen madres con sus hijos. Éstas surgen de formas en un juego de cambios rítmicos modelados de acuerdo con el plano tectónico. Aparte de las piezas que representan motivos orgánicos y naturales, realizó obras abstractas colocadas al aire libre, profundamente unidas a los desarrollos arquitectónicos que las acompañan. Hasta 1945 sus materiales más frecuentes fueron piedra y madera; posteriormente trabajó el bronce.

Durante la Segunda Guerra Mundial realizó un ciclo de impactantes dibujos conocidos como *Shelter Drawings*, en los que representó a las personas que buscaban protegerse de los bombardeos en los refugios subterráneos del metro. Además de los bocetos para sus esculturas realizó grabados y litografías. En el conjunto de su trabajo cabe destacar *Rey y reina* (1952-1953) en el Parque Middelheim de Amberes, *Figura yacente* (1956-1958) en el edificio de la UNESCO en París, y el *Gran arco*, de mármol, en los Jardines Kensington de Londres.

Falleció en Much Hadham, del condado de Hertfordshire, el 31 de agosto de 1986.

José María Luis **MORA**

Escritor y político mexicano nacido en Chamacuero, Guanajuato, el 12 de octubre de 1794, en el seno de una familia española. El estallido de la guerra de Independencia les ocasionó dificultades económicas, pero él pudo inscribirse en el Colegio de San Ildefonso. En 1829 tomó las órdenes sacerdotales y culminó el doctorado en Teología. Al triunfo del Ejército Trigarante, fue editor del *Semanario Político y Literario*, donde expuso su pensamiento liberal, que luego tendría como plataforma *El Observador de la República*. En 1822 fue electo vocal de la Diputación Provincial de México y se opuso a las decisiones de Agustín de Iturbide, cuyo gobierno lo persiguió. Pese a ello, al año siguiente fue elegido diputado a la Legislatura Constitucional del Estado de México, cuya constitución redactó.

Afiliado a la logia escocesa, el triunfo de los yorkinos lo mantuvo relegado y salió a la vida pública hasta la caída del gobierno de Anastasio Bustamante, en 1833. Durante el mandato de Valentín Gómez Farías trató de instrumentar sus ideas liberales y limitar el poder de la Iglesia y el clero, pero a la caída de éste fijó su residencia en París. En esa ciudad escribió su obra más importante: *México y sus revoluciones*, un completo análisis del proceso histórico nacional, cuyas ideas tuvieron un decidido impacto en la nueva generación de políticos que llegó al poder en la década de 1850. En 1847 Gómez Farías, de nuevo en el poder, lo nombró ministro plenipotenciario ante el gobierno de Gran Bretaña, donde estuvo en tratos con lord Palmerston en el difícil periodo de la invasión de Estados Unidos y la firma del Tratado de Guadalupe Hidalgo.

Su mal estado de salud lo obligó a regresar a París, donde falleció el 14 de julio de 1850, al parecer abjurando de la religión católica. Un siglo después sus restos fueron trasladados a México y sepultados en la Rotonda de las Personas Ilustres del Panteón Civil de Dolores.

Francisco **MORAZÁN QUESADA**

Político y militar hondureño nacido en Tegucigalpa el 3 de octubre de 1792, hijo de Esteban Morazán y Guadalupe Quesada. Su carrera política fue vertiginosa. En septiembre de 1824 fue nombrado secretario general del gobierno de Honduras. En 1825 firmó la primera Constitución de ese país y en 1827 fue presidente del gobierno. Sus primeras acciones fueron enviar tropas a El Salvador, donde venció en las batallas de San Miguelito y Las Charcas a las fuerzas de Manuel José Arce, presidente de la República Federal de Centroamérica. En junio de 1830 fue electo presidente y reelegido en 1835. Tomó posesión en la ciudad de Guatemala y luego trasladó la sede del gobierno a San Salvador. Al disolverse la Federación en 1839, fue elegido presidente de El Salvador, pero el líder conservador Rafael Carrera venció a Morazán en la ciudad de Guatemala en marzo de 1840, por lo que se exilió en Ciudad David, Panamá, entonces parte de Colombia. Desde ahí lanzó el *Manifiesto al Pueblo de Centroamérica*, en el que abogaba por formar una sola nación centroamericana. En 1842 invadió Costa Rica, venció al dictador Braulio Carrillo, convocó a elecciones, y la Asamblea Constituyente lo proclamó Jefe de Estado, pero al tratar de restaurar la Federación fue hecho prisionero.

En 1829 fue declarado "Benemérito de la Patria" por la Asamblea de Guatemala, en 1834 por la Legislatura Salvadoreña, en 1839 por la Asamblea Legislativa de Honduras y en 1842 por la Asamblea de Costa Rica. Introdujo, entre otros avances, la libertad de imprenta y de conciencia.

Murió fusilado en Costa Rica el 15 de septiembre de 1842.

JOSÉ MARÍA **MORELOS**

Sacerdote y militar mexicano nacido el 30 de septiembre de 1765 en Valladolid (actual Morelia, en su honor). Existen pocos datos sobre su infancia y primera juventud. Hijo del carpintero Manuel Morelos y de Juana Pavón, era mestizo y descendiente de esclavos africanos. A la muerte de su padre quedó bajo la tutela de su tío Felipe, quien lo empleó en diversas tareas de labranza y ganadería. Entre 1779 y 1790 fue escribano y contador de la hacienda de Tahuejo, en Apatzingán, dedicada al cultivo de caña de azúcar. Luego ingresó al Colegio de San Nicolás, en Morelia, donde conoció a Miguel Hidalgo y se familiarizó con las ideas de la Ilustración.

Se graduó como bachiller en artes por la Real y Pontificia Universidad de la Ciudad de México. Al término de sus estudios inició su carrera religiosa y alcanzó el grado de presbítero. Fue cura de Churumuco, la Huacana, Carácuaro y Nocupétaro y padre de al menos tres hijos naturales, entre ellos Juan Nepomuceno Almonte, quien destacó entre los conservadores opuestos al gobierno liberal de Benito Juárez.

En octubre de 1810 Morelos se enteró del levantamiento de Hidalgo y ambos se entrevistaron en Charo. Recibió la misión de levantar en armas al sur de la Nueva España. Sus acciones más memorables tuvieron lugar tras el fusilamiento de Hidalgo y se convirtió en el principal caudillo del movimiento en los cuatro años siguientes.

Autor del documento titulado *Sentimientos de la Nación*, considerado el primer proyecto de gobierno para el país independiente que él mismo leyó ante los diputados, fue capturado por el Ejército Realista y fusilado el 22 de diciembre de 1815 en el pueblo de San Cristóbal Ecatepec, en el Estado de México. Sus restos permanecen en la Columna de la Independencia de la Ciudad de México.

Pedro **MORENO**

Insurgente mexicano nacido el 18 de enero de 1775 en la hacienda de la Daga, en Lagos (hoy de Moreno), Jalisco. Cursó estudios superiores en el Seminario de Guadalajara y en 1793 empezaba a estudiar la carrera de Derecho cuando murió su padre, por lo que debió abandonarla y, ya casado con Rita Pérez, se dedicó al comercio y a la administración de los bienes de su familia.

Al comenzar la guerra por la independencia, su simpatía por la causa se tradujo en apoyar con víveres y municiones a los insurgentes, por lo que las autoridades realistas lo pusieron bajo estrecha vigilancia. De ahí que decidiera irse a su hacienda La Sauceda, donde organizó a los peones y a otros campesinos para sumarse a la insurgencia, construyendo primero un fuerte en el cerro del Sombrero, que fue su centro de operaciones. Como represalia, los realistas mataron al hijo de Moreno (un adolescente de 15 años) y se llevaron a su hija en calidad de rehén.

En 1817 se unió a Francisco Javier Mina, liberal español, y el 7 de julio de ese año juntos atacaron la hacienda Del Jaral, donde obtuvieron 300 000 pesos para continuar la lucha. Esto propició que el ejército realista, comandado por Pascual Liñán, pusiera sitio al fuerte del Sombrero.

En agosto Moreno intentó romper el cerco, pero fue descubierto, atacado y dispersadas sus tropas. Mina y él huyeron, tras licenciar a sus tropas, para refugiarse en el rancho El Venadito, en Guanajuato. Por el camino los sorprendió un cuerpo de tropa al mando del coronel Francisco Orrantia, que trató de capturarlos.

En la balacera cayó muerto Pedro Moreno el 27 de octubre de 1817. Sus restos permanecen en la Columna de la Independencia.

Tomás **MORO**

Noble, político, humanista y escritor británico nacido el 7 de febrero de 1478 en Londres, hijo del juez John More y Agnes Graunger. Estudió en Oxford con eminentes maestros, tanto que su primera publicación fue una biografía en latín del humanista italiano Giovanni Pico della Mirandolla. En 1494 estudió abogacía en Londres y en 1501 ya formaba parte

MO

de la barra de abogados. Sin embargo, antes de graduarse había sentido inclinación por la vida monástica.

En 1504 fue admitido como miembro del Parlamento y al año siguiente se casó con Jane Colt, con quien procreó tres hijas y un hijo, a todos los cuales Moro hizo estudiar de la misma manera, sentando el precedente de que las mujeres eran igual de capaces para aprender. En 1509 Erasmo de Rotterdam, amigo de toda la vida, le dedicó su obra *El elogio de la locura*. En 1511 murió su esposa y al poco tiempo de nuevo contrajo matrimonio, esta vez con Alice Middleton.

En los años siguientes recibió la atención del rey Enrique VIII, para quien desempeñó diversas tareas diplomáticas. Complacido, el soberano lo hizo miembro de su consejo privado (1518) y le dio título de caballero (sir) en 1521. En 1527 se negó a secundar los planes del rey para divorciarse de Catalina de Aragón; aun así el monarca lo nombró canciller del reino en 1529, puesto al que renunció en 1532 alegando su delicada salud. Pero al rey le pareció obvia la razón de su negativa cuando no se presentó a la coronación de Ana Bolena.

En 1534 fue acusado de oponerse al soberano en materia de religión, por lo que se le exigió jurar la Ley de Sucesión y pronunciar el Juramento de Supremacía que convertía a Enrique VII en jefe de la iglesia anglicana. Moro se negó y fue encarcelado en la Torre de Londres para más tarde ser enjuiciado y condenado a la decapitación, la cual se ejecutó el 6 de julio de 1535. Sus últimas palabras fueron: "Soy servidor del rey, pero primero de Dios".

Moro escribió la famosa *Utopía*, un ensayo sobre la vida social. Fue canonizado en 1935, de modo que la Iglesia Católica lo considera mártir y santo.

Samuel **MORSE**

Inventor y artista estadounidense nacido en Charlestown, Massachussets el 27 de abril de 1791, hijo del geógrafo y reverendo Jedediah Morse. En 1810 se graduó en la Universidad de Yale y ese mismo año partió para Inglaterra con el fin de estudiar pintura, pero recibió una medalla de oro de la Sociedad Adelfi de Artes por una obra escultórica suya, *Hércules agonizante*, en 1813.

De regreso en Estados Unidos fue nombrado profesor de artes del diseño en la Universidad de Nueva York. Sin embargo, el arte no le bastaba, pues también estaba incursionando en la química y la física, realizando experimentos con la electricidad y el galvanismo (lo que hoy conocemos como electromagnetismo).

Ya para 1832, durante un viaje entre El Havre y Nueva York, concibió la idea de construir un telégrafo electromagnético y de inmediato se aplicó a ello, así que pudo exhibir un prototipo en 1837. Se dio a la tarea de conseguir fondos para financiar su proyecto, y cuando estaba a punto de darse por vencido, en 1849 el Congreso estadounidense aprobó un subsidio para montar la primera línea telegráfica entre Baltimore y Washington, empleando el dispositivo de Morse, quien además creó el código de señales para la comunicación telegráfica, que aún continúa en uso. Morse consiguió riqueza y fama con sus inventos. Falleció el 2 de abril de 1872 en Nueva York.

WOLFGANG AMADEUS **MOZART**

Músico austriaco nacido el 27 de enero de 1756 en Salzburgo, hijo del violinista Leopold Mozart y Anna Maria Pertl. Tuvo una hermana mayor, Maria Anna (1751-1829) a la quien llamaban Nannerl, una virtuosa del clavecín. A los tres años dio muestras de ser un niño prodigio: tocaba el clavecín y el violín; a los cinco empezó a componer. El padre pronto comenzó a exhibir las habilidades de su hijo y a ganar dinero con ello. Viajó por toda Europa, tocando para la nobleza e incluso se presentó ante la emperatriz María Teresa y su familia. Pero al llegar a la adolescencia, ya sin su aura de "niño precoz", inició una larga lucha por ser independiente y conseguir trabajo.

A Mozart le parecía insultante ser tratado como un vulgar servidor, así fuera del príncipe arzobispo Colloredo, su patrono por muchos años. Contra la voluntad paterna, en 1782 se casó con Constanze Weber, hermana menor de la famosa soprano Aloysia Weber —ex novia de Mozart—, y se independizó de su padre. Entre dar clases y conciertos, vender partituras y las regalías que le producían, Mozart ganaba más que con un solo patrón, pero su vida dispendiosa y mal administrada lo abrumó de deudas hasta el punto de tener que solicitar ayuda a su padre.

Las presiones económicas plagaron su vida —dos de sus hijos murieron en la infancia por falta de recursos— pero no oscurecieron ni la capacidad creadora ni la alegría propia de la obra mozartiana, que incluye conciertos para piano, para

265

violín, sonatas, música de cámara, una misa, serenatas, canciones, danzas, sinfonías y, sobre todo, óperas, género al que dedicó una gran pasión: *Bastian y Bastiana, La tonta fingida, La falsa jardinera, Las bodas de Fígaro, Así hacen todas, Idomeneo de Creta, La clemencia de Tito, El rapto del serrallo,* y quizás las dos más bellas: *Don Giovanni* y *La flauta mágica*, esta última con simbología masónica, ideología a la que el músico estaba afiliado.

Mozart enfermó gravemente y falleció el 5 de diciembre de 1791. Dejó inconcluso el *Réquiem* en el que trabajaba y que completó su discípulo Süssmayr.

Benito **MUSSOLINI**

Político italiano nacido el 29 de julio de 1883 en Dovia del Predappio, en la Emilia Romagna, hijo primogénito de Alessandro Mussolini, herrero anarquista, y Rosa Maltoni, maestra de escuela. Se llamó Benito en honor al presidente mexicano Juárez.

En 1901 obtuvo el título de maestro de escuela. Para 1908 ya estaba inmerso en el activismo socialista, daba conferencias y ayudaba a publicar diarios y manifiestos. En 1911 protestó por la guerra italiana contra Libia y ese año fue nombrado editor en jefe del periódico socialista *¡Adelante!* En 1914 se casó con Ida Dalser, con quien procreó un hijo. Sin embargo, luego de graves dificultades surgidas en su matrimonio, por órdenes de Mussolini ella y su hijo fueron internados en un hospital psiquiátrico hasta que murieron, varios años después. En tanto, para 1915 él se volvió a casar, esta vez con Rachele Guidi, con quien procreó a sus otros cinco hijos.

Durante la Primera Guerra Mundial (1914-1918) ordenó atacar a los socialistas pacifistas y proclamó que se necesitaba un régimen nacionalista fuerte, además de renunciar a la guerra de clases. Por ello fue expulsado del Partido Socialista y comenzó la formación del Partido Fascista Italiano o "camisas negras" que, en 1922, mediante la llamada "Marcha sobre Roma", obligaron al rey Víctor Manuel III a nombrar jefe de gobierno a Mussolini, quien usaba el título de *Duce* (líder) e implantó una dictadura.

Mussolini ordenó atacar y anexar Libia y Etiopía (1935), antes de respaldar a la facción nacionalista en la Guerra Civil Española (1936-1939), preludio de la Segunda Guerra Nundial al lado de la Alemania nazi. Dirigió ataques a Grecia, las islas del Egeo y Albania, sin otro resultado que depender de Adolf

MU

Hitler para conservar las posiciones. Con el avance de los Aliados en el norte de África, Sicilia y el sur de Italia, el Gran Consejo Fascista depuso a Mussolini el 24 de julio de 1943. Lo reemplazó en el gobierno el mariscal Pietro Badoglio. Mussolini fue arrestado, pero Hitler dispuso su rescate e instalación en el norte de Italia, controlada por los alemanes y declararon la República Socialista Italiana o República de Saló, títere de Hitler.

Mussolini y su amante Clara Petacci fueron detenidos por los partisanos y ejecutados el 28 de abril de 1945.

NAPOLEÓN III
(CHARLES LOUIS NAPOLÉON BONAPARTE)

Político y militar francés nacido en París el 20 de abril de 1808, hijo de Louis Bonaparte, rey de Holanda y hermano del emperador Napoleón, y de Hortense de Beauharnais. Pasó sus primeros años junto a su madre, exiliado en Alemania y Suiza; ahí se alistó en el ejército para seguir la carrera de las armas.

Al morir su primo el duque de Reichstad (único hijo legítimo de Napoleón I), en 1832, se convirtió en presunto heredero del trono imperial. Advirtió que en Francia existía un verdadero partido bonapartista, ansioso de volver a los tiempos del imperio. Tras un fallido golpe de Estado, el rey Luis Felipe de Orléans lo desterró a Estados Unidos.

Regresó y en 1840 volvió a intentar derrocar al rey; esta vez fue aprehendido, juzgado y encarcelado. En 1846 escapó y se refugió en Gran Bretaña, de donde regresó a Francia en 1848, justo después de un movimiento revolucionario que proclamó la república. Esta vez hubo elecciones y resultó elegido representante a la Asamblea Nacional. Desde ese puesto maniobró para convertirse en presidente de la Segunda República y, moviendo los resortes del bonapartismo, en 1851 produjo un "autogolpe" de Estado que lo convirtió en dictador. En 1852 se proclamó emperador con el nombre de Napoleón III.

En 1855 se casó con Eugenia de Montijo, quien al año siguiente dio a luz a su único hijo, Luis Napoleón. El emperador intervino en la guerra de Crimea (1855-1856), en la de la unificación italiana —sus tropas ganaron las batallas de Magenta y Solferino contra las fuerzas austriacas, en 1859—, y se anexó Saboya y Niza. Al mismo tiempo, consolidó las posesiones coloniales en África, el Caribe e Indochina. Apoyado en la ideología panlatina, se embarcó en la aventura de crear un imperio pro francés en México (1863-1864), pero fracasó. En 1870 se desencadenó la guerra franco-prusiana que conllevó la derrota de Napoleón III, el derrocamiento del trono y su huida a Inglaterra, mientras las fuerzas de Otto von Bismarck tomaban París y en Versalles coronaban káiser a Guillermo de Alemania (1871). Se asiló en Gran Bretaña, donde murió el 9 de enero de 1873.

Antonio **NARIÑO**

Abogado y político colombiano nacido el 9 de abril de 1765 en Santa Fe de Bogotá, capital del virreinato de Nueva Granada. Fue hijo de Vicente Nariño Vázquez, gallego, y la criolla Catalina Josefa Álvarez del Casal, de posición acomodada gracias a lo que él recibió una sólida educación. A los 16 años se incorporó al regimiento que luchó contra los comuneros rebeldes y fue testigo de la traición que contra ellos cometió la administración española. A partir de ese momento fomentó las ideas liberales y entre 1793 y 1794 tradujo del francés la *Declaración de los Derechos del Hombre y del Ciudadano* y, aun sin haberla publicado, la autoridad virreinal lo condenó a pena de cárcel por 10 años, desterrado a Cádiz. En 1785 se había casado con Magdalena Ortega, con quien procreó dos hijos. La familia quedó en la indigencia debido a la confiscación de bienes decretada y aplicada por el virrey.

Nariño escapó de la prisión en 1796 y se fue a París, donde se encontró con Francisco de Miranda, quien lo reafirmó en sus ideales libertarios. Pasó a Inglaterra donde encontró a otros insurgentes exiliados y como ellos reunió ayuda económica y armas para la guerra de independencia próxima a estallar en Hispanoamérica. Regresó a Colombia y fue encarcelado.

Al proclamarse la independencia en julio de 1810, salió libre y al poco tiempo publicaba un periódico, *La Bagatela*, portavoz de las ideas republicanas centralistas. Entonces comenzaron sus desencuentros con los federalistas (1812-1813), que alcanzaron una tregua ante la posible reconquista por parte de España; la Junta de gobierno autorizó a Nariño a combatir en el sur, mientras comisionaba a Bolívar a hacer lo propio en el norte. Fue capturado en Pasto por los realistas (1814), y enviado prisionero a Cádiz. Durante la rebelión de Riego en España en 1820, Nariño pudo escapar subrepticiamente y regresó a Colombia, ya independiente. En 1821 se presentó como candidato a la presidencia, pero las elecciones favorecieron a Simón Bolívar.

Con la salud muy deteriorada, se retiró a la Villa de Leyva, donde falleció el 13 de diciembre de 1823.

Elio Antonio de **NEBRIJA**

Humanista español nacido en Lebrija, Sevilla, entre 1441 y 1444, segundo hijo de Juan Martínez de Cala y Catalina de Xarana y Ojo. Luego de haber estudiado Latinidades en la Universidad de Salamanca, al cumplir los 19 años se fue a Italia, a estudiar en el Colegio de San Clemente de Bolonia y posteriormente pasó diez años más en la universidad boloñesa donde asimiló las ideas, los gustos e ideales del humanismo italiano. Ahí empezó a usar la forma latinizada de su nombre: Ælius Antonius Nebrissensis, puesto que Lebrija se había llamado *Nebrissa Veneria* en tiempo de los romanos. (El "Ælius" lo tomó de las inscripciones latinas para aumentar la sonoridad de su nombre.)

De regreso en España, desde 1473 fue catedrático de la Universidad de Salamanca, donde se dedicó a difundir los ideales pedagógicos y políticos del humanismo. Aquel mismo año se casó con Isabel Solís de Maldonado. Pasó a servir a Juan de Estúñiga o Zúñiga, maestre de la orden de Alcántara y luego arzobispo, quien le subvencionó para que prosiguiera sus investigaciones y escritos; fue su patrono y mecenas por el resto de su vida. En 1492, cuando los Reyes Católicos sitiaban el reino nazarí de Granada, Nebrija se presentó ante Isabel para dedicarle su obra *Gramática castellana,* la primera de nuestro idioma, advirtiendo a la soberana que un reino o imperio poderoso requiere una lengua igualmente potente y pulida.

El cardenal Cisneros lo mandó llamar a la Universidad de Alcalá de Henares para que colaborara en la magna obra de la *Biblia Políglota Complutense,* que estaba siendo traducida en cinco idiomas. Nebrija salió del proyecto por desacuerdos con el grupo de traductores y regresó a sus clases en Salamanca. Fue autor de un diccionario latín/castellano-castellano/ latín, de la *Orthographia de la lengua castellana* y del primer diccionario de nuestro idioma, llamado *Vocabulario castellano.*

Murió el 5 de julio de 1522.

Horatio **NELSON**

Almirante inglés nacido el 29 de septiembre de 1758 en Burnham Thorpe, Norfolk, sexto de los once hijos del reverendo

Edmund Nelson y su esposa Catherine. A los 12 años ingresó a la Marina Real bajo la supervisión y patrocinio de su tío materno, Maurice Suckling, en el barco *HMS Raissonable*. Sus cualidades marineras contribuyeron para que avanzara con rapidez en el escalafón. Viajó en ese y otros buques ingleses por el mar del Norte y hasta el océano Ártico, el Caribe y las Indias Occidentales y las Orientales.

Para 1776 ya era teniente y estaba de vuelta en Gran Bretaña. Luchó contra los estadounidenses en la guerra de independencia de éstos. En 1778 fue nombrado "capitán de mar y guerra" por sus éxitos contra la marina combinada francoestadounidense. En 1781 fue designado capitán de la fragata *Albermale*, como buque insignia, y siguió hostigando las costas americanas desde Canadá hasta la Louisiana. En su desempeño, perdió la visión del ojo derecho. En 1787 conoció en la isla de Nevis a Frances Nisbet, llamada *Fanny,* con quien se casó.

Mientras duró la paz, Nelson tuvo dificultades económicas, así que el inicio de la guerra en 1793 contra Francia y España supuso un cambio positivo para él. Napoleón Bonaparte fue el enemigo al que pensaba derrotar y lo persiguió con su flota por el Mediterráneo, desde Toulon hasta la desembocadura del Nilo, presentando batallas navales que fueron otras tantas victorias para él. En el ínterin, conoció a Emma, lady Hammilton, de la cual se enamoró y fue correspondido —tuvieron una hija, Horatia—, con la complicidad del viejo lord Hammilton.

En 1797 ganó la batalla del cabo San Vicente, y la maltrecha flota española se refugió en Cádiz. Persiguió a los españoles hasta el puerto gaditano y en el combate resultó herido. Fue necesario amputarle el brazo derecho. Recibido como héroe en su patria, se preparó para la que sería su más famosa batalla: Trafalgar, que devino en una verdadera carnicería. Fue herido en el hombro izquierdo y la bala se alojó en la médula espinal. Agonizó durante horas y alcanzó a ser informado de la victoria inglesa.

Falleció el 21 de octubre de 1805.

Amado **NERVO**

Escritor mexicano nacido en Tepic el 27 de agosto de 1870. Estudió en el Colegio San Luis Gonzaga y en el Seminario de Zamora, donde cursó también el primer año de la carrera de Derecho en 1889, y dos años más tarde inició estudios de Teología. En 1892 se trasladó a Mazatlán, donde empezó a escribir y a publicar en diversos periódicos.

Viajó a la Ciudad de México en 1894. Ahí participó en la revista literaria dominical *Azul*, donde conoció a los principales escritores de la época. Intensificó su participación en diversas publicaciones del interior y de la capital del país utilizando diferentes seudónimos. Entre 1898 y 1900 fundó y dirigió con Jesús Valenzuela la *Revista Moderna*, sucesora de *Azul*. Ese mismo año publicó su primer libro de versos llamado *Místicas*.

Fue a París en 1900 para reseñar la Exposición Universal como corresponsal de *El Mundo y El Imparcial*. Viajó por Europa y regresó a México en 1902. Obtuvo nombramiento como profesor en la Escuela Nacional Preparatoria en 1904, e ingresó a la Sociedad Astronómica de México. En 1905 incursionó en la carrera diplomática como secretario de la embajada de México en Madrid. Desde allí escribía como corresponsal y enviaba informes sobre lengua y literatura para la Secretaría de Instrucción Pública.

Escribió para periódicos de diversos países de Latinoamérica. Durante su servicio diplomático recibió reconocimientos y ascensos, hasta 1914 en que el presidente Venustiano Carranza ordenó el cese del servicio exterior de México en Europa, por lo que Nervo dejó su puesto, aunque fue reinstalado en 1916, y dos años después fue nombrado ministro plenipotenciario en Argentina, Uruguay y Paraguay.

Murió en Montevideo el 24 de mayo de 1919.

Thomas **NEWCOMEN**

Ingeniero e inventor británico nacido en Dartmouth, Devon, el 12 de febrero de 1663. Fue también herrero y comerciante de hierro. Como vendedor de hierro se percató de las dificultades que enfrentaban los mineros si se inundaban las minas, pues para sacar el agua utilizaban métodos rudimentarios, como el bombeo manual o con caballos.

Thomas Savery ya había inventado una bomba mecánica pero ésta presentaba problemas, pues no funcionaba en zonas profundas y su alcance ere muy corto. En colaboración con el mecánico John Cawley, Newcomen logró mejorar notablemente esa bomba. Al agregarle un pistón que movía una palanca, su diseño se convirtió en el primer motor de vapor, aunque todavía con una eficiencia muy limitada.

No se sabe exactamente cuándo se instaló la primera de sus bombas, pero para 1712 ya estaban en funcionamiento y su uso se extendió por toda Europa. Sólo hasta 1769 James Watt, ingeniero e inventor escocés, logró mejorar ese diseño y su nuevo aparato sustituyó al motor de Newcomen en 1790.

Él murió en Londres el 5 de agosto de 1729.

Isaac **NEWTON**

Físico y matemático inglés nacido el 25 de diciembre de 1642, en Woolsthorpe, Lincolnshire. Se graduó en la Universidad de Cambridge, en 1665. El paso del cometa *Halley*, en 1682, junto con la visita de su descubridor, le llevaron a estudiar la mecánica celeste. Desde 1669 hasta 1701 fue profesor de matemáticas en Cambridge.

Escribió *en 1687 Principios matemáticos de la filosofía natural,* obra de tres volúmenes que fue publicada 20 años más tarde, y en la cual analizó la ley de la gravedad, el movimiento de los planetas y las fuerzas que mantienen unido al Universo, además de que enunció las leyes del movimiento que llevan su nombre. Entre otros descubrimientos, desarrolló un nuevo campo de las matemáticas denominado cálculo, cuyo crédito comparte con Gottfried Wilhelm von Leibniz. Fue miembro del Parlamento inglés.

En 1703 se convirtió en presidente de la Royal Society y dos años más tarde la reina Ana le otorgó el título de caballero (sir). En 1704 publicó *Óptica*, otra de sus obras importantes, donde dio a conocer experimentos sobre la luz y el color. Sus lecciones de álgebra, bajo el título de *Arithmetica Universalis*, aparecieron en 1706.

A la par de sus obras científicas, escribió sobre alquimia y teología. Sus últimos años se vieron ensombrecidos por la triste reyerta con Leibniz por el crédito de la invención del cálculo. Se le considera el padre de la ciencia moderna y sus descubrimientos han influido en el trabajo de científicos posteriores, como Albert Einstein.

Murió en Londres el 20 de marzo de 1727.

NEZAHUALCÓYOTL

Soberano chichimeca de Texcoco, nació en esa ciudad, en 1402. Por ser de la nobleza, recibió su educación en el palacio paterno y en el *calmécac* o escuela de estudios superiores. Abandonó Texcoco con su padre, quien murió en el exilio, a manos del señor de

Azcapotzalco. Obtuvo el perdón en 1420 por intermediación de sus tías, esposas de los señores de México y Tlatelolco. Se le asignó un palacio en Texcoco, donde se fortaleció, y en 1428 se movilizó para vengarse y recuperar la capital de su reino de manos del señor de Azcapotzalco.

En 1430, ya instalado en el trono, llevó a cabo otra campaña contra sus enemigos sobrevivientes. Indudablemente fue un gran guerrero. Se dice que durante su vida mató personalmente a doce reyes, participó en 30 batallas, invicto y sin heridas, sojuzgó a 44 reinos y educó en la guerra a 43 de sus hijos. Durante su reinado de más de 40 años formó la Triple Alianza con los señoríos que rodeaban al suyo.

Proclamó un código legal que fue adoptado también por sus aliados, donde estableció la división de poderes y creó consejos para atender diferentes carteras. Instituyó tribunales para nobles, para plebeyos y otro para apelaciones, en ciudades diferentes. Pobló el bosque de Chapultepec con animales de caza, instaló baños públicos, erigió calzadas, templos, jardines y zoológicos, y construyó el acueducto que surtía de agua a la capital, además de diques para contener el agua salada de los lagos y separarla de las aguas dulces. Escribió poesía, de la cual se conservan 30 composiciones con profundos temas filosóficos.

Murió en Texcoco en 1472.

Florence **NIGHTINGALE**

Fundadora inglesa de la enfermería moderna, nacida en la Villa La Columbaia, Florencia, Italia, el 12 de mayo de 1820, hija de William Eduard Nightingale y Frances Smith. Ella y Parthenope, su hermana mayor, se criaron en Gran Bretaña, donde la familia tenía extensas propiedades. Recibió una sólida y amplia educación clásica, pero pensaba que las mujeres debían tener más oportunidades y empezó a ocuparse de los pobres, especialmente en los hospitales, donde comprobó que las enfermeras de entonces eran apenas poco más que afanadoras.

En 1844 conoció en Alejandría, Egipto, a las monjas de san Vicente de Paúl, quienes la capacitaron en las tareas de atención de los enfermos. En 1850 prosiguió su entrenamiento en el Instituto de Diaconisas Protestantes, quienes poseían una escuela para capacitar maestras enfermeras. En 1853 empezó a trabajar como superintendente del Hospital de Damas Inválidas.

En 1854 el estallido de la guerra de Crimea —en la que participaban Gran Bretaña, Francia, Rusia y el imperio otomano—, con sus mortíferas batallas, hizo que llegaran noticias a los diarios británicos sobre las espantosas condiciones sanitarias en el frente, por lo cual Florence ofreció sus servicios al Ministerio de Guerra. Organizó un pequeño grupo de 38 mujeres dispuestas a servir de enfermeras —entre ellas 10 monjas—. En cuanto llegó a Escutari, se dedicó a organizar el servicio de enfermería; más tarde describió la situación de falta de agua, jabón, vendas, toallas y medicamentos para atender a los heridos. Para 1855 se había desatado la peste de tifo seguida por la del cólera.

En 1856, concluida la guerra, regresó a Gran Bretaña y emprendió una campaña para la formación de enfermeras y hacer conciencia de la necesidad de contar con ellas en ejércitos, hospitales y clínicas. En 1860 logró abrir su Escuela de Enfermería y en 1907 recibió la Medalla al Mérito.

Falleció el 13 de agosto de 1910.

Alfred **NOBEL**

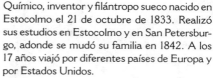

Químico, inventor y filántropo sueco nacido en Estocolmo el 21 de octubre de 1833. Realizó sus estudios en Estocolmo y en San Petersburgo, adonde se mudó su familia en 1842. A los 17 años viajó por diferentes países de Europa y por Estados Unidos.

Registró sus primeras patentes antes de cumplir los 20 años. En un intento por salvar la empresa de su padre, en 1862 empezó a experimentar en Estocolmo con nitroglicerina. Al año siguiente obtuvo la primera patente de esa sustancia y la de un detonador. En 1864 se le prohibió continuar con sus experimentos en la capital sueca, luego de un accidente en el que murieron cinco personas, entre ellas su hermano, por lo que se trasladó un sitio extrajurisdiccional y continuó investigando.

Estableció su primera fábrica en Alemania en 1865, y después las sucursales en Noruega y Finlandia. La aplicación industrial del explosivo fluido fue exitosa, pero causó graves accidentes, así que Nobel decidió solidificarlo, lo que lo condujo a crear la dinamita en 1867. De inmediato se propagó el invento y él consolidó su emporio mundial. Obtuvo en 1875 la patente de la dinamita goma. Se estableció en París, e invirtió en la extracción petrolera, donde también realizó importantes innovaciones.

En 1891 un periódico anunció su falsa muerte junto con comentarios en contra suya por la invención de la dinamita, lo que lo impactó profundamente. Por ello en su testamento estableció que con su fortuna se creara una fundación que otorgara premios al mejor descubrimiento o al mérito en Física, Química, Medicina, Literatura y lucha por la Paz. En 1969 se incluyó el de Economía, a iniciativa del Banco Central de Suecia.

Murió en San Remo el 10 de diciembre de 1896.

Salvador **NOVO**

Escritor nacido en la Ciudad de México el 30 de julio de 1904. Realizó sus primeros estudios en Chihuahua y Torreón. En 1921, se matriculó en la Universidad Nacional de México, donde se licenció en la Facultad de Derecho. Luego estudió para maestro en Lengua Italiana, en la Facultad de Filosofía y Letras, y fue profesor en el Departamento de Idiomas Extranjeros. En 1925 fue nombrado, jefe editorial en la Secretaría de Educación Pública. Fundó varios grupos teatrales como el Teatro de Ulises y el Teatro de la Capilla.

Publicó sus primeros escritos en 1920 en la revista *México Moderno* y, dos años después, fundó la revista *Falange*, al lado de Jaime Torres Bodet. Esencialmente poeta, escribió en diferentes géneros y tonalidades. Entre sus libros de versos destacan *XX poemas* (1925), *Nuevo amor* (1933), *Espejo* (1933), *Seamen rhymes* (1934), *Never ever* (1934). También ensayista, se ocupó tanto de detalles en apariencia nimios (*En defensa de lo usado*, de 1938), las experiencias de viaje (*Return ticket*, de 1928) o de una ciudad entera (*Nueva grandeza mexicana*, 1946).

Entre las obras de teatro que escribió están *El tercer Fausto* (1934), *La culta dama* (1951), *Yocasta o casi* (1961) y *La guerra de las gordas* (1963). Durante décadas colaboró en periódicos y sus memorias, *La estatua de sal*, aparecieron hasta 1998. Recibió el premio Ciudad de México en 1946 y el premio Nacional de Literatura en 1976. Fue miembro de la Academia Mexicana de la Lengua y cronista de la Ciudad de México en 1965, donde murió el 13 de enero de 1974.

Jaime **NUNÓ**

Músico español nacido en San Juan de las Abadesas, Cataluña, el 8 de septiembre de 1824. Tras la muerte de sus padres, se trasladó a Barcelona, donde creció bajo la tutela de su tío. Recibió una educación esmerada y pronto demostró sus aptitudes musicales, por lo que a los 17 años ganó una beca para estudiar en Italia con el compositor Severiano Mercadante.

En 1851 regresó a Barcelona, donde compuso unas 200 piezas musicales entre valses, motetes, arias y misas, además de que dio clases y dirigió orquestas. Se especializó en bandas militares, por lo que fue nombrado director de la Banda del Regimiento de la Reina. Viajó a Cuba para organizar las bandas militares de ultramar y ahí conoció a Antonio López de Santa Anna, en 1853, quien estaba por regresar a la presidencia de México y ofreció a Nunó el cargo de músico oficial mexicano.

Ese mismo año fue convocado el concurso para elegir la letra del Himno Nacional de México, que ganó Francisco González Bocanegra. Al año siguiente se realizó el certamen de composición de la música, cuyo jurado calificador declaró ganador a Nunó. El himno completo se ejecutó por primera vez el 15 de septiembre de 1854 en el Teatro Nacional, bajo la dirección de Nunó.

Con la caída de Santa Anna al año siguiente, Nunó salió del país y se estableció en Estados Unidos. Realizó varias giras y estableció una academia de música en Buffalo. Regresó a México por invitación del gobierno a dirigir el himno en 1901 y en 1904.

Murió en Nueva York el 18 de julio de 1908.

Alvar **NÚÑEZ**
CABEZA DE VACA

Explorador español nacido en Jerez de la Frontera, Cádiz, h. 1490. Provenía de una familia adinerada y era un hombre educado, como lo demuestra su forma de expresarse en su obra *Naufragios* (1555), donde narró sus vivencias en el nuevo continente.

En 1527 formó parte de la expedición de Pánfilo de Narváez a la Florida. Al tocar la costa, un ciclón mató a 60 personas y 20 caballos. Se reagruparon y pusieron rumbo al norte, para llegar a la bahía de Tampa en 1528. Planearon llegar a México y se adentraron en el continente. En tres meses se perdieron otros 60 hombres por hambre, enfermedad, o por los constantes ataques de los nativos, de modo que la moral de la tropa era muy baja.

Cabeza de Vaca fue capturado por los aborígenes en 1529, de quienes aprendió la medicina tradicional y fue conocido como gran hechicero y sanador. Fue vendido como esclavo varias veces, hasta que luego de seis años logró fugarse junto con otros tres miembros de la expedición. Fue rescatado en la costa mexicana del Pacífico en 1536 por una patrulla española.

Regresó al año siguiente a España, donde recibió el nombramiento de adelantado gobernador del Virreinato del Río de la Plata. Comandó una expedición que recorrió el territorio entre los actuales Brasil y Paraguay en 1541, y que descubrió las cataratas de Iguazú. Volvió a España en 1544, arrestado por oponerse al maltrato contra los indígenas, y fue desterrado a África. Obtuvo el perdón de Felipe II en 1556 y fue nombrado presidente del tribunal supremo de Sevilla. Tomó los hábitos y pasó sus últimos años recluido en un monasterio de Sevilla, donde murió hacia 1560.

ÁLVARO **OBREGÓN**

Militar y político mexicano nacido en Navojoa, Sonora, el 19 de febrero de 1880. Estudió en Huatabampo y Álamos. Siendo adolescente trabajó en un molino de harina y en el ingenio de Navolato. En 1911 fue electo presidente municipal de Huatabampo y en 1912 organizó un grupo para apoyar a Francisco I. Madero. Se enfrentó a Pascual Orozco, obtuvo algunos éxitos militares y alcanzó el grado de coronel. En 1913 fue designado jefe del Cuerpo del Ejército del Noroeste y tomó Culiacán.

Apoyó al carrancismo tras la muerte de Madero. Peleó contra Emiliano Zapata y contra Francisco Villa. En una batalla contra los villistas perdió el brazo derecho. Fue comisionado por Carranza para dialogar con Villa en 1914, pero éste lo arrestó y estuvo a punto de fusilarlo, después de lo cual Obregón asistió como delegado a la Convención de Aguascalientes. En 1915 fue nombrado secretario de Guerra por el presidente Carranza. Fundó la Escuela Médico Militar y la Academia del Estado Mayor. Enfrentó la crisis de la Expedición Punitiva contra Villa.

En 1917 dejó el cargo y se retiró a su hacienda en Navojoa, donde creó la Agencia Comercial y la Liga Garbancera. Sin embargo, consideró que Carranza no representaba los ideales revolucionarios, por lo que lanzó su candidatura para las elecciones presidenciales de 1920 y firmó el Plan de Agua Prieta. Resultó electo para el periodo 1920-1924.

Durante su mandato se fortaleció la escuela rural y la educación pública en general. Mejoró las relaciones internacionales, principalmente con los Estados Unidos, a través de los Tratados de Bucareli. También buscó el desarrollo de las asociaciones populares para beneficiar a las clases más pobres.

Fue reelecto en 1928, pero murió asesinado cuando celebraba su triunfo el 17 de julio en un restaurante de la Ciudad de México.

Hans Christian **OERSTED**
(también escrito como Ørsted)

Físico y químico nacido el 14 de agosto de 1777 en Rudkøbing, Dinamarca. Estudió Física y Matemáticas en la Universidad de Copenhague y en 1794 fue designado profesor adjunto de la Facultad de Medicina. De 1801 a 1803 viajó como conferencista por Holanda, Alemania y Francia. En 1806 obtuvo la cátedra de Física en su propia universidad, donde realizó sus primeras investigaciones relacionadas con las corrientes eléctricas y la acústica.

Durante una conferencia nocturna, en 1820, tuvo un descubrimiento accidental. Mientras realizaba una demostración con una batería eléctrica diseñada por el italiano Alejandro Volta, se percató de que una aguja magnetizada (como la de una brújula) se alineaba perpendicularmente con respecto a un cable conductor de energía eléctrica. Este hallazgo, y los sucesivos experimentos inspirados en él, fueron una prueba definitiva de la relación entre energía y magnetismo, que no se había comprobado hasta entonces. Sus observaciones sobre el tema fueron publicadas en el folleto *Experimenta circa effectum conflictus electri inacum magneticam*, obra pionera del electromagnetismo.

También en 1820 Oersted logró aislar la piperina, uno de los componentes que explica la cualidad pungente de la pimienta, y en 1825 desarrolló un método para crear aluminio metálico. Interesado en la difusión científica, en 1824 fundó una sociedad destinada a esa misión que, a partir de 1908, otorga la medalla Ørsted a los científicos suecos que realicen aportaciones significativas.

Colaborador frecuente de publicaciones especializadas en Dinamarca, como *Tidsskrift for Naturvidenskaberne*, fue amigo cercano de Hans Christian Andersen y recibió, por sus méritos, la Gran Cruz de Dannenborg, máxima condecoración danesa.

Falleció en Copenhague el 9 de marzo de 1851.

Bernardo O'HIGGINS

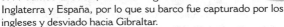

Político y militar nacido en Chillán, Capitanía General de Chile, el 20 de agosto de 1778. A los 12 años fue enviado a Lima a realizar su instrucción secundaria. Se trasladó a España cuatro años después y a Inglaterra cuando tenía 17 de edad. En Londres conoció al venezolano Francisco de Miranda, quien influyó en él con sus ideas de independencia. Se embarcó en 1799 rumbo a Cádiz, durante la guerra entre Inglaterra y España, por lo que su barco fue capturado por los ingleses y desviado hacia Gibraltar.

Pudo llegar a Chile en 1802 y se dedicó a administrar la enorme hacienda que había heredado, mientras iniciaba su carrera política. En 1804 fue nombrado alcalde de Chillán.

Napoleón invadió en 1808 a España, por lo que ésta abandonó sus colonias en América, a raíz de lo cual, en 1810 el gobernador de Chile fue sustituido por una Junta Nacional. Al año siguiente se constituyó el Congreso, del que formó parte. En 1813 ya se había promulgado la Constitución, pero el virrey de Perú envió una expedición en 1814 para restablecer la autoridad de la Corona.

O Higgins se enlistó y a los pocos meses ya era general en jefe. Fue derrotado y tuvo que huir a Argentina junto con miles de chilenos. Junto con José de San Martín realizó la reconquista en 1817. Fue nombrado director supremo, pero renunció al cargo en 1823, debido a que se había rodeado de un equipo esencialmente argentino, algo contrario al creciente nacionalismo chileno. Se exilió en Lima, donde el gobierno peruano le obsequió dos haciendas y se dedicó a las tareas agrícolas.

Murió en Lima el 24 de octubre de 1842.

Eugene O'NEILL

Dramaturgo estadounidense, hijo de un prestigioso actor de origen irlandés, nacido en Nueva York el 16 de octubre de 1888. Estudió en Princeton, pero dejó de hacerlo y llevó una vida azarosa que afectó su salud. En 1914 enfermó de tuberculosis; luego de varios meses internado en un hospital, decidió dedicarse a la literatura y estudiar arte dramático en la Universidad de Harvard.

Todas las primeras obras de O'Neill fueron en un acto. El éxito de *Detrás del horizonte*, estrenada en 1920, le dio su primer premio Pulitzer. *El emperador Jones* (1920) y *Anna Christie*

(1921), fueron muy bien acogidas y la segunda de ellas ganó un segundo Pulitzer. Su madurez como dramaturgo se despliega en *El deseo bajo los olmos*, de 1924. En ella se observa la influencia de los trágicos griegos y una visión lúcida y equilibrada. Después vinieron *El gran dios Brown* y *Extraño interludio*, esta última nuevamente galardonada con el Pulitzer. Con *El luto le sienta bien a Electra* (1931) realizó una adaptación de la Orestiada al ámbito de la guerra de secesión estadounidense que muestra la decadencia de una familia aristocrática.

En 1934 se le manifestó el mal de Parkinson. Cuando recibió el premio Nobel de Literatura (1936) su estado era precario y no lograba escribir (dictar no le daba buenos resultados). Pero a pesar de su enfermedad logró escribir otras tres obras hasta terminarlas: *Un toque de poeta, Más mansiones majestuosas* y la que se ha considerado una de sus obras maestras, *El largo viaje del día hacia la noche,* merecedora de otro premio Pulitzer en 1958, esta vez póstumo.

Murió en Boston el 27 de noviembre de 1953.

Aleksandr Ivanovich **OPARIN**

Bioquímico ruso nacido en Moscú el 18 de febrero de 1894. Estudió Fisiología y salió de Rusia en los años de la Revolución. Más tarde regresó a su país y fundó en 1935 el Instituto Bioquímico de la Academia de Ciencias de la URSS.

La teoría más importante de Oparin, que data de 1924 y que es la más aceptada sobre el origen de la vida, toma como punto de partida el hecho de que la atmósfera primitiva era diferente de la actual, entonces rica en metano, hidrógeno, amoniaco y vapor de agua. Constantemente se producían reacciones debido a los rayos ultravioleta (no existía la capa de ozono) y las descargas eléctricas de las tormentas, y de esas reacciones surgieron moléculas orgánicas que se depositaron en los mares y formaron un caldo primigenio. Las moléculas, a su vez, se fueron asociando paulatinamente hasta formar estructuras más complejas, a las que llamó coacervados, que durante miles de años se fueron seleccionando y autorreplicando, hasta que terprotocélulas.

Estas explicaciones encontraron una fuerte oposición, pero Stanley L. Miller llevó a cabo un experimento en 1953 en el que reprodujo las condiciones señaladas por Oparin. El resultado fue que obtuvo compuestos orgánicos, con lo que avaló la teoría del científico soviético.

Oparin murió en su ciudad natal el 21 de abril de 1980.

Julius Robert **OPPENHEIMER**

Físico estadounidense nacido en Nueva York el 22 de abril de 1904. Hijo de un inmigrante judío dedicado a la importación de textiles, después de cursar estudios en la Universidad de Harvard, en 1925 viajó a Gran Bretaña para realizar investigaciones en el laboratorio Cavendish de la Universidad de Cambridge, donde se realizaban importantes avances en la comprensión de la estructura del átomo.

Obtuvo su doctorado en la Universidad de Göttingen, y después de visitar centros de investigación en Leiden y Zurich, regresó a Estados Unidos como maestro de la Universidad de Berkeley y el Instituto de Tecnología de California, donde se dedicó a la exploración de la teoría cuántica y los procesos energéticos de las partículas subatómicas.

Simpatizante del comunismo, apoyó a diversas organizaciones antifascistas y respaldó a la República Española. Después de la invasión alemana a Polonia, empezó a investigar los procesos para la obtención de uranio-235 y la elaboración de armas atómicas por encargo del ejército estadounidense. El laboratorio del Proyecto Manhattan se estableció en Los Álamos, Nuevo México, en 1943, y logró grandes avances en poco tiempo. La primera explosión atómica se realizó el 16 de julio de 1945 en la localidad de Alamogordo y fue el ensayo general de las bombas que se arrojaron sobre las ciudades japonesas de Hiroshima y Nagasaki, semanas después.

Oppenheimer renunció al proyecto y encabezó el Instituto de Estudios Avanzados de la Universidad de Princeton. De 1947 a 1952 fue presidente del Comité Consultivo General de la Comisión de Energía Atómica que se opuso a la elaboración de una bomba de hidrógeno. En 1953, durante las persecuciones contra los supuestos agentes del comunismo encabezadas por el senador republicano Joseph McCarthy, compareció ante la Subcomisión Permanente de Investigaciones del Senado que determinó que no debía tener acceso a secretos militares, por lo que fue separado de la Comisión de Energía Atómica.

Falleció en Princeton, Nueva York, el 18 de febrero de 1967.

Diego de **ORDAZ**

Explorador español nacido en Castroverde de Campos, del Reino de León, en 1480. Fue integrante de la expedición de

Alonso de Ojeda por las costas de Sudamérica (la actual región correspondiente a Colombia y Panamá). En 1511 se unió a la expedición de Diego Velázquez para la conquista de Cuba y viajó con Hernán Cortés a la América continental. Originalmente se opuso a los planes de Cortés y fue apresado; posteriormente llegaron a un acuerdo y fue uno de sus colaboradores más destacados.

Por instrucciones de Cortés exploró el río Coatzacoalcos y llegó al cráter mismo del volcán Popocatépetl. Recibió múltiples heridas durante la llamada "Noche Triste" (30 de junio de 1520), en que los invasores fueron repelidos por los indígenas mexicas.

Cortés lo comisionó en 1521 para viajar a España, informar al rey de sus logros y entregarle un presente de treinta mil pesos. A cambio le fue conferido un escudo de armas con la imagen del volcán Popocatépetl y fue nombrado regidor de la Villa Segura de la Frontera y caballero de la Orden de Santiago. Por aquel tiempo trabó amistad con Pedro Mártir de Anglería y le aportó material importante para la redacción de sus *Décadas del Nuevo Mundo*. Alrededor de 1525 regresó a México y se le concedió la propiedad del Peñón de los Baños, a la sazón llamada Tepecingo.

En 1530 dio inicio a su empresa más ambiciosa, la búsqueda de El Dorado, una ciudad mitológica en la que, supuestamente, todo estaba hecho de oro. Se embarcó el 30 de octubre de 1530 con los títulos de Adelantado, Gobernador y Capitán general. Su aventura tuvo numerosos problemas, pero logró explorar el río Orinoco y llegó a la península de Paria, en el extremo norte de la serranía del litoral oriental de la actual Venezuela.

A los pocos días de emprender su viaje de regreso a España, falleció en el trayecto, en 1531. Se presume que fue envenenado por la propia tripulación.

José Clemente **OROZCO**

Pintor mexicano nacido en Zapotlán el Grande, hoy Ciudad Guzmán, el 23 de noviembre de 1883. Su familia se trasladó a Guadalajara y más tarde a la capital del país. Estudió dibujo en la Academia de San Carlos, pero la dejó e ingresó a la Escuela Nacional de Agricultura y Veterinaria de San Jacinto. Regresó a la Academia en 1906 y hasta 1910.

En 1916 tuvo su primera exposición individual en la librería Biblos y un año más tarde viajó a Estados Unidos. En 1922 se unió al movimiento muralista y pintó las paredes de la Escuela Nacional Preparatoria. En 1925 realizó un mural en la Casa de los Azulejos y en 1926 otro en la Escuela Industrial de Orizaba. Vivió en Estados Unidos de 1927 a 1934, donde conoció a Alma Reed, quien fue su amiga y promotora. Dejó muchas obras a su paso por ese país: *Prometeo*, en el Fray Hall del Pomona College, así como varios murales en la New School for Social Research de Nueva York.

De vuelta en México pintó en el Palacio de Bellas Artes y en Guadalajara. En esa ciudad destacan el gran retrato de Hidalgo empuñando una tea en la escalera del Palacio de Gobierno, así como los 40 frescos en el Hospicio Cabanas, entre ellos el *Hombre en llamas*. En 1940 decoró la biblioteca de Gabino Ortiz en Jiquilpan. El año siguiente terminó los frescos de la Suprema Corte de Justicia, y entre 1942 y 1944 decoró la iglesia del Hospital de Jesús. En 1948 realizó *Juárez redivivo* en la Sala de la Reforma del Castillo de Chapultepec. Su estilo siempre mostró un expresionismo violento y el uso de colores cálidos.

Murió en la Ciudad de México el 7 de septiembre de 1949.

Pascual **OROZCO**

Revolucionario mexicano nacido en Chihuahua el 28 de enero de 1882. Fue ayudante en el comercio de su padre, y transportista de la compañía minera Río de Plata, trabajo que le permitió hacerse con un pequeño capital. Simpatizante de la causa de Francisco I. Madero, el 19 de noviembre de 1910 se levantó en armas contra el ejército federal y logró importantes victorias, especialmente la toma de Ciudad Juárez el 10 de mayo de 1911, decisiva para poner fin al mandato de Porfirio Díaz. En junio de 1911 entró triunfante a Chihuahua, donde fue nombrado comandante de las Fuerzas Rurales del estado.

A partir de 1912 se opuso al régimen de Madero, por considerar que no estaba cumpliendo los compromisos del Plan de San Luis, pero fue derrotado por el ejército federal. Cuando Madero fue derrocado, reconoció al gobierno de Huerta, quien lo nombró general de brigada y gobernador de Chihuahua, cargo que no pudo desempeñar puesto que la entidad estaba bajo el control de los villistas.

A la caída de Huerta desconoció al gobierno convencionista de Francisco Carvajal, quien ordenó su baja del ejército.

Con su tropa él tomó y saqueó la ciudad de León, pero fue derrotado en Zacatecas. Para ponerse a salvo cruzó la frontera con Estados Unidos y se refugió en El Paso, Texas.

En circunstancias no del todo claras, murió en las inmediaciones de esa ciudad, el 30 de agosto de 1915, durante el asalto de un grupo de vaqueros.

JOSEFA **ORTIZ** DE DOMÍNGUEZ

Heroína de la independencia de México, hija de Juan José Ortiz y Manuela Girón y nacida en la ciudad de Valladolid (actual Morelia) el 8 de septiembre de 1768. Al morir sus padres, quedó bajo el cuidado de su hermana y estudió en la Ciudad de México en el Colegio de San Ignacio de Loyola, también conocido como Colegio de las Vizcaínas. A los 23 años dejó la institución para casarse con Manuel Domínguez, quien llegó a ser corregidor de Querétaro.

Josefa Ortiz, la Corregidora, fue una activa participante de la conspiración de Querétaro. Cuando ésta fue descubierta por las autoridades, logró avisar a Hidalgo y Allende para impedir que el levantamiento armado se frustrara. Al descubrirse su complicidad fue procesada y a partir de 1813 recluida en los conventos de Santa Teresa y Santa Catalina de Siena, en la Ciudad de México. En junio de 1817 quedó en libertad gracias a una orden del virrey Juan Ruiz de Apodaca.

Al triunfo de la lucha independentista se negó a ser dama de honor de Ana Huarte, esposa de Agustín de Iturbide, quien se había hecho nombrar emperador. Por otra parte, rechazó

cualquier honor o beneficio en pago por los servicios que prestó para la causa de la Independencia. Se mantuvo interesada en asuntos políticos y simpatizó con las logias masónicas yorkinas que pugnaron por el establecimiento de una república federal.

Falleció el 2 de marzo de 1829, víctima de pleuresía, y sus restos reposan en la ciudad de Querétaro.

ROBERT **OWEN**

Sindicalista y filósofo social británico nacido el 14 de mayo de 1771 en Newtown, Montgomeryshire, en el País de Gales, en

OR

el seno de una familia muy modesta. A los diez años tuvo que dejar la escuela y desde entonces trabajó en Londres como aprendiz de una tienda de paños. Su excepcional habilidad le permitió establecer su propio negocio en la década de 1780.

Interesado en la educación como motor de progreso, participó en las discusiones de la Asociación de Instrucción y Filosofía de Manchester. En la década de 1790 fundó el Manchester College, donde se aplicaba el sistema de educación elemental diseñado por Joseph Lancaster.

También fue miembro del Consejo de Salud de Manchester, preocupado por mejorar la salud de los habitantes en una ciudad impactada por la Revolución Industrial. A partir de 1799 se encargó de gestionar la sociedad de New Lanark, a orillas del río Clyde, para lo cual adquirió las fábricas locales e inició un amplio programa de reforma social: prohibió el trabajo infantil y mejoró la calidad de vida de los trabajadores con salarios más justos, seguridad social, un programa de vivienda y la fundación de una cooperativa.

En 1814 apareció *Una nueva visión de la sociedad,* o *Ensayos sobre el principio de la formación del carácter humano,* obra suya en la que expone sus ideas sobre la importancia de criar y educar niños felices y critica los modelos educativos previos. En la etapa siguiente estableció la Institución para la Formación del Carácter e inauguró una escuela para niños.

Socialista utópico enfrentado a los intereses del naciente capitalismo, en 1819 realizó un nuevo experimento social creando una aldea agrícola en la comunidad New Harmony de Indiana, Estados Unidos. El proyecto, sin embargo, fracasó y mermó su fortuna. De nuevo en Londres se dedicó a difundir las ideas socialistas y adoptó la práctica del espiritismo.

Falleció en su pueblo natal el 17 de noviembre de 1858.

Blaise **PASCAL**

Filósofo, físico y matemático francés nacido en Clermont-Ferrand, Auvernia, el 19 de junio de 1623. A los 11 años compuso un tratado de los sonidos y a los 12 comenzó a estudiar geometría. A los 16 años escribió un *Tratado de las secciones cónicas,* y en 1642 inventó una máquina calculadora, llamada máquina aritmética de Pascal, que perfeccionó en 1652, y que era capaz de efectuar sumas y restas con la ayuda de simples movimientos de ruedas.

En 1646 su familia se convirtió al jansenismo. En 1652 su hermana ingresó en el convento de Port-Royal, y Pascal se dedicó al estudio científico.

Realizó investigaciones sobre fluidos y repitió la experiencia barométrica de Torricelli a diferentes alturas. A él se debe el establecimiento del principio que lleva su nombre y dice que la presión ejercida en un punto de un fluido se transmite a todos sus puntos. En el campo de las matemáticas probó métodos muy parecidos al moderno cálculo integral. Planteó también un cálculo de probabilidades muy ligado a la combinatoria, el triángulo aritmético llamado triángulo de Pascal y escribió un *Tratado del triángulo aritmético*.

Luego de una crisis religiosa y la agudización de los males físicos que padeció toda su vida, en 1655 se retiró a Port-Royal des Champs. Durante un año utilizó el seudónimo de "Montalte" y publicó, en defensa de los jansenistas, las 18 cartas conocidas ahora con el nombre de las *Provinciales* (1656-1657).

En 1670, bajo el título de *Pensamientos*, se publicó con base en notas realizadas durante años su intento de exponer una apología de la religión cristiana que, además, acometía el reto de demostrar la existencia de Dios.

Murió en París el 19 de agosto de 1662.

Louis **PASTEUR**

Químico francés que sentó las bases de la farmacobiología y la bacteriología, nacido el 27 de diciembre de 1822 en Dole, Departamento del Jura. Fue hijo de un curtidor, así que tuvo que esforzarse mucho para tener estudios. Se graduó como maestro de química en la Escuela Normal Superior de París. Dio clases en diversos institutos, al mismo tiempo que se dedicaba a la experimentación, descubriendo la polarimetría para discernir entre moléculas orgánicas dextrógiras y levógiras. Daba cátedra en la Universidad de Estrasburgo, en 1848, cuando conoció a Marie Laurent, con quien se casó al año siguiente. Procrearon cinco hijos.

En 1856 fue nombrado director de la Escuela Normal Superior. Sus investigaciones se enfocaron a desentrañar los agentes causantes de diversas enfermedades, como la roya de la vid —descubrimiento que salvó la vitivinicultura francesa—, el ántrax del ganado —una plaga que amenazaba la industria lanera—, el cólera aviar —otro problema para la industria avícola—, la bacteria del tifo y el virus de la rabia. También probó diferentes enfoques para atacarlos y acabarlos, en unos casos con sustancias antisépticas, y en otros con la famosa vacuna antirrábica (1885) que salvó la vida a muchas personas.

Pasteur demostró que la fermentación y la putrefacción son causadas por gérmenes que contaminan las sustancias, y que no existe la generación espontánea de larvas, gusanos y moscas. Logró que la sociedad aceptara que la ciencia tenía consecuencias benéficas para la vida diaria, en todos sus aspectos, y con ello se dio un gran cambio de mentalidad.

Entre sus obras destacan *Estudios sobre la enfermedad de los gusanos de seda, Estudio sobre la cerveza, Los microbios organizados; su papel en la fermentación, la putrefacción y el contagio, Tratamiento de la rabia*. El Instituto Pasteur, establecido en su honor, es una de las principales instituciones de investigación en microbiología.

En 1868 comenzó a tener problemas circulatorios hasta que se le presentó un infarto masivo. El gran científico falleció el 28 de septiembre de 1895.

Linus **PAULING**

Químico estadounidense nacido el 28 de febrero de 1901 en Portland, Oregon, hijo de Herman Henry William Pauling, descendiente de alemanes, y Lucy Isabelle Darling. En 1922 se graduó en el Oregon State College como ingeniero químico. Tras dar clases en la misma institución, prosiguió sus estudios en el California Institute of Technology, de 1922 a 1925, y ahí obtuvo el doctorado en Química.

En 1923 se casó con Ava Helen Miller, con quien tendría cuatro hijos.

Desde el principio su interés estuvo enfocado en la naturaleza de la estructura molecular y el carácter del enlace atómico. Fue maestro en el CIT, donde fue elegido investigador de planta, después miembro de la Investigación Nacional de Química y miembro de la Fundación en Memoria de J. Simon Guggenheim, lo que le permitió viajar a Europa para perfeccionar sus conocimientos.

Recibió dos premios Nobel: en 1954 el de Química y en 1963 el de la Paz, este último por su campaña en contra del empleo de armas nucleares. Fue profesor emérito de la Universidad de Stanford y miembro fundador del Instituto Linus Pauling para las Ciencias y la Salud. Sus aportaciones a la ciencia abarcan una amplia gama, desde la metalurgia hasta las enfermedades

PA

genéticas y la medicina nuclear. Entre sus obras destacan: *Química general, La naturaleza del enlace químico, Psiquiatría ortomolecular, La vitamina C y el resfriado común.*

Falleció el 19 de agosto de 1994.

Iván Petrovich **PAVLOV**

Fisiólogo ruso nacido el 14 de septiembre de 1849 en Ryazán, hijo de Piotr Dmitrievich Pavlov, sacerdote ortodoxo, por lo que Pavlov realizó sus estudios en el seminario de su ciudad natal con el propósito de seguir la carrera eclesiástica. Sin embargo, su interés por la ciencia lo hizo abandonar el hábito religioso y en 1870 ingresó a la Facultad de Matemáticas y Física para estudiar Ciencias naturales. Allí lo fascinó la Fisiología, hasta el grado de que, su primera publicación, en colaboración con Afanasiev, fue sobre la fisiología de los nervios pancreáticos. Se graduó en 1875 y de inmediato se inscribió en la Academia de Cirugía Médica para perfeccionarse. Cuando se graduó en 1879 recibió una medalla de oro; se sometió a concurso y ganó la plaza de catedrático en la misma Academia, así como el nombramiento de director del Laboratorio de Fisiología, lo que le permitió ampliar sus investigaciones usando animales para sus experimentos, mediante los cuales estableció las reacciones reflejas y los nervios implicados en ellas, así como las modificaciones conductuales obtenidas mediante el "condicionamiento" de ciertos reflejos.

En 1881 se casó con la maestra Seraphima Vasilievna Karchevskaya, con quien procreó cinco hijos, de los cuales uno murió. En 1890 fue invitado a organizar y dirigir el Departamento de Fisiología en el Instituto de Medicina Experimental. Ese miso año pasó a dar cátedra en la Academia Médica Militar, actividad que continuó hasta 1925. En 1904 le fue otorgado el premio Nobel de Medicina y obtuvo el reconocimiento de universidades extranjeras como Cambridge, que le otorgó un doctorado honoris causa. Fue el único científico que pudo actuar con libertad durante el régimen revolucionario soviético, que reconoció sus valiosas contribuciones a pesar de que nunca fue miembro del Partido Comunista.

Falleció en Leningrado (hoy San Petersburgo) el 27 de febrero de 1936.

Manuel **PAYNO**

Escritor, militar y político mexicano nacido en la Ciudad de México el 21 de junio de 1810. En 1840 fue secretario del general (después presidente) Mariano Arista; más tarde, con el grado de teniente coronel fue jefe de sección en el Ministerio de Guerra. Por un tiempo administró las rentas del estanco del tabaco. En 1842 fue secretario de la legación enviada a Suramérica y desde ahí realizó un viaje a Europa por su cuenta.

Durante la intervención estadounidense, en 1847, y de regreso en México, organizó el servicio secreto. En 1850 fue ministro de Hacienda, pero tuvo que renunciar y refugiarse en Estados Unidos por oponerse a Antonio López de Santa Anna. En 1855 volvió a encargarse del ministerio de Hacienda. Fue perseguido durante la Guerra de Reforma y la intervención francesa, si bien reconoció al imperio de Maximiliano; no obstante, al restaurarse la república, fue electo diputado. En 1882 fue senador y en 1886 cónsul general en España. Regresó en 1891 y volvió a ser senador en 1892.

Durante su estancia en España comenzó a redactar su famosa novela costumbrista *Los bandidos de Río Frío*. Además escribió *Compendio de la historia de México, El fistol del Diablo, El hombre de la situación, Vida, aventuras, escritos y viajes del Dr. Servando Teresa de Mier, Tardes nubladas* y *El libro rojo*, además de colaborar en distintos periódicos y revistas.

Falleció en la Ciudad de México, el 4 de noviembre de 1894.

Octavio **PAZ**

Escritor, catedrático, conferencista y diplomático mexicano nacido en casa de su abuelo paterno, Irineo Paz, ubicada en Mixcoac, Distrito Federal, el 31 de marzo de 1914, hijo de Octavio Paz Solórzano y Josefina Lozano. Su abuelo —general, novelista y periodista— le inculcó la afición por la literatura. La infancia de Paz se vio impactada por el asesinato de Emiliano Zapata (1919) y la ruina política de su padre, que motivó el traslado de Octavio y su madre a Los Ángeles, California.

En 1935 abandonó la carrera de Leyes y en 1937 viajó a España para participar en el Congreso de Escritores Antifascistas; por entonces, Paz militaba con los socialistas. En 1938 fundó la revista *Taller*, donde se publicaron las primicias de la nueva poesía mexicana. Ese mismo año se casó con Elena Garro, con quien tuvo a su única hija, Helena Paz. Se divorció en 1959.

En 1943, gracias a una beca Guggenheim, viajó a Estados Unidos y profundizó sus conceptos sobre la poesía de vanguardia. En los años siguientes, junto con la poesía desarrolló un enorme talento para la crítica y el ensayo, que lo convirtió en figura clave de una generación de escritores, historiadores y políticos que buscan trascender la dicotomía mexicana liberal/conservador, derecha/izquierda, y analizar rigurosamente la realidad mexicana.

En 1962 fue enviado como embajador a la India, pero los sucesos de 1968 en México lo llevaron a renunciar, como una forma de protesta. En 1963 había contraído matrimonio con la francesa Marie-José Tramini. Fue fundador y editor de las revistas *Plural* y *Vuelta*.

Entre sus obras más destacadas están: *El laberinto de la soledad, Piedra de Sol, Libertad bajo palabra, Corriente alterna, El mono gramático, Ladera este* y *Sor Juana o Las trampas de la fe*. En 1981 fue reconocido con el premio Cervantes y en 1982 recibió el premio Nobel de Literatura.

Falleció en la Ciudad de México el 19 de abril de 1998.

PEDRO I DE BRASIL
(PEDRO DE ALCÂNTARA BRAGANÇA E BORBON)

Emperador brasileño nacido en Queluz —palacio cercano a Lisboa— el 12 de octubre de 1798, hijo de Juan de Bragança, sexto rey de ese nombre en Portugal, y de Carlota Joaquina. En 1801 había muerto su hermano mayor, de modo que Pedro se convirtió en el príncipe heredero. En 1808, cuando las tropas napoleónicas invadieron el suelo portugués, la familia real se puso a salvo en Brasil.

La educación de Pedro fue muy defectuosa, en parte porque padecía epilepsia. Sin embargo, fue un excelente jinete y hábil con las armas. En 1817 se casó con la archiduquesa austriaca María Leopoldina.

En 1821 Juan VI regresó a Portugal, pero Pedro decidió permanecer en el país, advertido por su padre, según se dice, de que proclamara la independencia y tomara para sí el trono antes de que otro lo hiciera. Según otras versiones, Pedro rechazó las presiones paternas para volver a Portugal, alentado por el patriotismo y el respaldo de los criollos brasileños. Sea como fuere, el 12 de octubre de 1822 Pedro se declaró primer emperador del Brasil libre e independiente, organizado como una monarquía constitucional. Sin embargo, la Constitución expedida en 1823 no satisfizo las expectativas populares y el reinado de Pedro enfrentó graves problemas de rebeliones y conatos separatistas e incluso en 1825 una guerra con Argentina.

A la muerte de Juan VI en 1826, Pedro intentó ocupar el trono luso, pero fue obligado a abdicar en favor de su hija María II da Gloria, para entonces una niña, a quien comprometió con el príncipe Miguel, hermano de él. El tío depuso a la sobrina y Pedro se empeñó en restaurarla en el trono. Viudo de María Leopoldina, en 1829 volvió a casarse, esta vez con Amélie de Beauharnais von Leuchtenberg, nieta de la emperatriz francesa Josefina. En 1831 abdicó en favor de su hijo Pedro II y se marchó a Inglaterra a preparar las fuerzas para derrocar a Miguel de Portugal. La guerra del liberal Pedro contra los conservadores miguelistas dio lugar al asedio de Oporto y la toma de Lisboa.

En 1833 hizo coronar a su hija, María da Gloria. Poco después falleció en Queluz a causa de la tuberculosis, el 24 de septiembre de 1834.

Benito **PÉREZ GALDÓS**

Escritor español nacido el 10 de mayo de 1843 en Palmas de Gran Canaria, hijo de Sebastián Pérez y Dolores Galdós. En 1862 se mudó a Madrid para estudiar Derecho, pero abandonó la carrera para dedicarse al periodismo, alentado por Francisco Giner de los Ríos, quien lo orientó hacia el pensamiento liberal y el krausismo.

En 1867 tuvo la oportunidad de viajar a París y ahí descubrió la obra de Honoré de Balzac, que influiría grandemente en la del palmeño. Escribe entonces su primera novela histórica, *La fontana de oro*, seguida por *El audaz* en 1871.

El buen recibimiento dispensado a sus obras lo impulsó a dedicarse a una empresa mayor: *Los episodios nacionales*, conjunto de novelas que retratan la tragedia de la invasión francesa de 1808-1812. De inmediato se hizo famoso y muy querido. La gente se sentía representada en aquellas novelas llenas de realismo pero también de ideales y nobleza. En 1879 ingresó como miembro de número a la Real Academia de la Lengua. En 1907 fue electo diputado a las Cortes.

Entre sus obras más destacadas figuran *Fortunata y Jacinta*, *Nazarín*, *Misericordia*, *La loca de la casa*, *Doña Perfecta* y *Tristana*. Algunas de sus obras también han sido llevadas al cine.

Enfermo de la vista desde 1910, murió completamente ciego el 4 de enero de 1920.

PERICLES

Político ateniense nacido h. 495 a.C. en Hélade, la polis de Atenas, hijo del estratega (general) Xanthipo de la familia Bouzygae y de Agarista, perteneciente al clan de los Alcmeónidas, ambos muy ricos y miembros del partido democrático. Estudió con preceptores privados tan afamados como Zenón de Elea y Anaxágoras de Clazomene. Demostró ser inteligente, sensible y ambicioso.

En sus inicios apoyó a Efialtes, propulsando cambios hacia una mayor democracia que resultaba por fuerza en mayores limitaciones de los privilegios del partido aristócrata, y que en 462 lanzaron un ataque contra el conservador Cimón, que en Esparta le ofrecía ayuda. Despojó al Areópago de muchas de sus funciones y realizó reformas tales como conceder paga a soldados y a ciudadanos que asistieran a la Asamblea (Ágora).

En 461 Efialtes fue asesinado y Pericles se convirtió en el líder absoluto de los demócratas. Como estratega electo (y gobernante de facto), restringió la ciudadanía a los varones nacidos en Atenas, de padre y madre atenienses. Transformó la Liga de Delos, una confederación de ciudades, en una especie de imperio liderado por Atenas; hizo transportar el tesoro de la Liga desde Delfos hasta la ciudad del Pireo, y embelleció la ciudad con una hermosa Acrópolis, murallas y un puerto agrandado.

Enfrentó una guerra contra Samos y vio el principio de otra, la del Peloponeso, ambas suscitadas por la rivalidad política y la supremacía económica. Sus enemigos políticos lo ridiculizaron en el teatro, y lo hostigaron en los tribunales, donde poco pudo hacer por Fidial, el famoso escultor acusado de fraude, y por Aspasia de Mileto, su compañera y madre de su hijo Pericles *el Joven*.

De su matrimonio había tenido dos vástagos, Xanthipo *el Menor* y Paralas, pero ambos murieron antes que su padre. Reelecto estratega en 429 a.C., murió poco después de la peste, una epidemia que asoló Atenas.

Juan Domingo **PERÓN**

Militar y político argentino nacido el 8 de octubre de 1895 en Lobos, pueblito cercano a Buenos Aires, hijo de Mario Tomás Perón y Juana Sosa Toledo. En 1900 la familia se trasladó a Patagonia y en 1904 él fue a Buenos Aires a estudiar. A los 15 años decidió ingresar en el Colegio Militar. En 1913 terminó sus estudios y en 1928 se casó con Aurelia Tizón, quien falleció diez años después. Entre 1926 y 1929 prosiguió su carrera en la Escuela Superior de Guerra. En 1931 fue promovido y enviado a Chile durante un año en calidad de agregado militar. En 1936 viajó a Italia en misión oficial para conocer de cerca el régimen fascista. En 1941 formó el Grupo de Oficiales Unidos.

En 1943 el GOU dio el golpe de estado que derrocó a Ramón Castillo e impuso la presidencia del general Pedro Pablo Ramírez. Fue nombrado ministro de Trabajo, posteriormente de Guerra, y después vicepresidente. En ese tiempo se acercó a las masas asalariadas, los "descamisados", y propuso un programa político popular pero de corte dictatorial aunque, paradójicamente, antioligárquico. Su fama creció y muchos del Grupo de Oficiales Unidos (GOU), una logia militar, creyeron necesario deshacerse de Perón, quien fue destituido y detenido en 1945, pero hubo manifestaciones masivas en su favor que propiciaron su liberación y se lanzó como candidato a la presidencia por el recién creado Partido Peronista. En todo esto hubo una gran participación de Eva Ibarguren Duarte, después conocida como Evita Perón, activista y oradora de primer orden.

Perón ganó las elecciones de 1946 y se casó con aquélla. Su gobierno llevó cierta prosperidad a las clases trabajadoras pero a costa de hacer muchos enemigos. En 1949 reformó la Constitución para reelegirse, y ganó las elecciones efectuadas en 1951, mismo año en que Evita murió de cáncer. Perón siguió en la presidencia hasta que lo derrocó un golpe de Estado en 1955. Después de refugiarse en Paraguay radicó en España, donde conoció a Estela Martínez, *Isabelita,* con quien se casó. En 1973 fue llamado de regreso y en una elección especial el pueblo lo elevó a la presidencia, puesto que quedó en manos de su esposa, pues él murió el 1 de julio de 1974.

CHARLES **PERRAULT**

Escritor francés nacido en París el 12 de enero de 1628, hijo de Pierre Perrault y Paquette Le Clerc. Estudió abogacía y ejerció diferentes cargos como funcionario real. Fue fundador de la Academia de Ciencias y la Academia de Inscripciones y Bellas Artes, de la cual fue secretario, con la obligación de escribir libros y minutas, a cambio de lo cual recibía un estipendio generoso del ministro de Finanzas, Jean-Baptiste Colbert.

En 1672 se casó con Marie Guichon, con quien procreó tres hijos varones; ella murió en 1678 tras dar a luz una hija.

293

A la muerte de Colbert en 1689, Perrault dejó de recibir su pensión de escritor.

Entre sus obras destacan *El siglo de Luis el Grande* (en referencia a Luis XIV) y *Paralelos entre antiguos y modernos*, pero su fama se debe a haber conformado un género literario nuevo: el cuento de hadas. Tomando como base antiguos relatos populares, creó los conocidos cuentos infantiles "La Cenicienta o la zapatilla de cristal", "La bella durmiente del bosque", "Caperucita Roja", "El gato con botas", "Barbazul" y "Piel de asno", entre otros, incluidos en sus *Historias o cuentos de tiempos pasados*, de 1697, subtitulados *Cuentos de Mamá la Oca*. Publicó esta obra con el seudónimo de "Pierre Darmancourt", nombre de uno de sus hijos.

Famoso y admirado, falleció el 16 de mayo de 1703.

Francesco **PETRARCA**

Poeta y humanista italiano nacido en Arezzo el 20 de julio de 1304. Siguió a su padre, exiliado político, a Pisa y a Aviñón, donde recibió instrucción en gramática, retórica y dialéctica. Entre 1319 y 1325 estudió Derecho en Bolonia y luego en Montepellier. Ahí conoció a los trovadores, quienes despertaron su interés por la poesía y la literatura romanas, lo que produjo un impacto que su obra evidenciaría.

Regresó a Aviñón en 1326, al morir su padre, para dedicarse al estudio de la literatura. Conoció en 1327 a Laura, la mujer que inspiró el *Cancionero*, obra en la que ocupó la mayor parte de su vida.

El cardenal Giovanni Colonna lo nombró capellán de familia en 1330, y con él viajó por Europa. Visitó Roma por vez primera en 1337 y quedó prendado de las antigüedades clásicas y cristianas. En Florencia se reunió con Boccaccio y ambos se dedicaron al redescubrimiento de la cultura clásica y a defender la unión del arte sacro y pagano. Se estableció en Vanchuse.

Roma reinstauró la antigua tradición de coronar al *poeta laurentis* (poeta laureado) en 1341, con el fin de honrar apropiadamente a Petrarca por su poema *África*. Viajó esporádicamente a petición del papa. Redactó el *Secretum* entre 1342 y 1343 y se trasladó a Milán en 1353 para poner sus habilidades diplomáticas al servicio de los Vizconti. Se instaló en Venecia en 1362, pero salió de ahí luego de discutir con cuatro filósofos a quienes escribió *De suis ipsius et multorum ignorantia*.

Su obra recibió gran difusión en toda Europa, el fenómeno del petrarquismo se extendió rápidamente y su amor por los clásicos preparó el advenimiento del humanismo. En 1368 se estableció en Arquá, donde murió el 19 de julio de 1374.

Pablo Ruiz **PICASSO**

Pintor, grabador y escultor español nacido en Málaga el 25 de octubre de 1881. Estudió Arte en Barcelona y en Madrid. Realizó su primera exposición en Barcelona, en 1898. Inició en 1901 su época azul, denominada así por el predominio de los tonos azules y caracterizada por su temática pesimista: la miseria humana y la marginación. En 1904, se instaló en París e inició su periodo rosa, más vital y donde predominó la temática circense. También realizó sus primeras esculturas.

Las señoritas de Avignon, cuadro de 1907 con grandes influencias africanas y de la escultura ibérica, mostró una concepción tan revolucionaria que fue rechazado incluso por pintores y críticos vanguardistas, pero fue el inicio del cubismo y del arte contemporáneo. Esta corriente siguió en la obra de Picasso, quien desarrolló el cubismo analítico en 1909, año en que también realizó las primeras esculturas cubistas. Su cubismo sintético inició en 1912, así como su técnica de *collages*.

Su época clásica inició en 1917. Diseñó la escenografía y el vestuario de muchas obras de ballet. Recibió cierta influencia del surrealismo. A partir de 1928 dedicó más tiempo a la escultura. En 1937 pintó el mural *Guernica*, una de sus obras emblemáticas. Desde 1945, la litografía se volvió su técnica predominante.

En 1947 se instaló en Vallauris, una población francesa, e inició su trabajo en cerámica. Participó en Polonia en el Congreso de Intelectuales por la Paz en 1948 y pronunció un discurso a favor de la libertad de Pablo Neruda. Desde 1962 realizó una intensa actividad como grabador. Con motivo de sus 90 años, se realizaron homenajes y exposiciones en todo el mundo.

Murió en Mougins, Francia, el 8 de abril de 1973.

PÍNDARO

Poeta griego nacido en Cinoscéfalos, hacia 518 a. C. Perteneció a la aristocracia de los beocios. Fue uno de los poetas líricos más célebres de la Grecia clásica. Vivió la mayor parte de su vida en Tebas, aunque fue educado en Atenas, donde se formó musicalmente.

Sus modelos literarios fueron sobre todo Homero y Hesíodo, aunque en su poesía influyeron también personalidades locales, como las poetisas Myrtis y Corinna. Se consagró definitivamente como poeta panhelénico tras una estancia en Sicilia durante la soberanía de Hierón de Siracusa y Terón de Agrigento, en un momento de gran prosperidad que inspiró a Píndaro sus odas más sublimes.

Casi todos sus primeros poemas se perdieron, aunque probablemente estableció su reputación gracias a los himnos que más tarde compuso en honor de los dioses. Su obra, que comprendía todos los géneros de la lírica coral, se extendió a 17 volúmenes de los cuales sólo cuatro han sobrevivido completos (*Olímpicas*, *Píticas*, *Nemeas* e *Ístmicas*), aunque carecen de sus arreglos musicales.

Se considera que los 45 poemas prevalecientes son, con toda probabilidad, sus obras maestras. Se trata de odas escritas por encargo para celebrar los triunfos en varias justas atléticas helénicas, muy profundas y de temática religiosa, caracterizadas por su complejidad, ricas en metáforas y escritas con un lenguaje intensamente emotivo.

Píndaro viajó por todo el mundo griego y su fama le hizo merecedor de numerosos encargos. Se dice que su fama fue tan grande que cuando Alejandro Magno saqueó Tebas, en el año 335 a.C., ordenó dejar intacta su casa.

Murió en Argos, h. 438 a.C.

José María **PINO SUÁREZ**

Político, abogado y escritor nacido en Tenosique, el 8 de septiembre de 1869. Fue llevado a Mérida, donde terminó sus estudios básicos en el Colegio de San Ildefonso y estudió Derecho en la Escuela de Jurisprudencia; se recibió como abogado en 1894. En Yucatán fundó el diario *El Peninsular* en 1904. Publicó dos libros de poesía *Melancolías* (1896) y *Procelarias* (1908), y prologó en 1904 *Memorias de un alférez*, de Eligio Ancona.

Se afilió al Partido Antirreeleccionista, conoció a Francisco I. Madero en 1910 y participó en su campaña presidencial. Porfirio Díaz ordenó su aprehensión, de modo que escapó a Quintana Roo y llegó hasta Belice, donde embarcó para ir a

Tabasco. Organizó los grupos de oposición en Tabasco y Yucatán. Estaba en Estados Unidos al estallar la revolución armada de 1910.

Regresó al norte de México, después de firmar los Tratados de Ciudad Juárez. Ocupó la gubernatura de Yucatán en 1911 y en las elecciones presidenciales del mismo año, al ganar Madero, Pino Suárez fue vicepresidente.

Desde la instalación del nuevo gobierno, sus enemigos políticos ejercieron presión e hicieron toda clase de maniobras para impedir sus acciones, de manera que el gabinete se vio forzado a renunciar el 19 de febrero de 1913, durante la revuelta en la Ciudad de México conocida como la Decena Trágica, cuando el ministro de Guerra, Victoriano Huerta, traicionó al presidente Madero y lo apresó junto con Pino Suárez.

Cuando los llevaban a prisión, la escolta se desvió y los fusiló el 22 de febrero de 1913.

Augusto **PINOCHET**

Militar y político chileno nacido en Valparaíso el 25 de noviembre de 1915. Ingresó en 1933 a la Academia Militar, y en 1971 fue ascendido a general de división y comandante general de la Guarnición del Ejército de Santiago.

Dirigió el golpe de Estado que derrocó al gobierno del socialista Salvador Allende en 1973. Pinochet asumió la presidencia en 1974, conservando la jefatura del ejército, en tanto que la Junta Militar actuó como Poder Legislativo. Se realizó una consulta nacional en 1978 para rechazar la agresión internacional que lo acusaba de graves violaciones a los derechos humanos. Las autoridades anunciaron un apoyo de más de 90%.

En 1980 promulgó una Constitución en la que amplió el periodo presidencial a ocho años, y en 1988 puso en marcha un plebiscito que rechazó su candidatura después de 1990. Sin embargo, siguió siendo comandante en jefe del ejército hasta 1998.

Ese año fue detenido en Londres, a petición del juez español Baltazar Garzón, para ser extraditado y llevado a juicio por "crímenes de genocidio y terrorismo", durante su dictadura en Chile, pues algunas de las víctimas fueron ciudadanos españoles. El arresto causó tensión entre los gobiernos británico y chileno. Hubo enfrentamientos en Chile entre partidarios y opositores de Pinochet.

En 2000, Inglaterra lo regresó a Chile por motivos de salud y en 2002 la Corte Suprema ordenó la suspensión definitiva del procedimiento. Sin embargo, la Corte de Apelaciones de Chile despojó a Pinochet de inmunidad judicial, con lo que allanó el camino para someterlo a juicio.

Murió en Santiago el 10 de diciembre de 2006, sin que fuera procesado por los crímenes que se le imputaban.

Luigi **PIRANDELLO**

Escritor italiano nacido en Girgenti el 28 de junio de 1867. Estudió Filología en la Universidad de Roma y en la Universidad de Bonn. Se graduó en 1891 con una tesis sobre su dialecto natal, pero redactada en alemán. Dio clases de estética y estilística en la Escuela Normal para Mujeres de Roma de 1897 a 1922.

La compleja y abundante obra de Pirandello se puede agrupar en tres áreas: sus poemas, compendiados en varias colecciones —*Mal Giocondo* (1889), *Pasqua di Gea* (1890), *Elegie Renane* (1896), *La Zampogna* (1901) y *Fiore di Chiave* (1912)—, a las que hoy no se concede prácticamente ningún valor; sus novelas, recogidas en 15 volúmenes bajo el título *Novelle per anno* (1922-1937), de las que las más conocidas son *El difunto Matías Pascual* (1904), *El viejo y el joven* (1913) y *Uno, ninguno y cien mil* (1926).

Su mayor logro fueron obras de teatro, compiladas como *Maschere nude* (1918-1935), título que denota el eterno problema de identidad que caracteriza sus dramas, en los que el yo existe sólo en relación con los otros. Sus obras teatrales más representativas son *Así es (si lo desea)* (1917), *Seis personajes en busca de autor* (1921), *Vestir al desnudo* (1922), *Enrique IV* (1922) y *La vida que te di* (1923). En el ensayo *L'Umorismo* (1908), expresó las actitudes fundamentales de todas sus obras: sus personajes tratan de encontrarse a sí mismos, pero son derrotados por la cambiante vida que termina por mostrarles su propia perversidad.

Fue miembro de la Academia de la Lengua de Italia desde 1929 y obtuvo el premio Nobel de Literatura en 1934.

Murió en Roma el 10 de diciembre de 1936.

PITÁGORAS

Matemático y filósofo griego nacido en Samos, Jonia, hacia 582 a.C. Recibió una buena educación y una fuerte influencia de Tales de Mileto y de Anaximandro. Cerca de 535 a.C. viajó a Egipto, donde conoció los templos y se involucró con los sacerdotes. Cuando Persia atacó a Egipto en 525 a.C., él fue hecho prisionero y llevado a Babilonia, donde aprendió de sus ritos sagrados y las ciencias matemáticas de los babilonios.

Regresó a Samos en 520 a.C. Después de un viaje a Creta para estudiar el sistema legal, fundó en Samos una escuela llamada El Semicírculo. Recibió peticiones de participar en política y diplomacia, lo que él quería evitar, por lo que salió hacia Crotona en 518 a.C., donde fundó otra escuela de tipo comunal y sectario que tuvo muchos adeptos que seguían formas de vida prescritas por él. Los del círculo más íntimo, los *mathematikoi*, recibían clases directamente de Pitágoras, eran vegetarianos y obedecían reglas muy estrictas. Los del círculo exterior, los *akousmatics*, llevaban una vida más relajada.

Su filosofía redujo todo significado a las relaciones numéricas y afirmaba que todos los objetos existentes están fundamentalmente compuestos de forma y no de sustancia material. Fue el primero que estudió los intervalos y las escalas musicales. Ningún escrito suyo llegó hasta nosotros, por lo que es difícil distinguir sus ideas de las de sus discípulos, incluido el teorema que lleva su nombre. La influencia de su pensamiento llegó hasta Platón y Aristóteles, y contribuyó al desarrollo de las matemáticas y la filosofía occidental.

Murió en Metaponto, Lucania, hacia 496 a.C.

Francisco **PIZARRO**

Conquistador español nacido en Trujillo, Extremadura, h. 1476. Creció con sus abuelos. En 1502 llegó a La Española con el recién nombrado gobernador. Partió en 1510 rumbo a Colombia en la expedición de Alonso de Ojeda. En 1513 participó con Vasco Núñez de Balboa como capitán en la expedición que descubrió el océano Pacífico. Fungió como alcalde y magistrado de Panamá desde 1519.

En 1523 se asoció con un soldado, Diego de Almagro, para conquistar Perú, por lo que se repartieron las responsabilidades del viaje. Realizaron dos expediciones: la primera entre 1524, y la segunda de 1526 a 1528, ambas con grandes dificultades. Pidieron apoyo al gobernador de Panamá, pero él se negó. Entonces Pizarro pidió ayuda al rey en 1528 para la conquista.

En 1530 regresó a Panamá con los nombramientos de gobernador y capitán general. Al año siguiente emprendió el viaje de conquista. Fundó la primera población española en 1532,

entró en Cajamarca y tomó al inca Atahualpa como rehén.
A pesar de haber entregado el rescate que le pidieron, Atahualpa fue asesinado en 1533.

Pizarro derrotó al nuevo emperador en 1535 y tomó
Cuzco, la capital del imperio. La ambición dividió a Pizarro y
Almagro, quien estaba a cargo de Cuzco y en 1537 tomó prisioneros a los hermanos de Pizarro y los liberó en 1538. Pizarro
le pidió que saliera, pero tuvieron un enfrentamiento donde
tomaron prisionero a Almagro y lo ejecutaron. En venganza,
un seguidor de Almagro asesinó a Pizarro en Lima, el 26 de
junio de 1541.

PLATÓN

Filósofo griego nacido en Atenas h. 427 a.C. Sirvió en el ejército entre 409 y 404 a.C., durante la guerra del Peloponeso,
pero él quería hacer carrera política más que militar. Se unió
a la oligarquía de los Treinta Tiranos en Atenas, pero los actos violentos lo hicieron alejarse. Vio con expectativa que en
403 a.C. regresó la democracia. Pero por ser parte del círculo
más cercano de Sócrates, la muerte de éste y otros excesos
de la gente en el poder, le hicieron renunciar en definitiva a la
política.

Tras la muerte de Sócrates viajó por Grecia, Italia y Egipto.
Conoció la obra de Pitágoras y entendió el valor de las matemáticas. Volvió al ejército por un tiempo. Fundó en 380 a.C.
la Academia, antecedente de las modernas universidades e
influyente centro de investigación y enseñanza, que atrajo a
muchos hombres de gran capacidad, entre ellos Aristóteles,
quien fue miembro de la Academia durante 20 años. La idea de
Platón era educar a los futuros políticos para que no incurrieran
en los errores y vicios de quienes gobernaban entonces. Fue a
Siracusa en 367 y en 361 a.C., ya que estimaba en gran manera
a la familia gobernante.

Regresó a Atenas en 360 a.C. Su pensamiento se expone
en los *Diálogos* (de los que se conservan 42), que conjugan
y examinan los conocimientos que había en su época, a la vez
que se da a la filosofía por primera vez su carácter sistemático.
La Academia de Platón siguió floreciendo hasta 529, cuando
fue cerrada por Justiniano, afirmando que se trataba de un
centro difusor del paganismo. Se le considera el centro universitario con mayor vida en la historia, por haber funcionado
durante más de 900 años.

Platón murió en su ciudad natal en 347 a.C.

Tito Maccio **PLAUTO**

Comediógrafo latino nacido en Sársina, en 254 a.C. Sobre su vida poco se sabe con certeza, pero la tradición sostiene que convivió con el teatro desde muy joven, pues se trasladó a Roma a muy temprana edad.

Plauto cultivó la Palliata, que son las primeras comedias latinas inspiradas en el origen Helénico. Como muchos autores anteriores y posteriores, tomó prestados fragmentos, situaciones, temáticas y técnicas dramáticas de autores griegos, especialmente de la comedia nueva del siglo IV a.C., principalmente Menandro, pero también Filemón y Dífilo. Sus obras, escritas en verso, a menudo son farsas marcadas por los casos de confusión de identidad y con oportunidades para bufonadas. Popularizó algunos tipos de caracteres, como el soldado fanfarrón y el criado astuto.

De las 130 obras que se conservan y se le atribuyen, se le reconocen sólo 21, entre ellas las primeras en latín. Destacan *Anfitrión, La olla de oro, Bacchides, Los cautivos, El gorgojo, Epiducus, Mercator, El soldado fanfarrón, El aparecido, Truculentus* y *Vidularia*.

Fue el más popular de los comediógrafos y dominó la escena romana de manera indiscutible, actuando o escribiendo desde 215 a. C., fecha de su primer éxito escénico, hasta su muerte en Roma. Su obra influyó en la comedia europea a partir del Renacimiento, sobre todo en la de William Shakespeare (*La comedia de las equivocaciones*, 1592-1593) y de Molière (*El avaro*, 1669).

Murió en 184 a.C.

Edgar Allan **POE**

Cuentista, poeta y crítico estadounidense nacido en Boston el 19 de enero de 1809. Quedó huérfano a los dos años, por lo que fue adoptado. A los seis años fue llevado a Gran Bretaña, donde realizó sus estudios básicos. En 1820 su familia se mudó a Nueva York. Ingresó a la Universidad de Virginia y sirvió en el ejército entre 1827 y 1831, año en que se mudó a Baltimore.

En esa época empezó a publicar su poesía. Se casó con su prima de 13 años en 1838 y empezó a llevar una vida con excesos en el alcohol y otras drogas. Cambió su residencia a Filadelfia. Su producción literaria estaba en su mejor momento, pues publicó varios libros, a la vez que trabajó para diversas revistas.

Escribió poesía ("El cuervo" es el más famoso de sus poemas), una novela (*La narración de Arthur Gordon Pym*) y una serie de cuentos que lo convirtieron en el creador del concepto moderno de ese género, entre los que se hallan "La máscara de la muerte roja", "El pozo y el péndulo", "El corazón delator", "La caída de la casa Usher", "El gato negro", "Los crímenes de la calle Morgue" y "El escarabajo de oro". Sus poemas *El Cuervo* (1845) y *Las campanas* (1849), son una gran aportación a la literatura estadounidense. La obra de Poe tuvo gran influencia en el simbolismo, la literatura fantástica y la novela negra, pues prácticamente fue el creador de los relatos detectivescos.

Intentó fundar una revista en 1841, pero fracasó. Sus obras eran reconocidas, pero su situación económica empeoró. Volvió a intentar fundar una revista, pero fracasó nuevamente.

Con el paso del tiempo también la salud de su esposa menguó hasta que en 1847 murió de tuberculosis. Él intentó suicidarse en 1848 pero siguió escribiendo y, durante un viaje a Baltimore fue encontrado en la calle, con fiebre. Fue hospitalizado, pero murió el 7 de octubre de 1849.

Marco **POLO**

Mercader y aventurero nacido en Venecia (actualmente Italia) en 1254. Emprendió un viaje junto con su padre y su tío Matteo en 1271. Llegaron a Acre y de ahí a Ormuz, en el golfo Pérsico. Luego se dirigieron a China a través de una complicada ruta por Persia y el Jurasán. Cruzaron el Pamir y llegaron a la región de Lob Nor, en la provincia de Sinkiang, en China. En este país, específicamente en Kancheu, permanecieron un año. Después cruzaron el desierto de Gobi y llegaron a la ciudad de Shang-tu, donde se encontraba la corte de Kublai Kan. En 1275 se trasladaron a Pekín. Se cree que fueron los primeros europeos en realizar un recorrido de tal magnitud y con una duración de 24 años.

Bajo la protección del Gran Kan, Marco Polo realizó varias misiones y por un tiempo fue gobernador de Yangzhou. En 1292 los tres venecianos recibieron el encargo de acompañar a una princesa china en un viaje por mar hasta Persia. Llegaron hasta Sumatra, en el sur de la India, pasando por Vietnam, Camboya y Ceilán. Por tierra siguieron hasta Tabriz, en el noroeste de Irán. Recorrieron la costa del mar Negro y pasaron por Constantinopla y Grecia. Finalmente regresaron a Venecia en 1295.

En 1298 fue hecho prisionero tras una batalla naval entre Génova y Venecia. Durante el tiempo que pasó en la cárcel dictó a Rustichello da Pisa, un compañero de celda, el relato de sus aventuras, que se convirtió en un libro de gran éxito. Fue puesto en libertad en 1299. Se convirtió en un próspero mercader y financió otros viajes a oriente, pero él ya no abandonó Venecia. El relato de los viajes de Marco Polo fue un gran estímulo para emprender otros grandes viajes y descubrimientos.

Murió en su ciudad natal el 8 de enero de 1324.

Felipe Guamán **POMA DE AYALA**

Historiador e ilustrador peruano nacido en Lucanas, Ayacucho, h. 1550. Su vida es casi un misterio total. Se ha reconstruido con base en datos autobiográficos e hipótesis. Fue hijo de Martín Guamán Malqui y de Juana Curi Ocllo; su abuelo fue el soberano cusqueño Tupac Inca Yupanqui. Tuvo un medio hermano sacerdote, Luis de Ávalos de Ayala, quien lo bautizó y lo educó. Guamán Poma sentía un gran afecto por él. Le salvó la vida en una batalla, por lo que, en gesto de agradecimiento, Ávalos le permitió utilizar el apellido De Ayala.

Fue cronista y un gran lector bilingüe. Se dedicó a enseñar la lengua castellana a los indígenas. Declara que escribió su trabajo a los 80 años de edad, aunque esto parece ser una metáfora. Escribió *Primer nueva coronica y buen gobierno* (1615), compendio de la historia preincaica del Perú y relación de las injusticias que los encomenderos y los funcionarios de la Corona española infligían a los indios.

En conjunto, su trabajo está compuesto por 1200 páginas y está ilustrado con 398 dibujos, por lo que constituye uno de los libros más peculiares del mundo. Realizó este documento para enviarlo a Felipe II, pero en el traslado a España se perdió. Apareció en 1785 en la Biblioteca Nacional de Copenhague, aunque siguió siendo ignorado. En 1909 el investigador Richard Pietschmann empezó su estudio y lo publicó por primera vez en 1939, más de tres siglos después de haber sido escrito.

El cronista murió en Huanuco h. 1640.

Manuel M. **PONCE**

Músico y compositor mexicano nacido en Fresnillo, Zacatecas, el 8 de diciembre de 1882. Empezó a estudiar piano desde muy pequeño. En 1889 fue inscrito en la Escuela de Cristo, que dirigía el maestro Melquíades Moreno. Fue organista del templo de San Diego, en Aguascalientes, desde 1897. Se trasladó a la Ciudad de México en 1900, donde ingresó al Conservatorio Nacional de Música. Regresó a Aguascalientes en 1903, para dar clases de piano, además de que fue nombrado profesor de solfeo de la Academia de Música del Estado. En 1904 estudió composición en Italia y se perfeccionó como pianista en Alemania,

Regresó a México en 1906 para dedicarse a la docencia, a la composición y a presentar conciertos.

Dirigió la Orquesta Sinfónica de México entre 1918 y 1920. Fungió como director del Conservatorio Nacional de Música en 1933, luego de una estancia en París, donde cursó la licenciatura en Composición. Al siguiente año fue designado Inspector de la Sección de Música del Instituto Nacional de Bellas Artes (INBA) y Consejero de la Orquesta Sinfónica de México. Recibió el nombramiento de director de la Escuela de Música de la UNAM en 1945. Fue galardonado con el Premio Nacional de Artes en 1947.

Debido a su valiosa promoción de la música nacional con melodías como *A la orilla de un palmar, Aleévántate, La Pajarera, Marchita el alma* y *Una multitud más,* Ponce ganó el honroso título de "Creador de la Canción Mexicana Moderna". Como muestra de la universalidad de su música, su canción *Estrellita* ha sido parte del repertorio de las principales orquestas del mundo. Fue también uno de los grandes compositores de música para guitarra, entre cuyas obras está el *Concierto del sur* (dedicado a Andrés Segovia).

Murió en la Ciudad de México el 24 de abril de 1948.

José Guadalupe **POSADA**

Grabador mexicano nacido en Aguascalientes el 2 de febrero de 1852. Su hermano Cirilo, maestro rural, le enseñó las primeras letras y lo inició en el dibujo. Muy joven entró a trabajar como ayudante en el taller de Trinidad Pedroza, donde aprendió el arte de la litografía y el grabado. Más tarde ingresó a la Academia Municipal de Dibujo, donde recibió la influencia liberal de su maestro.

Participó en el semanario *El Jicote,* en 1871. Ese año se retiró a León, Guanajuato, para dar clases de litografía, a la vez que realizaba trabajos profesionales. La terrible inundación de

León en 1888 lo llevó a trasladarse a la capital del país, donde encontró trabajo colaborando para un gran número de periódicos como *La Patria Ilustrada*, *Revista de México*, *El Ahuizote*, *Nuevo Siglo*, *Gil Blas* y *El hijo del Ahuizote*, entre otros, donde publicó cientos de grabados.

La mejoría económica derivada de su trabajo le dio la posibilidad de experimentar con distintos materiales como cinc, plomo y acero. A partir de 1890 ilustró las publicaciones del impresor Venegas Arroyo, de corte nacionalista y popular, entre las que destacaban *La Gaceta Callejera* y los panfletos, hojas sueltas que incluían imágenes e información resumida acerca de los acontecimientos que causaban sensación, además de otras formas de difusión como cancioneros, leyendas, cuentos, liturgias de festividades, plegarias, historietas y almanaques. Posada está considerado como un precursor del movimiento nacionalista. Fue redescubierto veinte años después de su muerte por el pintor Jean Charlot, quien editó sus planchas y reveló su influencia sobre artistas de generaciones posteriores.

Murió en la Ciudad de México el 20 de enero de 1913.

Guillermo **PRIETO**

Escritor, periodista y político nacido en la Ciudad de México el 10 de febrero de 1818. Estudió en el Colegio de San Juan de Letrán. Fue cofundador en 1836 de la Academia de Letrán, con la ayuda de Andrés Quintana Roo, de quien era protegido. En 1845 fundó con Ignacio Ramírez el periódico satírico *Don Simplicio*. Participó en la rebelión de los conservadores en 1847, pero luego se cambió al bando de los liberales. Se adhirió al Plan de Ayutla, proclamado en 1854, por lo que fue desterrado.

Fue ministro de Hacienda en 1855, 1857 y 1858. Participó representando a Puebla en el Congreso Constituyente de 1856. Acompañó a Benito Juárez en su huida en 1858, después del pronunciamiento del general Félix Zuloaga. En Guadalajara salvó la vida del presidente interponiéndose entre él y los fusiles de la guardia sublevada. Participó en la emisión de las Leyes de Reforma. En 1866 apoyó a Jesús González Ortega para terminar el periodo presidencial de Juárez, pero éste se negó, por lo que Prieto y González se exiliaron en Estados Unidos.

Al restaurarse la república, Prieto regresó y fue diputado federal en cinco legislaturas, desde 1867 hasta 1877. Luego,

305

durante el porfiriato, fue diputado federal en nueve legislaturas, de 1880 a 1896. Se estableció en Cuernavaca durante su última etapa, pero regresó a la capital para los funerales de su hijo.

Su obra literaria es muy extensa. Abarca novela, cuento, poesía, crónica, ensayo y periodismo. Por otra parte, su participación en la vida de México abarcó periodos que marcaron la historia del país, pues le tocó vivir las épocas de la Independencia, la guerra de Texas, la Intervención Francesa y el Imperio de Maximiliano.

Murió en la Ciudad de México el 2 de marzo de 1897.

Francisco **PRIMO DE VERDAD**

Abogado y político mexicano nacido en Ciénaga del Rincón de Mata, Jalisco, el 9 de junio de 1760. Estudió en el Colegio de San Ildefonso en la Ciudad de México. Como la mayoría de los criollos, vivió la discriminación de los representantes de la Corona española, que favorecían a los peninsulares. Fue abogado de la Real Audiencia y prominente integrante del Colegio de Abogados.

Para 1808 ocupaba el nombramiento de síndico del Ayuntamiento de la Ciudad de México. Al llegar la noticia de la invasión de Napoleón a España, y de la aprehensión de la familia real, inició un ambiente de zozobra generado por el vacío de poder. Primo de Verdad, junto con el regidor Juan Francisco Azcárate, le propuso al virrey José de Iturrigaray que convocara a los ayuntamientos de la Nueva España a reunirse para formar un gobierno provisional surgido del pueblo.

Su argumento era que, a falta de monarca, la soberanía volvía al pueblo. Esto no convenía a los peninsulares, por lo que un comerciante español, Gabriel de Yermo, encabezó la conspiración para destituir a Iturrigaray y designar un nuevo virrey la noche del 15 de septiembre de 1808. Horas más tarde, arrestaron a Primo de Verdad y a Azcárate, entre otros. Al primero se le acusaba de haber hablado de "soberanía popular", lo que equivalía a sedición y subversión. El inquisidor la declaró doctrina proscrita y anatematizada, y el Tribunal de la Fe la condenó como herética.

Primo de Verdad fue encerrado en la prisión de Belén, donde murió el 4 de octubre de 1808. Nunca se esclareció la causa de su muerte, pero la versión más aceptada es que fue ahorcado en su celda.

Pierre-Joseph **PROUDHON**

Filósofo francés nacido en Besançon el 15 de enero de 1809. Su familia fue muy pobre. A los nueve años era pastor y ya mostraba su brillantez intelectual, por lo que fue becado en el colegio de su ciudad. Trabajó como aprendiz de impresor y cajista. Aprendió latín, griego y hebreo. Gracias a una beca pudo estudiar en París en 1838.

Publicó su gran obra *¿Qué es la propiedad?* en 1840, que repentinamente lo convirtió en alguien famoso y al borde de la persecución. Cuando dio a conocer su ensayo *Advertencia a los propietarios*, dos años después, fue llevado a los tribunales pero no lo condenaron. En 1843 se trasladó a Lyon para trabajar como oficinista. Por esa época conoció a Karl Marx, con quien discrepó por el autoritarismo y las ideas centralistas del socialismo. Otra obra suya, *El sistema de las contradicciones económicas* o *Filosofía de la miseria* fue publicado en 1846.

Regresó a París y participó en la revolución de 1848, aunque la consideraba sin un sólido fundamento teórico, a pesar de lo cual fue elegido para la Asamblea Constituyente, donde se limitó a criticar las tendencias autoritarias mostradas. Intentó establecer un banco popular, pero no tuvo éxito. En 1849 fue encarcelado por criticar a Luis Napoleón. Desde su celda escribió *Confesiones de un revolucionario* (1849) e *Idea de la revolución en el siglo XIX* (1851). Al quedar libre fue perseguido, por lo que se dirigió a Bélgica, donde permaneció hasta 1862. A su regreso empezó a ganar una gran influencia entre los trabajadores. Escribió *De la capacidad política de la clase obrera* (1865), que finalizó en sus últimos días.

Murió en París el 19 de enero de 1865.

Marcel **PROUST**

Escritor francés nacido en Auteuil el 10 de julio de 1871. Su familia era de clase acomodada. En 1882 ingresó al Lycée Condorcet, donde conoció a Jacques Bizet y a Alfred Dreyfus. Hizo su servicio militar como voluntario en Orléans en 1889. Un año después se matriculó en la carrera de Derecho.

Fundó en 1892, junto con Fernand Gregh, Daniel Halévy, Robert de Flers y Louis de la Salle la revista *Le Banquet*. Obtuvo empleo en la Biblioteca Mzarino de París en 1895. De ascendencia judía, fue uno de los principales defensores de Alfred Dreyfus en el asunto que hizo del antisemitismo un tema nacional. Publicó *Los placeres y los días,* su primera novela, en 1896. Viajó por Venecia, Holanda y Flandes y en 1909 se retiró para escribir.

Su obra cumbre, *En busca del tiempo perdido,* es una novela que consta de siete volúmenes. El primero, publicado en 1913, fue *Por el camino de Swann;* siguió *A la sombra de las muchachas en flor,* en 1919, que tuvo gran éxito y recibió el premio Goncourt; luego vino *El mundo de Guermantes* (1920-21); enseguida apareció *Sodoma y Gomorra* (1921-22); le siguió *La prisionera* (1923); después *Albertine desaparecida* (1925), y *El tiempo recobrado* (1927). Se trata de una falsa autobiografía en un contexto de ficción, así como de un amplio panorama social de Francia anterior a la Primera Guerra Mundial y durante ella. Encierra una profunda reflexión acerca del amor y los celos, y de la relación entre el arte y la realidad. Indudablemente es una de las obras más destacadas e influyentes de la literatura del siglo XX y un logro supremo de la ficción universal.

Murió en París el 18 de noviembre de 1922.

Claudio **PTOLOMEO**

Astrónomo, matemático y geógrafo griego nacido h. 85 en Alejandría. Se sabe muy poco de su vida. Se cree que fue descendiente de una familia griega habitante de Egipto, pues el nombre Ptolomeo es tanto griego como egipcio, pero que él era ciudadano romano, por el nombre Claudio, tal vez heredado de algún antepasado prominente.

Realizó observaciones astronómicas en su ciudad natal (se ha fechado su primera observación en 127 y la última en 141). Se sabe que su maestro fue Teón de Smirna. Sus primeras obras están dedicadas a Syrus, personaje desconocido. Fue autor de varios tratados científicos, del que el más importante es *Almagesto,* su primera obra, que consta de 13 tomos y presenta con detalle la teoría matemática de los movimientos del sol, la luna y los planetas. Este tratado sólo fue superado por *De revolutionibus* (1543), de Copérnico.

Otra de sus obras es *Geografía,* de ocho tomos, en los cuales recopiló detalladamente los conocimientos geográficos de su época, dando coordenadas de los lugares importantes en términos de latitud y longitud. En *Analema* analizó los métodos para encontrar los ángulos necesarios para construir un reloj de sol, que consiste en la proyección de los puntos en la esfera celeste. Escribió *Óptica* en cinco tomos, donde estudia el color, la reflexión, la refracción y espejos de diferentes formas. También fue autor de *Hipótesis planetaria, Las fases astronómicas, Planisferio* y *Tetrabibios.*

Murió en Canopus h. 165.

Francisco de **QUEVEDO Y VILLEGAS**

Escritor, espadachín y cortesano español nacido en Madrid el 17 de septiembre de 1580, hijo de familia hidalga —baja nobleza— pero no rica. Su padre, Pedro Gómez de Quevedo, fue secretario de la princesa María de Habsburgo, y su madre, María de Santibáñez, era camarera de la reina Ana de Austria, esposa del rey Felipe II de España. Quedó huérfano cuando aún era pequeño, estudió con los jesuitas y en 1596 se matriculó en la Universidad de Alcalá de Henares para estudiar Lenguas clásicas y modernas. Al trasladarse junto con la corte del duque de Lerma (valido de Felipe III) a Valladolid en 1600, inició estudios de Teología en esa ciudad.

Permaneció en Madrid desde 1606 y hasta 1611, escribiendo y publicando con fervor, bajo la protección del duque de Lerma. En 1613 acompañó al duque de Osuna a Italia, donde fue designado virrey de Nápoles. Por años, Quevedo se desempeñó como diplomático y espía, conociendo a toda clase de personas. Por sus servicios, en 1618 recibió el hábito de la orden de Santiago, la más prestigiosa de España. La caída en desgracia de Osuna arrastró a Quevedo, quien fue acusado de malversación y puesto en arresto domiciliario en la torre de Juan Abad.

Al llegar al trono Felipe IV, con su valido el conde-duque de Olivares, la suerte sonrió a Quevedo, quien en 1632 fue nombrado secretario del monarca. Dos años después se casó con Esperanza de Mendoza, señora de Cetina, viuda y con hijos, que era fuente de disgustos hasta su disolución en 1636. En 1639, la malicia le atribuye unos versos censurando al rey, por lo que es detenido y preso en San Marcos de León. Allí perdió la poca salud que le quedaba.

Quevedo fue una de las glorias del Siglo de Oro de las letras españolas, dentro de las cuales creó el movimiento conceptista, en oposición al culteranismo que encabezaba Luis de Góngora. Escribió tanto versos de honda densidad poética como prosa pulida con maestría y muchas veces encaminada a ridiculizar las debilidades y flaquezas humanas. Entre sus obras están: *Los sueños, La vida del Buscón don Pablos, Mundo caduco y desvaríos de la edad, El chitón de las taravillas, Cartas del caballero de la Tenaza* y una gran cantidad sonetos y otras formas poéticas con múltiples temas (eróticos, místicos, satíricos, patrióticos), todos ellos producto de un ingenio muy agudo y una factura exquisita.

Murió en Villanueva de los Infantes, el 8 de septiembre de 1645.

Horacio **QUIROGA**

Escritor uruguayo nacido en Salto el 31 de diciembre de 1878. Vivió en ambientes urbanos (Montevideo y Buenos Aires) y en zonas rurales de Misiones y El Chaco, Argentina. La muerte siempre estuvo presente en su vida: su padre murió en un accidente de caza, su padrastro y su primera esposa se suicidaron y él mató accidentalmente de un disparo a uno de sus amigos.

Vivió un tiempo en Europa y, de regreso en América, trató de establecer cultivos de yerba mate, después fue cónsul en Buenos Aires y, de nuevo, fue a provincia a trabajar en la floricultura.

Influido por Edgar Allan Poe, Rudyard Kipling y Guy de Maupassant, es considerado el padre del cuento moderno en Hispanoamérica. Si bien muchas de sus historias se desarrollan en ambientes donde la naturaleza es agreste, su trasfondo es psicológico, además de que también escribió cuentos ubicados en situaciones urbanas. Su estilo, cercano al modernismo, se ajusta a la perfección a sus muy logradas narraciones. Entre sus libros están *Cuentos de amor, locura y muerte, Cuentos de la selva* y *Los desterrados*.

Se suicidó, al enterarse de que padecía cáncer gástrico, el 19 de febrero de 1937, en Buenos Aires.

Vasco de **QUIROGA**

Hombre de letras, educador y religioso español nacido en Madrigal de las Altas Torres, Castilla, el 3 de marzo de 1470, de familia noble. Estudió Derecho civil y canónico en la Universidad de Valladolid. Fue canciller de Badajoz y era reconocido como una persona ilustrada, justa y diligente, además de buen cristiano y hombre de bien. Piadoso en extremo, pertenecía a la tercera orden (conformada por laicos) de San Francisco.

El emperador Carlos V tuvo noticia de sus buenas prendas y lo designó oidor de la Real Audiencia en la Nueva España, con expreso mandato de enderezar los desafueros cometidos por los miembros de la primera Audiencia, entre ellos Nuño de Guzmán. Arribó a Veracruz junto con otros tres oidores en 1532 y de inmediato se dio a la tarea de averiguar lo sucedido. Le llenó de espanto y conmiseración el lamentable estado de muchos indígenas, lo que se propuso remediar.

A él se debió la creación de los pueblos-hospital, donde congregaba a los indios, los evangelizaba, los curaba de sus enfermedades y les enseñaba las técnicas propias de la cultura europea: herrería, talabartería, ebanistería, etc. Como el arzobispo fray Juan de Zumárraga no tuviera a quién confiar la delicada misión de pacificar y evangelizar la provincia de Michoacán, envió a Quiroga, cuya labor fue tal que los indios lo llamaban "Tata Vasco", o sea *Papá Vasco*. En 1538, Zumárraga lo propuso para obispo de Tzintzuntzan; alegó que era laico, pero el arzobispo lo ordenó sacerdote y al día siguiente lo consagró cabeza de la nueva sede episcopal, que Quiroga trasladó de Tzintzuntzan a Uruapan.

Además de las numerosas obras que realizó en Michoacán, Quiroga construyó Santa Fe de la Montaña, hoy conocido simplemente como Santa Fe, en la Ciudad de México, donde erigió un convento, hospital, huerto, casa de cuna, y todo lo necesario para elevar a los indios física y espiritualmente. Otro tanto puede decirse de su fundación Santa Fe de la Laguna, en Pátzcuaro.

Amado por los indios y respetado por los españoles, murió en Uruapan durante una visita pastoral, el 14 de marzo de 1565.

Emilio **RABASA**

Escritor, diplomático y político mexicano nacido en Ocozocoautla, Chiapas, el 22 de mayo de 1856. Estudió Leyes en el Instituto de Ciencias y Artes de Oaxaca, donde se tituló de abogado en 1878. Fue síndico del Ayuntamiento de Tuxtla, diputado de la legislatura de su estado en 1881, diputado federal por Oaxaca, gobernador de Chiapas y senador de la República.

En 1886 llegó a la Ciudad de México, donde ejerció su carrera como defensor de oficio, agente del ministerio público y juez en materia penal. En 1914 representó al gobierno de Victoriano Huerta en las conferencias de Niagara Falls, a las que concurrieron por parte de los carrancistas Luis Cabrera, José Vasconcelos y Fernando Iglesias Calderón, para discutir el incidente internacional creado por la ocupación estadounidense de Veracruz. Huerta renunció en julio de ese mismo año y Rabasa se expatrió y permaneció en los Estados Unidos por algún tiempo. En 1925 regresó a la Ciudad de México.

Rabasa adquirió justa fama por las novelas que firmaba con el pseudónimo de Sancho Polo. Entre sus obras destacan las novelas *La bola*, *La gran ciencia*, *El cuarto poder* y *La guerra de Tres Años*, en las que introdujo el realismo literario y ofreció una irónica visión de los tejemanejes de las relaciones sociales y políticas del tiempo que le tocó vivir.

Murió en la Ciudad de México el 25 de abril de 1930.

Jean **RACINE**

Dramaturgo y poeta francés nacido el 20 de diciembre de 1639 en La Ferté-Milon, cerca de Soissons, hijo de un funcionario del gobierno. Quedó huérfano a los tres años, por lo que su abuela se encargó de él, Marie de Moulins, quien al quedar viuda ingresó al convento de Port Royal, y llevó con ella al nieto de 10 años. Éste realizó sus estudios en el estricto colegio de Port Royal, dirigido por católicos jansenistas (los llamados "caballeros", pues todos eran nobles, pero opuestos al derroche de Luis XIV) con unas tendencias religiosas muy próximas al pietismo calvinista, que influyeron en las ideas de Racine, casi tanto como haber estudiado a los clásicos griegos y latinos con los mejores maestros. Permaneció en el colegio hasta 1653 y pasó dos años en el Colegio de Beauvais antes de regresar a Port Royal, con el fin de perfeccionarse en retórica.

Al cumplir 18 años, los caballeros del Colegio lo enviaron a París para que estudiara leyes, pero el joven prefirió intentar escribir teatro. Hizo amistad con Moliére, quien puso en escena *La Tebaida*, en 1664. Para su siguiente obra, *Andrómaca* (1667), Racine prefirió al productor teatral Bourgogne, quien tenía más experiencia con las tragedias, subgénero al que se dedicó Racine inspirado por Esquilo, Sófocles, Eurípides y los trágicos griegos. Sin embargo, Racine quería algo de la compañía de Moliére: la joven actriz Thérèse du Parc, a la que sedujo. Moliére no volvió a hablarle. Pero el éxito sonrió al dramaturgo, quien fue el primero en Francia que pudo vivir de su trabajo teatral.

En 1667, sus enemigos —partidarios de Pierre Corneille— hicieron fracasar *Fedra*, por lo que Racine se retiró de los escenarios y con Nicolas Boileau fue empleado como historiador real. En 1679 la consorte del rey, madame de Maintenon, le pidió que escribiera dos obras de teatro: *Esther* y *Athalia*.

Murió de cáncer el 21 de abril de 1699.

RAFAEL
(Raffaello de Santi, Sancti o Sanzio)

Pintor y arquitecto italiano nacido en Urbino el 6 de abril de 1483, hijo de Giovanni de Santi, poeta y pintor de la corte del duque de Urbino, Federigo da Montefeltro, y Magia di Batista Ciarla. Su padre le dio las primeras lecciones de pintura —mientras se educaba en la corte ducal— y comprendió que su talento lo superaría. En 1491 murió su madre y en 1494 su padre, por lo que él quedó a cargo de su tío Bartolomeo, que era sacerdote.

En 1500 fue aprendiz en el taller de Pietro Perugino, y sus obras reflejarían la dulzura característica del maestro de Perugia. Hacia 1501 se consideraba concluida su preparación y se le daba el título de "maestro". Entre 1504 y 1508 viajó varias veces a Florencia, tanto por motivos de trabajo como para ver las obras maestras de Leonardo y Miguel Ángel.

Se mudó a Roma, donde recibió muchos encargos complejos y satisfactorios: pintar los frescos en el Palacio Vaticano. Su trato gentil y personal encanto le permitieron trabajar a las órdenes de varios papas y cardenales, así como organizar un gran taller con numerosos discípulos para atender la creciente demanda de su obra. En 1514 fue designado arquitecto de las obras en la basílica de San Pedro, y también construyó la Villa Farnesina y otros palacios. Aunque nunca se casó, mantuvo una estrecha relación con Margherita Luti, conocida como "La Fornarina".

Entre sus obras destacan numerosos retratos (como el de Baldassare Castiglione y el Agnolo Doni), *Madonnas* (*de la Silla*, *La bella jardinera*, *del Pajarillo*, *Sistina*, *Del Gran Duque*, etc.), *Galatea*, *La transfiguración*, *El descendimiento de la Cruz* y los murales del Vaticano: *La Escuela de Atenas*, *El Parnaso*, *La Misa de Bolsena*, *La liberación de San Pedro*, *El incendio del Borgo*, *La Disputa del Santísimo Sacramento* y *La Huida de Heliodoro*.

El gran artista murió el 6 de abril de 1520.

Walter RALEIGH

Navegante, explorador, escritor, poeta y cortesano inglés nacido h. 1552 en una familia de la nobleza rural, en Hayes Barton, Devon. Estudió un tiempo en la Universidad de Oxford, pero la abandonó para ir a pelear al lado de los hugonotes en Francia y Holanda. Posteriormente terminó la carrera de Leyes en Londres.

313

En 1578 navegó por primera vez a América, si bien ya era un marino experto a quien se le habían encomendado diversas misiones corsarias. En 1585 patrocinó la fundación de la primera colonia inglesa en Norteamérica, pero la empresa fracasó, aunque no dejó de halagar a Isabel Tudor, ya que Raleigh bautizó el territorio colonizado con el nombre de "Virginia", en honor a la reina virgen. En 1587 se convirtió en uno de los favoritos de Isabel, quien lo ennobleció y nombró capitán de la guardia de la reina. En 1592 se descubrió el matrimonio secreto de Raleigh con una de las camareras de la reina, Elizabeth Trockmorton, y la reina hizo encarcelar a la pareja.

Al poco tiempo fue liberado y, para congraciarse, emprendió una expedición en busca del fabuloso El Dorado, que tocó tierra en Magdalena, Colombia, y causó muchos estragos a los indios y a los colonos españoles. Tras la muerte de la reina y el ascenso de Jacobo I al trono, sir Walter perdió el favor regio y se vio inculpado de conspirar contra el rey, por lo que fue sentenciado a muerte, pena que le fue conmutada por prisión en 1603. Allí escribió su *Historia del mundo,* obra que publicaría en 1614. En 1616 fue liberado para que condujera una nueva expedición a El Dorado. No sólo no lo encontró, sino que provocó un incidente con la armada española. Regresó a Gran Bretaña y la sentencia de muerte se reactivó.

Fue decapitado el 29 de octubre de 1618.

Ignacio **RAMÍREZ**

Periodista, maestro y político mexicano nacido en San Miguel el Grande (hoy de Allende), Guanajuato, el 22 de junio de 1818, hijo de Lino Ramírez, vicegobernador de Querétaro hasta 1835, fecha en que se trasladó junto con su familia a la Ciudad de México. Estudió en el Colegio de San Gregorio y luego Jurisprudencia. Fue miembro de número de la Academia de Letrán, donde causó revuelo con su discurso de ingreso en el cual afirmó la inexistencia de Dios. En 1845 fue uno de los fundadores del periódico *Don Simplicio,* donde firmaba con el seudónimo de *El Nigromante.*

En 1846, restablecida la república federal, Ramírez ocupó la cartera de Guerra y Hacienda en el Estado de México. En 1847 se casó con Soledad Mateos, con quien tendría cinco hijos. Con la ocupación norteamericana volvió al ejercicio de su profesión y a la cátedra de bellas artes y literatura; permaneció en Toluca hasta 1851. Retirado de sus cátedras por los conservadores, aceptó irse a Sinaloa. Tras muchas vicisitudes, fue diputado al Congreso Constituyente de 1856-1857. Ignacio Comonfort disolvió al Congreso y encarceló a Ramírez; fugitivo, fue capturado por las tropas del general Tomás Mejía y remitido a la cárcel. Libre en 1858, fue a Veracruz para reunirse con Benito Juárez, a quien apoyó en la Guerra de Reforma.

En 1861, reinstalado el gobierno juarista en la Ciudad de México, Ramírez fue ministro de Justicia e Instrucción Pública, y de Fomento, aplicó las leyes de Reforma, suprimió la Universidad y el Colegio de Abogados y fundó la Biblioteca Nacional, así como una pinacoteca. Al ocurrir la intervención francesa fue a Sinaloa y luego a Sonora. En 1867, al triunfo republicano, colaboró con Ignacio M. Altamirano en el periódico *El Correo de México*, que censuraba las reelecciones de Juárez. Contra la voluntad de éste, fue nombrado magistrado de la Suprema Corte, cargo que mantuvo 12 años. En 1877 ocupó un puesto en el gabinete de Porfirio Díaz, pero lo dejó para reintegrarse a la Suprema Corte.

Murió el 15 de junio de 1879.

Santiago **RAMÓN Y CAJAL**

Médico y biólogo español nacido en Petilla, Aragón, el 1 de mayo de 1852, hijo de Justo Ramón y María Cajal. De niño no quería estudiar, por lo que su padre primero lo encomendó a un peluquero y después a un zapatero remendón, para que fuera aprendiz de esos oficios. El niño resolvió volver a la escuela. Quería ser dibujante pero su padre, maestro de anatomía, determinó que estudiara Medicina en la Universidad de Zaragoza. Concluyó la carrera en 1873, presentó el examen para ser médico militar y lo aprobó, de modo que fue a la guerra contra Cuba (1874-1875). En la isla contrajo malaria y tuberculosis.

De regreso en Zaragoza se empleó como asistente en la Escuela de Anatomía. Se fue a Madrid y ahí obtuvo el doctorado en Medicina en 1877. Para 1879 celebró su boda con Silveria Fañanás García, con quien procreó cuatro hijas y tres hijos. En 1883 fue designado profesor de anatomía descriptiva en la Universidad de Valencia. En 1887 desempeñó la cátedra de histología y fisiología en la Universidad de Barcelona, y en 1892 pasó a Madrid para impartir esa materia.

En 1900 fue nombrado director del Instituto Nacional de Higiene y del Laboratorio de Investigaciones Biológicas. En 1906 recibió el premio Nobel de Medicina y Fisiología. A lo largo de su carrera, Ramón y Cajal se dedicó a la investigación de anatomía y fisiología del sistema nervioso, y fue el descubridor de su unidad funcional: la neurona. Gracias a sus excelentes preparaciones microscópicas y dibujos fue más rápida la difusión de sus resultados. Entre sus obras destacan *Manual de histología y técnica micrográfica, Textura del sistema nervioso del hombre y otros vertebrados*.

Murió en Madrid el 17 de octubre de 1934.

REMBRANDT
(REMBRANDT HARMENSZOON VAN RIJN)

Pintor holandés nacido el 15 de julio de 1606 en Leiden, hijo del molinero protestante Harmens van Rijn, quien al notar el talento del niño decidió ahorrar para que estudiara. Ingresó a la universidad en 1620, con el propósito de formarse para ser funcionario público, pero pronto la abandonó para entrar como aprendiz al taller del pintor Jacob van Swanenburgh.

En 1624, en Amberes, asistió al taller del pintor Pieter Lastman, con quien estudió las corrientes estilísticas de la pintura italiana. En 1825 regresó a Leiden para instalar su propio taller de pintura. Su manejo del claroscuro, la composición y las fisonomías le dieron fama. Investigó otra forma de expresión, el grabado al aguafuerte, en la que también sobresalió.

Hacia 1632 se estableció en Ámsterdam, donde su maestría le generó dinero en abundancia gracias a múltiples encargos, tanto de retratos aislados como de grupo. Por ello, en 1634 pudo casarse con la joven Saskia van Uylenburg, hija de un alto funcionario. Rembrandt la amó con pasión, y podía derrochar sin medida. Tuvieron un solo hijo, Tito, quien sobrevivió a varios partos fallidos. Saskia murió en 1642. Acosado por el dolor y las deudas, el pintor se volvió más introspectivo y religioso. En 1645 inició una relación amorosa con su criada, Hendrickje Stoffels, con quien procreó una hija, Cornelia. En 1656 tuvo que declararse en quiebra.

Entre sus obras destacan *Betsabé, La cena de Emaús, La lección de anatomía del profesor Tulp, La compañía del capitán Frans Banning Cocq y el teniente Willem* (mejor conocida como "La Ronda Nocturna") y *La novia judía*.

En medio de una pobreza digna, Rembrandt murió un año después que su hijo, el 4 de octubre de 1669.

RE

Pierre-Auguste **RENOIR**

Pintor francés nacido en Limoges el 25 de febrero de 1841, cuarto hijo del sastre Léonard Renoir y Marguerite Merlet, quien era obrera en una fábrica de porcelana. En busca de una vida mejor, la familia se mudó a París en 1845. Desde pequeño, el futuro artista dio muestras de talento para la música y la pintura. Su familia fomentó la segunda, con la esperanza de que llegara a ser un bien remunerado pintor de porcelana. Así, a los 13 años entró como aprendiz en el taller de los ceramistas Lévy. Llegó a decorar, junto con su hermano Pierre-Henri, abanicos, medallones y telas.

En 1862 ingresó a la Escuela de Bellas Artes, al mismo tiempo que frecuentaba el taller del pintor suizo Charles Gleyre, donde conoció a otros jóvenes talentos como Claude Monet, Frédéric Bazille y Alfred Sisley. En 1864, con sus amigos, decidió ir a Fontainebleu para pintar al aire libre, algo que no se hacía en la academia. En 1865 dos cuadros suyos —*Retrato de William Sisley* y *Una tarde de verano*— fueron aceptados en el Salón Oficial. En 1870 el estallido de la guerra Franco-Prusiana hizo que Renoir fuera reclutado, pero para fines de 1871 estaba de regreso en París. La primera exposición impresionista tuvo lugar en 1874 y Renoir participó en ella con un estilo personal bien definido. La demanda de sus obras le permitió, a partir de 1878, vivir con cierta holgura. Su obra comenzaba a distanciarse del impresionismo.

De 1890 en adelante el artista se vio aquejado por el reumatismo y la artritis deformante, pero siguió pintando. En 1904 el Salón Oficial montó una exposición de cuadros exclusivamente suyos. Para 1912 ya estaba paralítico y atado a una silla de ruedas. Su esposa Alice Charigot murió en 1915. En 1919 el Museo del Louvre expuso su obra y él acudió a verla.

Entre sus obras destacan *El palco*, *El bar del Moulin Rouge*, *El moulin de la Galette*, *El columpio*, *La señora Charpentier y sus hijas*, *Las grandes bañistas* y *Florero con anémonas*.

Murió el 3 de diciembre de 1919 en Cagnes, Francia.

José **REVUELTAS**

Político y escritor mexicano nacido en Santiago Papasquiaro, Durango, el 20 de noviembre de 1914, en el seno de una destacada familia en el ámbito cultural. Tres hermanos suyos brillaron con luz propia: Silvestre, notable compositor; Fermín, destacado pintor, y Rosaura, actriz y bailarina de prestigio. Terminó sus primeros estudios en la Ciudad de México, y siguió una formación autodidacta basada en la lectura de obras literarias y ensayos sobre la realidad social y económica de México.

Distinguido por su conciencia crítica y su ideología marxista, desde joven fue miembro del Partido Comunista Mexicano, del que fue expulsado por diferencias de criterio con su comité ejecutivo. En la etapa siguiente fue miembro fundador del Partido Popular Socialista, del que también se alejó. De forma independiente fundó la Liga Comunista Espartaquista, una asociación política crítica del modelo implantado por José Stalin en la Unión Soviética y defensora del pensamiento marxista-leninista. Colaboró en diversas publicaciones periódicas y fundó algunas para difundir las ideas de la izquierda mexicana. En tiempos del régimen de partido único fue objeto de persecuciones políticas y estuvo recluido en el penal de Lecumberri por su participación intelectual en el movimiento estudiantil de 1968.

A partir de la década de 1940 inició su trayectoria literaria con un conjunto de obras que denuncian las desigualdades sociales del México postrevolucionario, a través de personajes enfrentados a situaciones críticas. Destacan *Los muros del agua* (1941), *El luto humano* (1943) —merecedora del Premio Nacional de Literatura en el año de su publicación—, *Los días terrenales* (1949), *En algún valle de lágrimas* (1956), *Los motivos de Caín* (1957), *Los errores* (1964) y *El apando* (1969). En 1968 le fue otorgado el premio Xavier Villaurrutia, de escritores para escritores.

Murió en el Ciudad de México el 14 de abril de 1976 y fue sepultado en el Panteón Francés de la Piedad.

Silvestre **REVUELTAS**

Músico y director de orquesta mexicano nacido en Santiago Papasquiaro, Durango, el 31 de diciembre de 1899. Siendo apenas niño comenzó a estudiar violín con maestros particulares y, posteriormente, en el Instituto Juárez de Durango. En 1913 llegó a la Ciudad de México y siguió estudiando con el maestro José Rocabruna, así como composición con Rafael J. Tello. Completó su formación con dos años de estudios (1918-1920) en Estados Unidos.

De regreso a México realizó una gira de recitales por el país. A fines de la década de 1920 el compositor Carlos Chávez fue designado director del Conservatorio Nacional de Música y lo invitó a integrarse a ella como maestro de composición. Al mismo tiempo, se desempeñó como director asistente de la Orquesta Sinfónica de México, antecedente de la Orquesta Sinfónica Nacional. Se mantuvo en ese puesto hasta 1935, cuando rompió con Chávez. En 1937 viajó a España para participar en la Guerra Civil, al lado de los republicanos. Participó en algunas acciones militares y trató de promover actividades artísticas a través de la Liga de Escritores y Artistas Revolucionarios. En 1938 volvió a México y fue necesario que recibiera tratamiento en una clínica especializada para controlar su excesiva adicción al alcohol.

El catálogo de sus composiciones, que abarca diversos géneros, inicia en 1918. En ellas se distingue un sólido estilo personal que asimila, en un nuevo discurso, las tradiciones musicales mexicanas y la experimentación formal de las vanguardias europeas. Sus obras más notables son el poema sinfónico *Cuauhnáhuac* (1931), el ballet pantomima *El renacuajo paseador* (1933-1935), el *Homenaje a Federico García Lorca*, para pequeña orquesta (1935-1936), y el poema sinfónico *Sensemayá* (1937). Merece especial atención su música para las películas *Redes* (1935) y *La noche de los mayas* (1939), auténticos hitos de la historia musical mexicana. Revueltas fue también autor de un notable ciclo de cuartetos para cuerdas.

Murió víctima de bronconeumonía en la Ciudad de México, el 5 de octubre de 1940.

Alfonso **REYES**

Escritor mexicano nacido en la ciudad de Monterrey, Nuevo León, el 17 de mayo de 1889. Su padre fue el general Bernardo Reyes, gobernador del estado y colaborador cercano de Porfirio Díaz, que habría de morir en 1913 al inicio de la llamada "Decena trágica".

En la Ciudad de México se inscribió en la Facultad de Derecho de la Universidad Nacional de México, donde formó parte de El Ateneo de la Juventud, un grupo de estudiantes —entre los que se hallaban Antonio Caso y José Vasconcelos— interesados en difundir la cultura universal y rescatar los valores mexicanos.

Tras la muerte de su padre viajó a París como segundo secretario de la Legación mexicana. En 1914 se instaló en Madrid, donde conoció a importantes autores como Juan Ramón Jiménez y José Ortega y Gasset. De 1924 a 1939 se desempeñó como diplomático en Francia, Argentina y Brasil, y entabló amistad con los más importantes escritores de su generación y la siguiente, entre ellos Jorge Luis Borges y Adolfo Bioy Casares.

A partir de 1939 residió en México y se distinguió como fundador de instituciones culturales, entre las que se cuentan El Colegio de México y el Instituto Francés de América Latina. También apoyó la carrera de nuevos autores como Carlos Fuentes, Octavio Paz y los que habían pertenecido al grupo Contemporáneos.

A lo largo de una obra extensa que abarca miles de páginas, Reyes exploró diversos géneros con gran erudición y dominio de la palabra. Cabe destacar el ensayo *Visión de Anáhuac* (1915), el volumen de cuentos *El plano oblicuo* (1920) —que incluye el célebre relato *La cena*—, el poema dramático *Ifigenia cruel* (1924), el ciclo poético *Romances del río de enero* (1933), los volúmenes de teoría literaria *La experiencia literaria* (1942) y *Los trabajos y los días* (1946). A lo largo de su vida cultivó, además, una amplia correspondencia con otros escritores y escribió un diario aún inédito.

Falleció en la Ciudad de México el 27 de septiembre de 1959.

Leopoldo **RÍO DE LA LOZA**

Científico y médico nacido en la Ciudad de México el 6 de noviembre de 1807. Su padre era propietario de una pequeña industria de productos químicos y falleció durante un accidente ocurrido en ésta. Ingresó al Colegio de San Ildefonso en 1820 y, dos años más tarde, se inscribió en la Escuela de Cirugía. Después de una práctica intensiva de la especialidad, en 1827 obtuvo el grado de cirujano, y tres años después se tituló como médico y farmacéutico.

En la etapa siguiente fue profesor de diversas escuelas de medicina y funcionario sanitario del gobierno mexicano. Tras intervenir en el control de la epidemia de cólera que asoló a México en 1833, fue inspector de establecimientos industriales, miembro del Consejo Superior de Salubridad y catedrático de la Escuela Preparatoria y la Escuela de Medicina. Durante la invasión estadounidense de 1847 tomó las armas para combatir en contra de los enemigos.

Su obra se circunscribe dentro de los procesos de profesionalización e institucionalización de la química y la farmacia mexicanas. A lo largo de su trayectoria, su formación multidisciplinaria y su atención a los progresos realizados en el extranjero le permitieron introducir aparatos y técnicas quirúrgicas que hasta entonces no se conocían en México.

Propietario de un buen número de farmacias locales, con los beneficios de éstas inauguró la primera fábrica de ácidos que existió en el país y también fue pionero en la producción de oxígeno, anhídrido carbónico y nitrógeno en laboratorio. Río de la Loza dejó un importante conjunto de escritos dedicados a la química y la medicina, publicados en la *Gaceta Médica de México* y en la *Farmacopea Mexicana*. En 1866 se integró como miembro de la Academia de Medicina.

Falleció en la Ciudad de México, el 2 de mayo de 1876.

Vicente **RIVA PALACIO**

Militar, político, historiador y literato mexicano, nacido en la Ciudad de México el 16 de octubre de 1832, hijo del abogado liberal Mariano Riva Palacio y Dolores Guerrero, hija a su vez de Vicente Guerrero. Realizó sus estudios superiores en el Instituto Literario de Toluca y en el Colegio de San Gregorio, donde obtuvo su título de abogado en 1854. Tomó parte en la revolución de Ayutla y, ganada ésta por los liberales, en 1856 fue nombrado secretario del Ayuntamiento de la Ciudad de México, al mismo tiempo que resultaba electo diputado suplente al Congreso constituyente. Entre 1858 y 1859 fue encarcelado varias veces por sus ideas liberales.

Al triunfo de la guerra de Reforma, rehusó ser ministro de Hacienda y se dedicó al periodismo. Peleó durante la intervención francesa, mientras publicaba periódicos como *El Monarca* y *El Pito Real*, críticos de los conservadores. En 1865 ocupó la jefatura del ejército del Centro. Al final de la guerra compuso las coplas de *Adiós, mamá Carlota* y se dio de baja del ejército.

En su periódico *El Ahuizote* criticó al gobierno de Sebastián Lerdo de Tejada y propició el ascenso de Porfirio Díaz al poder, pero luego se distanció de él como también lo haría más tarde de Manuel González, quien lo mandó encarcelar suficiente tiempo como para que el general escribiera el tomo II de *México a través de los siglos*. Con Díaz otra vez en el poder, fue designado ministro plenipotenciario en España y Portugal.

Entre sus obras destacan además: *Calvario y Tabor, Monja y casada, virgen y mártir, Martín Garatuza, Las dos emparedadas, El libro rojo* y *Los cuentos del General*.

Murió en Madrid, España, el 22 de noviembre de 1896.

Diego **RIVERA**

Pintor mexicano nacido en Guanajuato el 8 de diciembre de 1886. En la Ciudad de México inició estudios de Pintura como alumno de la Academia de San Carlos; sin embargo, viajó a Europa donde conoció las vanguardias artísticas activas y se desligó del antiguo academicismo. Pasó diez años en el Viejo Continente, donde asimiló las enseñanzas de los últimos impresionistas y, de 1913 a 1917, se inscribió en el movimiento cubista.

A su regreso a México, en 1922, fue pieza fundamental del proyecto nacionalista que, al término de la Revolución, exploró la estética del país en busca de una nueva identidad. Su primer mural, de ese mismo año, está en el Anfiteatro Simón Bolívar, de la Escuela Nacional Preparatoria. De 1923 a 1926 realizó los murales al fresco en la Secretaría de Educación Pública, y en 1927 los de la Universidad Autónoma de Chapingo.

En la década de 1930 realizó distintas comisiones en Estados Unidos, incluyendo un mural en el Rockefeller Center, de Nueva York, que fue destruido. A su regreso a México prosiguió con su obra de caballete y su pintura mural, y realizó los frescos del Palacio Nacional y el célebre *Sueño de una tarde de domingo en la Alameda central*. Sus últimos trabajos de esa magnitud fueron el mosaico frontal del Teatro de los Insurgentes y los del Hospital Número 1 del Instituto Mexicano del Seguro Social.

Maestro de la composición y del color, Rivera construyó un amplio relato de la historia mexicana bajo el signo de la ideología marxista. Fue un ácido crítico de la Conquista y del gobierno virreinal, así como de la explotación de los campesinos durante la dictadura de Porfirio Díaz. En contraste, celebró a las culturas indígenas y las expresiones del arte popular. Casado con Frida Kahlo, ambos se relacionaron con distinguidas personalidades de su tiempo, como León Trotsky y André Breton.

Falleció en la Ciudad de México el 24 de noviembre de 1957 y, mediante un fideicomiso manejado por el Banco de México, legó sus bienes al país.

José Gaspar **RODRÍGUEZ DE FRANCIA**

Político paraguayo nacido en Asunción el 6 de enero de 1766, como hijo de un militar brasileño y una mujer de la aristocracia local. En el Colegio de Nuestra Señora de Montserrat en

Córdoba, Argentina, estudió Filosofía y Teología. En su ciudad natal impartió clases en el Real Colegio y Seminario de San Carlos, y a partir de 1792 ejerció la abogacía. Tras la invasión napoleónica en España, se convirtió en uno de los impulsores de la independencia paraguaya y en 1811 presidió la Primera Junta de Gobierno del naciente país. En 1813 formó un consulado junto con Fulgencio Yegros, en 1814 el Congreso le otorgó facultades como dictador por un periodo de cuatro años y en 1816 alcanzó el carácter de dictador perpetuo.

Durante su mandato protegió las fronteras para detener los intentos de anexión de Argentina y logró la autosuficiencia económica. Sin embargo, gobernó con mano dura, impidió el desarrollo democrático y sumió al país en un profundo aislamiento, puesto que la mayor parte de los gobiernos americanos se negaba a reconocer la independencia local.

Entre sus políticas más extremas están haber determinado que los extranjeros que ingresaran al país no pudieran salir, ante el riesgo de que fueran espías. Por tres años mantuvo arraigado al botánico suizo Aimé Bonpland. Entre sus políticas represivas estuvieron el haber suspendido el servicio de correos, por considerar un peligro que las personas se comunicaran entre sí; ordenó el exterminio de todos los perros (callejeros y particulares) porque uno había ladrado a su paso.

Admirador de Robespierre y de Napoleón, solía vestirse como este último y vivía en una enorme fortaleza, el antiguo palacio de los gobernadores españoles de Asunción, donde se hacía servir por un centenar de criados.

La crónica de sus excesos se encuentra en la novela *Yo el supremo* (1974), de Augusto Roa Bastos. Sus críticos lo acusan de mantener a Paraguay en el atraso; sus defensores aseguran que fomentó la agricultura, la educación y las manufacturas locales, y que mantuvo la paz interior.

Murió siendo dictador, en Asunción, el 20 de septiembre de 1840.

Fernando de **ROJAS**

Escritor español nacido en Puebla de Montalbán, Toledo, probablemente en 1465. Su familia era de judíos convertidos al cristianismo. En 1488 Rojas emprendió estudios de Derecho en Salamanca. En 1507 tuvo un conflicto por cuestiones de dinero con un vecino y fue a residir a Talavera de la Reina, donde estableció un bufete de abogados. En el mismo año de su llegada se casó con Leonor Álvarez de Montalbán, también hija de judíos conversos. El matrimonio tuvo siete hijos. En 1525 la Inquisición acusó a su suegro de hereje y Rojas se encargó de llevar la defensa del caso. Fracasó a causa de su condición de judío converso. Hacia 1538 fue nombrado alcalde de Talavera.

Se dice que cuando Rojas llegó a Salamanca había redactado una parte de la *Comedia de Calisto y Melibea,* y mientras estudiaba fue redactando los 15 últimos actos. La obra apareció impresa por primera vez en Burgos en 1499. Más adelante, él declaró no haber escrito el primer acto, sino que se lo encontró casualmente y continuó la obra. Atribuyó esta primera parte a Juan de Mena o Rodrigo de Cota. En los años siguientes, los 16 actos iniciales se ampliaron a 21 y la obra comenzó a conocerse como *Tragicomedia de Calisto y Melibea*. Con el tiempo, la gente empezó a conocerla como *La Celestina*, porque este personaje es el que adquirió más fama.

Esta obra, inmensamente popular en su momento, por su contenido humanístico y sus logros estéticos, representa la piedra de fundación de la que surgirían el teatro y la novela en lengua española. Por primera vez en una obra escrita en romance adquiría gran importancia el mundo de los rufianes y las alcahuetas.

Rojas murió en Talavera de la Reina en 1541.

Franklin Delano **ROOSEVELT**

RO

Político estadounidense nacido en Hyde Park, Nueva York, el 30 de enero de 1882. Hizo sus estudios profesionales en la Universidad de Harvard y en la Escuela de Leyes de la Universidad de Columbia. Fue primo de Theodore Roosevelt, vigésimo sexto presidente de Estados Unidos y, siguiendo su ejemplo, se incorporó a la vida política, con la diferencia de que se afilió al Partido Demócrata. En 1910 ganó la elección al Senado por el estado de Nueva York. El presidente Woodrow Wilson lo designó secretario asistente de la Marina y en las elecciones de 1920 se presentó como candidato a la vicepresidencia. A los 39 años de edad enfermó de poliomielitis (la vacuna de Salk apareció hasta 1952) y quedó parcialmente discapacitado. Sin embargo, recuperó la movilidad de las piernas gracias a la natación. En 1928 resultó electo gobernador de Nueva York y en 1932 se convirtió en el trigésimo segundo presidente de Estados Unidos, cargo que desempeñó, mediante sucesivas reelecciones, hasta 1945.

Al inicio de su mandato enfrentó las consecuencias de la Gran Depresión y una elevada tasa de desempleo. A través de su programa del *New Deal* promovió la recuperación económica mediante el fomento de la agricultura, impulso a la seguridad social, aumento de impuestos a los más ricos, control de las utilidades de las empresas y apoyo a desempleados. Tuvo que vencer las resistencias de los empresarios y enfrentar una batalla legal en la Suprema Corte de Justicia. Al principio mantuvo a su país al margen de la Segunda Guerra Mundial, pero la situación cambió el 7 de diciembre de 1941, cuando los japoneses atacaron la base aérea de Pearl Harbor. A partir de entonces, dirigió los esfuerzos militares contra las potencias del Eje. Consciente de que la paz mundial en la etapa posterior dependía de las relaciones con la Unión Soviética, planeó la conformación de la Sociedad de Naciones, antecedente de la Organización de las Naciones Unidas.

Poco antes del fin de la guerra, siendo aún presidente y luego de una hemorragia cerebral, falleció en Warm Springs, Georgia, el 12 de abril de 1945.

Juan Manuel de **ROSAS**

Militar y político argentino nacido en Buenos Aires el 30 de marzo de 1793. Participó en la defensa de su país durante las invasiones inglesas y vivió en el campo como un rico hacendado o "estanciero" dedicado a la explotación ganadera y agrícola.

A partir de 1820 comenzó a participar en la política y en 1829, al derrocar al general Juan Lavalle, se convirtió en gobernador de Buenos Aires con facultades extraordinarias para poner freno al desorden político tras varios meses de guerra civil. Durante su gestión reorganizó la administración de la provincia, controló a los campesinos y apoyó a las clases adineradas. Tras su salida del cargo realizó una campaña contra los indígenas que amenazaban las actividades de las estancias, mediante una genuina masacre. El éxito de esta empresa, que cobró más de tres mil vidas, incrementó su prestigio entre los hacendados que lo llevaron de nuevo al poder en marzo de 1835.

En su segundo mandato al frente de la llamada Confederación Argentina, operó como dictador, reprimió a la oposición, silenció a la prensa crítica y se valió de las fuerzas de choque para imponer una severa ley de aduanas y favorecer a los latifundistas. Luego de superar el bloqueo de la Armada Francesa, en 1842 se autoproclamó "tirano ungido por Dios para salvar a la patria" y se apoyó en las masas federales para contener al Partido Unitario.

En 1850 José Justo de Urquiza, el gobernador de Entre Ríos, inició un pronunciamiento contra el dictador y dos años más tarde derrotó a sus tropas en la Batalla de Caseros. Abandonado por su base de apoyo popular a causa de la inconformidad provocada por sus políticas tributarias, Rosas abandonó el país y se refugió en Gran Bretaña. En 1857 el Senado y la Cámara de Representantes de Argentina lo condenaron a muerte en ausencia.

Falleció en Southampton el 14 de marzo de 1877.

Juventino **ROSAS**

Músico y compositor mexicano nacido en Santa Cruz de Galeana (actual Ciudad Juventino Rosas), Guanajuato, el 25 de enero de 1868. Su padre le enseñó a tocar el violín. A partir de 1875 la familia vivió en la Ciudad de México. Él trabajó como campanero de la iglesia de San Sebastián, del barrio de Tepito y, después de llamar a misa, bajaba a cantar en el coro. También formó parte del conjunto dirigido por su padre y, al desintegrarse, se incorporó a la orquesta de los hermanos Elvira. En 1880 trabajó con la orquesta de Jesús Reyna.

Ingresó al Conservatorio Nacional de Música en 1885, pero sólo permaneció dos años. Por esa época ya tenía en su haber composiciones como *Te volví a ver*, *Seductora*, *Sueño de las flores* y *Ensueño*. En 1888 escribió *Cuauhtémoc* y el vals *Sobre las olas*, dedicado a Calixta Gutiérrez de Alfaro, composición que lo hizo famoso en todo el mundo. Su esposa, Juana Morales, lo abandonó ese mismo año.

Después compuso más valses: *Carmen*, dedicado a la esposa de Porfirio Díaz, Carmen Romero Rubio; *Dolores*, a Lolita Menchaca; *Soledad*, a la tiple Soledad Goyzueta; *Josefina*, a Agustín Alanís; *Ilusiones juveniles*, a Elena Díaz de Blanco; *Ensueño seductor*, al niño Alejandro Garrido; *Aurora*, a Aurora Llamas, etcétera.

También fue músico del ejército, ya que en 1891 perteneció a la Banda del 4º Regimiento de Caballería primero, y luego a la del Batallón del Cuartel de las Rosas en Morelia, Michoacán. Desertó en 1892 y enseguida formó parte de la Orquesta Típica Mexicana, con la que realizó una gira por Estados Unidos de América.

RO

En 1894 viajó a Cuba con una compañía de zarzuela. Víctima de una enfermedad fulminante, murió allá el 9 de julio, a la edad de 26 años Originalmente fue sepultado en la isla, pero en 1939 sus restos fueron traídos a México y depositados en la Rotonda de las Personas Ilustres.

Jean-Jacques **ROUSSEAU**

Filósofo suizo nacido en Ginebra el 28 de junio de 1712. Tuvo una infancia difícil; en su adolescencia trabajó como aprendiz de grabador, y después como secretario y acompañante asiduo de madame Louise de Warens, una mujer culta, rica y generosa, que fomentó en él la lectura y la afición a la música y la redacción de artículos sobre el tema.

A los 30 años se instaló en París, donde conoció a Thérèse Levasseur, con quien mantuvo una relación el resto su vida. También se relacionó con Denis Diderot, y a pedido de él redactó artículos de música para la *Enciclopedia*, obra de la que posteriormente renegó en su *Discurso sobre las ciencias y el arte* (1750). En seguida se concentró en la redacción de sus tres obras principales: *El contrato social* (publicado en 1762), la novela sentimental *Julia o La nueva Eloísa* (1761) y la novela pedagógica *Emilio* (1762). Estas obras escandalizaron a la sociedad y Rousseau tuvo que abandonar Francia para instalarse en Suiza y más tarde en Gran Bretaña.

En 1767 volvió en secreto a Francia y en 1770 se le autorizó volver a París a condición de no publicar nada. Sus últimas obras fueron las *Confesiones* (1771) y las *Meditaciones de un paseante solitario*, que había comenzado en 1776. Su visión del mundo se opuso a la civilización y a la razón de su época, y pugnaba por un regreso a la naturaleza y a los sentimientos, en una actitud que preludia el romanticismo.

Murió el 2 de julio de 1778 en Ermenonville.

Peter Paul **RUBENS**

Pintor flamenco nacido el 28 de junio de 1577 en Siegen, Westfalia. Se trasladó a Amberes en 1589. A los 14 años se inició en la pintura y, gracias a su talento, en 1598 ya era pintor independiente. Dos años más tarde fue a Italia, donde conoció la obra de Miguel Ángel y Tiziano. De vuelta en Amberes en 1608, se convirtió en pintor de la corte de los gobernadores españoles de los Países Bajos. En octubre de ese año se casó con Isabel Brandt.

Si bien la escuela italiana lo marcó, su pintura también asimiló los rasgos de la escuela flamenca. Destaca el movimiento de las figuras, los escorzos pronunciados, las diagonales en la composición y el uso de colores vivos.

El éxito de sus encargos le permitió organizar un taller, entre cuyos discípulos estuvo Antón van Dyck. Llegó a realizar tareas diplomáticas, como la firma del Tratado de Paz entre España e Inglaterra en 1630. Conoció a Diego Velázquez y tuvo contacto con él por muchos años. En 1626, después de la muerte de su esposa, contrajo nuevo matrimonio con la joven Elena Fourment.

Algunas de sus obras más importantes son: *Retrato ecuestre del duque de Lerma, Autorretrato de Rubens con Isabel Brandt, Adoración de los Reyes, La erección de la cruz, El rapto de las hijas de Leucipo, Coronación de Saint-Denis, La muerte de Enrique IV, Las tres gracias, Venus y Adonis* y *El juicio de Paris*, entre otras.

Murió el 30 de mayo de 1640.

Lope de **RUEDA**

Dramaturgo español nacido en Sevilla h. 1500. Durante su adolescencia aprendió el oficio de batidor de oro (encargado de elaborar delgadas láminas de ese mineral). En una fecha indeterminada y por razones no del todo comprendidas, dejó ese trabajo y fundó una compañía de teatro itinerante (al parecer él y su esposa Mariana reclutaban a los actores a su paso por campos y aldeas), con la que viajó por distintas ciudades españolas y para la que escribió sus propias piezas. Desarrolló esa actividad desde 1540 y hasta el final de su vida.

Considerado como el verdadero fundador del teatro español, Lope de Rueda escribió cinco comedias en prosa: *Eufemia, Armelina, Los engañados, Medora* y *Discordia y cuestión de amor.* De él se conservan, asimismo, algunos coloquios pastoriles en prosa y verso y algunas atribuciones de autenticidad dudosa. Su gran aportación a la dramaturgia, sin embargo, son los llamados "pasos", pequeñas piezas que solían intercalarse durante las representaciones de comedias en prosa para divertir a quienes las presenciaban a cambio de algunas monedas en palacios, iglesias, patios, corrales y espacios al aire libre. Su público no se limitó a ese estrato social: Lope presentó sus obras en la casa del conde de Benavente, ante la reina de España y para el alto clero reunido en las celebraciones de Corpus.

En los "pasos" figuran personajes típicos de la cultura popular que dialogan con un lenguaje chispeante, coloquial y por momentos vulgar, y desarrollan una serie de situaciones cómicas reminiscentes de las comedias italianas de ese tiempo. Entre ellos se recuerdan *Cornudo y contento* y *Pagar por no pagar.* Las obras de Lope de Rueda fueron reunidas por el editor Juan Timoneda en una colección de tres volúmenes (1567-1588), fuente primaria de las ediciones posteriores.

Falleció en Córdoba en 1565.

Julio **RUELAS**

Pintor mexicano nacido el 21 de junio de 1870 en Zacatecas. Su padre fue Miguel Ruelas, ministro de Relaciones Exteriores en el gobierno de Porfirio Díaz. Cuando tenía cinco años su familia se instaló en la Ciudad de México. Estudió en el Instituto Científico e Industrial de Tacubaya y en el Colegio Militar de Chapultepec. Posteriormente ingresó a la Academia de San Carlos, donde realizó brillantes ejercicios de dibujo clásico. Gracias a una beca, en 1891 llegó a Europa y se inscribió en la Escuela de Arte de la Universidad de Karlsruhe, aunque visitó con frecuencia la Academia de Artes de Munich. Por aquellos años leyó *Fausto,* de Goethe, y recibió la influencia del destacado pintor simbolista suizo Arnold Böcklin.

Regresó a México. Por algún tiempo impartió clases en la Academia y realizó una exposición. De esta época datan varios de sus retratos, paisajes, naturalezas muertas y cuadros con temas simbolistas pintados al óleo. Amigo de los fundadores de la *Revista Moderna,* la importante publicación que sentó las bases del movimiento modernista, fue colaborador frecuente de ésta desde su fundación, en 1898, y en sus páginas plasmó algunos de sus dibujos a pluma más notables.

Gracias a una beca tramitada con el apoyo de Justo Sierra, tras el fallecimiento de su madre volvió a Europa en 1904 —viajó por Alemania y Bélgica—; finalmente se instaló en París, donde se familiarizó con la técnica del grabado al aguafuerte gracias a las enseñanzas del maestro José María Cazin. Los nueve trabajos que produjeron juntos son tal vez sus obras más importantes. Cabe mencionar, entre sus piezas, *Autorretrato con musa* (1903), *Confiteor* (1903), *En el país de los gigantes* (1904), *Romance en el país de los enanos* (1904), *Mujer alacrán* (1904), *En el país de los enanos* (1905), *Auto de fe* (1906) y *Los fuegos fatuos* (c. 1907).

Murió de tuberculosis, en París, el 16 de septiembre de 1907.

Juan **RUIZ DE ALARCÓN**

Dramaturgo y poeta mexicano nacido en Taxco, Guerrero, h. 1581, hijo de familia criolla que dio otro hijo ilustre, Hernando, fraile y escritor. Carente de medios de fortuna y con un físico en extremo deforme (jorobado y con las piernas arqueadas), tenía sin embargo una clara inteligencia que aplicó al aprender el oficio de escribano.

Viajó a España en 1600 e ingresó a la Universidad de Salamanca, donde obtuvo título de abogado. Pero eso no le sirvió para obtener lo que deseaba: un puesto en la burocracia imperial. Regresó a México en 1608 y se fue por segunda ocasión en 1614. Mientras perseguía esos afanes, de algo tenía que vivir. Estaba en plena época el teatro barroco del Siglo de Oro español, y dominaban la escena nada menos que Félix Lope de Vega y Pedro Calderón de la Barca. Aun así, decidió tentar a la suerte y escribió "comedias" —así se llamaban en el siglo XVII las piezas de teatro aunque no fueran cómicas— de gran calidad como *La verdad sospechosa, Los pechos privilegiados, Las paredes oyen, la cueva de Salamanca, El semejante a sí mismo* y otras 20 más, con las que tuvo éxitos y fracasos, estos últimos más motivados por la inquina que le tenían algunos rivales literarios —incluso llegaron a pagar una claque que *reventara* el estreno de una de sus obras— que por la falta de calidad. Se considera un dramaturgo de inusual elegancia en sus versos, profundidad en los personajes y gran penetración psicológica.

Murió pobre en Madrid, España, el 4 de agosto de 1639.

Juan **RULFO**

Escritor mexicano nacido en Sayula, Jalisco, el 16 de mayo de 1917. Vivió en el poblado de San Gabriel, donde se familiarizó con la atmósfera provinciana y el México rural. En 1923 murió su padre, y en 1927 su madre, por lo que su familia lo inscribió en un internado de Guadalajara. Intentó realizar estudios profesionales en la Universidad de esa ciudad, pero se lo impidió un movimiento de huelga. Se estableció en la Ciudad de México, y asistió como oyente a los cursos que se impartían en la Facultad de Filosofía y Letras. En esa etapa desempeñó diversos trabajos, incluido el de representante de la compañía de neumáticos Goodrich-Euzkadi, de 1946 a 1952. Posteriormente fue colaborador de la Comisión del Río Papaloapan y trabajó en la Dirección de Publicaciones del Instituto Nacional Indigenista. Fotógrafo aficionado, retrató diversas escenas del México indígena y escribió sus primeros cuentos, que aparecieron en las revistas *América,* de la Ciudad de México, y *Pan,* de Guadalajara.

Gracias a dos becas que le otorgó el Centro Mexicano de Escritores, logró completar su volumen de relatos *El Llano en llamas,* aparecido en 1953, una exploración trágica y emotiva del "México profundo", influida por la literatura de la Revolución. En 1955 apareció su novela más importante: *Pedro Páramo,* un singular relato de fantasmas sin precedente en las letras nacionales, celebrado por la crítica nacional y extranjera. Esa obra recibió comentarios laudatorios de autores como Jorge Luis Borges y Elías Canetti. Con todo y su brevedad, esas obras (traducidas a diversos idiomas) bastaron para asegurar su prestigio literario. A fines de la década de 1950 concluyó su relato *El gallo de oro,* publicado en 1980 y adaptado al cine en dos ocasiones. En los años siguientes su producción literaria fue casi nula, pero recibió diversos reconocimientos por su trabajo, como el Premio Nacional de Literatura (México, 1970) y el Premio Príncipe de Asturias, en 1983. Tras su fallecimiento, acaecido en la Ciudad de México el 7 de enero de 1986, apareció el volumen *Aire de las colinas. Cartas a Clara* (2000), una selección de las misivas dirigidas a su esposa Clara Aparicio.

Bertrand **RUSSELL**

Filósofo británico nacido en Trelleck el 18 de mayo de 1872. Cursó estudios en el Trinity College de la Universidad de Cambridge, de la cual se convirtió en profesor. Primero se interesó en las matemáticas, a las que subordinó a la lógica pura e intentó deducir todo a partir de un mínimo número de principios lógicos. Mantuvo una colaboración estrecha con el también filósofo y matemático Alfred North Whitehead, con quien trabajó en una obra que intentaba aplicar las matemáticas al área de la filosofía lógica para darle una base científica precisa. El resultado fueron los tres volúmenes de *Principia Mathematica.* Su obra siguiente, *Los problemas de la filosofía* (1912), fue una objeción al idealismo por medio de las matemáticas, la sociología, la psicología y la física.

Al estallar la Primera Guerra Mundial Russell abrazó las ideas pacifistas y eso le costó ser retirado de Cambridge y encarcelado. Sin embargo, tal como lo hiciera Einstein, hizo de lado su pacifismo para apoyar la causa aliada en la Segunda Guerra Mundial, pero después se opuso a las armas nucleares. Entre 1921 y 1922 trabajó en la Universidad de Pekín, China. De regreso al Reino Unido, en 1932 dirigió la Bacon Hill School. También trabajó en Estados Unidos (1938-1940) y finalmente regresó al Trinity College.

A partir de 1900 publicó prácticamente un libro por año. Abarcó una enorme cantidad de temas: matemáticas, lógica, filosofía, moral, religión, pedagogía, matrimonio, sexualidad, etc. En 1950 recibió el premio Nobel de Literatura. Otras obras suyas son: *Análisis de la mente* (1921), *Libertad contra organización* (1914), *Matrimonio y moral* (1929), *Educación y orden social* (1932) y *Mi filosofía del desarrollo* (1959).

Murió en Penrhyndeudraeth el 2 de febrero de 1970.

Ernest **RUTHERFORD**

Físico y químico británico nacido en Nelson, Nueva Zelanda, el 30 de agosto de 1871. Estudió en Cambridge y en 1898 obtuvo la cátedra de física en la Universidad de McGilis en Montreal. En 1907 prosiguió sus investigaciones en la Universidad de Victoria, en Manchester, y desde 1919 enseñó en Cambridge, desde donde dirigió también, entre 1919 y 1937, el Cavendish Laboratory.

Rutherford es conocido por sus investigaciones sobre la radiactividad, la constitución de la materia y la ionización de los gases, pero sobre todo por su modelo atómico. En 1899 descubrió la radiactividad del torio. Identificó y distinguió los rayos alfa y beta de las radiaciones radiactivas. En 1903 enunció, junto con su discípulo Frederick Soddy, la ley de la desintegración radiactiva, y en 1906 estudió las partículas alfa y demostró que están formadas por núcleos de helio.

En 1908, con la colaboración de Hans Geiger, ideó un procedimiento para calcular el número de las emisiones de partículas. En 1919 obtuvo la primera transmutación de elementos provocada, la del nitrógeno en oxígeno, al bombardearlo con partículas alfa procedentes del elemento radio. Entre 1921 y 1924 trabajó con J. Chadwick en la transmutación de elementos desde el boro al potasio. Calculó la masa del neutrón, cuya existencia ya se preveía, al realizar mediciones con el físico F. W. Aston y comprobar que la totalidad de la masa del átomo se encuentra en el núcleo.

A partir de 1911 elaboró el conocido modelo atómico —que sirvió de base para que Niels Bohr, Arnold Sommerfeld y otros profundizaran en el interior del átomo—, y que surgió utilizando como referencia un modelo planetario.

Ganó el premio Nobel de Química en 1908 y murió en Cambridge el 19 de octubre de 1937.

NICOLAS-LÉONARD **SADI CARNOT**

Matemático francés nacido el 1 de junio de 1796 en París, hijo primogénito del geómetra y jefe militar Lazare Carnot, quien le agregó el nombre de "Sadi" en honor al poeta persa.. Como era usual en la época, Sadi Carnot estudió en la Escuela Politécnica, donde ingresó a los 16 años. Luego de graduarse siguió la carrera de las armas. Pero junto con sus deberes oficiales, se dedicó a la investigación del problema que obsesionaba a los físicos del momento: el calor como fuente de trabajo mecánico. Tras la derrota de Napoleón en 1815, Lazare tuvo que expatriarse, en tanto que Nicolas pudo darse de baja honorablemente.

Eso le permitió contar con el tiempo necesario para realizar modestos experimentos, teorizar y escribir su libro *Reflexiones sobre la potencia motriz del fuego*, donde expuso los requisitos para hacer eficiente un motor movido por vapor caliente, y sentó las bases de la termodinámica moderna. Sin embargo, luego de publicado en 1824, recibió escasa atención por parte de otros físicos o ingenieros.

En París se desató una epidemia de cólera, del que se contagió Sadi Carnot, quien falleció el 24 de agosto de 1832. Su cadáver, documentos y pertenencias fueron incinerados, así como los de otros contagiados, por temor a la difusión de la enfermedad. De modo que nada se sabe de sus trabajos posteriores a las *Reflexiones*.

BERNARDINO DE **SAHAGÚN**
(BERNARDINO DE RIBEIRA)

Religioso e historiador español nacido en la ciudad de Sahagún, León, entre 1499 y 1500. Estudió en la Universidad de Salamanca y en 1524 pronunció sus votos de fraile en la orden de San Francisco. Junto con otros 19 frailes dirigidos por fray Antonio de Ciudad Rodrigo, en 1529 fue enviado a evangelizar a los indios de la Nueva España.

De 1530 a 1532 estuvo en el convento franciscano de Tlalmanalco, aprendiendo la lengua náhuatl. En 1535 fundó el convento de San Bernardino de Siena en Xochimilco. A partir de 1536 fue designado profesor de Lengua y literatura latinas en el Colegio de la Santa Cruz de Tlatelolco. De 1540 a 1545 anduvo por los valles de Puebla y Tlaxcala en servicio de su orden. De regreso en Tlatelolco, permaneció hasta 1550, ocupado en tareas de enseñanza de los jóvenes de la nobleza indígena. Posteriormente estuvo en Tula y Michoacán (como visitador) y en 1558 lo transfirieron a Tepeapulco, donde residió dos años, recopilando noticias que complementaran las que ya había reunido en otras partes sobre la historia, costumbres y creencias de los indígenas de habla náhuatl anteriores a la conquista.

De nuevo fue llamado a Tlatelolco en 1560, y ahí desarrolló la mayor parte de su obra con sus informantes indígenas —a los que interrogaba metódicamente con la ayuda de discípulos indígenas de tanto talento y autoridad como Antonio Valeriano, juez de Azcapotzalco— y *tlacuilos* (pintores de códices) expertos hasta 1585, en que lo mandaron al convento Grande de San Francisco en la Ciudad de México. Sus esfuerzos quedaron plasmados en las obras: *Códice Florentino, Memoriales de Madrid o Códice Matritense* e *Historia de las cosas de la Nueva España*. No obstante, las autoridades religiosas y civiles prohibieron que se publicasen en vida del fraile, quien no pudo ver coronada su obra.

Murió el 23 de octubre de 1590.

Claude-Henri de **SAINT SIMON**
(Claude-Henri Rouvrouy, conde de Saint Simon)

Historiador y filósofo francés nacido en París el 17 de octubre de 1760, hijo de una familia de aristócratas. Considerado precursor del socialismo, recibió educación con profesores privados y luego, a los 17 años, se incorporó a la marina francesa que cruzó el Atlántico para apoyar a los rebeldes americanos en su lucha contra la Corona británica. Pasó sin grandes dificultades los años revolucionarios de 1789 a 1792, pero durante el terror fue encarcelado como muchos otros nobles y estuvo a punto de acabar en la guillotina.

Liberado poco después, se dedicó a la especulación con bienes raíces (con lo que amasó una considerable fortuna) y a la ingeniería. Propuso la construcción de un canal que atravesara América Central para unir el Atlántico con el Pacífico, y otro de Madrid a la costa española, pero nadie hizo caso de sus ideas. Hacia 1800 contrajo matrimonio con una joven de familia acomodada, con el único fin de contar con un salón literario, como era la moda entonces, pero la vida conyugal terminó en fracaso y separación un año más tarde, con el resultado de que Saint Simon perdió su fortuna a favor de su exesposa.

Fue entonces cuando comenzó a escribir sus ideas acerca de cómo organizar una sociedad estructurada por el trabajo colectivo y el progreso industrial, y puesta bajo la dirección de la ciencia, seguramente influido por los desórdenes revolucionarios tanto como por las desigualdades sociales que habían dado origen a la Revolución Francesa. Escribió en periódicos de corta duración y publicó algunas obras: *La industria*, *El sistema industrial*, *Catecismo de los industriales*, *Nuevo cristianismo*. Desesperado por la miseria en que vivía y la falta de seguidores, intentó suicidarse en 1823.

Murió en la mayor pobreza el 19 de mayo de 1825, en París.

SALADINO
(SALAH AL-DIN YUSUF IBN AYUB)

Caudillo musulmán de origen kurdo nacido en Tiqrit, Iraq, en 1138, hijo de Najm ad-Din Ayub. Se educó en Damasco, donde alcanzó un gran conocimiento del Corán, las leyes musulmanas, pero también de la poesía y las ciencias. Sin embargo, este erudito se convirtió en el caudillo más exitoso de los musulmanes en su lucha contra los reinos fundados por los cruzados en el Cercano Oriente, cuya capital era Jerusalén.

A los 14 años entró al servicio de su tío Nur ed-Din, quien le enseñó el manejo de las armas. Otro de sus maestros fue Zenghi, quien arrebató Edesa (hoy Urfa) a los cruzados. Para 1169 era ya el segundo al mando del ejército de Siria acaudillado por otro tío de Saladino, Shirkuh, quien murió dos meses después del nombramiento de su sobrino. Sin pérdida de tiempo se dirigió a Egipto, derrocó a la dinastía reinante y, ya como sultán, lo convirtió en su base de operaciones para atacar Tierra Santa. A la muerte de Nur ed-Din, en 1174, Saladino incorporó a su mandato Siria e Iraq y se proclamó rey de todo el Cercano Oriente y Egipto. En 1187, derrotó al rey Guy de Lusignan en la batalla de Hattin y, tras un sitio de tres meses, aceptó la rendición honrosa de Jerusalén que le propuso Balian de Ibelin, permitiendo que la población cristiana pagara rescate por su vida.

En 1191 pactó una tregua con Ricardo *Corazón de León*, rey de Inglaterra, por la cual los cristianos podían peregrinar a los lugares santos sin ser molestados. En febrero de 1193 cabalgó para salir al encuentro de una peregrinación que regresaba de La Meca, cayó en cama con dolor y fiebre y falleció el 3 de marzo de ese mismo año, elogiado por su capacidad como estratega, su energía de gobernante y su actitud compasiva y caballerosa.

JOSÉ DE **SAN MARTÍN**

Militar y caudillo insurgente argentino nacido en la aldea de Yapeyú, Corrientes, al lado del río Uruguay, el 25 de febrero de 1778, quinto y último hijo de los españoles Juan de San Martín y Gómez y Gregoria Matorras. Su padre era coronel del ejército español. En 1781 la familia se mudó a Buenos Aires y en 1786 se fueron a Málaga, España. Allá ingresó al Seminario de Nobles de Madrid, pero los recursos familiares no alcanzaron a cubrir los gastos —también se habla de conflictos por los prejuicios anticriollos— y José tuvo que salir de la escuela en 1789 e ingresar como cadete en el Regimiento de Murcia. Como soldado español peleó en la guerra contra los franceses hasta 1812 cuando, informado de la situación americana, se dio de baja en el ejército español.

Se fue a Inglaterra donde se puso en contacto con otros liberales masones miembros de la logia fundada por Francisco de Miranda, quienes le facilitaron el viaje a Buenos Aires. El Triunvirato regente le reconoció su grado de teniente coronel y se le confió el mando del Regimiento de Granaderos a Caballo; por su parte, San Martín reavivó la logia Lautaro y ese mismo año se casó con María de los Remedios Escalada. En 1813, tras el combate de San Lorenzo, fue ascendido a general. Colaboró en todo para consumar la independencia de Argentina en 1816. Después asumió la enorme tarea de formar el ejército de los Andes, en cuyo reclutamiento subió hasta el Alto Perú (Bolivia) a la vez que buscaba la forma más eficaz de ponerse en contacto con las otras zonas en lucha por su independencia.

Decidió atravesar la cordillera andina y, con Bernardo O'Higgins, atacar la guarnición española en Chacabuco, Chile. Tras obtener la victoria, en 1818 se proclamó la independencia chilena. Con el camino expedito, San Martín trasladó a Perú su teatro de operaciones, con mucho éxito; la rendición de

Lima ocurrió el 28 de julio de 1821. A partir de ese momento, San Martín presenció con disgusto las luchas por el poder en la América independiente, por lo que dejó todo y regresó a Europa.

Falleció en Francia el 19 de febrero de 1849.

George **SAND**
(Amandine Aurore Lucile Dupin)

Novelista francesa, hija de una familia de aristócratas, nacida en París el 1 de julio de 1804. Se educó con la abuela paterna en una mansión de Nohant. A los trece años fue internada en un convento y, luego de tres años, volvió a Nohant y se casó con el barón Casimir Dudevant. Tuvieron dos hijos: Mauricio y Solange. En 1830 el matrimonio decidió separarse. Aurore se mudó a París y trabajó como periodista. Durante esa época fue amante del novelista Jules Sandeau, con quien colaboró bajo el seudónimo común de Jules Sand en la novela *Rose y Blanche*. Pronto se dio a conocer por su forma de comportarse: iba vestida con ropa masculina, fumaba puros y tenía una vida amorosa turbulenta. En 1832, ya con el seudónimo dé George Sand, publicó *Indiana y Valentine*, y al año siguiente obtuvo un éxito clamoroso con la novela *Lélia*.

Después de varias relaciones amorosas con escritores y artistas parisinos, decidió volver a Nohant, donde vivió durante tres años interesada en la política. A sus 34 años conoció a Federico Chopin, quien sería el amor de su vida. La salud del músico empezó a mejorar debido a que ella lo obligaba a tomar medicinas y alimentos, a hacer un poco de ejercicio, etc. Chopin produjo entonces lo más profundo de su obra. Gracias a los cuidados de Sand, el músico vivió diez años más.

En 1841, junto con Pierre Lerroux, fundó la *Revue Indépendant*, publicación de ideología socialista. A lo largo de todo el reinado de Napoleón III no ocultó jamás sus ideas y se dedicó a ayudar y proteger a escritores jóvenes como Gustave Flaubert. Entre sus novelas destacan *El pantano del diablo*, el más célebre de sus libros, *La pequeña Fadette* y *Los maestros soñadores*.

Murió el 8 de junio de 1876.

Domingo Faustino **SARMIENTO**

Maestro, escritor y político argentino nacido el 15 de febrero de 1811 en San Juan, hijo de José Clemente Sarmiento y Paula Albarracín. Entró a la escuela a los cinco años y en 1826 fundó su primer establecimiento escolar: San Francisco del Monte, donde fue maestro rural en compañía de su tío Juan de Oro. En 1827 fue reclutado por el ejército. Como hombre culto, fomentó las ideas liberales y combatió por todos los medios el caciquismo y las actitudes retrógradas, lo cual fue manifiesto en las diversas actividades que desarrolló: educador, periodista, diplomático, senador, ministro y, finalmente, presidente de la república (1868-1874).

Fue decidido opositor de la dictadura de Juan Manuel de Rosas y particularmente de su cacique riojano Facundo Quiroga, haciendo hincapié en que la arbitrariedad y el despotismo nacen de la ignorancia, por lo cual el único remedio es la educación amplia, popular, basada en principios democráticos y en consonancia con las libertades civiles. Realizó numerosas obras para elevar la cantidad de alumnos en la escuela y la calidad de la cultura al alcance de todos: Biblioteca para Maestros, Observatorio Astronómico de Córdoba, Universidad Nacional de San Juan, Escuela Naval Nacional y Colegio Militar.

Exiliado tres veces a Chile, en la primera (1831) tuvo a su hija Ana Faustina Sarmiento; en la segunda (1840) recibió apoyo para viajar extensamente, y en la tercera (1848) se casó con Benita Martínez Pastoriza y adoptó al hijo de ella, Domingo Fidel Castro. En 1855 decidió establecerse definitivamente en Buenos Aires, donde publicó el diario *El Nacional*, fue elegido alcalde y posteriormente senador. Fue presidente de Argentina de 1868 a 1874.

Entre sus obras destacan *Civilización y barbarie: vida de Facundo Quiroga*, *Viajes por Europa, África y América*, *Recuerdos de provincia* y *Argirópolis*.

Falleció en Asunción, Paraguay, el 11 de septiembre de 1888.

Jean-Paul **SARTRE**

Filósofo y escritor francés nacido el 21 de junio de 1905 en París, hijo único de Jean-Baptiste Sartre, oficial de la Marina, y Anne Marie Schweitzer, de origen alsaciano. A los pocos meses de edad quedó huérfano de padre y él y su madre se fueron a vivir con el abuelo materno, Charles Schweitzer, profesor y hombre de letras, de carácter conservador y muy puritano.

En 1915 se matriculó en el Liceo Henri IV, mientras su madre se casaba nuevamente, lo que liberó a Sartre del ambiente familiar. En 1922 concluyó el bachillerato.

Ingresó a la Escuela Normal Superior y luego a la Sorbona. En 1929 conoció a Simone de Beauvoir y juntos entablaron una relación que, con altibajos, duraría toda la vida. En 1931 fue aceptado como profesor en el Liceo del Havre, a los dos años obtuvo una beca y fue a estudiar a Berlín, donde estudió hegelianismo y pudo ver por sí mismo el desarrollo del régimen nazi. En 1938 comenzó a dar clases en el Liceo Pasteur de París. En 1940 fue encarcelado por los alemanes ocupantes de Francia durante la Segunda Guerra Mundial, quienes lo retuvieron en la prisión de Nancy casi un año, pues escapó y fue a unirse a la resistencia antinazi.

Al término de la guerra, Sartre se convirtió en el líder intelectual de Francia, con su filosofía existencialista que expresaba el desencanto del humanismo y la resaca de conciencia después del conflicto. Publicó sus primeras narraciones *(El muro, La Náusea)*, que constituyeron un éxito. Como filósofo, escribió tres obras de importancia: *Lo imaginario, El ser y la nada* y *Crítica de la razón dialéctica*.

Sin embargo, los mejores vehículos para las ideas existencialistas fueron sus obras de teatro: *Las moscas, Las manos sucias* y *A puerta cerrada*, entre otras, así como su magna novela *Los caminos de la libertad*, y su autobiografía *Las palabras*. Hacia la década de 1960 su pensamiento se acercó al marxismo y sin duda fue uno de los intelectuales de izquierda que animaron el '68 francés. En 1964 le fue otorgado el premio Nobel de Literatura, pero lo rechazó.

Murió en París el 15 de abril de 1980.

Arnold **SCHOENBERG**
(Arnold Schönberg)

Músico, compositor y pintor austriaco nacido en Viena el 13 de septiembre de 1874, en el seno de una familia de origen judío. Su padre, Samuel, procedía de Bratislava y era tendero; su madre, Pauline, era de Praga y daba clases de piano. Fue mayormente autodidacta hasta 1901, cuando recibió clases formales de composición de su cuñado, Alexander von Zemlinsky. Sin embargo, *Noche transfigurada*, una de sus obras maestras, pertenece a 1899.

Antes de esa pieza componía operetas y música dentro de las divergentes corrientes alemanas que seguían a Richard Wagner o a Johannes Brahms. Fue después de haber recibido buenas críticas de otros compositores como Gustav Mahler —de quien incluso fue amigo— que se lanzó de lleno a la experimentación con nuevos sonidos y tonalidades. Para resolver las contradicciones de las disonancias en la composición musical, en 1923 concibió el sistema dodecafónico.

Fue maestro de la Academia Prusiana de las Artes de 1925 a 1933, cuando por sus antecedentes judíos y su música innovadora ("degenerada", la llamaban los nazis) fue obligado a exiliarse. Escogió como nueva patria Estados Unidos, donde se nacionalizó como otros tantos personajes sobresalientes expulsados por el nazismo y cambió la ortografía de su apellido: Shoenberg. Entre sus obras destacan: *Variaciones para orquesta, De hoy a mañana, Pierrot Lunaire, Un sobreviviente de Varsovia* y *Moisés y Aarón* (inconclusa).

Radicó en Los Ángeles donde se dedicó a la docencia hasta su muerte, ocurrida el 13 de julio de 1951.

Franz **SCHUBERT**

Compositor austriaco nacido en Leichtenthal, Austria, el 31 de junio de 1797. Fue un niño prodigio que comenzó a componer a los 12 años. Ingresó como becario en el coro de niños de la capilla imperial, en 1808, y estudió violín en Konvikt. En 1813 empezó a dar clases en la escuela donde enseñaba su padre. Un año después compuso su primera ópera, *Des Teufels Lustschloss*, una misa y 17 canciones. Dos años después terminó su segunda y tercera sinfonías, compuso dos misas, otras obras religiosas, música de cámara y 146 canciones, y al siguiente la *Sinfonía trágica*, la *Sinfonía en si bemol mayor*, y un centenar de nuevas canciones.

A partir de 1818 dejó las clases para dedicarse a la composición, con la ayuda económica de amigos y allegados. A pesar de que no dejó casi nunca Viena, Schubert no llegó a imponer completamente su genio, pues su espíritu libre y su timidez lo alejaban de los cargos oficiales. Durante esta nueva etapa su labor fue igualmente intensa. En 1820 escribió la música para el melodrama *El arpa encantada* y *los hermanos gemelos*, la música religiosa de los *Veintitrés salmos* y el oratorio incompleto *Lazarus*. En seguida empezó la *Sinfonía inacabada*, así como el ciclo de canciones *La bella molinera* (1823), las *Canciones de sir Walter Scott* (1824), algunos cuartetos (como *La muerte y la doncella*, de 1824-1826), el ciclo de canciones *El viaje de invierno* y los 11 *Impromptus* (1827), la séptima sinfonía o *La grande* y las tres últimas sonatas, entre otras. Hay que destacar sus Lieder, muchos sobre versos de grandes poetas (Goethe, Heine, Shakespeare, Schiller, Novalis).

Aunque contrajo la sífilis, prosiguió con su actividad musical. A pesar de que murió muy joven, el 19 de noviembre de 1828 a la edad de 41 años, dejó una vasta obra caracterizada por su diversidad y considerada una de las cimas musicales del romanticismo alemán.

Walter **SCOTT**

Escritor escocés nacido el 15 de agosto de 1771 en College Wynd, en el centro histórico de Edimburgo, noveno hijo del abogado Walter Scott y Anne Rutherford, quienes perdieron seis niños. De pequeño sufrió poliomielitis, de modo que quedó cojo de la pierna derecha, pese a lo cual a los 12 años, en 1783, ya estudiaba Literatura grecorromana en la Universidad de Edimburgo. Estudió Leyes y se tituló de abogado, pero la poesía lo atraía mucho y empezó a componer poemas que se publicaron y tuvieron gran éxito, como *La dama del lago*, muchos de ellos inspirados en el folclor escocés y celta, que por entonces difundía James Macpherson con sus *Cantos de Osián*. En 1797 se casó con Margaret Genevieve Charpentier, con quien procreó cinco hijos. Con un socio estableció una imprenta que prosperó bastante bien hasta 1814.

Para salir de deudas, comenzó a escribir novelas históricas sobre el pasado escocés, primero, y después sobre el británico en general, reviviendo el interés por la Edad Media, el heroísmo y la caballerosidad. Tuvo tal éxito, que algunas de sus obras fueron convertidas en óperas o inspiraron a pintores y escultores.

Curiosamente mitad por pudor, mitad por juego, Scott no firmaba sus novelas. En 1820, ya convertido en reconocido escritor, la Corona británica le concedió el título nobiliario de baronet y el derecho a anteponer sir a su nombre. Sir Walter tuvo dificultades monetarias de nuevo en 1825, pero incluso después de su muerte las regalías de sus obras bastaron para dejar a la familia en buena situación. Entre sus obras destacan: *Rob Roy, Ivanhoe, La novia de Lamermoore, Kenilworth* y *Relatos de los cruzados*.

Murió el 21 de septiembre de 1832,

Lucio Anneo **SÉNECA**

Filósofo romano nacido en Córdoba en el año 4 a.C., en el seno de una familia de patricios. Hacia 12 a.C., en plena era del emperador Augusto, la familia se trasladó a Roma. Allí estudió retórica, filosofía, gramática y derecho. Por algún tiempo trabajó como abogado. Sin embargo, la fragilidad de su salud lo obligó a mudarse a Alejandría, donde vivió dos años. En el año 31 volvió y recibió el nombramiento de cuestor, y poco después de senador. Ya era famoso cuando Calígula accedió al trono, y en el año 41 lo desterró a Córcega. En ese destierro, escribió las *Consolationes* y otras obras como *De constantia sapientis* y *De providentia*. Aunque fue autor de muchos textos filosóficos, nunca escribió un tratado coherente con todas sus teorías y sistema, de modo que no puede decirse que no creó una escuela de filosofía.

Su destierro duró siete años. De regreso en Roma fue nombrado pretor y tutor del joven Nerón. Cuando Claudio murió y Nerón lo sucedió, Séneca se convirtió en árbitro del Imperio. Aprovechando su posición amasó una fortuna con rapidez. Fueron tranquilos los primeros años del gobierno de Nerón, pero el carácter del emperador fue cambiando y se tornó violento y cruel. Por temor, Séneca fue alejándose del gobierno.

El año 65, cuando ya se había retirado por completo de la política, hubo una conjura contra el emperador que planeaba darle el mando del Imperio. Los conjurados fueron apresados y Nerón condenó a Séneca a cortarse las venas.

Miguel **SERVET**
(Miguel Serveto y Conesa)

Teólogo y médico español nacido en Villanueva o Tudela, el 29 de septiembre de 1511. Siendo joven dejó su ciudad natal. En Tolosa, Francia, estudió derecho y fue alumno del franciscano Juan de Quintana, con quien viajó a Bolonia para presenciar la coronación del emperador Carlos V. Molesto por la ostentación del papa y la deferencia del emperador con éste, se separó de su tutor y viajó por distintas ciudades europeas como Lyon, Basilea y Ginebra.

En 1531 publicó su libro *De los errores acerca de la Trinidad*, en el que rechazó ese dogma de la Iglesia, lo que ocasionó la molestia de católicos y protestantes. No obstante, avanzó en la misma línea argumentativa en sus *Diálogos sobre la Trinidad*, de 1532.

En 1537 se matriculó en la Facultad de Medicina de París; sin embargo, impartió un curso de astrología (en el que defendió la influencia de las estrellas en los acontecimientos humanos) y publicó un tratado sobre la utilidad terapéutica de los jarabes, hechos que suscitaron la molestia de los académicos. En 1546 concluyó una primera versión de su libro *Restitución del cristianismo*, en el que se oponía al bautismo de los niños, proponía una separación de la Iglesia y el Estado y defendía una especie de panteísmo asegurando que Jesucristo se hallaba en todas las cosas. En su capítulo V expuso, por primera vez en la historia de Occidente, la teoría de la circulación pulmonar de la sangre. La obra se publicó de forma anónima en Viena en 1553, en una edición de mil copias.

Sus ideas disgustaron al inquisidor general de Lyon, quien confiscó los ejemplares. Durante el juicio, Servet logró escapar y lo quemaron en efigie. Viajó a Ginebra para ponerse a salvo pero el clero protestante, encabezado por Calvino —con quien había sostenido correspondencia desde tiempo atrás—, también lo sometió a juicio y lo condenó a muerte por considerar heréticas sus ideas.

Falleció en la hoguera el 27 de octubre de 1553, en Champel, Suiza.

William **SHAKESPEARE**

Escritor inglés nacido en Stratford-Upon-Avon el 23 de abril de 1564, tercero de siete hijos de John Shakespeare y Mary Arden. Casó con Anne Hathaway, ocho años mayor que él, y con quien procreó tres hijos. No se sabe por qué se fue a vivir a Londres, pero ahí comenzó a relacionarse con el teatro y a desempeñarse paulatinamente como actor, adaptador de obras de otros autores y, finalmente, autor de sus propias comedias.

En el verano de 1594, al reanudarse la vida teatral londinense después de la peste, Shakespeare se convirtió también en accionista de la compañía teatral más prestigiosa y de mayor éxito. Tenía su propio teatro al aire libre, llamado El Globo, emprendía giras y montaba representaciones en la corte. Con esa compañía gozó de éxito artístico y económico y, después del incendio de El Globo, se retiró a su ciudad natal, donde pasó los últimos años de su vida.

Poco se sabe de su vida íntima: no se conserva ni una sola carta, ni un solo escrito de carácter personal. De las 36 obras que se le atribuyen, publicó 16 en vida. Las demás aparecieron en un volumen que imprimieron sus amigos, en el que se rescatan del olvido obras como *Julio César* y *Macbeth*. En su

juventud, más o menos hasta 1601, escribió sobre todo comedias ligeras *(La fierecilla domada y Los dos caballeros de Verona)*
y dramas históricos *(Enrique VI y Ricardo III)*. De 1601 a 1608 es
la época de las comedias amargas *(Bien está lo que bien acaba)*
y de las grandes tragedias *(Hamlet, Otelo, Macbeth, El rey Lear,
Romeo y Julieta, Antonio y Cleopatra y Timón de Atenas)*.

Murió el 23 de abril de 1616.

George Bernard **SHAW**

Dramaturgo y periodista irlandés nacido en Dublín el 26 de
julio de 1856. Hijo de un funcionario civil, tuvo una formación
irregular. Inicialmente trabajó como empleado en una oficina
de bienes raíces y a los 20 años de edad se mudó a Londres. En
las décadas de 1880 y 1890 se desempeñó como un prestigiado
crítico musical y teatral. Por la misma época se incorporó a la
Sociedad Fabiana, un movimiento socialista de Gran Bretaña
que buscaba implantar los principios de la democracia social.

Primero escribió novelas pero después, inspirado por el
modelo de Henrik Ibsen, se dedicó a la dramaturgia. Sus obras
teatrales destacan por el enfoque racional de los asuntos humanos, el debate de ideas, la crítica social y una constante
oposición a las convenciones y la hipocresía imperantes en la
sociedad occidental de su tiempo.

Las primeras de ellas, entre las que destaca *La profesión
de la señora Warren*, aparecieron publicadas en el volumen de
1898 *Obras agradables y desagradables*. A éstas siguieron *César
y Cleopatra* (1901), una obra histórica cargada de alusiones a la
modernidad; *La comandante Bárbara* (1905), que exalta la actividad política como recurso para la salvación social; y *Pygma-
lion* (1912), que relata el proceso educativo de una chica vulgar
e ignorante. Éste fue su trabajo más exitoso en términos de
audiencia y representaciones. Su adaptación cinematográfica
lo hizo merecedor al premio Oscar para el mejor guión adaptado en 1938. Su pieza más importante es tal vez *Santa Juana*
(1923), una reescritura de la historia de la Doncella de Orléans
que indaga su impacto en el presente.

En 1925 fue galardonado con el premio Nobel de Literatura, "por su trabajo marcado tanto por el idealismo como por el humanismo, y su estimulante poder satírico infundido frecuentemente en una singular belleza poética". El conjunto de su obra
abarca 36 volúmenes, que fueron editados entre 1930 y 1950.

Murió en Ayot St. Lawrence, Hertfordshire, el 2 de noviembre de 1950.

Justo **SIERRA**

Escritor y político mexicano nacido en Campeche el 26 de enero de 1848. Su padre fue Justo Sierra O'Reilly, abogado y novelista, autor de *La hija del judío* (1848-1849). Recibió su primera instrucción en su ciudad natal, y posteriormente estudió en Mérida y en 1861, a la muerte de su padre, él y su familia se trasladaron a la Ciudad de México. Fue interno del Liceo Franco-Mexicano y del Colegio de San Ildefonso. En 1871 obtuvo el título de abogado.

Amigo y alumno de Ignacio Manuel Altamirano, fue éste quien lo introdujo a la vida literaria de la capital del país. En el periódico *El Monitor Republicano* publicó la columna "Conversaciones de Domingo", en la que aparecieron distintos relatos de ficción, compilados después en el volumen *Cuentos románticos*. Asimismo, fue colaborador del semanario *El Renacimiento*, fundado por Altamirano en 1869, en el que también escribieron Guillermo Prieto, Vicente Riva Palacio y Manuel Payno. En él apareció su novela *El ángel del porvenir*, en la que cifraba las esperanzas de México en el poder del género femenino.

Además de su vertiente como literato, Sierra tenía interés por la historia, la sociología y la educación, temas a los que dedicó ensayos en los periódicos *La Tribuna*, *La Libertad* y *El Federalista*, así como el importante volumen *La evolución política del pueblo mexicano* (1900-1902). Autor de la obra monográfica *Juárez, su obra y su tiempo* (1906), tuvo una brillante carrera como funcionario público: diputado al Congreso de la Unión, magistrado de la Suprema Corte de Justicia y secretario de Instrucción Pública y Bellas Artes en los últimos años del gobierno de Porfirio Díaz. Su aportación más importante a la educación en México fue la fundación de la Universidad Nacional, en 1910. A la caída del régimen, Francisco I. Madero lo nombró ministro plenipotenciario de México en España.

Falleció en Madrid el 13 de septiembre de 1912 y sus restos fueron trasladados a México.

Carlos de **SIGÜENZA Y GÓNGORA**

Religioso y escritor nacido en la Ciudad de México en 1645, como hijo de un matrimonio español. Su padre había sido pre-

345

ceptor del príncipe Baltasar Carlos, hijo de Felipe IV, y su madre estaba emparentada con el poeta Luis de Góngora. En 1662 ingresó a la Compañía de Jesús; una década más tarde obtuvo la cátedra de astronomía y matemáticas en la Universidad de México, desde donde participó en las controversias científicas y astronómicas de su tiempo. El radio de sus intereses abarcó la poesía, el periodismo, la astronomía, la historia y la geografía, con cuyo estudio encarnó el modelo del erudito barroco.

Su obra se enfoca en distintos aspectos de la realidad mexicana que hasta entonces nadie había atendido. Entre sus creaciones literarias cabe mencionar la *Primavera indiana* (1668), una distinguida pieza de poesía guadalupana, así como el *Triunfo parténico* (1683), en el que describe los certámenes organizados por la Universidad en homenaje a la Inmaculada Concepción. *Los infortunios de Alonso Ramírez* (1690) se reconoce como la novela pionera en la Nueva España y es un interesante relato de viajes y aventuras. Junto a ellas trascendieron también sus trabajos científicos como la *Libra astronómica y filosófica* (1691), obra resultante de sus observaciones con el telescopio, en la que defendió la existencia de los cometas como un fenómeno natural, desprovisto de augurios mágicos. En ella cita a los pensadores más notables de la revolución científica: Copérnico, Descartes, Galileo y Kepler.

Como cosmógrafo real, elaboró distintos mapas hidrológicos del Valle de México. En 1694 se jubiló de la Universidad y pasó los últimos años de su vida dedicado al cuidado de su capilla, el estudio y la redacción de diversas obras y tratados que hoy se encuentran perdidos. Por disposición testamentaria legó su amplísima biblioteca y su colección de instrumentos científicos a la Compañía de Jesús.

Murió en su ciudad natal el 22 de agosto de 1700.

David Alfaro **SIQUEIROS**

Pintor mexicano nacido en Santa Rosalía de Camargo, Chihuahua, el 29 de diciembre de 1896. En 1911 ingresó a la Academia de San Carlos. Tras la proclamación del Plan de Guadalupe contra la dictadura de Victoriano Huerta, se sumó a las filas del Ejército Constitucionalista, en el que llegó a tener el grado de teniente. En 1919 fue agregado de la Embajada de México en España y en la década siguiente adoptó la ideología comunista además de participar en las luchas por los derechos sindicales. Combatió en la Guerra Civil Española, regresó a México y en 1940 llevó a cabo un fallido atentado contra la vida del político soviético León Trotsky. Miembro prominente del Partido Comunista, editó dos importantes publicaciones: *El Machete* y *El Martillo*, pero su activismo provocó que fuera detenido y encarcelado en varias ocasiones.

Paralelamente a su trayectoria como luchador social, dio forma a una amplia obra pictórica indisociable de sus preocupaciones políticas y su conciencia histórica. Creador de piezas de caballete, su faceta más notable fue como autor de murales en los que confluyen elementos del expresionismo y el realismo socialista, y ocasionalmente se funden en composiciones semiabstractas. Su línea conductora es la historia de México, así como las denuncias y anhelos del socialismo en la primera mitad del siglo xx.

Sus murales más destacados se encuentran en la Escuela Nacional Preparatoria, el Palacio de Bellas Artes, el Centro Médico Nacional y el Hospital de la Raza (todos en la Ciudad de México); sin embargo, también pintó algunos en Estados Unidos, Cuba y Chile.

En la última etapa de su vida realizó su proyecto más amplio: el Polifórum Cultural Siqueiros en la Ciudad de México. Además de un amplio recinto en el que pintó murales, éste es un espacio arquitectónico concebido en función de su estética, cuya fachada emplea desechos metálicos, dispuestos en concavidades y proyecciones tridimensionales como metáforas de la vida urbana. En 1968 fue distinguido con el Premio Nacional de Artes.

Falleció en Cuernavaca, Morelos, el 6 de enero de 1974.

Adam SMITH

Economista escocés nacido en Kirckaldy el 5 de junio de 1723. Estudió en la Universidad de Glasgow y, más tarde, en Balliol College de Oxford durante siete años; ahí recibió la licenciatura en letras en 1740. Se trasladó en 1748 a Edimburgo, donde dictó una serie de conferencias, además de que conoció y se hizo amigo de David Hume. En 1751 ocupó la cátedra de lógica en la Universidad de Glasgow, y al año siguiente la de filosofía moral. Publicó en 1759 *Teoría de los sentimientos morales*.

En 1763 fue tutor del futuro duque de Buccleuch, con quien viajó a Francia, donde conoció a otros eminentes pensadores. Respaldado por la pensión vitalicia que le otorgó el ducado de Buccleuch, regresó a Kirckaldy en 1766 para escribir al lado de su madre. En 1777 fue nombrado comisionado de Aduanas y en 1787 rector honorario de la Universidad de Glasgow.

Su obra cumbre, *La riqueza de las naciones* (1776), se convirtió en el tratado de economía más influyente en el mundo. En ella arguye en favor de un sistema económico basado en el interés particular de cada individuo que lo conduciría, como una "mano invisible", a buscar el mayor bienestar para todos. Ahí también postuló la división del trabajo como el principal factor para el crecimiento económico, además de que criticó la libre empresa sin restricciones y el monopolio. No obstante ello, a su libro se le considera la biblia del capitalismo.

Murió en Edimburgo, el 17 de julio de 1790.

SÓCRATES

Filósofo griego nacido en la región de Ática, probablemente en Alopeca o en Atenas, en 470 a.C. Debido a que se carece de evidencia escrita de su pensamiento, sólo se le conoce a través de sus contemporáneos. Aristófanes se burló de él diciendo que volvía buenas las causas malas, aunque no dejó de escribir que era un hombre sabio y amante de la verdad. Aparece citado en las obras de Platón y Jenofonte, admiradores suyos, quienes lo muestran como una persona de gran claridad de pensamiento, inteligente, íntegro y con un gran autodominio, aunque algunos lo describen como usurero.

Al parecer, fue alumno de Anaxágoras y de Damón, y aprendió a esculpir en mármol. Sirvió como hoplita y participó en la expedición de Anfípolis, entre otras importantes batallas. Era un excelente orador, pero los 30 tiranos le prohibieron enseñar oratoria. Junto con Esquines fue el primero en enseñar retórica. Se dice que un amigo suyo, Querefón, peregrinó a Delfos para preguntarle al oráculo si había alguien más sabio que Sócrates, y la respuesta fue no.

Su influencia fue mayor por la forma en que terminó su vida, pues fue enjuiciado bajo cargos de impiedad contra los dioses y corrupción de los jóvenes, por lo que un jurado popular lo condenó al suicidio por envenenamiento (probablemente con cicuta), forma en que murió en Atenas en 399 a.C.

Los atenienses se arrepintieron tanto que cerraron los sitios públicos y erigieron una estatua de Sócrates. Pero su influencia

SÓ

se dejó sentir más allá de Atenas y mucho después de su muerte y ha llegado hasta nuestros días, a través, por ejemplo, de la mayéutica y la dialéctica.

SOLIMÁN

Sultán turco otomano nacido en Trebisonda el 6 de noviembre de 1494. Sucedió a su padre Selim I como sultán del Imperio Otomano en 1520. Al inicio de su reinado, realizó incursiones militares contra las potencias cristianas en Europa Central y el Mediterráneo. Tomó Belgrado en 1521 y Rodas al año siguiente. Venció al ejército húngaro en 1526 en la batalla de Mohács, pero fracasó en 1529 cuando sitió Viena, con la idea de destruir a la casa Habsburgo. Hizo una segunda gran campaña en 1532, pero también fue rechazado por los cristianos.

En 1534 conquistó las ciudades persas de Tabrîz y Bagdad. Al año siguiente se alió con el rey de Francia en contra de Carlos V. Este tratado benefició comercialmente a los franceses, que tuvieron paso al Oriente a través del Mediterráneo. Volvió sobre Hungría en 1541 y 1543, lo que dividió el territorio entre los Habsburgo, los otomanos y Transilvania. Intentó sojuzgar a Persia en 1548, quedándose con parte de su territorio, y en 1554, donde encontró dificultades para su intento de dominio. Trípoli cayó en sus manos en 1551. Ordenó la ejecución de su hijo Mustafá en 1553 por provocar muchos problemas en Asia menor por su descontento. En 1562, tras largos años de guerra, firmó la paz con Hungría. En 1565 destruyó un fuerte contingente español que iba sobre Trípoli y capturó Malta en 1565.

Solimán es considerado el más importante sultán otomano. Se rodeó de grandes administradores y estadistas. Fue destacado mecenas de las ciencias y las artes. Construyó fortalezas para defender los sitios conquistados y embelleció las ciudades islámicas.

Murió en Szigetvar el 7 de septiembre de 1566.

Anastasio **SOMOZA**

Político nicaragüense nacido el 1 de febrero de 1896 en San Marcos. Recibió su educación en Filadelfia, donde estudió Administración. Allá casó en 1919 con la hija de una prominente familia nicaragüense para asegurar su carrera política. A su regreso intentó echar a andar un negocio, pero fracasó. Desde 1912, Nicaragua estuvo ocupada por tropas estadounidenses;

al salir éstas en 1925, se desató la revolución entre liberales y conservadores; estos últimos tuvieron entre sus filas a Somoza y al general Emiliano Chamorro Vargas.

Estados Unidos volvió a intervenir para mediar entre ambas facciones. Somoza resultó pieza clave en las negociaciones por su dominio del inglés y su posición de privilegio en la reyerta, así que al llegar al poder Juan Bautista Sacasa en 1933, el embajador estadounidense lo persuadió para que nombrara a Somoza jefe del ejército de Nicaragua. En 1934 ordenó la captura y ejecución de Augusto César Sandino, líder revolucionario opositor. Obligó en 1936 a dimitir a Sacasa, que fue sustituido por Carlos Brenes Jarquín. En condiciones sospechosas, Somoza resultó electo para gobernar Nicaragua en 1937. Muy pronto anuló a los partidos de oposición y en poco tiempo tenía el control total del país. En 1945 promulgó el Código del Trabajo. Debido a presiones del exterior, dejó la presidencia 1947.

A la muerte de Román Reyes, en 1950, volvió al poder como presidente interino, y fue presidente electo en 1951. Durante ese tiempo amasó una impresionante fortuna que incluía una línea aérea, además de un enorme grupo de fábricas. Sobrevivió a una intentona golpista en 1954, pero dos años después (1956) recibió un disparo en el pecho. Fue trasladado a un hospital en la zona del Canal de Panamá y murió ocho días después, el 29 de septiembre de 1956

JOSÉ **STALIN**
(IOSIF VISSARIONOVICH DZHUGASHVILI)

Político soviético que afirmaba haber nacido en Gori, Georgia, 21 de diciembre de 1879, aunque se cree que en realidad fue el 6 de diciembre de 1878. Estudió en la escuela parroquial de Gori e ingresó becado en el seminario de Tiflis en 1894, pero fue expulsado en 1899 por su actividad revolucionaria. En 1903 se unió a los bolcheviques del Parido Obrero Social Demócrata. Fue nombrado miembro de su primer Comité Central en 1912. Se mantuvo exiliado hasta que la Revolución Rusa de 1917 llevó al poder a los bolcheviques. Miembro del Politburó, se convirtió en 1922 en secretario general del Comité Central del partido. A la muerte de Lenin dos años más tarde, dobló a sus opositores y tomo el control de la política soviética.

Inició los planes quinquenales en 1928, lo que alteró la estructura económica y social de Rusia a causa de la muerte de muchos millones de personas. Durante la década de 1930 eliminó cualquier amenaza a su poder a través de juicios de purga, ejecuciones generalizadas ocultas y persecuciones contra quienes consideraba sus enemigos. Firmó el Pacto de No Agresión con Alemania en 1939.

Al principio de la Segunda Guerra Mundial, reforzó las fronteras occidentales de Rusia atacando Finlandia y se anexó territorios de Europa del Este. Cuando los alemanes invadieron Rusia, tomó el mando del ejército. Se alió con Estados Unidos y Gran Bretaña, lo que le permitió demostrar su gran capacidad negociadora durante el armisticio. A partir de la postguerra, llevó a la Unión Soviética a convertirse en una potencia militar mundial. Continuó con su política interna altamente represiva contra todo lo que consideraba amenazante, claro reflejo de su creciente paranoia.

Cuando preparaba la purga de la llamada "conspiración de los médicos", murió en Moscú, el 5 de marzo de 1953.

STENDHAL
(MARIE-HENRI BEYLE)

Escritor francés nacido el 23 de enero de 1783, en Grenoble. Ingresó a la escuela central de su ciudad natal en 1796, donde destacó en dibujo, literatura y matemáticas. Salió en 1799 a París, con la idea de ingresar en la Escuela Politécnica. No logró hacer el examen, pero consiguió un puesto en el Ministerio de Guerra. En 1800 fue enviado a Italia, donde se enroló en el ejército napoleónico, pero lo dejó dos años después para volver a París a escribir teatro, lo que resultó un rotundo fracaso. Por esa época empezó a escribir un diario que se publicó después de su muerte. A la caída del imperio, en 1815, se estableció en Milán. Allí publicó *Roma, Nápoles y Florencia* (1817), donde declaró su amor por Italia y describió el "síndrome de Stendhal" —bautizado así en 1979— y descrito como producto de una sobredosis de belleza artística. Fue acusado de espionaje y expulsado de Milán en 1821.

Decepcionado política y románticamente, regresó a París donde llevó una activa vida social e intelectual mientras escribía con denuedo. En 1826 publicó *Armancia*, obra en la que tomó como pretexto la descripción de una relación amorosa para analizar y criticar a la sociedad. Apareció también su obra maestra, *Rojo y negro* (1830), en la que realizó un agudo retrato

ST

de la sociedad francesa durante la Restauración. *La cartuja de Parma* (1839), otra de sus grandes obras, resalta por su compleja representación de la psicología humana y sus elaborados personajes.

Escribió múltiples ensayos, memorias y biografías, pero sus obras autobiográficas póstumas *Vida de Henry Brulard* (1890) y *Recuerdos de egotismo* (1892) son de sus materiales más originales.

Murió en París el 23 de marzo de 1842.

George **STEPHENSON**

Ingeniero inglés nacido el 9 de junio de 1781, en Wylam. Su padre fue mecánico en las minas de carbón de Newcastle y él se dedicó a lo mismo, llegando a ser jefe de mecánicos en 1812. Aprendió a leer y escribir por su cuenta y se inició en oficios como la zapatería o la relojería.

A partir de 1913 mostró una clara fascinación por el vapor, luego de examinar una caldera sobre ruedas utilizada para transportar carbón en las minas hulleras y que utilizaba ruedas dentadas engranadas en cremalleras a los lados de los rieles. Stephenson diseñó y construyó en 1814 una máquina llamada *Blücher*, a la que le incorporó una mejora para incrementar la velocidad: ruedas lisas con resaltes que corrían sobre rieles planos. Siguió experimentando con máquinas de vapor, hasta que se percató de que la clave estaba en la inyección de vapor.

En 1815 ideó un potente "chorro de vapor", que hizo viable la locomotora. Terminó de construir en 1825 el motor de vapor para el primer ferrocarril de pasajeros, al que llamaron *Locomotion* y que corrió de Stockton a Darlington a una velocidad de 24 kilómetros por hora y que podía transportar a 450 personas.

Ayudado por su hijo, fabricó en 1829 su locomotora mejorada, la *Rocket*, que ganó un concurso de velocidad, corriendo a 58 kilómetros por hora, y se convirtió en el paradigma de las futuras locomotoras. Su empresa construyó en 1830 las ocho locomotoras para el nuevo ferrocarril Liverpool-Manchester. Se retiró en Derbyshire, Chesterfield, desde donde podía ver un tramo de la vía y, por ella, el paso de los trenes.

Murió el 12 de agosto de 1848.

Robert Louis **STEVENSON**

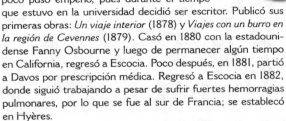

Escritor escocés nacido el 13 de noviembre de 1850, en Edimburgo. Ingresó a la universidad de su ciudad natal a los 16 años, como estudiante de Ingeniería náutica; sin embargo, cambió esa carrera por la de Derecho, que terminó en 1875. Por esa época empezó a manifestar los síntomas de la tuberculosis.

Como litigante en la barra de Escocia tampoco puso empeño, pues durante el tiempo que estuvo en la universidad decidió ser escritor. Publicó sus primeras obras: *Un viaje interior* (1878) y *Viajes con un burro en la región de Cevennes* (1879). Casó en 1880 con la estadounidense Fanny Osbourne y luego de permanecer algún tiempo en California, regresó a Escocia. Poco después, en 1881, partió a Davos por prescripción médica. Regresó a Escocia en 1882, donde siguió trabajando a pesar de sufrir fuertes hemorragias pulmonares, por lo que se fue al sur de Francia; se estableció en Hyères.

En 1883 apareció su novela más famosa: *La isla del tesoro*. Una epidemia de cólera en 1884 lo hizo partir hacia Bournemouth, donde su padre le había obsequiado una casa. El periodo que pasó ahí fue muy fructífero, pues entre otras obras publicó *El extraño caso del Dr. Jekyll y Mr. Hyde*, en 1886. En 1887 salió hacia Nueva York y de ahí a San Francisco; de ahí viajó con su familia hacia los mares del sur, buscando mejores climas.

Aunque es conocido por sus obras narrativas, sus escritos abarcan otros géneros como el ensayo, la poesía y los apuntes de viaje. La influencia de su estilo se deja sentir en varios escritores del siglo xx.

Se estableció en 1890 en Valimia, donde también murió el 3 de diciembre de 1894.

August **STRINDBERG**

Escritor sueco nacido en Estocolmo, el 22 de enero de 1849. Su infancia transcurrió entre el autoritarismo paterno y la religiosidad materna. Terminó su bachillerato en 1867 y ese mismo año ingresó a la Universidad de Uppsala. En 1869 escribió su primera obra, luego de fracasar en el examen de ingreso al Teatro Real de Estocolmo. Comenzó a trabajar como periodista mientras escribía el drama histórico *Maestro Olof* (1872), inicialmente rechazado por el teatro nacional, aunque hoy se considera el primer drama sueco moderno. En 1874 fue nombrado bibliotecario asistente en la Biblioteca Real de Estocolmo. Publicó su novela *El cuarto rojo* (1879), donde satirizó el círculo artístico de Estocolmo y fue un hito en su carrera de escritor.

Dejó Suecia para viajar sin descanso por toda Europa e iniciar la etapa más fructífera de su obra, entre 1883 y 1889, periodo en que publicó, entre otras, sus obras principales: *El padre* (1887), *La señorita Julia* (1888) y *Los acreedores* (1890). Tuvo tres matrimonios catastróficos y varias crisis de inestabilidad mental; por lo común, tenía serios problemas financieros y se sentía solo.

Se encontraba en París cuando comenzó lo que él llamó —la crisis del infierno—, en 1894, durante la cual buscó salida en el alcohol, las drogas y, por algún tiempo, en el ocultismo y la alquimia. Esta crisis terminó hasta 1897 con una etapa mística que lo llevó a convertirse al catolicismo. Como resultado, escribió los dramas *La danza de la muerte* (1901), *El sueño* (1902) y, en 1907, *La sonata de los espectros* y *El pelícano*.

En 1908 regresó a su ciudad natal, donde murió a causa del cáncer el 14 de mayo de 1912.

Alfredo **STROESSNER**

Militar y político paraguayo nacido el 3 de noviembre de 1912, en Encarnación. Su padre era un inmigrante alemán. Asistió al Colegio Militar de Asunción, de donde salió para incorporarse al ejército en 1932 con grado de teniente. Tuvo una participación destacada en la Guerra del Chaco contra Bolivia en 1932, por lo que fue condecorado. Obtuvo el rango de general de brigada en 1948.

Se afilió al Partido Colorado en 1951, año en que también recibió el cargo de comandante en jefe de las fuerzas armadas. Fue ascendido a general de división en 1954 y ese mismo año depuso al presidente Federico Chávez. De inmediato, la Junta de Gobierno del Partido Colorado lo designó candidato a la Presidencia. Ganó sin oposición en las elecciones de 1954, 1958, 1963, 1968, 1973, 1978, 1983 y 1988.

Fue derrocado por un golpe militar en 1989, por lo que salió hacia el exilio en Brasil. En 1992 se descubrieron los "archivos del terror" que demostraban la participación de Stroessner en la "Operación Cóndor", un acuerdo militar anticomunista que originó el secuestro, la tortura y el asesinato o la desaparición de alrededor de 30 000 paraguayos en las décadas de 1970 y 1980. Al exdictador se le formaron más de 30 procesos criminales, en ausencia. En 2004 un juez de Paraguay ordenó su captura y extradición, lo que no llegó a concretarse.

Murió el 16 de agosto de 2006 en Brasilia.

Antonio José de **SUCRE**

Militar y político venezolano nacido en Cumaná el 3 de febrero de 1795, nieto y bisnieto de militares. Era alférez de ingenieros cuando se incorporó al ejército independentista y pronto alcanzó el grado de general.

A las órdenes de Simón Bolívar, participó en la liberación de Venezuela (1818) y de Colombia (1819), con actuaciones destacadas en las batallas de Boyacá y Carabobo. Bolívar le encargó en 1820 negociar con Pablo Morillo, jefe de las fuerzas españolas, un tratado para evitar los efectos de la guerra en la población civil. Más tarde encabezó la campaña de Ecuador y derrotó a los realistas en la batalla de Pichincha (1822).

En 1823, los partidarios de la independencia en Perú solicitaron la ayuda de Bolívar y Sucre. Tras las victorias en Junín y Ayacucho (1924), ambos fueron aclamados en la ciudad de Lima y el nuevo Congreso peruano nombró a Sucre gran mariscal de Ayacucho.

En seguida Sucre se dirigió al Alto Perú (hoy Bolivia), obtuvo la victoria en Tumusla (1825) y declaró la independencia del territorio, al que nombró República Bolívar, en honor al Libertador. Aunque formalmente Simón Bolívar era presidente del nuevo Estado, el cargo en realidad lo desempeñó Sucre. Contra los deseos del Libertador, que quería constituir una confederación entre Perú y Bolivia para integrarla después en la Gran Colombia (formada por Colombia, Venezuela y Ecuador), Sucre tuvo que ayudar a quienes preferían la independencia.

Ante una serie de motines y sublevaciones populares, prefirió renunciar a la presidencia (1828) y regresó a Bogotá, donde dirigió la represión que había ordenado Bolívar contra los partidarios del general Francisco Santander, que defendía una Gran Colombia federada en vez de la unitaria y centralizada que deseaba el Libertador.

Fue asesinado por órdenes de José María Obando en la montaña de Berruecos el 4 de junio de 1830, cuando viajaba a Quito para reencontrarse con su familia. Hasta entonces, las tropas de Sucre representaron el principal sostén de Bolívar.

Jonathan **SWIFT**

Escritor irlandés nacido en Dublín el 30 de noviembre de 1667. Su niñez transcurrió entre graves dificultades económicas ocasionadas por la muerte de su padre. Estudió teología en el Trinity College, y posteriormente viajó a Inglaterra donde trabajó como secretario de William Temple, un prominente diplomático emparentado con su madre. Sin embargo, tuvo desavenencias con él, por lo que regresó a Dublín y se ordenó sacerdote en 1694.

Por algún tiempo se encargó de la parroquia de Kilroot, volvió a Londres y participó en la agitada vida política de la época. Escribió distintos panfletos a favor de los *tories*, o miembros del Partido Conservador, y en contra de los *whigs*, o miembros del Partido Liberal. Incluso llegó a dirigir el periódico *Examiner*, órgano informativo de los conservadores. En esos textos ya era perceptible su espíritu crítico y el agudo tono satírico que empleó en sus trabajos posteriores. En 1718 el gobierno conservador cayó y Swift perdió su influencia; fue entonces cuando su carrera literaria alcanzó los mayores logros.

En 1726 publicó *Los viajes de Gulliver*, obra en realidad llamada *Viajes a varios lugares remotos del planeta*, una novela en cuatro partes que preludia a la ciencia ficción. Su protagonista, el capitán Lemuel Gulliver, viaja por países imaginarios poblados por seres extraños como los minúsculos liliputienses, o los *houyhnhnms*, caballos que han construido una sociedad utópica y se defienden de los humanos salvajes.

Swift emplea el recurso de la fábula como vehículo para cuestionar y reprobar las costumbres, prácticas políticas y relaciones sociales de la Inglaterra de su tiempo, y ofrece también una amarga visión de la condición humana. El mismo tono satírico prevalece en su ensayo *Una modesta proposición*, de 1729, donde "sugiere" al canibalismo como alternativa para paliar las dificultades alimentarias. Se conservan, asimismo, sus poemas y sermones, de importancia secundaria.

Aquejado de un padecimiento neurológico, en los últimos años de su vida perdió la razón. Falleció en su ciudad natal el 19 de octubre de 1745.

José Juan **TABLADA**

Poeta y diplomático mexicano nacido el 3 de abril de 1871 en la Ciudad de México. De familia acomodada, ingresó al Colegio Militar, pero a los 19 años ya colaboraba en *El Universal*. En 1900 hizo un viaje a Japón que lo marcaría para toda la vida, dejándole la fascinación por sus delicados, mínimos y complejos poemas.

En 1904 publicó *Florilegio*, que incluía poemas con forma de *haiku* y otros de *tanka*. En 1910 hizo un segundo viaje a Japón. Su poesía se alejó aún más del modernismo imperante para abrirse a las vanguardias con un tinte muy personal, que fundiría con un toque francés tras su estancia en París. Con una cultura exquisita y sólida educación, pertenecía a la élite intelectual que consideraba a Porfirio Díaz como el gobernante ideal para llevar a México el progreso, en orden y paz; por ello chocaba con otros intelectuales, los liberales y socialistas anti-rreeleccionistas.

A la caída del porfiriato, Tablada hostigó a Francisco I. Madero con sátiras mordaces como *Madero Chantecler*, y siguió ridiculizándolo cuando ya era presidente electo. Un tumulto atacó y saqueó la casa de Tablada, destruyendo el único manuscrito de su novela *La Nao de China*, escrita en 1902 e inédita entonces. Simpatizó con el golpe huertista y, para 1914, se exilió en Estados Unidos, primero en Galveston y luego en Nueva York, donde se convirtió casi en residente permanente. En 1918 contrajo matrimonio con Nina Cabrera, a quien había conocido un año antes. En 1919 escribió y pintó su primera colección de haikai y pinturas al estilo japonés.

Con la llegada de Carranza al poder, Tablada fue enviado como embajador a Colombia y Venezuela. Al asesinato del presidente, en 1920, el poeta y su esposa se fueron a Nueva York, donde establecieron una librería.

Otras de sus obras son *Li Po y otros poemas*, *El jarro de flores* y *Poemas sintéticos*.

Falleció el 2 de agosto de 1945.

Rabindranath **TAGORE**

Poeta, filósofo, pedagogo, músico y pintor indio nació en Calcuta el 7 de mayo de 1861. Fue el hijo menor de Debendranath Tagore, líder religioso de la secta Brahmo Samaj, que intentaba reimplantar los principios de la vida monástica en el hinduismo siguiendo los planteamientos de los *Upanishads*. Recibió su primera educación en el hogar familiar, y a los 17 años fue enviado a Inglaterra para culminar sus estudios, objetivo que no logró. De regreso en la India se dedicó a administrar las propiedades familiares y fundó una escuela experimental. Amigo de Mohandas Gandhi, apoyó al Movimiento Nacionalista de la India que luchaba por obtener su independencia de Gran Bretaña.

Su carrera literaria comenzó en 1890 con la publicación de sus primeros libros. Aunque practicó diversos géneros literarios, su medio fundamental de expresión fue la poesía, escrita en lengua bengalí y luego traducida a las más importantes lenguas occidentales. Su volumen más notable de ese género es *Gitanjali: ofrendas de canciones* (1912), una reunión de poemas editados en volúmenes previos, y que se distingue por la delicadeza de sus imágenes y un profundo sentido religioso. La publicación de ese libro en inglés fue determinante para que se le concediera el premio Nobel de Literatura en 1913 "por sus versos profundamente sensibles, frescos y hermosos, mediante los cuales —con maestría absoluta del oficio— ha logrado que su pensamiento poético sea parte de la literatura occidental". Entre sus novelas, la más notable es *El hogar y el mundo* (1916), adaptada al cine por el prestigiado realizador indio Satyajit Ray. También escribió obras teatrales, ensayos, diarios de viaje y dos volúmenes autobiográficos. Compuso algunas obras musicales y fue un interesante artista plástico.

Murió en su ciudad natal el 7 de agosto de 1941.

TALES DE MILETO

Filósofo y matemático griego nacido en Mileto h. 625 a.C. Era un rico comerciante y figuró entre los primeros viajeros griegos de Asia Menor que llegaron a Egipto. Tuvo mucho éxito debido a su inteligencia, que además le permitió aprender las novedades que encontraba. Por eso fue considerado uno de los siete sabios de Grecia, y su nombre se rodeó de leyendas y anécdotas.

Tales terminó por retirarse del comercio e invirtió su tiempo en el estudio de la filosofía y las matemáticas. También le interesó la astronomía: es célebre su predicción de un eclipse solar en 585 a.C., así como la determinación que hizo del número exacto de días del año.

Se le considera el introductor de la geometría en Grecia y el primero de los filósofos, fundador de la escuela jónica. Según su doctrina, el principio de todas las cosas es el agua, de la que todo procede y a la que todo vuelve otra vez. Esto marca una diferencia notable frente a las explicaciones mitológicas que habían predominado hasta entonces.

Murió en 546 a.C.

CHARLES-MAURICE DE **TALLEYRAND**

Político francés nacido en París el 2 de febrero de 1754. Era descendiente de una antigua familia aristócrata y, a causa de un accidente que le dejó como secuela una marcha claudicante, no pudo seguir la carrera militar. En 1770 ingresó al seminario de San Sulpicio, donde aprendió teología y leyó las obras de los ilustrados. Tras titularse como teólogo en la Sorbona de París, en 1779 se ordenó sacerdote. En 1780 fue designado agente general del clero, y durante los cinco años siguientes fue el único representante de la Iglesia ante el rey de Francia. Al término de esa década fue designado obispo de Autun, en cuya calidad le correspondió preparar las elecciones para la reunión de los Estados Generales en 1789. En ellos favoreció la unión del clero, la nobleza y el ejército y, sorprendentemente, la nacionalización de los bienes eclesiásticos.

Tras el estallido de la Revolución Francesa juró fidelidad a la Constitución y fue excomulgado. En 1791 renunció a su obispado y fue elegido administrador del Departamento de París. Negoció la neutralidad de los ingleses en la guerra de Francia contra Austria y Prusia; sin embargo, en vísperas del Terror escapó a un decreto en su contra refugiándose en Estados Unidos. En 1797 volvió a Francia y fue ministro de Asuntos Exteriores durante el Directorio. Regresó al cargo tras el golpe de Estado (1799) de Napoleón Bonaparte y buscó la paz con Austria y Gran Bretaña. Por divergencias con la política expansionista de Bonaparte renunció en 1807.

En la etapa posterior participó en la restauración de la monarquía borbónica que elevó al trono a Luis XVIII; en 1814 presidió el Consejo de Gobierno y representó a Francia en el Congreso de Viena (1815), que reorganizó la geografía política de Europa después de Napoleón. Removido a instancias de los ultrarrealistas, disgustados por el poder que concentraban él y Fouché, regresó a escena para impulsar la monarquía de Luis Felipe en 1830. Como embajador en Gran Bretaña, logró firmar la paz entre ambas naciones.

Murió en su ciudad natal el 17 de mayo de 1838.

RUFINO **TAMAYO**

Pintor mexicano nacido el 26 de agosto de 1899 en la ciudad de Oaxaca, descendiente de zapotecas, hijo de un empleado y una ama de casa, ninguno de ellos con antecedentes artísticos. De niño fue acólito y cantaba en el coro de la iglesia, por lo que sus padres pensaron que sería sacerdote o músico. Al quedar huérfano en 1910, fue enviado a la Ciudad de México a vivir con una tía. En 1917 se inscribió en la Escuela Nacional de Bellas Artes (ex Academia de San Carlos) para estudiar pintura.

Para mantenerse desempeñaba un modesto empleo que le consiguió su paisano José Vasconcelos, entonces secretario de Educación Pública. El contacto con el arte precolombino dejó una profunda huella en el arte de Tamayo, el cual agregaría al toque colorista de sus raíces zapotecas y la audacia formal del vanguardismo del siglo xx. Tamayo dejó pronto la ENBA, disgustado con sus métodos clasicistas y se hizo autodidacta, ensayando no sólo con las formas sino también con los materiales y las técnicas.

En 1933 ya pintaba murales importantes como los del Conservatorio Nacional, o los del Palacio de Bellas Artes, y causaba un fuerte contraste con el muralismo "social" de Diego Rivera, David Alfaro Siqueiros y José Clemente Orozco. Sus pinturas no daban lecciones políticas: eran (y son) para disfrutarse. A partir de 1926 Estados Unidos fue su base de operaciones: de allá iba y venía para crear o exponer su obra. En 1934 se casó con Olga Flores Rivas y en 1959 se establecieron permanentemente en México.

Además de su obra mural y de caballete, dejó un impresionante legado museístico a la ciudad de Oaxaca y el Museo Tamayo de Arte Contemporáneo en la Ciudad de México. Entre sus obras destacan: *Jaguar y serpiente*, *Retrato de Olga*, *Sandías*, *La niña y el pájaro* y *Tres personajes*, entre otras.

Murió a los 92 años de edad, el 24 de junio de 1991.

Piotr Ilich **TCHAIKOVSKY**

Músico ruso nacido el 7 de mayo de 1840 en Votkinsk, cerca de los Urales, segundo hijo de Ilia Petrovich Tchaikovsky, ingeniero y gerente de una siderúrgica, y Alexandra Andreievna Assier, quienes tuvieron cuatro hijos más. La familia ponía especial cuidado en la educación musical de sus hijos, y a los cuatro años Piotr compuso su primera canción. En 1845 comenzó a tomar clases de piano. En 1848 toda la familia se mudó a Moscú y luego a San Petersburgo, donde Piotr y su hermano mayor ingresaron a un internado. En 1849 aprobó su examen para ingresar en la Escuela Imperial de Jurisprudencia. En 1854 murió su madre, lo que significó un golpe terrible para él, pues las relaciones con su padre eran malas. Estudió Jurisprudencia hasta 1859, al mismo tiempo que aprendía composición y creaba sus primeras obras. Ya graduado, tuvo un empleo en el ministerio de Justicia.

En 1861 empezó a estudiar armonía con Nikolai Zaremba y en 1862 ingresó al recién creado Conservatorio de San Petersburgo, donde aprendió composición y orquestación con el famoso Anton Rubinstein. Para disgusto de su padre, en 1863 renunció a su empleo para dedicarse a la música. Al mismo tiempo que se aplicaba al estudio de las formas clásicas y cultas de la tradición occidental, Piotr prestaba atención a la música popular rusa e incorporaba sus melodías a sus composiciones llenas de sentimiento y pasión.

Además de conciertos, canciones y sinfonías, Tchaikovsky fue el gran creador del ballet, para el cual compuso numerosas piezas. Graduado en 1865, recibió el ofrecimiento de ser maestro en el Conservatorio de Moscú. El compositor y director de orquesta se casó en 1877 con Antonina Miliukova, prometiéndole un "amor fraterno". El matrimonio fracasó porque él era homosexual y ella, paranoica. Durante años contó con el patrocinio de una viuda rica, Nadezhda von Meck, con quien sostuvo una relación puramente epistolar.

Entre sus obras destacadas están: *Serenata para cuerdas, El lago de los cisnes, La bella durmiente, El cascanueces, Sinfonía Patética, Eugenio Oneguin* (ópera), *Romeo y Julieta* y *Francesca da Rímini*.

Murió de cólera el 25 de octubre de 1893.

Publio TERENCIO

Comediógrafo latino nacido en Cartago entre 185 y 195 a.C. Existe muy poca información confiable sobre su vida, por ejemplo que tuvo una hija y que poseía una valiosa propiedad en las afueras de Roma, en la Vía Apia. En cambio, hay datos relevantes con relación a su obra.

Durante su vida produjo seis diferentes comedias que lo sitúan al nivel de Plauto, el mayor comediógrafo latino. Éstas son *Andria* (166), *Hecyra* (o *La suegra*, 165), *Heautontimorumenos* (*El torturador de sí mismo*, 163), *El Eunuco* (161), *Phormio* (161), y *Adelphoe* o *Adelphi* (*Los hermanos*, 160), cuya datación es problemática y tentativa. Desde el comienzo de su trayectoria se apoyó en el talento del actor Lucio Ambivio Turpio, quien protagonizó sus obras siendo ya un anciano. Aunque en general gozó de éxito durante su carrera, tuvo que competir con el atractivo que significaban otros espectáculos como los encuentros de gladiadores y algunas artes circenses. Por otra parte, sufrió los ataques de ciertos autores de su tiempo, quienes lo acusaron de elaborar sus comedias con la ayuda de escritores desconocidos.

Hasta la fecha los especialistas discuten si fue un autor original o si se limitó a traducir y adaptar piezas griegas. Sus obras —de enorme influencia para el desarrollo del teatro europeo— se distinguen por un realismo refinado, pero convencional, en el que se eliminan algunos recursos vigentes en el teatro de entonces, como las palabras que los actores dirigían al público. Sus personajes hablan un latín puro (que se toma como norma del idioma), distanciado de la lengua coloquial, y están caracterizados como personas reales, por lo que pierden brillo, pero ganan profundidad sicológica. Representadas hoy, sus piezas conservan la gracia, la emoción y la sorpresa que despertaron en su tiempo.

Vivió apenas unos 25 años, cuando emprendió un viaje a Grecia del que nunca regresó, por lo que se supone que murió en altamar, en las inmediaciones de la Hélade, alrededor del 159 a.C.

Francisco **TOLEDO**

Pintor y escultor mexicano nacido en Juchitán, Oaxaca, el 17 de julio de 1940. Empezó a dibujar desde pequeño, alentado por su padre y su abuelo. En 1951 se trasladó a la ciudad de Oaxaca para estudiar la secundaria y, terminada ésta, ingresó a la Escuela de Bellas Artes. Se mudó al Distrito Federal para estudiar en el Centro Superior de Artes Aplicadas del Instituto Nacional de Bellas Artes. Al cumplir 19 años ya exponía sus obras en la Ciudad de México y en Fort Worth, Texas. Entre 1960 y 1965 estuvo becado en París; hacia 1963 se organizó su primera exposición en una galería parisina, en 1964 una en Toulouse y otra en la Tate Gallery de Londres. Su obra fue aclamada por su manejo del color, el simbolismo de sus figuras y temas, producto de una bien madurada amalgama de sus raíces indígenas y la pintura occidental.

A su regreso, con una técnica más depurada y singular creatividad, siguió creando obras con diversos materiales (acuarela, gouache, témpera) y en técnicas diversas que incluyen la litografía, el linóleo, diseño de tapices, cerámica y escultura en piedra, madera y cera. Expuso en Tokio, Nueva York, Buenos Aires, Oslo, etc., y en todas partes se ha reconocido la cualidad peculiar de sus creaciones que evocan a menudo los mitos y las leyendas de sus ancestros zapotecas. En 1997 presentó en México sus exposiciones y libros *Zoología fantástica* (en homenaje a Jorge Luis Borges) e *Insectario*.

Comprometido con la ecología, se ha dedicado a promover distintos proyectos comunitarios que van desde el rescate de edificios antiguos hasta el saneamiento de cursos de agua, reforestación y campañas de concientización de cuidado del ambiente, la creación de una biblioteca para ciegos y la del Museo de Arte Contemporáneo de Oaxaca. En 1998 recibió el Premio Nacional de Arte. Otras de sus numerosas obras son: *Coyote, La espera, Vacas y toros, Entrando en la noche* y *Tamazul*.

Manuel **TOLSÁ**

Arquitecto y escultor español nacido en la Villa de Enguera, Valencia, el 4 de mayo de 1757, hijo de Pedro Juan Tolsá, organista, y Josepha Sarrio y Gómez. Cursó sus estudios de arquitectura y escultura en la Real Academia de San Carlos de Valencia y en la de San Fernando en Madrid. Su talento evidente hizo que fuera designado escultor de cámara del rey, ministro de la Suprema Junta de Comercio, Moneda y Minas, así como miembro de mérito (no de número) de la Real Academia de San Fernando.

Hombre capaz y emprendedor, fue nombrado director de la Academia de San Carlos de la Nueva España (fundada en 1790 por orden del rey Carlos III), así que en 1791 salió de Cádiz con rumbo a México. Junto con él trajo un conjunto de copias vaciadas en yeso de las más notables esculturas del arte griego, helenístico y romano —cuyos originales pertenecen aún a diversos museos europeos— para que sirvieran de modelo, dentro del estilo neoclásico, a los futuros alumnos de la Academia de San Carlos de México.

En 1794 se casó con la criolla María Luisa de Sánz Téllez Girón y Espinosa de los Monteros, con quien procreó ocho hijos. Además de sus funciones de director de la Academia, Tolsá tuvo como negocios propios un establecimiento de baños públicos y una fábrica de coches de caballos, mientras desem-

TO

peñaba para el Ayuntamiento local algunas tareas sin remuneración: revisión del desagüe del valle de México, conducción de nuevas aguas potables, remodelación de la Alameda, entre otras. En 1808 elaboró el primer proyecto de un cementerio civil para la ciudad.

Entre sus obras destacan, como arquitecto, el edificio del Colegio de Minería, la casa del marqués del Apartado y la conclusión de las obras de la Catedral Metropolitana. Como escultor, su máxima obra es la estatua ecuestre de Carlos IV, conocida popularmente como "El Caballito", ubicada en la plazoleta frente al Colegio de Minería.

Murió a causa de una úlcera gástrica, el 25 de diciembre de 1816.

León **TOLSTOI**

Escritor ruso nacido el 28 de agosto de 1828 en la finca paterna de Yasnaya Polyana, provincia de Tula, hijo menor de los cuatro que tuvieron el conde Nicolai Ilich Tolstoi y María Volkonskaya. Su madre murió en 1830 y los niños quedaron a cargo de su tía Tatiana Ergolski. En 1837 murió también su padre; esta vez él y sus hermanos quedaron a cargo de su tía Olga Osten-Saken, quien falleció en 1840 y, por último, quedaron en custodia de su tía Pelagia Yushkov.

En 1844 comenzó a estudiar leyes y lenguas orientales en la Universidad de Kazán, pero la abandonó y regresó a su hogar en Yasnaya Polyana, para luego llevar una vida disipada en Moscú y San Petersburgo. Para huir de sus deudas de juego, en 1851 se fue al Cáucaso y se alistó en el ejército; peleó en la guerra de Crimea (1855-1857) y asistió al asedio de Sebastopol, donde quedó hastiado tanto de la violencia como de la irracional disciplina militar. Entre 1857 y 1861 viajó por Europa, donde entró en contacto con las ideas liberales y anarquistas.

Regresó a Yasnaya Polyana para poner en práctica su teoría sobre la educación para la libertad, lo que incluyó la fundación de escuelas para los hijos de sus siervos, que debió cerrar acosado por la policía zarista. En 1862 se casó con Sofía Andreievna Bers; el matrimonio tuvo 13 hijos, cinco de los cuales murieron en la infancia.

Por ese tiempo se dedicó a escribir la mayor parte de su obra narrativa, inmersa en un realismo que buscaba reflejar la sociedad en la que vivía. Destacan sus novelas *Los cosacos* (1863), *Ana Karenina* (1977) y *La guerra y la paz* (1869). Hacia 1877 experimentó una crisis espiritual que lo condujo a abandonar la

Iglesia Ortodoxa rusa e intentar vivir de acuerdo con el Evangelio, por lo que renunció a sus posesiones, lo que aumentó las tensiones entre el ya famoso escritor y su esposa. Adoptó la costumbre de vivir solo en una cabaña, como un campesino pobre. Agobiado por los pleitos familiares, las discusiones con sus seguidores y las exigencias de su conciencia, en octubre de 1910 emprendió un viaje, únicamente acompañado de su hija Alexandra.

Murió de neumonía en la estación ferroviaria de Astapovo el 7 de noviembre de 1910.

Joaquín **TORRES-GARCÍA**

Artista plástico uruguayo nacido el 28 de julio de 1874 en Montevideo, hijo de Joaquín Torres García y María García Pérez. Tuvo una infancia difícil debido a carencias económicas en la familia, por lo que fue autodidacta en muchos aspectos, menos en uno: su abuelo materno, el canariense José María García, le enseñó carpintería. Emigró para estudiar pintura en Europa cuando tenía 17 años. En 1892 ingresó a la Escuela de Bellas Artes de Barcelona y en 1893 fue recibido en el Círculo de Artistas de San Lucas. Un año después participó en la Exposición General de Bellas Artes. En 1895 comenzó a colaborar con la Librería Tipográfica Católica, en la que continuó trabajando hasta 1899.

En 1901 empezó a pintar murales. Su colaboración con el arquitecto Antonio Gaudí —se ocupó de los vitrales de la Seo de Mallorca y de los interiores del Templo Expiatorio de la Sagrada Familia en Barcelona— influyó para su concepción de la interacción de las artes en la generación de productos estéticos. En 1909 se casó con Manolita Piña y Rubíes. En 1913 recomenzó a pintar los murales para el palacio de la Generalitat, que suspendió en 1917. Cada vez más volcado a la pintura abstracta, la pobreza lo obligó a tomar un rumbo distinto en 1919: la fabricación de juguetes de madera. En los años siguientes viajó mucho y conoció a la élite artística de medio mundo, antes de instalarse en París, donde volvió a pintar y exhibir sus cuadros. En 1930 formaba parte del grupo Círculo y Cuadrado, de pintores afiliados al abstraccionismo constructivista.

En 1934 decidió volver con su familia —esposa y cuatro hijos— a su natal Montevideo, donde fue acogido con admiración. Fundó la Sociedad de las Artes del Uruguay, dio clases en la Escuela Taller de Artes Plásticas y fundó el Estudio 1037, un espacio para exposiciones. También publicó *Notas sobre el arte y Universalismo constructivo*.

En 1944 recibió en su país el Premio Nacional de Pintura. Muchas de sus obras se han perdido: algunas en la guerra civil española, y otras en el incendio de 1979 en el Museo de Arte Moderno de Río de Janeiro.

Murió el 8 de agosto de 1949.

EVANGELISTA **TORRICELLI**

Científico italiano nacido en Faenza, Romaña, el 15 de octubre de 1608, hijo primogénito de Gaspare Torricelli y Caterina Angeti. La familia era pobre pues el padre trabajaba como obrero en un taller textil, pero al ver el talento de su hijo, lo enviaron a estudiar con un pariente, fray Jacobo, monje camaldulense que se ocupó de la primera educación del niño, quien estuvo en condiciones de ingresar en 1624 al Colegio Jesuita para estudiar Matemáticas y Filosofía.

En 1626 su tío lo envió a Roma para continuar sus estudios en la universidad La Sapienza. Poco después murió su padre, y el resto de la familia se reunió con él. Allí Benedetto Castelli le dio clases de matemáticas, mecánica, hidráulica y astronomía.

Torricelli llegó a desempeñarse como asistente de Castelli y su suplente en clases. Así fue como conoció por carta a Galileo. Cuando éste fue convocado por la Inquisición, Torricelli presupuso que compartir las ideas astronómicas de Galileo era peligroso, así que dirigió su atención a otras áreas de la física. En 1641 su madre murió y él se fue a Arcetri para vivir en compañía de Galileo como su secretario y asistente, pero al morir éste en 1642, el gran duque Fernando de Toscana lo llamó para ser el matemático de su corte, por lo que Torricelli se trasladó a Florencia.

Como matemático, perfeccionó el método de cálculo de los infinitesimales, con el que obtuvo el volumen de cicloides y paraboloides mucho antes de que se adoptaran las coordenadas cartesianas. Como físico, descubrió el principio de los barómetros y fue el primero en construir uno. En 1644 publicó *Opera geometrica*, en latín, donde explicó los fenómenos hidrodinámicos, las bases de la gravitación y el movimiento parabólico de los cuerpos. También fue un destacado constructor de aparatos científicos como telescopios y lupas.

Murió en Florencia el 25 de octubre de 1647.

Henri de **TOULOUSE-LAUTREC**

Pintor y artista gráfico francés nacido el 24 de noviembre de 1864 en Albi, hijo del conde Alphonse de Toulouse-Lautrec Monfa y Adéle Tappié de Celéyran. Entre los 14 y 15 años sufrió dos caídas mientras montaba a caballo, con las consiguientes fracturas en las piernas que impidieron su crecimiento, de modo que quedó convertido en un enano deforme. Mientras convalecía, descubrió su vocación de pintor.

A fines de 1882 ingresó en el estudio parisino de Léon Bonnat, y al año siguiente al de Fernand Cormon, donde conoció a otros alumnos: Vincent van Gogh y Émile Bernard, entre ellos. Sin embargo, pronto dejó de asistir a clases para instalarse en su propio estudio en el barrio de Montmartre y vivir en el medio que le gustaba: la bohemia parisina, con sus cafetines, cabarets, salas de baile, bares y casas de mala nota.

También lo impresionaban las carreras del hipódromo, el teatro y el circo. Sus personajes llenaron no sólo los lienzos de Henri, sino también un género inusitado de obras: los carteles o *affiches*, hechos para la publicidad de cabarets y cafés-concierto. El pintor aristócrata se codeaba con bailarinas, acróbatas, cantantes, payasos, y bebía en exceso.

En 1891 su primer cartel, *Moulin Rouge-Le Goulue*, lo hizo famoso en todo París. Ese mismo año expuso en Bruselas y en el parisino Salón de los Independientes. En 1896 publicó la serie de grabados *Elles*, lo que coincidió con el declive de su salud mental y física, ocasionado por el alcoholismo, los excesos y la sífilis.

En 1899 sufrió un colapso mental, desencadenado por la partida de su madre —a quien él visitaba todos los días en su casa de París—, y fue recluido en un sanatorio. Convaleciente, se mudó al puerto de El Havre, donde pintó una de sus últimas obras: *El retrato de Dolly*. Otras obras destacadas de su autoría son: *La toilette*, *El salón de la calle des Moulins*, *El Moulin Rouge*, *El lecho*, *La payasa Cha-U-Kao*.

Pasó un tiempo en Burdeos, pintando febrilmente, hasta que en abril de 1901 regresó muy enfermo a París, y de ahí fue llevado al castillo de su familia en Malromé, donde falleció cinco meses después, el 9 de septiembre.

León **TROTSKI**
(Lev Davidovich Bronstein)

Líder revolucionario ruso nacido en Yanovka, Ucrania, el 7 de noviembre de 1879, quinto hijo del matrimonio judío formado por David Leontyevich Bronstein y Anna L'vovna. A los nueve años fue enviado a estudiar a Odesa. En 1896, se trasladó a Nicolayev y empezó sus actividades políticas como *narodnik* (revolucionario popular), pero pronto adoptó el marxismo. En 1898 fue condenado a dos años de cárcel, tiempo que aprovechó para estudiar filosofía; se adhirió al Partido Socialdemócrata ruso y se casó con Alexandra Sokolovskaya. En 1900 fue deportado a Siberia por cuatro años.

En 1902 escapó a Londres, adoptó Trotski como seudónimo y se reunió con Lenin, que publicaba *Iskra* ("Chispa"), periódico revolucionario. Ese mismo año conoció a Natalia Sedova, con quien se casó en 1903; ambos procrearon dos hijos varones.

En 1906 fue deportado de nuevo a Siberia, pero escapó a Londres y luego a Viena, donde empezó a publicar el periódico *Pravda* ("Verdad"). En 1916 sus actividades antibélicas hicieron que fuera deportado de varios países hasta llegar a Estados Unidos. Ahí estaba cuando en febrero de 1917 la revolución derrocó al zar Nicolás II.

Regresó a Rusia en cuanto pudo. El triunfo bolchevique empezó a configurar la Unión Soviética, con capital en Moscú. Los inconformes se enzarzaron con los bolcheviques en una guerra civil, por lo que Trotski organizó y comandó el ejército rojo contra los opositores o "blancos". En 1924, tras la muerte de Lenin, Stalin ocupó el mando efectivo y comenzó una encarnizada persecución contra Trotski, quien se oponía con su teoría de la "revolución permanente" a las ideas de Stalin. Destituido de sus cargos, en 1929 fue expulsado de la Unión Soviética.

Permaneció en Turquía hasta 1933, luego marchó a Noruega, pero debido a las presiones soviéticas fue expulsado en 1936.

Trotski y su familia obtuvieron asilo en México y vivían en una casa en Coyoacán, cuando Ramón Mercader (o Jacques Mornard, nombre que también usaba) lo hirió en el cráneo con un piolet. Aunque sobrevivió algunas horas, finalmente murió el 21 de agosto de 1940.

TÚPAC AMARU II
(JOSÉ GABRIEL CONDORCANQUI)

Líder indígena descendiente de la nobleza inca de Cuzco, nacido y bautizado con el nombre de José Gabriel el 19 de marzo de 1742, en Tinta, barrio cuzqueño. Pertenecía a la clase privilegiada de indígenas —incluso poseía el título de marqués de Oropeza— a través de quienes los españoles explotaban al resto. Se educó en el colegio jesuita de San Francisco de Borja. Era cacique de Tungasuca y Pampamarca. En 1779 perdió el litigio que tenía con la familia española Betancur por el marquesado de Oropeza.

Harto de las injusticias contra su pueblo y del papel indigno de subordinado de las autoridades españolas, en 1780 llamó a la revuelta en nombre de sus tradiciones y antiguos dioses, asumiendo el nombre del último soberano inca, Túpac Amaru (muerto en Vilcabamba h. 1538). El pueblo indio lo respaldó y su primer acto fue ejecutar al odiado gobernador Antonio de Arriaga, tras lo cual puso en movimiento una rebelión política y religiosa que tomó desprevenidos a los españoles, a quienes causó muchas muertes y pérdidas de bienes.

Pero Túpac Amaru fue traicionado y las autoridades lo capturaron junto con varios miembros de su familia, contra quienes se dictaron sentencias crudelísimas: su esposa Micaela Bastidas, sus hijos Hipólito y Fernando Túpac Amaru, así como su tío Francisco Túpac Amaru y su cuñado Antonio Bastidas, fueron degollados en presencia del caudillo rebelde.

A él le cortaron la lengua y fue descuartizado por la fuerza de cuatro caballos. Todo eso ocurrió el 18 de mayo de 1781, y sólo escapó su hija Juana, quien se casó con Diego Felipe Kunturkanki.

Mark **TWAIN**
(Samuel Langhorne Clemens)

Escritor y humorista estadounidense nacido el 30 de noviembre de 1835 en Florida, Missouri, sexto hijo del juez John Marshal Clemens y Jane Lampton. En 1839 la familia se mudó a Hannibal, una pequeña ciudad portuaria a orillas del río Mississippi. Enfermizo, lo obligaban a quedarse en casa, pero a partir de los nueve años se integró a la vida al aire libre con los niños de sus vecinos, jugando junto al gran río.

En 1847 su padre murió de neumonía y al año siguiente Samuel tuvo que dejar la escuela y trabajar como aprendiz en una imprenta. Para 1850 ya era impresor y asistente del periódico que editaba su hermano Orion. Allí empezó a tomarle gusto a la escritura.

Al cumplir los 17 años se fue a Saint Louis, una ciudad grande, para trabajar como impresor y aprender a navegar en los barcos de vapor. En 1858 recibió su licencia de piloto y adoptó el seudónimo de "Mark Twain", que significa "marca dos brazas", una voz en la jerga náutica para indicar que era seguro navegar, pues había suficiente profundidad. En cuanto comenzó la guerra de Secesión en 1861, Clemens obtuvo empleo como reportero para informar sobre las vicisitudes del conflicto. En 1870 se casó con Olivia Langdon, con quien procreó cuatro hijos.

Sus relatos acerca de la vida en el río Mississippi le fueron dando fama y en 1876 publicó su novela *Las aventuras de Tom Sawyer*, que lo hizo mundialmente famoso, seguida en 1885 por *las aventuras de Huckleberry Finn*. Escribió otros 28 libros de relatos, así como artículos periodísticos, cartas de viaje (compiladas en 1869 como *Los inocentes en el extranjero*), ensayos y diálogos cómicos, además de presentar conferencias salpicadas de humor que le confirieron gran popularidad en todo su país.

Murió el 21 de abril de 1910.

Miguel de **UNAMUNO**

Escritor y filósofo español nacido en Bilbao el 29 de septiembre de 1864, tercero de los seis hijos de Félix de Unamuno Larraza, panadero, y Salomé de Jugo. Estudió Filosofía y letras en la Universidad de Madrid, de 1880 a 1883, año en que se graduó, y poco después se doctoró con la tesis *Crítica del problema sobre el origen y prehistoria de los vascos*. En 1891 se casó con Concepción Lizárraga, su amor desde la infancia.

Más tarde dio cátedra de Lengua y literatura griega en la Universidad de Salamanca, de la que fue rector a partir de 1901, además de ser catedrático de Historia de la lengua castellana. En 1914 fue destituido del rectorado por razones políticas.

En 1924 su oposición al rey y al ministro Primo de Rivera hizo que fuera desterrado a Fuenteventura. Fue indultado pero se autoexilió en Francia hasta 1930, cuando cayó el régimen dictatorial. Al proclamarse la república fue elegido concejal y luego diputado, pero para 1934 estaba decepcionado de la política y criticó al gobierno republicano. Al iniciarse la guerra civil apoyó al bando sublevado, con la ilusión de salvar la imagen que tenía de España, pero la brutalidad nacionalista lo llenó de vergüenza y renegó públicamente de Franco.

Su obra literaria fue muy vasta. Escribió ensayos como *En torno al casticismo*, *Mi religión*, *Del sentimiento trágico de la vida*. Vital, apasionado y contradictorio, escribió novelas entre las que destacan: *La tía Tula* y *Niebla*. También fue extensa su obra poética: *Rosario de sonetos líricos, El Cristo de Velázquez, Rimas de dentro* y *Romancero del destierro*.

Murió en Salamanca el 31 de diciembre de 1936.

Rodolfo **USIGLI**

Dramaturgo, escritor y diplomático nacido en la Ciudad de México el 17 de noviembre de 1905, hijo de padre italiano y madre polaca. Tras haber iniciado sus estudios en el Conservatorio Nacional de Música, descubrió su vocación teatral, por lo que se dedicó a ella con auténtica pasión. Obtuvo una beca para estudiar teatro en la Universidad de Yale, de 1935 a 1936. A su regreso fundó el Teatro de Medianoche, amén de hacerse cargo del Departamento de Teatro del Instituto Nacional de Bellas Artes.

En 1938 estrenó *El gesticulador, pieza para demagogos en tres actos,* que de inmediato fue censurada por el gobierno debido a su fuerte carga política antisistema. Fue catedrático de la Universidad Nacional Autónoma de México, en cuya facultad de Filosofía y Letras tuvo como alumnos a futuros dramaturgos importantes como Luisa Josefina Hernández, Emilio Carballido, Vicente Leñero, Sergio Magaña y Jorge Ibargüengoitia, entre otros. También desempeñó tareas diplomáticas en Francia, y fue embajador en Líbano y Noruega, actividad a la que consagró 20 años. En 1972, de regreso en México, recibió el Premio Nacional de Literatura.

Escribió poesía *(Conversación desesperada)*, novela *(La vida criminal de Archibaldo de la Cruz,* llevada al cine por Luis Buñuel como *Ensayo de un crimen)* y ensayo *(México en el teatro)*, pero sobresalió por sus excelentes obras de teatro, críticas, reflexivas y con un humor muy peculiar, entre ellas: *El apóstol, Medio tono, Sueño de día, La familia cena en casa, El gesticulador, El niño y la niebla, El viudo y el testamento, Corona de sombra, Corona de luz, Corona de fuego, Jano es una muchacha, Obliteración, El gran circo del mundo* y *Buenos días, señor presidente*.

Murió el 18 de junio de 1979 en su ciudad natal.

Pedro de **VALVIDIA**

Conquistador y colonizador español nacido en Castuera h. 1498, en el seno de una familia con tradición militar. Desde

1520 sirvió en el ejército español de Carlos V en la guerra de las comunidades de Castilla. También tuvo una participación destacada en Italia y Flandes, así como en el Saco de Roma. Fue enviado al Nuevo Mundo en 1534, donde estuvo en Perú bajo las órdenes de Francisco Pizarro.

Dirigió la expedición a Chile en 1540, con 150 soldados españoles y el título de teniente gobernador otorgado por Pizarro. Derrotó a los aborígenes y, en 1541, fundó la ciudad de Santiago de Nueva Extremadura, pues en ese punto geográfico terminaban los derechos de Pizarro, y recibió de su contingente el título de gobernador y capitán general del reino de Chile.

En 1546 volvió a Perú, donde se reabasteció y ayudó a reprimir la revuelta social en el centro del virreinato, por lo que le fue ratificado el nombramiento de gobernador de Chile, adonde regresó en 1549.

Con el objetivo de ampliar su gobernación hasta el estrecho de Magallanes, emprendió una expedición hacia el sur, durante la cual fundó las ciudades de Concepción, en 1550; La Imperial, Villarrica y Valdivia, en 1552, y Los Confines, en 1553, pero ese año se rebeló el jefe indígena araucano Lautaro, ex soldado de Valdivia, quien lo derrotó, lo aprendió y lo mató en Tucapel el 25 de diciembre de 1553.

Ramón María del **VALLE INCLÁN**

Escritor español nacido el 28 de octubre de 1866 en Villanueva de Arosa. Realizó sus estudios básicos en Pontevedra. En 1885 inició estudios de Derecho en la Universidad de Santiago de Compostela, que abandonó en 1890. Viajó a México en 1892, donde colaboró en algunos periódicos. Regresó a Pontevedra en 1893. Publicó su primer libro, *Femeninas,* en 1895 y al año siguiente se instaló en Madrid. En 1899 perdió el brazo izquierdo a causa de una herida en una pelea de café.

Escribió sus *Sonatas* entre 1902 y 1905, y *Flor de santidad* en 1904. *Aromas de leyenda* es de 1907, año en que se casó e inició la publicación de sus comedias bárbaras. Escribió tres novelas ambientadas en la guerra carlista (1908-1909). En 1910 viajó por Latinoamérica y estrenó varias de sus obras dramáticas como *Cuento de abril* (1910), *La marquesa Rosalinda* (1913), *Voces de gesta* (1911) y *Luces de bohemia* (1920), donde establece una estética de la deformación, a la que llama "esperpento", y que incorpora en *Los cuernos de don Friolera* (1921) y *Las galas del difunto* (1926). *El ruedo ibérico* (1927-1932) es una serie de novelas basadas en el reinado de Isabel II. Un segundo viaje a México le inspiró su mejor novela: *Tirano Banderas* (1926). Puede decirse que en su escritura se entrelazan aspectos del modernismo hispanoamericano y de la Generación del 98 española.

Murió en Santiago de Compostela el 5 de enero de 1936.

Jan **VAN EYCK**

Pintor flamenco nacido en Maaseik h. 1390. Trabajó para la corte de Juan de Baviera en La Haya, en 1422. Tras la muerte del rey Juan en 1425, entró al servicio de Felipe el Bueno, duque de Borgoña, en Lille. En 1428 el duque lo envió como parte de la delegación que gestionó la boda de Felipe con la infanta Isabel de Portugal, a quien Van Eyck pintó en dos ocasiones. En 1430 se trasladó a Brujas.

En 1432 terminó su obra cumbre *Adoración del cordero místico*, un retablo para la catedral de Gante. Fue un gran retratista, como puede verse en *Giovanni Arnolfini y su esposa* (1434), su retrato más famoso, abundante en símbolos y alegorías que constituyen una de las características principales de su obra. Se supone que *El hombre con turbante rojo* (1433) es un autorretrato. Entre sus obras religiosas también destacan *La virgen del canciller Rolin* (1435) y *La virgen del canónigo Van der Paele*.

Murió en Brujas el 9 de julio de 1441.

Mario **VARGAS LLOSA**

Escritor peruano nacionalizado español, nacido en Arequipa el 28 de marzo de 1936. Se educó en Cochabamba, Lima (en una escuela militar) y Piura. En 1952 vio la puesta en escena de *La huida del Inca*, obra de su autoría en tres actos. Ingresó a la Universidad de San Marcos, publicó sus escritos en revistas literarias y coeditó algunos libros. A los 19 años casó con su tía política, Julia Urquidi, de 29 años.

En 1958 recibió una beca para la Universidad Complutense de Madrid. Se trasladó a Francia en 1960, donde empezó a escribir. De esa época son *La ciudad y los perros* (1963), *La casa verde* (1966) que le valió el premio Rómulo Gallegos, *Los cachorros* (1967), *Conversación en la catedral* (1969), *Pantaleón y las visitadoras* (1973) y *La tía Julia y el escribidor* (1977).

Después de vivir tres años en Londres, fue escritor residente en la Universidad Estatal de Washington en 1969. El año siguiente se instaló en Barcelona. En 1974 regresó a Lima, presentó conferencias y enseñó ampliamente por todo el mundo. En 1977 fue nombrado miembro de la Academia Peruana de la Lengua. Su producción literaria continuó con *La guerra del fin del mundo* (1981), *La señorita de Tacna* (1981), *Kathie y el hipopótamo* (1983), y *La Chunga* (1986). Obtuvo el premio Príncipe de Asturias 1986, el Nobel de Literatura en 2010 y fue nombrado marqués por el rey Juan Carlos de España en 2011.

En 1990 contendió en las elecciones presidenciales de Perú, que al final perdió, y escribió sobre esta experiencia en *El pez en el agua* (1993). Se convirtió en ciudadano español en 1993 y el año siguiente obtuvo el premio Cervantes y la membresía de la Real Academia Española. Continuó escribiendo sobre Perú en novelas como *Los cuadernos de don Rigoberto* (1997). Sus obras posteriores incluyen *La fiesta del chivo* (2000), *El paraíso en la otra esquina* (2003) y *Travesuras de la niña mala* (2006).

JOSÉ **VASCONCELOS**

Escritor y político mexicano nacido en Oaxaca el 28 de febrero de 1882. Hizo sus estudios iniciales en Eagle Pass, Texas. En 1907 obtuvo el título de licenciado en Derecho, por la Escuela Nacional de Jurisprudencia. Con Alfonso Reyes y otros escritores fundó El Ateneo de la Juventud, en 1908. Al año siguiente se sumó a la campaña de Francisco I. Madero, con miras a la elección presidencial de 1910, cuyo resultado desencadenó la Revolución Mexicana. En 1920 fue nombrado rector de la Universidad Nacional de México.

Pugnó por la creación de la Secretaría de Educación Pública y fue su primer titular, de 1921 a 1924, etapa en la que impulsó la educación, fomentó la lectura y apoyó la obra de los primeros muralistas. Al terminar su gestión, pasó a la oposición. Presentó su candidatura a gobernador de Oaxaca y luego, en 1929, a la presidencia de México, pero perdió ambas.

Fue un escritor prolífico y multitemático. Su pensamiento filosófico está plasmado en *Pitágoras, una teoría del ritmo* (1916), *El monismo estético* (1918), *Tratado de metafísica* (1929), *Ética* (1932) y, la que para muchos es su mejor obra, *Estética* (1935). Su crítica sociológica se muestra en *La raza cósmica* (1925), *Bolivarismo y Monroísmo* (1934). Su crónica autobiográfica se plasma en tres tomos: *Ulises criollo* (1935), *La tormenta* (1936), *El desastre* (1938) y *El proconsulado* (1939).

Al ser perseguido buscó refugio en Estados Unidos, de donde regresó a México en 1940 y fue nombrado director de la Biblioteca Nacional. Murió en la Ciudad de México el 30 de junio de 1959.

Garcilaso de la **VEGA**

Poeta castellano nacido en Toledo h. 1501. Fue educado en la corte donde aprendió lenguas, música y esgrima. Entró al servicio de Carlos V en 1520, para combatir en la guerra de las Comunidades de Castilla. Fue herido en Olías del Rey y en Rodas (1522), por lo que se le nombró caballero de la Orden de Santiago. En 1524 enfrentó a los franceses en Fuenterrabía. Al año siguiente regresó a Toledo para casarse con Elena de Zúñiga, matrimonio concertado por el emperador. En 1526 conoció a Isabel Freyre, dama portuguesa de la reina, por quien sintió un gran amor platónico; la menciona como *Elisa* en sus poemas.

Combatió en la campaña de Florencia en 1530. Sufrió el enojo y destierro por parte del rey al ser testigo en la boda del hijo de su hermano, un comunero. Fue enviado cerca de Ratisbona (1531), de donde fue liberado para ayudar al duque de Alba en 1532. Se estableció en Nápoles, donde conoció a profundidad el arte renacentista. En 1535 combatió en Túnez, donde fue herido. Al año siguiente participó en la expedición contra Francia y fue herido en Le Muy y trasladado a Niza.

La obra poética de Garcilaso de la Vega, conformada apenas por 40 sonetos, cinco canciones, dos elegías, una epístola, tres églogas y ocho coplas, se publicó por vez primera en 1543, a siete años de su muerte y como apéndice de las *Obras* de Juan Boscán. Sin embargo, esos textos marcan el inicio de la poesía renacentista en España y son una piedra de fundación para la lírica de nuestra lengua, pues sus innovaciones en la métrica y en la estética cambiaron la manera de hacer poesía.

Lo trasladaron herido a Frejus, y de ahí a Niza para finalmente morir ahí el 14 de octubre de 1536.

El Inca Garcilaso de la **VEGA**

Escritor e historiador peruano nacido en Cuzco el 12 de abril de 1539. Sus padres fueron el conquistador extremeño Sebastián Garcilaso de la Vega Vargas y la princesa inca Isabel Chimpu

Ocllo, quienes lo bautizaron como Gómez Suárez de Figueroa. Recibió su educación inicial de su madre y sus nobles antepasados, por lo que estuvo en contacto directo con el conocimiento de los grandes sabios incas. A los 13 años entró a la Escuela de Mestizos Juan Cuéllar donde aprendió latín. Fue secretario de su padre, en ese momento regidor de Cuzco. En 1557, en acatamiento a una orden real, su padre se casó con una española por lo que debió abandonar a la madre de Garcilaso, pero murió en 1559, y dejó a su hijo una cuantiosa herencia que incluía propiedades en España, hacia donde partió en 1560.

Fracasó en su intento de reclamar su herencia y se enlistó en el ejército, donde obtuvo el grado de capitán después de combatir en 1569 a los moros en Granada. Empezó a firmar como Garcilaso de la Vega. Recibió una cuantiosa herencia de su tío en 1571.

Conoció a Luis de Góngora y Argote y a Miguel de Cervantes. Desde Madrid continuó escribiendo a sus parientes y amigos en Perú. Decepcionado, se retiró del ejército en 1590 y empezó a interesarse en las humanidades y en la religión. Se trasladó a Córdoba en 1591.

En 1605 publicó *La Florida del inca*, pero su obra más célebre fue *Comentarios reales*, cuya primera parte apareció en 1609 y la segunda, en 1617, después de su muerte. Se ordenó clérigo en 1612. Los *Comentarios reales* fueron escritos con una prosa de estilo notable, y en los que se describen los usos y las costumbres de la cultura en la zona andina y se traza su historia hasta la conquista española.

Murió en Córdoba hacia el 23 de abril de 1616.

Félix Lope de **VEGA**

Escritor español nacido en Madrid el 25 de noviembre de 1562. Dio muestras de talento desde su infancia. Ingresó a la escuela de Madrid, estudió en el colegio de los jesuitas y en 1577 entró a la Universidad de Alcalá de Henares. Sus amoríos con una mujer casada lo llevaron al destierro. Tomó las armas en 1583 y en 1588 tuvo acción en combate. Vivió con su primera esposa en Valencia y en 1590 se estableció en Toledo. En 1592 se incorporó al servicio del duque de Alba. Luego de enviudar, casó en 1598. Convivió con una amante con la que procreó varios hijos en Toledo entre 1601 y 1606. Como miembro del Santo Oficio, se ordenó sacerdote en 1614; sin embargo, mantuvo relaciones con una amante hasta 1632.

Fue un autor muy prolífico. De su obra poética pueden citarse: *Triunfos divinos con otras rimas sacras* (1625) y las églogas *Amarilis* (1633) y *Filis* (1635), así como sus poemas épicos *La Dragontea* (1598), *La hermosura de Angélica* (1602) y *La Gatomaquia* (1634). Entre sus novelas se encuentran *La Arcadia* (1598), *Los pastores de Belén* (1612) y *La Dorotea* (1632).

Entre la enorme cantidad de sus piezas dramáticas están: *Fuenteovejuna* (1619), *Peribáñez y el comendador de Ocaña* (1614), *El caballero de Olmedo* (1626), *El mejor alcalde, el rey* (1635), *El perro del hortelano* (1618), *La dama boba* (1613), *La discreta enamorada* (1604) y *El villano en su rincón* (1611). Es importante también *Arte nuevo de hacer comedias en este tiempo* (1609), texto en el que explica su concepción del teatro.

Murió en Madrid el 27 de agosto de 1635.

José María **VELASCO**

Pintor mexicano nacido en Temascalcingo, Estado de México, el 6 de julio de 1840. Su familia se trasladó a la Ciudad de México en 1849. Estudió en la Escuela de la Divina Providencia hasta 1856, año en que empezó a trabajar en un negocio familiar. Fue un gran estudioso de la botánica, la zoología, la geografía y la arquitectura. Ingresó a la Academia de San Carlos en 1858. Estudió con Eugenio Landesio, un paisajista italiano que descubrió sus cualidades para retratar el paisaje.

Ganó un concurso en la Academia en 1860 con su obra *Patio del exconvento de san Agustín*, donde el premio era una beca. Destacó en otros concursos al obtener medallas y diplomas, por lo que fue mencionado en periódicos de la época. Retrató el paisaje mexicano junto con los avances tecnológicos que se fueron introduciendo, como se ve en *El cabrío de san Ángel* (1862).

A su graduación, en 1864, asistió Maximiliano I, quien le entregó un reconocimiento por *La caza*. Concluidos sus estudios, inició una trayectoria profesional que duró casi 45 años, en los cuales realizó cerca de tres centenares de óleos, además de acuarelas, litografías y miniaturas.

En 1868 fue nombrado profesor de Perspectiva en la recién nombrada Escuela Nacional de Bellas Artes. En 1875 pintó *El valle de México desde el cerro de Santa Isabel,* una de sus grandes obras. Participó en la Exposición Universal de París en 1878 y 1889, lo que le valió la condecoración de la Legión de Honor del gobierno francés. Fue nombrado presidente de la Sociedad Mexicana de Historia Natural en 1881 por su conocimiento de la flora y fauna de México. Dejó la cátedra en 1902.

Murió en la Ciudad de México el 26 de agosto de 1912.

Diego **VELÁZQUEZ**

Conquistador español nacido en Sevilla el 6 de junio de 1599. Su educación inicial consistió en lecciones de idiomas y filosofía. A los 10 años entró como aprendiz de Francisco Herrera, pero pronto pasó al taller de Francisco Pacheco, en el que permaneció cinco años. En 1618 casó con Juana, hija de Pacheco. Trabajó de forma independiente y a los 21 años ya gozaba de buena reputación en Sevilla. En 1623 fue nombrado pintor de la corte en Madrid. Rubens lo visitó en 1628 y le sugirió que viajara para conocer el trabajo de los grandes pintores italianos.

Al año siguiente obtuvo permiso del rey para viajar a Italia. A su regreso, el rey le hizo encargos para diferentes edificios de la corte. Volvió a Italia en 1648 a petición del rey para comprar obras de arte con miras a la fundación de una academia en Madrid. Durante su estancia en Roma pintó el retrato de Inocencio X, que es considerado uno de los mejores trabajos en su tipo. Regresó a Madrid en 1651 y siguió trabajando para el rey arduamente, lo que minó gravemente su salud.

A medida que fue conociendo otras obras, el estilo de Velázquez fue definiéndose y perfeccionándose, hasta alcanzar una luminosidad y un uso de colores muy personal. El reconocimiento le llegó hasta el siglo XIX, pues antes de pasar al Museo del Prado sus cuadros permanecieron en palacios a los que no tenía acceso el público. Algunas de sus obras más famosas son *La adoración de los magos* (1619), *El aguador de Sevilla* (1620), *Los borrachos* (1628), *La fragua de Vulcano* (1630), *Cristo crucificado* (1632), *La tentación de Santo Tomás de Aquino* (1632), *La Venus del espejo* (1648) y *Las meninas* (1656).

Murió en Madrid el 6 de agosto de 1660.

Giuseppe **VERDI**
(Giuseppe Fortunino Francesco Verdi)

Músico italiano nacido en Roncole, Busseto, el 10 de octubre de 1813. Su educación en las artes y las humanidades se enriqueció en la gran biblioteca del colegio de los jesuitas en Busseto. Estudió música con Ferdinando Provessi. Contó con la protección de Antonio Barezzi, comerciante de Busseto aficionado a la música que creyó en sus dotes. Gracias a su ayuda, Verdi se trasladó a Milán, donde no pudo ingresar al conservatorio debido a su edad, de modo que estudió contrapunto con Vincenzo Lavigna, quien le dio a conocer la música italiana del pasado y la alemana de esa época. En 1833 volvió a Busseto como director de la Sociedad Filarmónica.

Comenzó a escribir diversas óperas sin mayor éxito, hasta que en 1842 se estrenó *Nabucco*, que muestra el verdadero talento del músico y que revela un encendido amor patrio. Sus óperas se convirtieron en símbolo de independencia. Se dice que el grito "¡Viva Verdi!" incluía el acróstico de *"Vittorio Emmanuele, Re D'Italia"* (Víctor Emmanuel, rey de Italia), más que el apellido del compositor.

Su éxito creció notablemente y a sus 34 años sus obras se representaban en teatros de toda Europa. En *Rigoletto* (1851), *Il Trovatore* y *La Traviata* (ambas de 1853), el arte de Verdi alcanzó la cumbre en una cadena perfectamente comunicada de acontecimientos dramáticos. Tal vez sus mejores óperas son las últimas cuatro: *Don Carlos* (1867), *Aida* (1871), *Otello* (1887) y *Falstaff* (1893), magistral comedia que termina con una fuga despreocupada a las palabras: "¡Todo el mundo es una broma!"

Murió en Milán el 27 de enero de 1901.

Jan **VERMEER**

Pintor holandés bautizado en Delft el 31 de octubre de 1632. Se sabe poco de las etapas tempranas de su vida. Nació en una familia de comerciantes protestantes, heredó el negocio de su padre y probablemente fue alumno de los maestros Leonaert Bramer y Carel Fabritius. En 1653 se casó con Catharina Bolnes, se convirtió al catolicismo y perteneció al gremio de marchantes de arte de San Lucas, en el que comenzó a comerciar con sus primeros trabajos.

La invasión francesa de los Países Bajos en 1672 lo sumió en graves problemas financieros y, tras su muerte, su familia se vio obligada a vender todos los cuadros que poseían para sobrevivir. El conjunto de su obra está conformado por 60 piezas, pero sólo está plenamente validada la autenticidad de 35. A falta de registros escritos, éstas sólo han podido fecharse a través del análisis de su estilo.

VE

Sus obras son cuadros de género, se caracterizan por la claridad compositiva y la proximidad de colores complementarios, como el azul y el amarillo. En una atmósfera de quietud presentan a personajes individuales, a veces parejas, en espacios domésticos bien delimitados, acompañados a veces con motivos alegóricos, donde se desarrollan escenas de la vida cotidiana.

Otra característica importante de su obra es la entrada de la luz natural, siempre por la ventana del lado izquierdo. Algunas de esas piezas son *Muchacha leyendo una carta*, *Dama con dos caballeros*, *El geógrafo*, *La lección de música*, *La encajera* y *Militar y muchacha riendo*. Vermeer también pintó un par de paisajes urbanos, como su célebre *Vista de Delft* para la que quizá usó la cámara oscura.

Aunque gozó de la admiración de sus contemporáneos, su verdadero aprecio empezó dos siglos después, gracias al ensayo del crítico francés Théophile Thoré publicado en la *Gaceta de Bellas Artes*.

Murió en su ciudad natal el 16 de diciembre de 1675.

Julio **VERNE**

Escritor francés nacido en Nantes el 8 de febrero de 1828. Estudió inicialmente en su ciudad natal y a los veinte años se mudó a París para estudiar Derecho; sin embargo, se interesó más por el teatro y frecuentó los salones del momento. Sus primeras obras fueron piezas teatrales que gozaron de relativo éxito. Mientras preparaba los exámenes de su carrera (que logró concluir) visitaba asiduamente la Biblioteca Nacional para sumergirse en lecturas sobre los avances científicos.

Por la misma época entabló amistad con el explorador Jacques Arago, quien lo presentó a diversos geógrafos y viajeros que le relataban sus historias sobre territorios lejanos y poco conocidos. En la etapa siguiente fue secretario del teatro Lírico y continuó escribiendo piezas para éste; publicó algunos relatos y la novela histórica *Martin Paz*. Sus estudios autodidactas de geografía, matemáticas y física lo impulsaron a proyectar un nuevo tipo de novela.

En 1863 concluyó *Cinco semanas en globo*, un atractivo relato de aventuras. Entusiasmado con la obra, el editor Pierre-Jules Hetzel le propuso un contrato a largo plazo en el que se comprometía a publicar un total de 40 volúmenes. Verne comenzó así una brillante trayectoria, exitosa desde el inicio, que dio origen a la novela científica, enriquecida con elementos fantásticos e interesantes aventuras.

Sus trabajos más destacados son *Viaje al centro de la Tierra* (1864), *De la Tierra a la Luna* (1865), *Los hijos del capitán Grant* (1867-68) y *Veinte mil leguas de viaje submarino* (1870). Su reconocimiento internacional quedó asegurado con *La vuelta el mundo en ochenta días* (1873) y *Miguel Strogoff* (1876), cuyas ediciones lo hicieron dueño de una importante fortuna. Pertenecen a su última etapa *Frente a la bandera* (1896) y *La esfinge de los hielos* (1897). Verne es el escritor francés más traducido a otros idiomas y sus trabajos han sido adaptados varias veces al cine. Despreciado en un principio por la crítica seria, después fue objeto de una cuidadosa revaloración que conecta su trabajo con obras de la "gran literatura", como *El barco ebrio,* de Arthur Rimbaud.

Murió en Amiens el 24 de marzo de 1905.

Andrés **VESALIO**

Médico flamenco nacido en Bruselas, Bélgica, el 31 de diciembre de 1514. Por varias generaciones los miembros de su familia se habían dedicado a la medicina. Estudió en la Universidad de Lovaina, donde destacó por sus grandes conocimientos de física. En la etapa posterior cursó medicina en Montpellier, París y Basilea, donde obtuvo el título de doctor en 1537. Dos años más tarde fue nombrado profesor de la cátedra de anatomía en Padua, que en la década siguiente también tuvo en las universidades de Bolonia y Basilea.

Su primera obra fue un comentario a la obra del sabio y médico persa al-Razi (865-925) y apareció en Lovaina en 1537. Con el fin de apoyar sus enseñanzas, en 1538 mandó hacer los grabados de seis láminas anatómicas del cuerpo humano (tres correspondían al esqueleto y las restantes, a las arterias, los nervios y las vísceras). Éstas tuvieron enorme éxito y lo hicieron conocido en toda Europa.

En 1543 apareció su obra más importante, *La fábrica del cuerpo humano*, escrita en latín, un volumen de importancia capital en la historia de la medicina. En ella enfatiza la importancia de la disección y funda formalmente la anatomía. Dividida en siete libros, describe e ilustra con grabados los huesos y cartílagos, los músculos y ligamentos, las venas y las arterias, los nervios, los aparatos digestivo y reproductor, el corazón y sus órganos auxiliares, el sistema nervioso central y los órganos de los sentidos. De acuerdo con algunos especialistas, ninguna otra obra ha marcado un progreso tan grande en la historia de la medicina; sin embargo, en su momento Vesalio tuvo que superar calumnias y ataques.

Médico particular de los reyes españoles Carlos V y Felipe II, la Inquisición lo acusó de disecar a un hombre vivo y lo condenó a muerte. Felipe II logró, con grandes trabajos, que le conmutaran la pena por el peregrinaje a Jerusalén. Mientras estaba en esa ciudad, el senado de Venecia le ofreció ocupar la cátedra de anatomía en la Universidad de Padua, vacante tras la muerte de su alumno Gabriel Falopio. Vesalio aceptó, pero una tempestad arrojó su barco a la isla de Zacinto, en el mar Jónico, donde falleció de hambre y agotamiento el 15 de octubre de 1564.

Américo **VESPUCIO**

Navegante y explorador italiano nacido en Florencia el año de 1454. Hijo de un notario, recibió una completa educación humanista. En su ciudad natal trabajó al servicio de la poderosa familia Médici y en 1492 llegó como su agente naval a Sevilla, donde conoció a Cristóbal Colón y participó en los preparativos de su segundo viaje.

Al servicio de la Corona española en 1499, se unió a la expedición de los navegantes Alonso de Ojeda y Juan de la Cosa, que se dirigió a las costas de lo que hoy llamamos Sudamérica. En la etapa siguiente se puso al servicio de la Corona portuguesa y navegó por las costas de Brasil; llegó incluso a la bahía de Guanabara, en la actual ciudad de Río de Janeiro.

Ese viaje resultó de importancia crucial pues lo convenció —como muchos lo pensaban ya— de que esas tierras no eran parte de Asia, sino un "Nuevo Mundo". En suma, a lo largo de su vida realizó cuatro viajes por esas latitudes. En 1505 se convirtió en súbdito castellano y tres años más tarde obtuvo el puesto de piloto mayor en la Casa de Contratación de Sevilla, cargo de gran responsabilidad porque implicaba examinar a los navegantes para otorgarles la licencia correspondiente.

En 1507 el cartógrafo Martin Waldseemüller publicó el tratado *Introducción a la cosmografía* que incluía una carta, presuntamente escrita por Vespucio (su autenticidad es objeto de controversias), en la que relataba sus cuatro viajes al "Nuevo Mundo". Los textos acompañaban un mapamundi en doce paneles donde por primera vez propuso llamar "América" a esa zona en honor de Vespucio, pues Waldseemüller pensaba que éste había sido su descubridor.

Al parecer, el propio cartógrafo después se retractó de darle ese nombre, pero los mil ejemplares que había puesto en circulación bastaron para consolidar el nombre de "América". En su calidad de piloto mayor, Vespucio ayudó a preparar diversas expediciones pero no participó en ninguna más. Se sabe que elaboró un mapa de la costa que descubrió, pero éste y sus bitácoras de viaje se perdieron. Algunos historiadores lo consideran un mero usurpador que se aprovechó de los méritos ajenos, mientras que otros defienden el valor de sus conocimientos.

Murió en Sevilla el 22 de febrero de 1512.

Giambattista VICO

Filósofo italiano nacido en Nápoles el 23 de junio de 1668. Estudió filosofía, derecho y literatura de forma autodidacta, e incluso adquirió nociones de medicina a partir de 1687, cuando trabajaba como preceptor de la familia Rocca, marqueses de Vatolla. En 1693 entregó a la imprenta *Las pasiones de un desesperado*, una balada que refleja sus preocupaciones cósmicas y la influencia de Lucrecio, a la que siguieron diversas piezas de circunstancia en prosa y verso, incluso algunos discursos. La fama que le dieron le permitió ingresar a la Academia Palatina y luego obtuvo la cátedra de retórica en la Universidad de Nápoles.

En sus siguientes obras, como el *Libro metafísico*, de 1710, expuso su pensamiento filosófico. De acuerdo con su teoría, el fundamento del conocimiento es la conversión de lo verdadero en hechos patentes. A partir de ella derivó la idea de los "puntos metafísicos", según la cual la realidad cobra forma como una serie de superficies derivadas de éstos, cual si se tratara de una proyección geométrica. En 1713 publicó *Del equilibrio del cuerpo animado*, un tratado de medicina en el que expuso como causas de la enfermedad la ralentización de la circulación sanguínea y el estrechamiento de los vasos. Incursionó, además, en la filosofía política y del derecho gracias a las lecturas que hizo para escribir la *Vida de Antonio Caraffa* (1642-1693), una biografía del mariscal de campo austriaco. Según lo que expuso en *El derecho universal* (1720-1722) estaba convencido de que los fundadores de la civilización fueron hombres desprovistos

VI

de cultura, religión y sentido de humanidad, que se unieron por mero instinto de conservación.

De 1725 hasta su muerte trabajó en su obra capital *La ciencia nueva*, en la que plantea una nueva visión de la historia conforme a la cual ésta no es una sucesión de acontecimientos desligados, sino el orden ideal al que tienden. Esa obra, que preludia el pensamiento de Kant y Hegel y se considera el texto fundacional de la filosofía de la historia. En ese mismo periodo escribió su *Autobiografía* (1725, 1728 y 1731), un breve estudio sobre Dante Alighieri (1728) y el tratado *De espíritu heroico* (1732-1733).

Incomprendido por sus contemporáneos, enfermo de tuberculosis y sumido en la pobreza, murió en su ciudad natal la noche del 22 al 23 de enero de 1744.

GUADALUPE **VICTORIA**

Militar y político mexicano nacido el 29 de septiembre de 1786 en Tamazula, Durango. Su verdadero nombre fue José Miguel Ramón Fernández y Félix. Estudió en el seminario de su ciudad, y después ingresó en el Colegio de San Ildefonso en la Ciudad de México, para estudiar Jurisprudencia. En 1811 se unió al movimiento independentista de José María Morelos. Se destacó por su valor en el sitio de Oaxaca en 1812. Fue ascendido a general en 1814 por el Congreso de Chilpancingo. Al año siguiente sufrió su primera derrota en Puente de Rey. En 1816 estuvo muy cerca de capturar al virrey Juan Ruiz de Apodaca, cuando éste iba camino a la capital. En 1817 ocupó Nautla, pero fue derrotado en Palmillas. En 1821 se proclamó el Plan de Iguala y, con él, la independencia de México.

Victoria manifestó sus ideas republicanas al recién coronado emperador Iturbide, por lo que lo fue encarcelado, aunque logró escapar. Fue diputado por Durango en el Constituyente de 1824, y ese mismo año, primer presidente constitucional de México. En su mandato, que duró hasta 1829, decretó la abolición de la esclavitud, constituyó la marina de guerra, con lo que expulsó de San Juan de Ulúa a los últimos españoles en 1825, sofocó la rebelión de Arena en 1827 y firmó el decreto de expulsión de los peninsulares. Le sucedió en el poder Vicente Guerrero.

Murió en Perote el 21 de marzo de 1843.

Cristóbal de **VILLALPANDO**

Pintor novohispano nacido en la Ciudad de México entre 1645
y 1649. Poco se sabe de su infancia y su educación, aunque
tratándose de un joven criollo seguramente se daría en el taller
de pintores establecidos y afamados, como los Juárez, pero sin
poder precisar cuál. En 1669 casó con María de Mendoza, con
quien procreó cuatro hijos.

Completamente imbuido del espíritu barroco y contrarre-
formista, se situó en la cúspide de un arte prolijo, colorido, desbordante, pero con una rigurosa geometría estructural, como
puede verse en los cuadros del retablo mayor del templo de san
Martín de Tours en Huaquechula, datados en 1675. El cabildo
de la Catedral Metropolitana le encargó los lienzos de grandes
dimensiones para la sacristía: *El triunfo de la Iglesia, El triunfo
de san Pedro, El triunfo de san Miguel* o *La mujer del apocalipsis,
La aparición de san Miguel en el monte Gárgano*.

En Puebla trabajó para la catedral de la ciudad, donde
pintó *La glorificación de la Virgen*. También pintó óleos para
la iglesia de santo Domingo en la capital de la metrópoli, que
entre otros guarda su lienzo *La lactación de santo Domingo*, y
22 óleos sobre la vida de san Ignacio de Loyola en el templo de
San Francisco Javier del convento de Tepotzotlán. Otro templo donde dejó honda huella fue el de La Profesa, en la Ciudad
de México, donde su colorido suntuoso, el brillo del oro y la
originalidad para resolver las escenas de tema religioso lo hacen
inconfundible.

Fue miembro del gremio de pintores y llegó a dirigirlo, por
lo que fue muy reconocido y admirado. Hacia 1690 pintó un
lote de 42 lienzos para el convento franciscano de la ciudad de
Guatemala.

Murió el 20 de agosto de 1714.

Felipe **VILLANUEVA**

Músico mexicano nacido en Tecámac, Estado de México, el
5 de febrero de 1862, hijo de Zenón Villanueva y Francisca
Gutiérrez. Su primera educación musical corrió a cargo de su
hermano Luis —quien le enseñó a tocar el violín— y de su primo Carmen, organista de la parroquia del pueblo. Después, el
director de la banda musical de la localidad, don Hermenegildo
Pineda, amplió su instrucción hasta el punto de que Felipe, con
sólo 10 años, compuso una *Canta a Hidalgo* y la mazurka *La
despedida* o *El último adiós*.

Con aptitud tan evidente, viajó a la Ciudad de México para completar su educación musical: ingresó en el Conservatorio Nacional, en 1873. A los catorce años de edad fue aceptado como violinista en la orquesta del teatro Hidalgo. En 1887, con otros músicos como Ricardo Castro y Gustavo E. Campa fundó el Instituto Musical, que revolucionó la enseñanza de la música en México.

De su obra destacan las llamadas "piezas de salón", música para cantar o bailar en las reuniones que entonces eran casi la única distracción familiar. Compuso gran cantidad de danzas, mazurcas, valses, canciones, etc., en los que destacan la brillantez melódica y la elegancia sonora. Entre sus obras destacan: *Lamento a Juárez*, *Vals Amor*, *Danzas humorísticas*, *Vals Poético*, la ópera inconclusa *Keofar* y la zarzuela *El rey que rabió*.

Murió de neumonía el 28 de mayo de 1893.

Pancho **VILLA**

Militar y político mexicano llamado legalmente Doroteo Arango. Nació el 5 de junio de 1878 en el seno de una familia de campesinos en la hacienda de Río Grande, San Juan del Río, Durango. Se dedicó a la agricultura y en cierta ocasión que una de sus hermanas fue violada, él asesinó al ofensor para después huir y dedicarse al bandolerismo, lo que le hizo ganar cierta popularidad entre la gente. Se unió al maderismo en 1909, al frente de una tropa bien organizada y armada.

Tuvo un triunfo en Ciudad Juárez, que fue decisivo para el éxito del alzamiento contra Porfirio Díaz. Al término de esa etapa practicó el comercio y regresó a la acción para combatir la rebelión de Pascual Orozco. Por desconfiar de él, Victoriano Huerta lo recluyó en la prisión de Tlatelolco, de donde logró fugarse para huir a Estados Unidos. Regresó a México tras el asesinato de Francisco I. Madero y fundó su División del Norte, defensora del constitucionalismo. Triunfó en Torreón y Chihuahua, donde fungió como gobernador provisional, y su toma de Saltillo fue definitiva para la caída de Victoriano Huerta.

Distanciado de Venustiano Carranza, luego de la Convención de Aguascalientes se enfrentó al ejército federal y sus tropas se fracturaron en pequeñas guerrillas. Cuando Carranza fue derrotado por el movimiento de Adolfo de la Huerta, Villa se acogió a la amnistía ofrecida por éste. Además de respetar su grado de general de división, el gobierno le otorgó el rancho de Canutillos, donde estableció una comunidad de trabajo con sus antiguos soldados.

Inquietos por su buena relación con De la Huerta, Plutarco Elías Calles y Álvaro Obregón diseñaron un plan para asesinarlo, que se consumó a la entrada de Parral, Chihuahua, el 20 de junio de 1923, donde fue emboscado.

Xavier **VILLAURRUTIA**

Escritor nacido en la Ciudad de México el 27 de marzo de 1903. Hizo sus primeros estudios en el Colegio Francés y posteriormente en la Escuela Nacional Preparatoria, donde entabló amistad con Salvador Novo y Jaime Torres Bodet. Inicialmente estudió Jurisprudencia, pero dejó la carrera para dedicarse al quehacer literario.

Entre 1927 y 1928 él y Novo dirigieron la revista *Ulises,* así como su sucesora, *Contemporáneos* (1928-1931). Publicación de gran importancia para las letras mexicanas en el siglo XX, en ella escribieron los poetas más notables de esa generación (conocida como "Los Contemporáneos"), incluyendo al propio Villaurrutia. En la misma época, también con Novo y otros autores como Gilberto Owen y Celestino Gorostiza, fundó el Teatro de Ulises, un grupo experimental que presentaba piezas de dramaturgos nuevos con actores no profesionales.

En 1933 apareció su poemario *Nostalgia de la muerte,* en el que se incluyen su *Nocturnos,* composiciones inspiradas por el mundo de los sueños y la asociación libre de ideas para abordar asuntos como la muerte, el cuerpo, la sombra y la desesperanza de la condición humana; el más notable de ellos es el "Nocturno de los Ángeles". Gracias a una beca de la Fundación Rockefeller, de 1935 a 1936 estudió teatro en la Universidad de Yale. A su regreso fue profesor de literatura en la Universidad Nacional Autónoma de México y jefe del departamento de Teatro del Instituto Nacional de Bellas Artes.

En volumen, su producción como dramaturgo es la más destacada de su trabajo. Escribió varias piezas en un acto, como *Sea usted breve* (1914) y *El ausente* (1937) así como varias más en tres, como *El pobre Barba Azul* (1946) y *Juego peligroso* (1949). En ese género aborda las relaciones familiares y ocasionalmente traslada temas de la tragedia griega al mundo contemporáneo, por lo que se le ha comparado con el estadounidense Eugene O'Neill. Su trabajo poético se completa con

VI

los volúmenes *Décima muerte y otros poemas* (1941) y *Cantos a la muerte y otros poemas*, de edición póstuma. Fue también guionista de cine y autor del libreto de la ópera *La mulata de Córdoba*, de José Pablo Moncayo (1948).

Murió en su ciudad natal el 25 de diciembre de 1950.

Leonardo Da VINCI

Este pintor, ingeniero, arquitecto, científico e inventor nació en Vinci, el 15 de abril de 1452, hijo de un notario que en 1469 lo puso bajo la tutela de Verrocchio, con quien Leonardo se inició en la pintura y la escultura. En 1478 le encargaron el retablo para la capilla del palacio Vecchio y en 1481 comenzó *La adoración de los Magos* de la galería de los Uffizi, que dejó sin terminar, y realizó *Anunciación* y la *Madona Benois*. Esas obras destacan por la aplicación de los efectos de la luz y el "esfumado", que es una fusión de la luz y la sombra que produce tonos de color muy diluidos.

Leonardo permaneció en Florencia hasta inicios de 1482, cuando se dirigió a Milán a trabajar como pintor, ingeniero, escultor y decorador de los jardines de Lorenzo de Médicis. En busca de un mecenas, se presentó a Ludovico el Moro. Bajo esa protección estudió ciencias naturales y matemáticas mientras realizaba proyectos arquitectónicos. De esta época son las pinturas *La bella Ferronniere*, *El médico*, *La dama con armiño* y *Virgen con el Niño*. En 1496 comenzó el fresco de *La Cena* para el refectorio de Santa Maria delle Grazie, y dos años más tarde lo terminaría.

Entre 1499 y 1503 fue inspector de las fortificaciones César Borgia. Cuando volvió a Florencia realizó obras como *La Gioconda*, *Santa Ana*, dos *Madonas*, *La batalla de Anghiari* (fresco perdido), *Leda*. Se enfrascó en la investigación de la ciencia pura y realizó planos de urbanismo. En 1512 decidió trasladarse a Roma y Juliano de Médicis, hermano del papa León X, lo protegió. Se entregó entonces a la investigación arquitectónica. Son también de esa época los cuadernos de notas donde se registran sus investigaciones sobre la cuadratura del círculo y la anatomía humana.

Al morir Juliano en 1516, se presentó ante Francisco I de Francia y el monarca lo acogió hasta la muerte del hombre que quizá ha tenido el mayor número de talentos en la historia de la humanidad. Murió en Clos-Lucé el 2 de mayo de 1519.

VIRGILIO
(PUBLIO VIRGILIO MARON)

Poeta latino nacido en Andes, cerca de Mantua (de ahí su sobrenombre de "El Cisne de Mantua"), el 15 de octubre de 70 a.C., hijo de un agricultor del estamento de los *equiti* (caballeros) que vivía en sus posesiones rurales, lo que explica su conocimiento y amor por la tierra que Virgilio expresó en sus obras.

En el año 55 a.C. tomó la *toga virilis,* indumentaria propia de los varones adultos y que marcaba la mayoría de edad. Estudió en Cremona y después en Mediolanus (Milán), antes de encaminarse a Roma para estudiar ahí retórica y filosofía. Hacia el 45 a.C. se estableció en Parténope (Nápoles), se adhirió al epicureísmo y conoció al poeta Quinto Horacio Flaco. Regresó a su tierra natal y comenzó a cultivar la poesía. Hacia el 41 a.C., un decreto imperial de reparto de tierras a los veteranos del ejército afectó las tierras de su padre, pero gracias a su amistad con Asinio Polión pudo evitar el despojo, aunque éste se produjo al año siguiente. Virgilio acudió a Roma para reclamar, y mientras seguía su curso el pleito publicó *Las Églogas o Bucólicas,* poemas dedicados a la vida campestre, y entabló amistad con el poderoso Cayo Mecenas, amigo personal del emperador Octavio Augusto y su asesor en materia de arte. Gracias a él, Virgilio fue indemnizado con una propiedad en Campania.

Por sugerencia de Mecenas escribió *Geórgicas,* poema sobre la agricultura a tenor con la política de Augusto que deseaba reavivar el gusto romano por los placeres sencillos. Entonces el emperador le encomendó la creación de un poema nacional a semejanza de la épica griega antigua. A esa tarea el poeta se dedicó 10 años. En el 19 a.C. hizo un viaje a Grecia para revisar su gran poema, *La Eneida,* pero en Megara fue víctima de la insolación. A toda prisa se le trasladó a Atenas y de ahí a Brindisi, en Italia, donde falleció el 21 de septiembre del 19 a.C. Poco antes de morir, ordenó que sus manuscritos aún sin terminar fueran quemados, pero César Augusto lo impidió y ordenó a Lucio Vario Rufo y Plotio Tucca —sus albaceas— que concluyeran la obra, con lo que *Le Eneida* se salvó para la posteridad.

ANTONIO **VIVALDI**

Músico italiano nacido en Venecia el 4 de marzo de 1678. Su familia lo destinó al sacerdocio, y aunque se ordenó en 1703, al cabo de un año pidió ser relevado de la obligación de celebrar la misa debido a su mala salud. Venecia contaba con cuatro

VI

conservatorios musicales, todos ellos orfanatos para niñas —generalmente hijas ilegítimas de los nobles—, donde se enseñaba música con gran calidad y abundancia de recursos. Vivaldi trabajó allí, especialmente en el Ospedale dela Pietá (Hospicio de la Piedad), donde enseñó a tocar instrumentos, a cantar y compuso infinidad de obras, desde ejercicios para principiantes hasta conciertos y sonatas. Ahí trabajó de 1703 a 1709 y de nuevo de 1711 a 1717. Parece que dedicó el intervalo a la ópera en el teatro de San Ángel. Pero su participación en obras profanas no perturbó sus buenas relaciones con el Ospedale, ya que en 1716 estrenó ahí su oratorio *Judith triunfante de la barbarie de Holofernes.*

A fines de 1717 se mudó a Mantua para tomar el puesto de maestro de capilla del landgrave de Hessen-Darmstadt, para el cual compuso óperas como *Armida.* Conoció a la cantante Anne Giraud y, cuando en 1720 regresó a Venecia, ella y su hermana Paulina se fueron a vivir con él, como "amigas y amas de llaves", pero se perjudicó el prestigio de quien el pueblo llamaba *il preste rosso* (el presbítero rojo). Partió a Roma donde sobresalió como violinista, sin dejar por ello el Ospedale. Entre 1725 y 1728 estrenó ocho óperas en Florencia y Venecia. En 1725 publicó *Il Cimento dell' Armonia e dell' invenzzione,* conjunto de conciertos que contiene los conocidos como *Las cuatro estaciones.* En 1730 viajó con Giraud a Praga donde estrenó su ópera *Farnace.* En 1732 estuvo en Mantua presentando su ópera *Semirammide.* En 1740 renunció al Ospedale dela Pietá y se mudó a Viena, donde murió el 28 de julio de 1741.

Alejandro **VOLTA**

Científico italiano nacido el 18 de febrero de 1745 en Como, Lombardía. Recibió su primera educación en las escuelas públicas locales. En 1774 fue nombrado maestro de física en la Escuela de Educación Superior en Como. En 1779 se creó la cátedra de física en Pavía y el conde Volta fue designado para ocuparla. Descubrió el metano, llamado hasta entonces "gas de los pantanos", y describió sus propiedades. En 1782 viajó por Europa occidental y conoció a las celebridades científicas del momento, con quienes tuvo un enriquecedor intercambio de ideas.

En 1791, Galvani publicó *De viribus electricitatis in motu muscularis comentarius,* que contenía sus observaciones sobre el efecto de descargas eléctricas en los músculos de ranas muertas, lo que demostró que la electricidad tenía que ver de algún modo con los seres vivos. A partir de eso, probó que había sustancias conductoras de electricidad que podían clasificarse en dos grupos: el primero, constituido por metales sólidos, el segundo, por soluciones líquidas de ácidos y óxidos. Estudió la variación del potencial eléctrico cuando se alternaban capas de uno y otro tipo de conductores y así logró construir la primera pila o batería eléctrica a base de discos de cobre o níquel alternados con capas de algodón embebido en ácido.

En 1794 la Royal Society de Londres le otorgó la medalla Cobley por sus aportaciones a la física y ese mismo año se casó con Teresa Peregrini, con quien procreó tres hijos. En 1801 Napoleón I lo llamó a París para que hiciera una demostración de sus experimentos y en 1810 lo ennobleció con el título de conde. En 1815 el emperador austriaco lo nombró director de la Facultad de Filosofía en Pavía.

En 1819 se retiró de la cátedra y se instaló en su ciudad natal, donde murió el 5 de marzo de 1827.

VOLTAIRE
(François-Marie Arouet)

Filósofo y escritor francés nacido en París el 21 de noviembre de 1694, hijo de François Arouet, recaudador de impuestos, y de Marie Marguerite d'Aumart. De 1704 a 1711 estudió con los jesuitas en el Colegio Luis el Grande, y después la carrera de Derecho, de 1811 a 1813. Posteriormente consiguió empleo como secretario del embajador francés en los Países Bajos.

Por su carácter independiente decidió dedicarse por completo a escribir, empeño algo delicado en aquellos tiempos en que todo libro debía llevar la autorización del rey y de la Iglesia. Como sus escritos eran muy críticos precisamente contra el gobierno y el clero, sufrió encarcelamientos y destierros. En 1717 fue a parar a la Bastilla —la cárcel para presos políticos— y además de escribir su tragedia *Edipo*, ahí adoptó el seudónimo de Voltaire. En 1726 —de nuevo en la Bastilla— recibía las visitas de sus numerosos admiradores, encantados por la elocuencia, la sátira y la crítica racionalista que Voltaire ejercía en artículos periodísticos, panfletos y colaboraciones para la *Enciclopedia* que coordinaba Diderot.

De 1726 a 1729 vivió exiliado en Inglaterra; a su regreso escribió poesías, dramas, relatos y tratados científicos e históricos gracias a los que fue nombrado historiógrafo real. En 1731 publicó su *Historia de Carlos XII,* donde negaba que la providencia guiara el desarrollo de la historia. En 1734 dio a conocer sus *Cartas filosóficas sobre los ingleses,* fina crítica del régimen monárquico francés. Tuvo que esconderse en el castillo de Cirey donde vivió con su amiga-enamorada marquesa de Chatelet, Gabriéle Émilie le Tonnelier Breteuil, casada con Florant-Claude de Chatelet; la relación duró 15 años, hasta la muerte de ella. En 1746 fue nombrado miembro de la Academia Francesa, pero en 1750 prefirió la oferta de Federico II de irse a Berlín. En 1755 se mudó a Suiza, donde se estableció.

Murió en París el 30 de mayo de 1778, dejando una considerable obra, entre la que se hallan los títulos *Cándido, Tratado sobre la tolerancia, La Henriada , La doncella de Orléans, Zadig, Micromegas* y *Diccionario filosófico,* entre otras.

Richard **WAGNER**

Músico, poeta, dramaturgo y director de orquesta alemán nacido el 22 de mayo de 1813 en Leipzig, Sajonia, noveno hijo de Carl Friedrich Wagner y Johanna Rosine. Su padre murió cuando Richard tenía seis meses de edad. Poco después la madre se casó con el actor Ludwig Geyer y se trasladaron a Dresde. En 1820 empezó a tomar clases de piano y Geyer murió al año siguiente. Wagner ingresó en la escuela pública y en 1831 se inscribió en la Universidad de Leipzig.

En 1833 concluyó su primera ópera, *Las hadas,* que no se estrenó sino hasta después de su muerte. En 1836, con algunos fracasos en su haber pero ya como director de orquesta de Magdeburgo, se casó con la actriz Minna Planer y se trasladaron a Riga, donde ella lo dejó por un amante, aunque luego volvió y la relación subsistió 30 años. Endeudados, se marcharon a Londres y París, para luego volver a Dresde, donde Wagner terminó su ópera *Rienzi,* que estrenó en 1842 con éxito. Entre esa fecha y 1848 produjo las obras maestras *El holandés errante* y *Tannhäusser.*

Al estallar la revolución de 1848, Wagner se vio obligado a huir. Desde el exilio pidió a su amigo Franz Liszt que estrenara *Lohengrin* en Weimar. En 1864, el rey Luis II de Baviera se convirtió en su protector y amigo, y lo apoyó para producir

Tristán e Isolda; ese mismo año, Wagner se enamoró de Cósima Liszt —la joven hija de su amigo y casada con von Bülow— y ella dio a luz a su hija Isolda. El escándalo no logró afectar a Wagner, quien en 1867 estrenó con éxito *Los maestros cantores de Nüremberg.* En 1870 al fin pudo casarse con Cósima, con quien procreó dos hijos más.

Desde mucho tiempo atrás Wagner había concebido un gran poema dramático basado en los mitos germánicos, y en 1876 por fin dio cima a la tetralogía *El anillo del nibelungo,* compuesta por *El oro del Rhin, Sigfrido, Las valquirias* y *El crepúsculo de los dioses,* estrenados en el teatro que el mismo Wagner hizo construir en Bayreuth, sede del festival wagneriano desde entonces. En 1882 estrenó su última ópera, *Parsifal.*

Reconocido y admirado, falleció el 13 de febrero de 1883 cuando estaba de visita en Venecia, Italia, por motivos de salud.

George **WASHINGTON**

Militar y político estadounidense nacido el 22 de febrero de 1732 en Pope's Creek, la plantación de su padre, Augustin Washington, en Virginia. Su madre, Mary Ball, era la segunda esposa del plantador. En 1743 murió su padre y Mary y sus seis hijos —de los cuales George era el mayor— se quedó en la plantación de Rappahannock, cerca de la cual recibió educación formal hasta los 15 años. Su medio hermano mayor, Lawrence, lo tomó a su cargo y pulió sus modales además de enseñarle todo lo que se esperaba de un caballero virginiano acomodado, incluido el uso de armas. Por su parte, leyó mucho y dejó una surtida biblioteca. De 1746 a 1751 se dedicó a realizar expediciones para deslindar tierras. En el último año acompañó a Lawrence a Barbados, donde contrajo viruela y probablemente quedó estéril. En 1752 Lawrence murió y George heredó Mount Vernon, una extensa plantación, así como el puesto del fallecido en las milicias coloniales. La guerra contra los franceses lo llevó a progresar en su carrera militar.

En 1759 se casó con Martha Dandridge Custis —viuda y con dos hijos pequeños— y se convirtió en un plantador de tiempo completo hasta 1774 cuando fue elegido representante al Congreso Continental. En 1775 el Congreso le encomendó dirigir el Ejército Continental y sitiar a los ingleses en Boston. Era el principio de la guerra por la independencia, que duraría ocho años pese a la declaración de 1776.

En 1783 se presentó ante el Congreso para renunciar a su puesto, a fin de evitar ser coronado por sus propias tropas victoriosas. Se retiró a la vida privada, pero en 1789 fue el primer presidente electo. En 1793 resultó reelecto y su presidencia finalizó en 1797. De nuevo se retiró a Mount Vernon, donde fue sorprendido por una nevada mientras cabalgaba por su propiedad y se resfrió. Su enfermedad se agravó y falleció el 14 de diciembre de 1799.

James **WATSON**

Biólogo estadounidense nacido en Chicago, Illinois, el 6 de abril de 1928, hijo único de un hombre de negocios, James D. Watson, y Jean Mitchell. Estudió en diversas escuelas de Chicago y al final de su educación media obtuvo una beca para la Universidad de Chicago, a la cual ingresó en 1943. Permaneció cuatro años cada vez más orientado hacia la experimentación. En 1947 se graduó como bachiller en zoología. Otra beca lo llevó a la Universidad de Indiana en Bloomington, donde se doctoró en genética zoológica. De 1950 a 1951 hizo el postgrado en Copenhague, dedicado a la bacteriología y los virus. En ese periodo pudo observar por primera vez la difracción de los rayos X en ADN cristalizado. Esto reorientó su interés y comenzó a estudiar la estructura química de los ácidos nucleicos y las proteínas.

A fines de 1951 pasó a formar parte del cuerpo de investigadores del prestigioso laboratorio Cavendish en Londres. Ahí conoció a Francis Crick y ambos unieron esfuerzos para descifrar la forma y estructura del ADN. A la empresa se unió Maurice Wilkins y en unos años estuvieron en posición de anunciar al mundo que el ADN tenía la forma de una doble hélice integrada por cuatro bases que formaban secuencias como las letras de un código: el código de la herencia biológica. Por su descubrimiento, los tres científicos recibieron el premio Nobel de Fisiología y Medicina en 1962. Después se unió al laboratorio de la Universidad de Harvard para hacer investigaciones acerca del cáncer, además de dirigir el laboratorio Cold Spring Harbor. A partir de 1994 y durante 10 años fue presidente del CSH, luego su canciller, y más tarde contribuyó a organizar el proyecto Genoma Humano.

En 2007 se vio obligado a renunciar a todos sus cargos y cátedras debido a que afirmó públicamente que, con base en sus estudios comparativos de millones de genomas, había "razas menos dotadas intelectualmente" que otras. La declaración fue considerada ofensiva, racista e indigna de un científico. Se retiró a la vida privada. Entre sus obras están *La estructura molecular del gen* y *La doble hélice*.

James **WATT**

Inventor escocés nacido el 19 de enero de 1736 en Greenock, hijo del carpintero de ribera (constructor de buques) James Watt y Agnes Muirhead. La precaria salud del niño le impedía asistir con regularidad a la escuela, pero sus padres —ambos bien educados— le enseñaron en casa. Además, tenía a su disposición el vasto taller paterno donde le hicieron una fragua adecuada a su tamaño. Era obvia su habilidad manual y su interés por las matemáticas.

Tenía 18 años cuando su madre murió y la salud de su padre decayó. Watt viajó a Londres para aprender a fabricar instrumentos de precisión. Al año volvió a Escocia con el fin de establecer en Glasgow su propio negocio de instrumentos, pero como no había completado los siete años de aprendiz, el gremio local se lo impidió. Entonces llegaron a la Universidad de Glasgow algunos instrumentos para el Observatorio Macfarlane que requerían mantenimiento, y el único experto a la mano era Watt. Como el trabajo quedó a satisfacción de los astrónomos, en 1758 propusieron a Watt que instalara su taller dentro de la Universidad. En 1764 se casó con Margaret Miller, quien murió al dar a luz a su quinto hijo. En 1777 contrajo matrimonio con Ann MacGregor, con quien procreó dos hijos.

Cuatro años después de montado su taller, Watt puso su atención en convertir el vapor de agua en fuerza motriz para diversos objetos. Para 1765 ya había diseñado un motor de vapor que funcionaba. Fabricarlo a escala industrial fue todo un problema; el socio quebró y Watt hubo de conseguir otro además de una extensión de la patente otorgada. Lo logró en 1775, mientras trabajaba como ingeniero para subsistir.

En 1776 los motores finalmente se vendieron, sobre todo para mover bombas de extracción de agua en las minas. Watt siguió perfeccionando su motor y logró aplicarlo a molinos, telares y trituradoras de minerales. Además inventó una copiadora de textos, una lámpara de aceite para las minas y un método para medir distancias a través del catalejo. Se retiró en 1800, y dejó el negocio a sus hijos.

Falleció el 19 de agosto de 1819 en Heathfield, Inglaterra.

WA

Anton **WEBERN**

Músico, compositor y director de orquesta austriaco nacido en Viena el 3 de diciembre de 1883, único hijo sobreviviente de Carl von Webern y Amelie Geer, pianista y cantante. En 1902 ingresó a la Universidad de Viena para estudiar Musicología. Allí mostró gran interés en la música antigua y las estructuras palindrómicas arcaicas. Fue uno de los discípulos más aventajados de Arnold Schönberg, cuyo sistema dodecafónico perfeccionó con nuevas variaciones en la altura, ritmo y dinámica para dar lugar al llamado serialismo o música serial. Dedicó a Schönberg la obra con la que se graduó en 1908, *Passacaglia Op. 1*. En la universidad conoció a otros músicos innovadores como Alban Berg y Bela Bartok, que contribuyeron a orientar su desarrollo musical. Acató la orden del gobierno austriaco en 1918, por la que dejó de usar el "von" nobiliario.

Sus composiciones no eran muy apreciadas, pero se reconocía su calidad como director de orquesta, a lo que se dedicó tanto en Praga como en Viena. Al llegar los nazis al poder en Alemania, y tras la anexión de Austria en 1938, la música de Webern y demás músicos revolucionarios fue denunciada como "degenerada y bolchevique", de modo que fue prohibida. Tuvo que emplearse como editor y corrector de pruebas para quienes publicaban música. A pesar de eso, logró estrenar sus *Variaciones para orquesta* en 1943. En los últimos días de la Segunda Guerra Mundial se trasladó a Salzburgo, donde un soldado estadounidense lo mató de un disparo cuando Webern estaba en el porche de su casa, fumando. Era el 15 de septiembre de 1945.

Alfred **WEGENER**

Científico alemán nacido el 1 de noviembre de 1880. En 1904 obtuvo el doctorado en astronomía en la Universidad de Berlín, pero sus intereses lo llevaron a investigar en los campos de la meteorología, la climatología y la geofísica. Fue pionero en el uso de globos-sonda para el estudio de las condiciones meteorológicas. En 1906 se unió a una expedición a Groenlandia con el fin de investigar la circulación del aire en la región polar. De regreso aceptó un puesto de profesor en la Universidad de Marburgo, donde estuvo hasta ser reclutado por el ejército para la Primera Guerra Mundial. Fue herido y dado de baja honrosamente para el combate, pero siguió colaborando con el servicio meteorológico militar.

Antes de ello, en 1911, cuando buscaba un texto en la biblioteca universitaria, encontró traspapelado un documento en el que se mencionaban las similitudes entre la fauna y la flora a ambos lados del Atlántico. Empezó a cuestionarse cómo explicar eso. Así empezó a concebir la teoría de la deriva continental y las placas tectónicas. En 1924 fue nombrado profesor de meteorología y geofísica en la universidad de Graz, Austria. Cuando publicó sus ideas, basadas en datos y observaciones multidisciplinarias, el mundillo científico las ridiculizó. Hoy son la base de la paleontología, la geofísica y otras ciencias de la Tierra.

En 1930 realizó su última expedición a Groenlandia. Al regreso de una misión de rescate para llevar víveres a un grupo de compañeros acampados en el casquete de hielo, murió en noviembre de ese año, uno o dos días después del que hubiera sido su quincuagésimo cumpleaños.

Walt **WHITMAN**

Escritor estadounidense nacido en Long Island el 31 de mayo de 1819. Vivió sus primeros años en el campo, hasta que su familia se mudó a Brooklyn, Nueva York. Aprendió el oficio de carpintero y fue aprendiz en una imprenta. En 1838 se dedicó a la enseñanza y tres años más tarde al periodismo. A partir de 1847 hizo largos viajes a pie.

En 1855 apareció la primera edición de un largo poema suyo con el título de *Hojas de hierba*. Compuesta tipográficamente por el propio autor, y con un tiraje limitado, pasó prácticamente inadvertida y no se percibió su extraordinaria novedad. Cuando sus versos fueron más conocidos causaron más escándalo que admiración. No se percibió la maestría en el uso del verso libre, el ritmo de resonancias bíblicas, la mirada que convierte los elementos más nimios y prosaicos en materia poética, la creación de un personaje individual que habla en primera persona y al mismo tiempo es también una multitud, que vive la historia tanto desde posiciones modestas como desde puntos privilegiados, que convierte el mero de hecho de vivir en una epopeya. La obra se editó diez veces mientras Whitman vivió con sucesivas ampliaciones y en la actualidad se considera al autor el mayor poeta de Estados Unidos.

Él se estableció y se ganó la vida realizando trabajos burocráticos siempre endebles por la mala reputación que le acarrearon algunos de sus versos. Tras el deterioro de su salud se retiró a Camden, donde murió el 26 de marzo de 1892.

WH

Óscar **WILDE**

Escritor británico nacido en Dublín, Irlanda, el 16 de octubre de 1854. Escribió su primer poema durante unas vacaciones infantiles en Francia, inspirado en la muerte de su hermana. Estudió en el Trinity College y en el prestigiado Magdalene College de la Universidad de Oxford. Su actitud exhibicionista y extravagante lo volvió famoso en la alta sociedad londinense que elogió con desmesura sus primeras obras teatrales, como *Vera* y *El duque de Padua*, que eran simples imitaciones de las fórmulas en boga.

A partir de la década de 1880 su creatividad comenzó a brillar con la publicación del volumen de relatos *El príncipe feliz* (1891), al que siguieron *El crimen de Lord Arthur Saville y otros relatos* y la novela *El retrato de Dorian Gray* (1891), una moderna fábula sobre la celebración de lo aparente en detrimento de las oscuras realidades de la conciencia humana. De la misma época data su volumen de ensayos *Intenciones*, en el que destacan "La decadencia de la mentira" y "El crítico como artista".

La década de 1890 estuvo marcada por el éxito artístico y financiero de sus obras teatrales como *El abanico de Lady Windermere*, estrenada en 1892, cuando también comenzaron los ensayos de su pieza *Salomé*, drama de tema bíblico escrito en francés, que concentra los elementos clave del decadentismo como el énfasis dado al deseo sexual y la pulsión de muerte. En 1895 se estrenaron *El marido ideal* y *La importancia de llamarse Ernesto*, comedias ágiles y divertidas que, sin embargo, no han resistido bien el paso del tiempo.

En la cúspide de la fama, Wilde promovió un juicio por difamación contra el marqués de Queensberry, padre de Lord Alfred Douglas, amante del escritor. Durante el juicio se hicieron evidentes sus tendencias homosexuales (aunque Wilde estaba casado con Constance Mary Lloyd y era padre de dos hijos) y lo condenaron a dos años de trabajos forzados en la cárcel de Reading. En ese periodo escribió su ensayo reflexivo *De Profundis*, dedicado a la memoria de su madre. Al quedar libre se estableció en Beneval, Francia, donde escribió la *Balada de la cárcel de Reading*, un impactante poema en versos sobre la culpa, el desamor y la traición.

Murió en un hotel de París el 30 de noviembre de 1900, a consecuencia de un ataque de meningitis.

Wilbur y Orville **WRIGHT**

Inventores estadounidenses. Wilbur nació en Millville, Indiana, el 16 de abril de 1867 y Orville en Dayton, Ohio, el 19 de agosto de 1871. Ambos desarrollaron un agudo sentido de la mecánica práctica y aprovecharon el negocio de bicicletas que instalaron para hacer investigaciones que condujeran a hacer volar un aparato más pesado que el aire. Para sus pruebas idearon lo que ahora se conoce como el "túnel de aire".

En 1900 construyeron un planeador, cuyo sistema de control perfeccionaron posteriormente, al que unieron un motor de explosión. Unida al motor pusieron una hélice de gran tamaño, que actuaba a modo de ventilador invertido e impulsaba el aire hacia atrás, de modo que el aeroplano se movía hacia adelante. Hicieron la prueba en las dunas de Kitty Hawk, Carolina del Norte, el 17 de diciembre de 1903 y obtuvieron un éxito rotundo, pues lograron que el aparato volara 21 segundos, tiempo en el que recorrió 26 metros. La clave de su aparato era el llamado "control de los tres ejes", que permite mantener en equilibrio la máquina voladora.

Para 1905 ya habían construido un aparato capaz de sostenerse en el aire media hora y recorrer 20 kilómetros. Presentaron su invento en Estados Unidos y Europa y en 1912 fundaron la American Wright Company.

Muerto Wilbur, con sus interesantes investigaciones Orville contribuyó al progreso de la aviación antes de la Primera Guerra Mundial.

XICOTÉNCATL Axayacatzin

Militar tlaxcalteca conocido también como Xicoténcatl el Joven, nacido alrededor de 1484. Su padre fue Xicoténcatl Huéhuetl, o Xicoténcatl el Viejo, jerarca de uno de los cuatro señoríos de Tlaxcala, que se opuso a ayudar a los conquistadores españoles en su lucha contra los mexicas y murió alrededor de 1522. A la llegada de Hernán Cortés, Xicoténcatl Axayacatzin tenía alrededor de 35 años y, por encargo de su padre, quedó al frente de un sector del ejército tlaxcalteca para impedir el paso de los españoles por sus tierras. El 5 de septiembre de 1519 combatieron ferozmente a los invasores, batalla que se prolongó hasta entrada la noche, cuando ambas fuerzas se declararon vencedoras. A pesar de la oposición de Xicoténcatl padre e hijo, los otros tres señores de Tlaxcala decidieron aliarse con los españoles.

En los días previos al sitio de Tenochtitlan, en 1521, Xicoténcatl Axayacatzin retiró sus tropas acantonadas en el Valle de México, sin dar aviso a Hernán Cortés, y se dirigieron a Tlaxcala. Los historiadores especulan que estaba consciente de que los invasores sólo pretendían someter y despojar de sus propiedades a los indígenas y que su intención era reorganizar sus fuerzas para conformar una resistencia mayor y más poderosa. Al percatarse de su huida, Cortés ordenó que lo persiguieran, lo apresaran y lo ahorcaran como desertor o prófugo de guerra.

Convertido en símbolo de la resistencia indígena contra los españoles, Xicoténcatl el Joven también fue poeta. Algunas de sus obras aparecen en la antología *Cantares mexicanos*. Su figura inspiró a varios escritores mexicanos. En su relato *Xicoténcatl*, Vicente Riva Palacio lo caracteriza así: "De formas hercúleas, de andar majestuoso, de semblante agradable, sus ojos negros y brillantes parecían penetrar, en los momentos de meditación, los oscuros misterios del porvenir".

William Butler **YEATS**

Escritor irlandés nacido en Dublín el 13 de junio de 1865 y quien pasó la mayor parte de su infancia en Londres. Siguiendo la tradición familiar, de 1883 a 1886 asistió a cursos de pintura, pero los dejó al descubrir su genuina vocación poética. En 1886 apareció su primer volumen de poemas, *Mosada*, influido por la estética simbolista y un espíritu religioso opuesto al Racionalismo. En Londres, junto con Ernest Rhys, fundó en 1892 el Rhymer's Club, un círculo poético concurrido por otros autores de su generación como el decadentista Ernest Dowson.

Apasionado defensor de la cultura y las tradiciones irlandesas, en 1896 participó en el movimiento popular que exigía reformas y autonomía a la Corona británica. En la etapa siguiente preparó diversas piezas dramáticas basadas en leyendas irlandesas que se representaban en el Teatro Literario Irlandés, que fundó junto con Isabella Augusta, Lady Gregory, una de las mayores preservadoras del folclore local. Las más conocidas son *La Condesa Cathleen* (1892), *El umbral del rey* (1904) y *Deirdre* (1907).

En 1917 se casó y se retiró junto con su familia a una vieja torre de la costa irlandesa, donde produjo la parte más importante de su obra. Al descubrir los poderes de su esposa como médium practicó la escritura automática, aunque perfeccionó su estilo con frases depuradas y versos vivaces, sencillos y objetivos. Paralelamente desarrolló una obra poética que transita entre la objetividad del mundo visible y las ensoñaciones de lo invisible. En 1922 fue electo miembro del Senado irlandés, y al año siguiente recibió el premio Nobel de Literatura "por su poesía siempre inspirada, que en una elevada forma artística, expresa el espíritu de toda una nación".

Destacan en el conjunto de su trabajo *Cuatro piezas para bailarines* (1921), *Siete poemas y un fragmento* (1922), *Una visión* (1925), *La torre* (1928) *Plenilunio en marzo* (1935), *Si tuviera veinticuatro años* y *Últimos poemas y piezas teatrales* (1940). Sus temas recurrentes son el contraste entre el arte y la vida, las máscaras, la imagen cíclica de la existencia y los ideales de la belleza y el misticismo enfrentados a la mecanización alienante del mundo contemporáneo.

Murió en Rocabruna, Provenza, Francia, el 28 de enero de 1939.

Emiliano **ZAPATA**

Revolucionario mexicano nacido en Anenecuilco, Morelos, el 8 de agosto de 1879. En su infancia fue campesino y apenas recibió instrucción. En los últimos años del Porfiriato organizó diversas rebeliones en busca de justicia para los campesinos de su estado, muchos de los cuales habían sido despojados de sus tierras. Organizó un movimiento que fue reprimido y él tuvo que ocultarse en la sierra. Fue aprehendido y —como castigo— reclutado por el ejército, donde sólo estuvo algunas semanas como soldado raso. Se levantó en armas y, entusiasmado con la promesa de reparto agrario incluida en el Plan de San Luis proclamado por Francisco I. Madero, apoyó su movimiento, pero cuando éste ocupó la presidencia ambos se distanciaron por el incumplimiento de esa agenda.

En 1911 proclamó el Plan de Ayala por el que desconocía al gobierno de Madero y llamaba a las armas para lograr la restitución de la tierra a los campesinos. Combatió contra las fuerzas maderistas y, a su caída, contra las de Victoriano Huerta. Al fracturarse la relación de Venustiano Carranza y Francisco Villa después de la Convención de Aguascalientes, apoyó a Villa y enfrentó en numerosos combates al ejército federal.

El gobierno de Carranza optó por la traición, al darse cuenta de que estos enfrentamientos estaban lejos del triunfo definitivo sobre el líder agrario. El coronel federal Jesús Guajardo hizo creer a Zapata que había desconocido al gobierno de Carranza y, convencido de esa mentira, logró que el líder se pusiera a las órdenes de Guajardo, quien orquestó un plan para acabar con él.

Zapata murió asesinado en la hacienda de Chinameca el 10 de abril de 1919.

Ignacio **ZARAGOZA**

Militar mexicano nacido en Bahía del Espíritu Santo, Texas —que entonces aún formaba parte de México—, el 24 de marzo de 1829, hijo de Miguel Zaragoza Valdés y María de Jesús Seguín Martínez. Su familia se trasladó a Matamoros (1834) y luego a Monterrey (1844), donde él cursó estudios en el seminario, que abandonó en 1846. En 1853 ingresó a la guardia nacional de Nuevo León, que por disposición presidencial fue integrada al ejército federal. En 1854 participó en la revolución de Ayutla, al lado de los liberales. En 1857, al producirse el desconocimiento de la Constitución liberal, partió hacia el norte para reunirse con Santiago Vidaurri, motivo que lo obligó a casarse por poderes con Rafaela Padilla, con quien tuvo una hija.

En 1859 tomó Monterrey para la causa liberal. En 1860, junto con las fuerzas de José López Uraga, puso sitio a Guadalajara pero tuvo que desistir e incorporarse a las tropas de Jesús González Ortega. En Silao dieron batalla al ejército del conservador Miguel Miramón, quien la ganó a costa de graves pérdidas. Volvió a sitiar Guadalajara, que esta vez se rindió en octubre de 1860, hecho por el que fue ascendido a general. Luego, a las órdenes de González Ortega, fue a Calpulalpan donde se libró la batalla definitiva para derrotar a Miramón.

En 1861, el presidente Benito Juárez lo nombró ministro de Guerra y Marina, cargo al que renunció para formar el Ejército de Oriente, que debía contener a las fuerzas invasoras francesas, a las que enfrentó en las Cumbres de Acultzingo y luego fue a esperarlas en la ciudad de Puebla. Ordenó prepararse para el posible asedio con medidas que le granjearon el rencor de una buena parte de la población afectada. Sin embargo, su claro triunfo sobre los franceses en la batalla, ocurrida el 5 de mayo de 1862 entre los fuertes de Loreto y Guadalupe, hizo que fuera aclamado por unanimidad.

Marchó a la Ciudad de México para ver a su hija, huérfana de madre desde principios de 1862, y para plantear la estrategia de guerra. Regresó a Puebla, donde una tifoidea fulminante lo privó de la vida el 8 de septiembre de 1862.

ÉMILE **ZOLA**

Escritor francés nacido en París el 2 de abril de 1840. La muerte prematura de su padre sumió a la familia en la pobreza y Zola intentó, sin éxito, completar sus estudios. En 1862 se empleó como jefe de publicidad en la editorial Hachette, donde conoció a algunos escritores relevantes de su tiempo, como Michelet, Lamartine y Saint-Beuve. Después de algunas piezas menores, se inscribió en la estética naturalista y se interesó por representar de forma casi documental la realidad social de su tiempo.

Su primera obra con ese enfoque es la novela *Teresa Raquin,* un oscuro drama pasional aparecido en 1868. Enseguida emprendió un proyecto narrativo mucho más ambicioso: *Los Rougon Macquart. Historia natural de una familia bajo el segundo imperio.* En ese ciclo se inscriben sus obras más importantes que pueden leerse por separado y valen como unidades independientes.

El primer libro del ciclo fue *La fortuna de los Rougon,* publicado en 1871. Sin embargo, sus puntos más altos son *La taberna* (1877), que lo convirtió en el escritor francés más célebre; *Nana* (1880) la historia de una prostituta, y *Germinal* (1885), el relato de la vida de un minero en el que Zola demuestra su inclinación por el socialismo como remedio a la pobreza, la marginación y la delincuencia de las clases bajas.

Cabe destacar, asimismo, *La bestia humana* (1890), narración de un sórdido crimen pasional que tiene como trasfondo el horizonte industrial con sus fábricas y nuevos medios de transporte que ahondan la alienación y el vacío espirituales. El ciclo completo abunda en escenas de violencia y dramatismo que asustaron y atrajeron a los lectores de su tiempo.

En la última etapa de su vida se implicó en el célebre Caso Dreyfus, el juicio militar basado en evidencias falsificadas que se entabló contra el judío Alfred Dreyfus. En 1898 publicó en el diario *La Aurora* su célebre texto *Yo acuso,* en el que apoyó su inocencia. Convertido en un significativo líder de opinión, fue perseguido por el gobierno. Tuvo que exiliarse en Londres y, tras regresar a Francia, sufrió un permanente hostigamiento y el embargo de sus bienes.

Falleció la noche del 28/29 de septiembre de 1902, asfixiado por el humo de su chimenea doméstica. Seis años después sus restos fueron depositados en el Panteón de París, donde reposan las figuras más ilustres de la cultura francesa.

JOSÉ **ZORRILLA**

Escritor español nacido en Valladolid, León, el 21 de febrero de 1817. Fue educado en el Real Seminario de Nobles en Madrid. Su padre lo envió a Toledo para que estudiara Derecho, pero él se fugó a Madrid para seguir la carrera literaria. Se dio a conocer en 1837 gracias a la elegía que compuso para los funerales del escritor Mariano José de Larra. Dos años más tarde probó fortuna como autor dramático. Su mayor éxito fue *Don Juan Tenorio* (1844), una recreación de *El burlador de Sevilla y el convidado de piedra,* la obra de Tirso de Molina cuya edición más antigua es de 1630.

La pieza de Zorrilla se divide en dos partes y siete actos, y sus personajes se inscriben en un drama romántico que incluye elementos sobrenaturales y exalta al amor como posibilidad de trascender la muerte. A diferencia de sus precedentes, incluida la ópera *Don Giovanni* (1787) de Mozart, con libreto de Lorenzo Da Ponte, su *Don Juan* se salva del Infierno por el poder del amor y consigue el perdón divino gracias al arrepentimiento y la salvación preconizados por la religión católica.

En 1854 se estableció en México, donde permaneció más de una década, al margen de los enfrentamientos entre conservadores y liberales. Cuando Maximiliano asumió el trono del Segundo Imperio Mexicano (1864), fue designado poeta áulico y director del Teatro Nacional. La muerte de su mujer y el fusilamiento del emperador (1867) lo convencieron de regresar y permanecer en España.

En esa etapa siguió dedicado a su obra poética y dramática, aunque produjo obras mediocres, de escaso interés. Su *Tenorio,* sin embargo, había bastado para asegurarle el reconocimiento de sus contemporáneos que le otorgaron premios, pensiones y distinciones, y aún hoy, cuando se representa con motivo del día de muertos, goza de gran popularidad. Cabe destacar, en el contexto de su producción, la poesía épica *Cantos del trovador* (1840), así como los poemas dramáticos *A buen juez mejor testigo* (1837) y *Traidor, inconfeso y mártir* (1849). Escribió, asimismo, relatos breves y colecciones de leyendas.

Murió a consecuencia de una operación para extirparle un tumor cerebral, el 23 de enero de 1893 en Madrid.

Juan de **ZUMÁRRAGA**

Religioso español nacido en 1468 en Tavira de Durango. Ingresó a la Orden Franciscana en el convento del Abrojo, cerca de Valladolid, donde desempeñó diversas funciones —guardián, definidor, provincial e inquisidor— antes de ser electo obispo de México. Llegó a la capital de la Nueva España en 1528 y enfrentó serias controversias con los oidores en relación con el trato que debía darse a la población indígena, pues consideraba que eran explotados y padecían graves injusticias.

En 1533 volvió a España y finalmente se consagró en Valladolid. Informó a la Corona de la difícil situación en la Nueva España, y así logró superar las acusaciones que había hecho en su contra el oidor Diego Delgadillo. Sin embargo, él mismo tuvo que responder a distintas causas por abusos contra los indígenas.

Regresó a México y de 1536 a 1543 tuvo el cargo de inquisidor apostólico; condujo 183 juicios contra los sospechosos de profesar una religión distinta a la católica. El caso más célebre fue el de Carlos Ometochtzin, cacique de Texcoco, quien fomentó un levantamiento indígena contra los españoles y murió ejecutado en la hoguera.

En 1546 fue nombrado arzobispo de México por el papa Paulo III. En esa calidad introdujo la tecnología y el uso de la imprenta; intervino en el establecimiento de los colegios de Santa Cruz de Tlatelolco y de San Juan de Letrán; estableció el Hospital del Amor de Dios y, además, promovió la fundación de la Universidad, hechos que marcaron hitos no sólo en el virreinato, sino en toda América.

Dejó una amplia obra escrita dedicada, fundamentalmente, a la difusión de la doctrina y la educación religiosa de los indígenas. En ella destacan la *Breve y más compendiosa doctrina* (1539), el *Manual de adultos* (1540), la *Doctrina cristiana breve* (1543), y la *Doctrina breve muy provechosa* (1544), todas ellas impresas en la Nueva España.

Murió en la Ciudad de México el 3 de junio de 1548.

Índice